本丛书由
教育部人文社会科学重点研究基地
河南大学黄河文明与可持续发展研究中心、
河南大学黄河文明省部共建协同创新中心
资助出版

本丛书系 2023 年国家社科基金项目
"开封州桥及汴河遗址考古发现价值阐释及
保护利用研究"
（批准号：23BKG038）阶段性成果

本书系三门峡市仰韶文化研究中心研究成果

作 者 简 介

吴爱琴，女，河南省遂平县人，历史学博士。河南大学历史文化学院研究员，黄河文明与可持续发展研究中心兼职研究员，河南大学文物馆馆长。主要从事考古与文物、中国古代服饰史等方面的研究。

郑立超，男，河南省柘城县人，文博副研究员。曾任三门峡市文物考古所所长，现任三门峡市仰韶文化研究中心副主任。主要从事文物考古工作与研究。

梁立俊，男，河南省获嘉县人，文博馆员。郑州博物馆古荥汉代冶铁遗址分馆副馆长。主要从事文物考古方面的研究。

河南大学考古中原系列丛书

刘春迎　吴爱琴　主编

考古三门峡

吴爱琴　郑立超　梁立俊　著

科学出版社

北　京

内 容 简 介

相传大禹治水，挥神斧将高山劈成"人门""神门""鬼门"三道峡谷，引黄河之水滔滔东去，三门峡由此得名。辖区地处秦岭余脉崤山山麓，千古雄关函谷关矗立境内。因古时崤山与函谷关并称"崤函"之塞，三门峡又称"崤函"。三门峡地区有着丰富的历史文化资源，三门峡渑池仰韶村遗址的发掘标志着中国近现代考古学的开端，百年来三门峡地区的考古发掘与文物研究工作也有了相当丰富的积累。本书系统梳理三门峡地区各个时代的历史遗迹与文物研究情况，结合相关史料记载，对三门峡各时期考古发掘成果及相关问题进行汇总和研究，展示三门峡重大考古发现的价值和意义，展现三门峡地区浓厚的历史文化底蕴。本书对于发掘三门峡的历史文化价值、促进文旅融合，推进考古与文物研究成果的公众可及性，具有重要意义。

本书适合对三门峡地区历史文化、考古学史感兴趣的专家学者和社会人士参考、阅读。

图书在版编目（CIP）数据

考古三门峡 / 吴爱琴，郑立超，梁立俊著. -- 北京：
科学出版社，2024. 11. --（河南大学考古中原系列丛书 /
刘春迎，吴爱琴主编）. -- ISBN 978-7-03-080390-0

Ⅰ. K872.613

中国国家版本馆 CIP 数据核字第 20246AV210 号

责任编辑：张亚娜　郑佐一 / 责任校对：张亚丹
责任印制：张　伟 / 封面设计：图阅设计

科学出版社 出版
北京东黄城根北街 16 号
邮政编码：100717
http://www.sciencep.com
北京中科印刷有限公司印刷
科学出版社发行　各地新华书店经销
*
2024 年 11 月第 一 版　　开本：787×1092　1/16
2024 年 11 月第一次印刷　　印张：19 1/2
字数：450 000
定价：**188.00 元**
（如有印装质量问题，我社负责调换）

序

黄河流域是中华民族的文化摇篮，河南则是摇篮里的一颗明珠，是中华民族和华夏文明的重要发祥地之一，素有"中原""中州"之称。河南境内群山起伏，河流纵横，平原辽阔，深得天时地利之便。黄河自陕晋边境折向东流，经河南中北部，东入华北平原。远古时期，这里气候温和，物产丰富，交通便利，我们的祖先很早就生息、繁衍、劳动在这方神奇的热土上；旧石器时代，东播西传，南来北往，中原沃野为必经之地；新石器时代，这里更是华夏文明的源头；夏商周时期，河南已成为三代文明的核心；两汉魏晋乃至隋唐，河南仍处全国的中枢地位；直到北宋定都开封，还展现了中原地区最后的辉煌。

皇天后土不仅在河南造就了数以千计彪炳青史的历史文化名人，更是为河南留下了极为丰富的遗迹和遗物，奠定了河南文物大省的历史地位。河南境内，地上地下文物古迹如群星散落，自中华人民共和国成立以来，国务院先后公布了八批全国重点文物保护单位，其中仅河南省就有 378 处，位于全国前列。从夏朝至清朝的 4000 余年间，先后有 20 多个朝代的 200 多位帝王建都或迁都于此，在河南境内共出现了 200 多座古代都城。建立朝代多、历时长、规模宏伟、影响大，并且如今依然是大中城市的重要古都有八座（北京、西安、郑州、洛阳、安阳、开封、南京、杭州），并称为"中国八大古都"，仅河南就有洛阳、开封、安阳、郑州四座，占据了半壁江山。

中国考古学，是在 20 世纪 20 年代之后发展起来的一门新兴科学。既受到中国传统金石学的影响，又吸收了欧洲田野考古的营养。而位于中原腹地的河南作为我国的文物大省，其考古发现和研究，堪称中国考古学的缩影。中华人民共和国成立之前在河南开展的考古工作，如渑池仰韶村、安阳殷墟、汲县山彪镇、辉县琉璃阁、永城造律台的发掘等，都有很多重要的发现，在中国考古学史上占有重要地位。中华人民共和国成立之后，河南的考古工作取得了更加令人瞩目的成就。2001 年，由考古杂志社组织国内著名的考古学家评选出的"二十世纪中国百项考古大发现"，河南省共有 17 项入选，名列全国各省市之首；自 1990 年开始至今，国家文物局、中国文物报社和中国考古学会每年一度连续举办的"全国十大考古新发现"评选，截至目前，已经连续举办了 30 届，河南共有 40 多个项目入选，总数亦稳居全国第一。在河南洛阳、安阳等地，因为其考古地位特别重要，中国社会科学院还分别设立了洛阳工作站和安阳工作站，设立了新石器时代考古队、二里头遗址队、偃师商城队、汉魏故城遗址考古队、隋唐城遗址考古队等一批重要的社科院直属考古科研机构，开展考古发掘和科研工作。

黄河文明与可持续发展研究中心、黄河文明省部共建协同创新中心是经教育部批准、依托河南大学组成的两大国家级人文社科重点研究平台，是以黄河文明及沿岸地区经济社会可持续发展为研究对象的国家级综合性研究机构。为进一步探究黄河文明发祥及其历史演进，中心与河南大学历史文化学院联合开展了《考古中原》的研究和编撰工作。丛书分"河南大学考古中原系列丛书之古都系列"和"河南大学考古中原系列丛书之名城系列"。一期"河南大学考古中原系列丛书之古都系列"以河南境内的四座重要古都为依托，由《考古开封》《考古洛阳》《考古安阳》《考古郑州》组成；二期"河南大学考古中原系列丛书之名城系列"拟将成果扩大至河南境内的国家级历史文化名城和其他主要的文化名城，编著《考古南阳》《考古商丘》《考古新乡》《考古三门峡》等。一期四部书稿已于 2019 年年末由科学出版社出版，二期书稿亦将陆续付梓，有望于近期与广大读者见面。

郑州、洛阳、安阳和开封等地因历史悠久，文物遗迹丰富，均开展过大量、重要的考古工作，出版和发表过多部考古发掘报告和数量众多的考古发掘简报，围绕这些重要考古发现而发表的学术论文等科研成果更是不计其数。然而，以往的发掘报告和发掘简报都是"就遗址而遗址"，相关学术研究也往往是"就发现而发现"，材料和成果相对零散。该丛书的重点则是利用河南省四座著名的古都以及诸历史文化名城历年发现的重要考古资料，以时间轴为脉络，从石器时代开始，分上古人文始祖时期、夏商周、秦汉、隋唐、宋元直至明清，把历年来在一个特定地域内发现的考古资料汇集在一起，揭示出特定地域内不同时期文物遗存间的相互依存和发展演变关系，揭示当地历代重要城址和区域文明历史变迁的轨迹，并根据考古发现，结合文献记载，开展相关学术研究，归纳出各个时期、各个城市、各个地域的黄河文明特征与时代贡献，从而进一步阐述生活在中原地区黄河流域的先民们如何利用黄河这一特殊的地理环境创造出灿烂辉煌的流域文明。

"河南大学考古中原系列丛书之古都系列"主编为教育部人文社会科学重点研究基

地河南大学黄河文明与可持续发展研究中心、河南大学黄河文明省部共建协同创新中心特聘研究员、河南大学历史文化学院教授刘春迎和河南大学文物馆馆长、研究员吴爱琴。他们二人在调至河南大学工作之前，都长期在开封文物战线上工作，特别是刘春迎教授，曾担任开封市文物工作队队长、开封市文物考古研究所所长等职，长期奋战在开封文物考古第一线，近年来先后有《北宋东京城研究》《考古开封》《揭秘开封城下城》《北宋开封城史话》等著作问世。系列丛书中的《考古开封》是在 2006 年河南大学出版社出版的同名著作的基础上，经补充完善后的修订版。丛书的另外几位作者，如《考古郑州》的任伟、刘彦锋，《考古洛阳》的吴业恒、史家珍，《考古安阳》的孔德铭，《考古新乡》的李慧萍，《考古商丘》的王良田、《考古三门峡》的郑立超等都长期在河南文物考古战线工作多年，既有丰富的田野考古工作经验，又有较深的学术造诣，由他们担纲执笔，确保了本丛书的专业性和权威性。

我相信，这部系列丛书的出版，将会对河南、黄河中游地区乃至全国的考古研究起到积极的促进作用。

中国社会科学院学部委员、中国社会科学院考古研究所原所长、

河南大学古代文明研究中心主任、研究员

王 巍

2024 年 11 月于河南大学

目　录

第一章 三门峡石器时代考古

石器时代是考古学家以人类使用的主要生产工具为标志，对早期人类历史分期划分出的第一个系统阶段，从人类出现始至青铜器时代止，即从距今300万—200万年至距今约5000—2000年。石器时代又分旧石器时代和新石器时代：旧石器时代是石器时代的前期阶段，以使用打制石器为主，时间为距今约250万年至约1万年前；新石器时代属于石器时代的后期，以使用磨制石器为主，年代大约从距今1万年前开始，结束时间从距今约5000年至2000年不等。

早在石器时代，三门峡地区就是人类的宜居之地。发源于青藏高原的黄河自西向东婉转流经黄土高原，至此形成缓冲地带，地貌以山地、丘陵为主，土壤肥沃，水资源丰富，满足了人类生活的必需条件。考古发现显示，三门峡地区石器时代文化遗址丰富。其中，旧石器文化遗址和古人类活动地点已超过50处，较重要的发现有：1976年在卢氏横涧乡发现的4片"卢氏人"智人头骨化石和2枚牙齿化石，1987年在灵宝豫灵黄土塬发现的"豫灵人"头骨化石。新石器时代文化遗址更为丰富，发现大量的遗迹、遗物，仅仰韶文化遗址就有200多处，占全国仰韶文化遗址总数的25%。石器时代的三门峡地区，也是中国古文化发祥地之一。

第一节 三门峡旧石器时代考古

考古材料显示，三门峡不仅旧石器时代文化遗址丰富，而且具有相对独立的特点。目前发现的旧石器文化遗址和古人类活动地点已有50余处，是河南省内旧石器时代文化地点发现最多的地区，证明三门峡是中国早期古人类的重要生活栖息地。

一、渑池县旧石器地点的发现

（一）渑池任村、青山村

渑池任村、青山村旧石器时代文化地点，位于渑池县北南村乡西南黄河南岸的台地。1957年，贾兰坡、王择义等在山西垣曲附近进行旧石器调查研究时，在渑池任

图 1-1 青山村石片

村、青山村红色土内发现有人工打击痕迹的石片（图 1-1）[1]，这是河南省首次发现的旧石器时代石器。石片发现于第三纪泥灰岩之上的红色土中。其中青山村含石片地点的红色土厚约 7—10 米不等，石片发现于中下部。

（二）渑池南村

南村旧石器时代文化地点位于渑池县任村和青山村旧石器地点东北方。1985 年，张森水在任村和青山村地点考察时，在北南村附近黄河第三级阶地（T3）的沙砾层中发现石器 2 件，另在沙砾层下的水沟里采集石器 1 件[2]，因水沟附近没有其他后期遗物，所以该石器也应出自沙砾层，年代可暂归旧石器时代中期。

标本 1 是石英岩长方形小石片，台面打击，可见四条石片疤。台面左半有三条，从前向后斜向排到，另一条见于右侧，由一条纵脊把台面分成两部分，打击点恰好落在台面脊的前缘上（图 1-2），可能是用转向打法所产生的多疤台面。打击点清楚，放射线可辨，半锥体大部被破坏，仅留残迹，石片角为 102°。背面有多块浅平的石片疤，并可见与石片同向的打击痕迹。

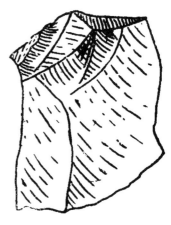

图 1-2 南村石英岩长方形小石片

标本 2 为正尖尖状器（图 1-3），用小石块做成，加工粗糙，两面大部分仍遗留岩石的节理面。中上部有修理，主要修理在一个面上，左侧刃呈凸刃，刃角为 69°，右侧为斜刃，刃角为 75°，两侧刃在毛坯中轴的一端相交，生成一个短而锐的尖刃，尖刃角为 77°。其相反的一面有粗糙的、不连贯的打击，尤其是右侧的中部有清楚的砸击痕迹，从而使刃缘变得更加曲折。在此之前，尖状器只在小空山地点发现过。

标本 3 是单凸刃砍砸器（图 1-4），系用石英岩石块制成，经两次加工。它的左侧、后跟和破裂面大部遗有浅平的石片疤，并有水磨痕迹，为第一次打击所留。右侧刃口的修理为再度加工的痕迹，无水磨痕迹，系向破裂面加工成刃，呈缓凸刃形，刃口较锐，刃角为 62°，刃缘呈波纹形。标本是砍砸器中比较小型者，长 92 毫米，宽 77 毫米，厚 30 毫米，重 242 克。

① 贾兰坡、王择义、邱中郎：《山西旧石器》，科学出版社，1961 年，第 3-5 页。
② 张森水：《河南省旧石器新线索及管窥》，《中原文物》1986 年第 2 期，第 16-22 页。

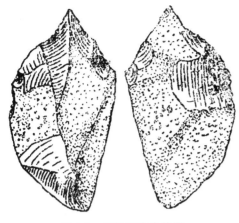

图 1-3　南村正尖尖状器

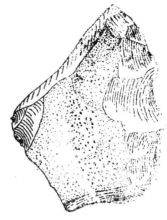

图 1-4　南村单凸刃砍砸器

（三）渑池龙门

1978 年 5 月渑池县进行文物普查时，在北青山村和任村交界处的黄河南岸龙门发现 2 件石制品[①]，分别编号为 PM7801、PM7802。经鉴定，确认是 2 件加工较好的打制石器。石器出土地层层位不明确，可能出自黄河三级阶地的砾石层，与黄河北岸的垣曲盆地和南岸的南村一致，年代应属旧石器时代中期，即晚更新世的早期。

2 件石器均由灰岩砾石打片加工而成。PM7801 为石片刮削器（图 1-5），器型呈椭圆形，长 13 厘米，最宽处 9 厘米，厚 4 厘米。砾石磨圆度很好，打片时，以砾石表面为台面，先用锤击法敲击打下一块石片，然后在石片的边缘由破裂面向背面进行二次加工。PM7802 号为大石片砍砸器（图 1-6），石料很大，长和宽分别达 19 厘米和 20 厘米，最厚处 9 厘米。打击点集中为一小片。打片时，以砾石的表面为台面，用锤击法

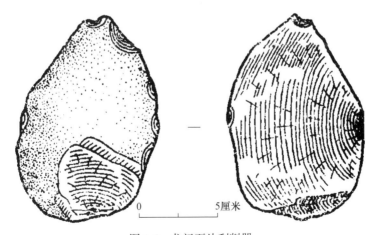

0 ————— 5厘米

图 1-5　龙门石片刮削器

---

① 张维华、曹静波：《渑池县又发现旧石器》，《中原文物》1986 年第 4 期，第 97 页。

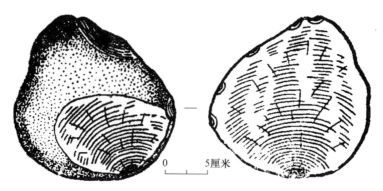

图 1-6 龙门大石片砍砸器

剥制石片。石片角为 90°。二次加工由破裂面向背面进行。刃缘较钝，其上有非常明显的使用痕迹。

二、三门峡市旧石器地点的发现与研究

（一）水沟、会兴沟

水沟和会兴沟旧石器时代文化地点位于三门峡市东北部会兴镇和上村之间 2 条流入黄河的冲沟中，石器发现于 2 条冲沟沟口的地层里[①]。两处石器发现地点距离较近，出露地层、石器的层位及性质均相同。

1. 地层

石器一部分从黏土及粉砂土层中发掘得来，另一部分自地表采集。地表石器散布范围仅限于黏土及粉砂土层的表面，且常常是半嵌在地表上的纹沟里，石器表面常有灰白色的钙质黏土外壳，同采自地层里的石器情形相同。同时，两部分石器在原料和打制技术等方面也基本上一致。因此，地表石器的原生层位很可能是黏土及粉砂土层。

2. 石器

两个地点采集的石器的原料大部分是火成岩（主要是辉绿岩）砾石，也有石英岩、石英和矽质灰岩等，与古老河床中的砾石岩性相同，表明其来源于后者。石器种类有石核、石片和经第二步加工的石器。

（1）石核、石片

石核共 25 件，体积不大，由多面体、扁平或椭圆形砾石打击而成。打击石片的台面或是利用砾石平面，如 P.2819 标本（图 1-7），或是利用石核上已打过石片留下的石

① 黄慰文：《豫西三门峡地区的旧石器》，《古脊椎动物与古人类》1964 年第 2 期，第 162-181 页。

片疤，（这种台面称为"打制台面"）。石核上的石片疤一般较小，从打击点集中、半锥体阴面深凹的特点推断，是用石锤打击而成。

石片中未经第二步加工的相当多。打击痕迹比较清楚有48件，包括锤击法打制的44件和投击法打制的4件。

锤击法石片：形状不一，体积一般较小，台面平坦，大部是打制台面，也有部分是砾石平面。这类石片一般都具有集中的打击点和明显的半锥体的特点，也有一些不显著，有的甚至出现双锥体（图1-8）。

投击法石片：这类石片厚大，打击点不集中，没有显著的半锥体，靠近半锥体部分的劈裂面比较平坦，台面和石片角都比较大（一般约130°），石片均为宽大于长（图1-9）。

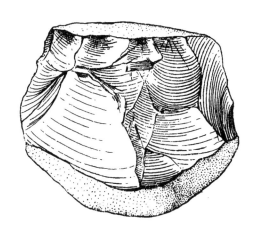

图1-7　锤击法石核（编号 P.2819）

图1-8　锤击法石片（编号 P.2790）

（2）经第二步加工的石器

水沟和会兴沟采集石器中，发现用石核（砾石）或石片修理成的石器有20余件，按打制方法和用途，可分为砍砸器、大尖状器和石球三类，另有部分尚未确定分类。

砍砸器　共11件，其中石核制成的7件，石片制成的4件。它们都具有适于砍砸的厚刃，刃角在70°—75°的8件，78—80°的2件，90°的1件，刃缘一般呈外凸的弧形或锯齿状（图1-10。）

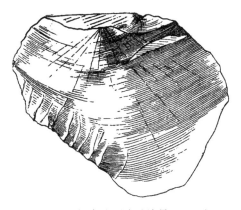

图1-9　投击法石片（编号 P.2833）

大尖状器　共4件，均用大石片制成，加工痕迹集中在两侧边缘和所夹的角上，主要由劈裂面向着背面加工。其中，用"锤击法"修理的有3件，用"碰砧法"修理

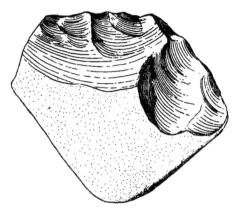

图 1-10　水沟采集的砍砸器（编号 P.2758）

的有 1 件（图 1-11）。

石球　共 4 件，原料有火成岩、石英和凝灰角砾岩。以 P.2774 号标本较为典型（图 1-12）。

还有一些分类尚未确的器物，如 P.2752 号标本，原是一件大石片，一侧用石锤由劈裂面向背面作了一系列的修理。由于剥下的石片太小，这件标本不可能是进一步生产石片的石核，而应是修理把手的砍砸器，或者是没有完成的尖状器。

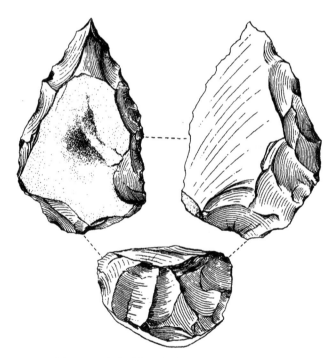

图 1-11　水沟采集的大尖状器（编号 P.2768）

水沟和会兴沟地点缺少经第二步加工的刮削器，亦少见边缘上有使用痕迹，可能当作刮削器使用的石片。

水沟和会兴沟地点采集石器数量多，打制技术多样，总结有如下特点。

1）打制石片采用锤击法和投击法，还没有掌握修理台面的技术。

2）经第二步加工的石器占石器总数的 28.7%，类型有砍砸器、大尖状器和石球等。多用石锤修制，也有的是在石砧上碰击而成。加工方法以单面打击较多，交互打击也有一定比例。

3）石器一般用砾石或厚大石片制成，体积较大。

水沟和会兴沟地点的石器，在时代上同周口店第 1 地点下部堆积的石器和匼河石器大体相当，而比第 1 地点上部堆积的石器、第 15 地点石器和丁村石器早。在用锤击法打制石器及石器类型等方面，上述几个地点有共同或接近之处。但水沟和会兴沟地点以投击法打制石片、大尖状器和石球，以及经第二步加工制作砍砸器（其次是大尖状器和石球等）等，则与匼河

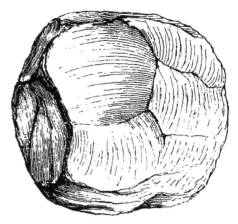

图 1-12　水沟石球（编号 P.2774）

石器、丁村石器较为接近，而有别于周口店第 1 地点和第 15 地点石器。周口店第 1 地点中，刮削器是数量最多的工具，砍砸器在下部堆积中出现较多，但在上部堆积中显著减少，而代之以小型尖状器。周口店第 15 地点石器同第 1 地点上部堆积的石器比较接近。从上述现象看来，水沟、会兴沟、匼河等遗址虽然时代较丁村遗址早，但在石器打制方法和类型等方面却有许多相似之处，反映出它们之间在文化上有一定的承袭关系[①]。

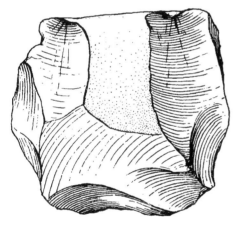

图 1-13　王官沟石核（编号 P.2844）

（二）三门峡市王官沟

王官沟旧石器时代文化地点位于三门峡市区东北部王官村附近的黄河岸边，1963 年发现[②]。该地点地层大致可分成两部分：下部为沙砾层（近沟口处过渡为含钙质结核的红色土）；上部为晚更新世的黄土。在铁路以北沟底地表上采集到 5 件石器，如 P.2844 号石核标本图 1-13），但无法确知它们的原生层位。

三、陕州旧石器地点的发现与研究

（一）张家湾

张家湾旧石器时代文化地点位于陕州老城南约 10 千米的张家湾村南，地处苍龙涧东岸，1957 年由中国科学院古脊椎动物与古人类研究所三门峡水库区工作队发现。石

---

① 黄慰文：《豫西三门峡地区的旧石器》，《古脊椎动物与古人类》1964 年第 2 期，第 162-181 页。
② 黄慰文：《豫西三门峡地区的旧石器》，《古脊椎动物与古人类》1964 年第 2 期，第 162-181 页。

器发现于红色土层上部（图 1-14）。共采集到石核、石片和经第二步加工的石器 12 件，其中石英岩砾石石核 1 件，其余均为火成岩（主要是辉绿岩）砾岩。器类有大型尖状器 1 件，石核 6 件，大石片 1 件，砍砸器 2 件，另有在地表采集的脱离地层的刮削器 1 件，石片 1 件。

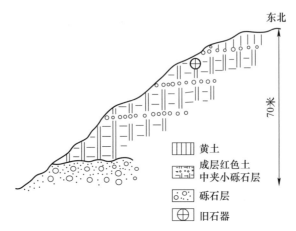

图 1-14　陕州张家湾苍龙涧东岸附近地层剖面图[①]

石核用锤击法打击而成，石核上的石片疤具有打击点集中、半锥体阴面深凹的特点。

尖状器轮廓呈棱形，由砾石面和加工痕迹来看，是利用砾石平面为台面，沿砾石一角的两侧边缘打击石片而成（图 1-15）。其尖端薄锐，两侧边缘刃的夹角较大（70°—90°），器身较厚，不适宜砍斫之用。尖端两侧边缘有使用痕迹，离尖端较远的部分则无。显然，这件石器是有意识加工成型，主要使用部分在尖端，保留砾石面则是为了便于手握。

张家湾石片都很大，以脱离了地层的辉绿岩石片最大，重达 2700 克，表面有厚达 1 毫米的石锈。石片角 138°。半锥体粗大而散漫，中间最大的一个锥体宽 30 毫米，连同两侧的副锥占据了台面幅度的大部分。此石片具有用锐棱石核在石砧上摔击的（拼砧法）特征，但摔下如此巨大的石片，必须要用比它大得多的石核才行，故其打制方法可能是双手握大石块在巨大石核的锐棱上砸击而来（投击法）。这种方法打击的石片在丁村遗址中也可以见到。

张家湾的辉绿岩厚刮削器（图 1-16）是用厚石片加工而成，器型呈 "扇形"，一端窄小，一端扩张成半圆形。劈裂面平坦，背面中央有一脊，半圆形端及右侧缘加工痕迹明显。刃缘上有使用痕迹，痕迹一般是宽大于长且又有折裂的游离缘，应为刮削用，

---

① 王择义绘，采自《黄河三门峡水库区的旧石器》，《山西旧石器》，科学出版社，1961 年。

且使用痕迹见于刃缘两面，说明是反复刮削使用[1]。

1981 年，郑州大学历史系周军在豫西进行考古调查时，在陕州张家湾旧石器点采集到两块石制品[2]：PHS8101，石片（图 1-17），石灰岩质，锤击法打制，打击点清晰，放射线明显，半锥体凸出，砾石台面，石片很薄，两侧缘有使用痕迹；PHS8102，石片刮削器（图 1-18），石灰岩质，从背面向破裂面加工，制成复刃石器。

从地层上看，张家湾石器虽较之水沟、会兴沟的石器较晚，但从石器的性质上看，彼此有一定的联系，两地都有大尖状器，打片方法和石器的加工方法也大致相同。

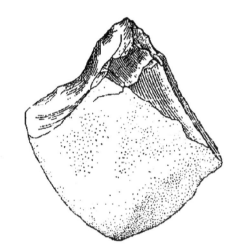

图 1-15　张家湾尖状器

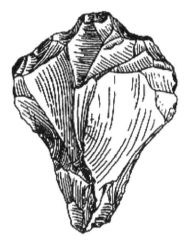

图 1-16　张家湾辉绿岩厚刮削器

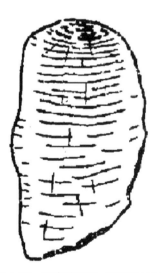

图 1-17　张家湾石片（PHS8101）

图 1-18　张家湾石片刮削器（PHS8102）

---

[1]　贾兰坡、王择义、邱中郎：《黄河三门峡水库区的旧石器》，《山西旧石器》，科学出版社，1961 年。

[2]　张维华：《河南省新发现的旧石器和人类化石》，《中原文物》1986 年第 2 期，第 1-15 页。

（二）赵家湾

赵家湾旧石器时代文化地点①位于陕州老城南5千米的赵家湾村附近，1957年由中国科学院古脊椎动物与古人类研究所三门峡水库区工作队发现。采集有紫色斑岩粗制的砾石砍斫器1件及若干件脱层的黑色火山岩石片、石英砾石石核和石英石片等。

紫色斑岩砾石砍斫器发现于赵家湾红色土层的上部，制作方法是先把砾石由中间剖开，再在一个边缘上用交互打击法制成弯曲的刃，加工简单，刃缘似有砍木棍之类器物遗留下的长大于宽的碎痕。

（三）侯家坡

侯家坡旧石器时代文化地点②位于陕州老城东南约15千米的侯家坡村，1958年由中国科学院古脊椎动物与古人类研究所三门峡水库区工作队发现。采集石器包括角页岩砾石石核1件（图1-19）和角页岩石片1件。其中石片的棱角虽被冲磨，但其上的打击点和在打击点之下的放射纹和边缘上的使用痕迹都相当清楚（图1-20）。

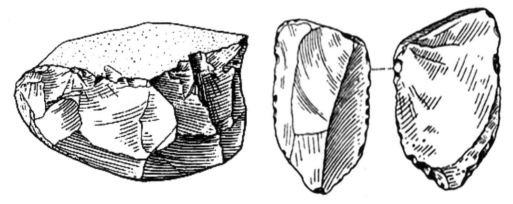

图1-19　侯家坡角页岩砾石石核　　　　　图1-20　侯家坡角页岩石片

四、灵宝旧石器地点的发现与研究

（一）孟村

孟村旧石器时代文化地点位于灵宝东南2.5千米的孟村弘农河东岸。1957年，中国科学院古脊椎动物与古人类研究所三门峡水库区工作队王择义在孟村弘农河东岸沙砾层附近地表上采集到灰白色石英岩刮削器1件，有人工打制痕迹的黄褐色和白色石英岩石片各1件。

---

① 贾兰坡、王择义、邱中郎：《黄河三门峡水库区的旧石器》，《山西旧石器》，科学出版社，1961年。
② 贾兰坡、王择义、邱中郎：《黄河三门峡水库区的旧石器》，《山西旧石器》，科学出版社，1961年。

灰白色石英岩刮削器的打制方法是把砾石剖开，再沿劈裂面的一端向背面加工，加工痕迹清晰，石片疤有四层之多。石英岩石片中有一件不仅台面和半锥体清楚，而且部分边缘有加工痕迹，石片一边钝厚，一边锐利，锐利边缘上有明显的使用痕迹（图 1-21）。

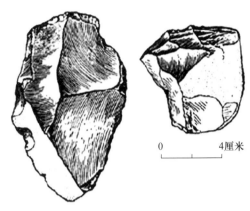

图 1-21　孟村弘农河东岸采集的石片和刮削器

孟村弘农河东岸的沙砾层可能为黄土底部的沙砾层，采到的石器可能均出自此层。1929 年杨钟健等在山西西部的黄土底部砾石层中也曾发现过石器，其制作方法是把扁圆的砾石由中间剖开，再沿着边缘由劈裂面向背面加工，与孟村石器制作方法较为相似。

（二）邢家庄

邢家庄旧石器时代文化地点位于灵宝黄河岸边邢家庄附近高崖上。1957 年，中国科学院古脊椎动物与古人类研究所三门峡水库区工作队王择义在该地点采集石核、石片等石器 100 余件，质料有白色火石、黑色火石和脉石英。石器器型都较细小，有小尖状器和小刮削器。尖状器是用一小厚石片由边缘向一端轻微修成锐尖；刮削器则是利用很厚的小石片在周围或部分边缘加工而成。石器虽然细小，但加工微细，石核上的石片疤也较薄长，与我国北部地区常见的“细石器”在制作和形态上有着明显区别。因地点附近未见到磨光石器和陶片，且没有地层根据，暂依石器型制及制作方式将其年代初步认定为旧石器时代晚期或更晚。

（三）朱阳

朱阳旧石器时代文化地点位于灵宝朱阳镇北谢家坡沟。1963 年，黄蔚文在中国科学院古脊椎动物与古人类研究所进修期间进行野外调查时在谢家坡沟距沟口约 1.5 千米的沟底地表上采集到 4 件石器，均为石英岩砾石，上有用石锤打下石片的痕迹。其中两件标本 P.2861 和 P.2862（图 1-22）被打制成扇形的轮廓，弧形一边的刃缘宜于砍砸，相对一端保留着浑圆的砾石面，应为砍砸工具。

鉴于石器表面均胶结着一层红色的钙质外壳，而朱阳盆地位于灵宝涧河上游，有较大面积的红色土分布，且地点附近除了红色土堆积以外，未见有更晚近的地层，故石器可能来自红色土层中[1]。

---

[1]　黄蔚文：《豫西三门峡地区的旧石器》，《古脊椎动物与古人类》1964 年第 2 期，第 162-181 页。

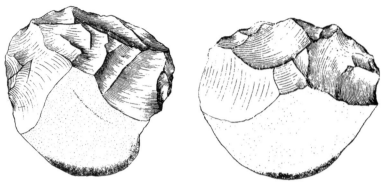

图 1-22 朱阳石器

（四）函谷关

函谷关旧石器时代文化地点位于灵宝函谷关北面的黄河岸边[1]。1963 年，黄蔚文在中国科学院古脊椎动物与古人类研究所进修期间进行野外调查时发现该地点。共采集石器 13 件，多半采集自地表，大部分质地为石英岩砾石，少数为火成岩砾石。器型有石核（P.2854 号标本）和石片（P.2850 号标本）等（图 1-23），加工石器（P.2853 号标本）都用锤击法打制而成（图 1-24）。从层位分析，函谷关石器应归入晚更新世末期（旧石器时代晚期）。

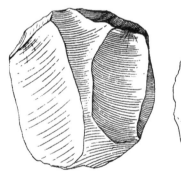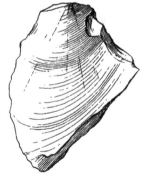

图 1-23 函谷关石核和石片   图 1-24 函谷关石器

（五）朱阳东坡

朱阳东坡旧石器时代文化地点位于灵宝朱阳镇东坡村[2]。1981 年，郑州大学历史系周军在豫西进行考古调查时在朱阳东坡一带采集到旧石器 4 件。编号 PHL8101、PHL8103、PHL8104 是石片，背面为砾石皮，破裂面具有一般石片特征，打击点清晰，放射线发育，其中 PHL8101 具半锥体（图 1-25），其余无半锥体。PHL8102 为石片刮

① 黄蔚文：《豫西三门峡地区的旧石器》，《古脊椎动物与古人类》1964 年第 2 期，第 166-177 页。
② 张维华：《河南省新发现的旧石器和人类化石》，《中原文物》1986 年第 2 期，第 1-15 页。

削器（图1-25），打击点清晰，但着力痕迹较宽，不具半锥体，放射线较疏散。石片均宽大于长，应是用碰砧法打制，石片背面用锤击法加工数次。

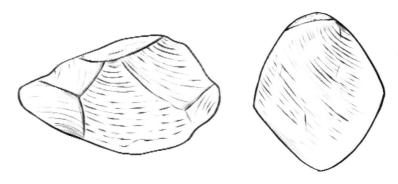

图1-25 朱阳东坡石片（PHL8101）和石片刮削器（PHL8102）

（六）营里

营里旧石器时代文化地点[①]位于灵宝朱阳镇东北约3千米西涧河西岸的朱阳镇营里砖厂内。1989年，河南省文物研究所和灵宝县文管会在该县进行旧石器时代考古调查时发现。

营里地点共发现石制品82件，特点一致，且附近无其他文化遗物混入，应均来源于西涧河砾石层。石器类型有石核、石片、石锤、石砧等，质料以石英岩为主，其次为脉石英、角页岩、燧石。石制品表面多有一层钙质外壳，部分标本表面可见有厚薄不均的棕红色胶结物，多数标本刃口锋利，未经磨蚀，应是原地埋藏保留下来的。

1. 石核

共16件。其中锤击石核数量较多，砸击石核数量较少。分为单台面石核和多台面石核两种。

单台面石核：11件。个体差别大，最大者重1720克，最小者重仅25克。均以砾石面为台面，沿同一方向打片。多数在砾石一侧打片，遗留片疤较少，石料利用率不高。共有2件采用周边打片方式、形状较规整的漏斗形石核。标本HP89039（图1-26：1），石英岩质，略呈漏斗形，沿砾石周边打片，石核两端仍为砾石面，打击点清楚，石片疤浅平，可见3个长而规整的石片疤。标本HP89041（图1-26：6），燧石石核，不规则状，沿砾石一端打片，可见3个完整的石片疤，半锥体阴痕浅。标本HP89027，为该类石核中最小者，重25克。脉石英质，呈斗形。该标本个体较小，应系砸击法打制。

---

① 河南省文物研究所、灵宝县文管会：《河南灵宝营里旧石器地点调查简报》，《华夏考古》1990年第2期，第1-8页。

多台面石核：5 件。石核大小均匀。标本 HP89013（图 1-26：2），石英岩质，工作面约占石核面积的二分之一，打片方法是以原工作面为台面，使其转向 90°，由两个不同的方向打片。石核最大径 110 毫米。半锥体阴痕深凹，台面角 65°—71°。

2. 石片

23 件，以锤击打制为主，较大者可能采用摔碰法。石片多见自然台面，打击台面较少，台面尺寸一般较小。

锤击石片：19 件，多数打击点清楚，半锥体微凸，台面较小，有的几乎呈线状。形状多宽大于长，不见典型的长石片。多数石片棱角锋利，但有些石片周边较钝，应是长期使用的结果。标本 HP89023（图 1-26：5），长 79 毫米，宽 90 毫米，厚 25 毫米，石英岩质。打击台面长 56 毫米，宽 14 毫米，石片角 115°。打击点清楚，半锥体微凸。石片面可见两处同心波，放射线清晰。右侧边刃锋利，其余边缘较钝。标本 HP89012（图 1-26：4），长 78 毫米，宽 75 毫米，厚 35 毫米，石英岩质。石片略呈梯形，砾石台面略小，呈三角形。打击点集中，半锥体较凹。石片角 11°。腹面平坦，背面有一纵向棱脊，且有一残石片疤。砾石面约占整个石片面积的五分之三。标本 HP89030（图 1-26：3），长 75 毫米，宽 133 毫米，厚 42 毫米，石英岩质。自然台面较大，左侧平坦，右侧微凸。石片角 85°。打击点不集中，半锥体内凹。背面有一石片疤。

摔砸石片：4 件。形体较大。标本 HP89014（图 1-26：7），长 180 毫米，宽 113 毫米，厚 32 毫米，石英岩质。台面较小，右侧残，打击点清楚，半锥体微凸。台面角 113°。石片右侧较厚，腹面内凹成弧形。

3. 石锤

4 件。是打制石片、修理石器的工具。

标本 HP89037（图 1-27：8），长方体，长 106 毫米，宽 82 毫米，厚 55 毫米，重 619 克，石英岩质，四周有五处因砸击物体而遗留的石片疤。打击点集中而密集，痕短宽而重叠，呈鱼鳞状排列，夹角在 75° 以上。从上述特征看，这件石锤可能用作修理石器，也不排除用来打制小型石片的可能。标本 HP89053，略呈球体，最大径 85 毫米，重 495 克，为结构松散的脉石英。周身遗留有八处完整的石片疤，砸击部位集中于两自然台面的夹角处，平均夹角 80°，部分夹角在 90° 以上。主要用于修理石器。

4. 石砧

1 件。标本 HP89070（图 1-26：8），不规则形，长 35 毫米，宽 25 毫米，厚约 3 毫米，黑色石英岩质。原为一多台面石核，一面有密而细碎的坑疤。

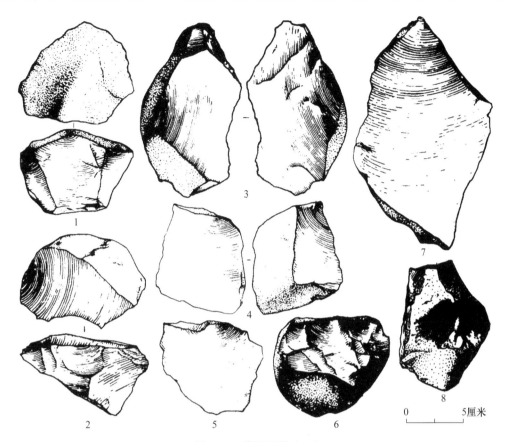

图 1-26　营里石器（一）

1、6. 单台面石核（HP89039、HP89041）　2. 多台面石核（HP89013）　3—5. 锤击石片（HP89030、HP89012、

HP89023）　7. 摔砸石片（HP89014）　8. 石砧（HP89070）

5. 其他

23 件，约占石制品总数的 30%，分为刮削器、砍砸器、尖状器三大类。

刮削器：12 件。依刃缘形态可分为直刃、凸弧刃、凹弧刃三种。

直刃刮削器：6 件。脉石英质 2 件，石英岩质和角页岩质各 1 件。均用石锤加工而成。标本 HP89038（图 1-27：6），长 74 毫米，宽 93 毫米，厚 28 毫米，石英岩质，重 202 克。原为锤击石片，仅在石片的远端由背面向腹面修理，修痕较小。刃缘长 54 毫米，刃角 37°。

凸弧刃刮削器：4 件，皆为石英岩质。标本 HP89002（图 1-27：7），长 78 毫米，宽 83 毫米，厚 42 毫米，重 253 克，刃角 41—56°。制作精致，制作方法是取一由砾石劈开的石片，在石片的远端由腹面向背面修理，近端不做修理，作为器物的把手部分。刃缘较长，占石器边缘的一半以上。

凹弧刃刮削器：2 件。标本 HP89061（图 1-27：5），石英岩质，长 105 毫米，宽 72 毫米，厚 28 毫米，刃角 51°。修理部位集中于远端一侧，修痕细长，刃口略呈锯齿状。

砍砸器：7件，可分为两类。一类修理较为复杂，刃缘弯曲，刃角较大，取砾石的棱角进行有意识的加工，作为器物的把手。另一类是在石片的一侧或远端进行局部修理。两类在用途上有差别，前者似用于砸击，后者则偏重砍。标本 HP89007（图1-27：4），长 72 毫米，宽 120 毫米，厚 52 毫米，重 429 克，石英岩质。背部为砾石面。刃部采用复向修理，刃角 63°—78°，一面修痕重叠，近缘处石片深凹，呈缺口状，刃缘弯曲成 S 形。标本 HP89008（图1-27：2），长 63 毫米，宽 97 毫米，厚 4 毫米，重 294 克，肉红色石英岩质。器型较小，加工细致，为双边砍砸器。一侧刃缘弯曲，采用交互法修理，修痕较大，刃角 75°—82°；另一侧刃缘内凹，刃口采用陡向修理，平均刃角 80°。标本 HP89033，长 112 毫米，宽 130 毫米，厚 37 毫米，重 536 克，为摔碰石片制作而成。背部为砾石面，仅在石片远端施以简单修理。刃角 48°。

三棱尖状器：3件。标本 HP89006（图1-27：1），长 122 毫米，宽 81 毫米，厚 57毫米，重 508 克，石英岩质，是三棱尖状器中最小的一件。背面仅有一处石片疤，左右两侧边缘由底部至尖部依次修理，使之相聚成尖。分布在侧面的片疤达四层，说明该石器进行了反复修理。尖部横截面呈不等边三角形，中部呈等腰梯形。

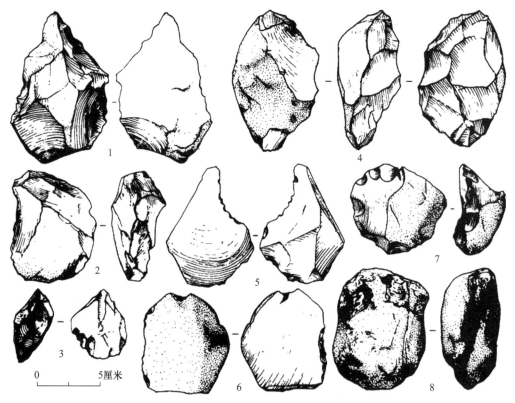

图 1-27 营里石器（二）

1. 三棱尖状器（HP89006） 2、4. 砍砸器（HP89008、HP89007） 3. 扁尖尖状器（HP89025） 5. 凹弧刃刮削器（HP89061） 6. 直刃刮削器（HP89038） 7. 凸弧刃刮削器（HP89002） 8. 石锤（HP89037）

扁尖尖状器：1件，标本 HP89025（图1-27：3），长60毫米，宽50毫米，厚25毫米，重66克，脉石英质。加工精细，尖部分别从上下两个方向作以细致修理，尖刃薄锐规整，尖刃角44°。修痕浅长平远，可能是用鹿角或木棒敲砸所致。用这种方法加工的脉石英石器，在我国旧石器时代遗址中少见。

三门峡、丁村、营里三处旧石器地点在打片技术乃至石器加工上有诸多相似之处，且三地均出有三棱尖状器，尤其是丁村的大三棱尖状器同营里的三棱尖状器在加工方法上高度一致，反映了两地点在文化性质上的亲缘关系。

营里旧石器地点没有发现脊椎动物化石，但石制品出土层距地表18米，上有一条厚4.5米的古土壤条带；另在第10层与第9层之间，岩性变化比较显著，应为马兰黄土与离石黄土之分界。据此，该文化层的时代应为中始新世偏晚，属旧石器时代早期的晚段，早于丁村文化。

（七）灵宝"豫灵人"

"豫灵人"头骨化石旧石器文化点[①]位于灵宝豫灵镇文峪河（黄河支流）东侧堡里塬区下寨东沟沟头陡壁上，距堡里塬面深4.6米，距文峪河河床中心水平距离600米。1987年，河南省科学院地理研究所在豫西三门峡黄河谷地进行地质地貌调查时发现。

据地质、地貌、第四纪地质及考古和古人类学等方面的研究资料，这具化石是河南省境内首次发现的一具时代较早、形态较完整的古人类头骨化石，被命名为"豫灵人"。通过其所在地层、石器文化性质和同位素测定，确定"豫灵人"的生活时期在中更新世晚期时代。已发现的石器有石核、石片、石锤、石砧，以及刮削器和尖状器等，都具打制石器特点，经比对应属匼河文化系统（图1-28），但地层时代晚于匼河文化，属旧石器时期中晚期。

图1-28　"豫灵人"头骨化石旧石器文化点出土石片

---

① 冯兴祥、周华山、巴志刚，等：《"豫灵人"头骨化石的发现与研究》，《地域研究与开发》1993年增刊，第1-7页。

五、卢氏县旧石器时代文化地点

（一）刘家岭

刘家岭旧石器时代文化地点[①]位于卢氏县县城以南。1976年，在该地点发现2枚人类牙齿和4块人类头骨碎片化石。

2枚牙齿分别是左上第一前白齿和右上第一（或第二）臼齿。牙齿均呈白色，接近牙冠基部微带黄色，已石化，齿根均不完全。经初步观察，牙上均无齿带，牙冠基部周围不隆凸，牙齿较小不粗壮，冠面沟纹比较简单，具智人牙齿特征。

头盖骨化石为枕骨碎片，呈土黄色，骨壁厚度与现代人相当，内板和外板厚度也相差无几，与现代人头骨已很接近。

根据牙齿和枕骨碎片化石的形态特征，初步鉴定其很可能是晚更新世后期的智人化石。

（二）段家窑

段家窑旧石器时代文化地点[②]位于卢氏县县城以西6千米的段家窑村附近。1995年，由河南省文物考古研究所李占扬在考古调查中发现。共发现石器18件，种类有石核、石片、砍砸器、刮削器等，棱角锋利，原料为石英岩和石英。石器均采自地层或地层附近地表，无冲磨痕迹，应属原地埋藏性质。从地层和石制品性质判断，其年代应为旧石器时代早中期，这是卢氏盆地首次发现的旧石器时代人类文化遗物。

（三）横涧下柳砖厂

横涧下柳砖厂旧石器时代文化点[③]位于卢氏县横涧乡下柳村砖厂。2006年12月到2007年1月，杜水生、刘富良、朱世伟、张民在洛河流域进行大规模考古调查时发现。共发现石制品58件，其中石核12件，石片11件，刮削器1件，其余34件为原料和断块。石制品采自砾石层上的黄土堆积中，年代属旧石器时代中期。

1. 原料

没有人工打击痕迹的砾石共有3件，全部采自古土壤中。其中2件砾石和1件石核共出，推测这些未加工的砾石应为原始人类采集的石料，还没有使用。

---

① 季楠、牛树森：《河南省卢氏县发现人类化石》，《人类学学报》1983年第4期，第399页。

② 杨肇清：《二十年来河南考古发现与研究》，《华夏考古》1999年第3期，第10-18页。

③ 杜水生、刘富良、朱世伟，等：《河南卢氏发现黄土旧石器》，《第四纪研究》2008年第6期，第1000-1006页。

2. 石核

包括锤击石核 11 件、砸击石核 1 件。锤击石核中包括单台面石核 6 件、双台面石核 2 件，多台面石核 3 件。从技术分析，虽然单台面石核占主要地位，但类似于盘状石核的剥片技术也已出现。石核原料为石英岩者 8 件，砂岩者 3 件，脉石英者 1 件，均为取自河床的砾石。

3. 石片

共 11 件，其中 9 件是完整石片。完整石片中，原料为石英岩者 7 件，砂岩者 1 件，脉石英者 1 件。多数石片属于石核上剥取的第一片石片，台面和背面全部为砾石面；剥片方法为锤击法，石核的利用率极低，这可能和原料比较充分有一定关系。

4. 二次加工石器

有第二步加工痕迹的标本较少，仅发现 4 件，皆以石片为毛坯，在左侧、右侧或端部略作加工，留下 3—5 处疤痕，疤痕为宽深痕，刃缘不平齐。根据这些特征判断，应均为刮削器。

（四）卢氏县医院后砖厂

卢氏县医院后砖厂旧石器时代文化地点[1]位于卢氏县医院后的一个砖场。2006 年 12 月到 2007 年 1 月，杜水生、刘富良等人在洛河流域进行大规模考古调查时发现。采集石制品有石核、石片、刮削器等，根据旧石器所在地层中的黄土和深海氧同位素对比研究的结果，其年代属于旧石器时代早期和中期。旧石器时代早期石器有石核 1 件，刮削器 1 件，均为石英岩制品；中期石器有石核、石片、断块各 1 件，原料为脉石英砾石。

1. 早期石器

1 件石核，原料为石英岩砾石，为多面石核。1 件刮削器，刮削器为手镐，毛坯为厚石片，在石片的远端与右侧由腹面向背面加工。两侧刃修疤为宽深疤，刃缘曲折。

2. 中期石器

1 件石核，1 件石片，1 件断块，原料均为脉石英砾石。石核有两个剥片面。石片为锤击，台面为打击台面，打击点、打击泡清楚，放射线不清。

---

① 杜水生、刘富良、朱世伟，等：《河南卢氏发现黄土旧石器》，《第四纪研究》2008 年第 6 期，第 1000-1006 页。

（五）卢氏东明镇段家窑

卢氏东明镇段家窑旧石器时代文化地点[①]为 2006 年 12 月至 2007 年 1 月，杜水生、刘富良等人在洛河流域进行大规模考古调查时发现。

共发现石制品 11 件，包括石核 5 件，石片 3 件，断块 3 件。制作方法有锤击、砸击，多数打击点清楚，放射线清晰。如标本 Ly14-6 是最为完整的石片，原料为砂岩，整体呈扇形，台面为砾石面。石片的腹面打击点、放射线、打击泡均十分清楚，有疤痕；石片背面有两处片疤，形成一纵嵴，从近端延伸到中部。

（六）其他旧石器文化点

2007 年 6 月，中澳联合研究小组部分工作人员在南洛河中游地区进行田野考古和黄土沉积地层的研究调查时，在卢氏县发现旧石器时代文化地点多处[②]。

1. 永渡

永渡旧石器时代文化地点位于灵宝至卢氏公路西侧永渡村南砖厂。采集到脱层的石英岩石核 4 件。根据对这里黄土地层结构的分析，其属马兰黄土。

2. 庙底村

庙底村旧石器时代文化地点位于卢氏县城东北部。采集到脱层的浅色石英岩石核两件。其中较大的扁平状石核，长 236.98 毫米，宽 143.25 毫米，厚 94.59 毫米，重量达 4838 克。该石核利用砾石上下两面作为双台面剥片，石核体上有 3 个连续的剥片工作面，遗留石片疤痕的打击点大而散漫，可能是置于地上，双手执石锤敲砸台面剥片的锤击石核，也可能是采用碰砧技术剥片的石核。另一件单自然砾石台面石核（LSP03.01），长 130.98 毫米，宽 65.86 毫米，厚 55.47 毫米，重 497 克（图 1-29：1）。石核体上有较多的石片疤痕，遗留石片疤痕的打击点集中。

3. 庄子村

庄子村旧石器时代文化地点（LSP04）位于卢氏县城西南约 6 千米处南洛河左岸（北侧）第二级阶地的前缘部位。在遗址的黄土地层上部古土壤条带中发现石锤和刮削器各 1 件。此外，在地层剖面下部还发现脱层后掉落到地表的石片 1 件。石锤长 124.85 毫米，宽 78.86 毫米，厚 47.10 毫米，重 677 克。通体附着钙质结核、布满凹

① 杜水生、刘富良、朱世伟，等：《河南卢氏发现黄土旧石器》，《第四纪研究》2008 年第 6 期，第 1000-1006 页。

② 王社江、鹿化煜、张红艳，等：《东秦岭南洛河中游地区发现的旧石器和黄土堆积》，《第四纪研究》2008 年第 6 期，第 988-999 页。

坑，质料为火成岩砾石。浅色石英岩端刃刮削器（LSP04.03），通体附着有钙质结核，器物长度为82.97毫米，宽116.86毫米，厚29.47毫米，重364克（图1-29：2）。刮削器的毛坯石片为棱脊台面，背面遗留有少量的砾石面。二次修理方式是将石片的远端从劈裂面向背面连续修理，加工成一个凸出的锯齿状刃缘。脱层的石英石片，长43.72毫米，宽38.19毫米，厚16.1毫米，重21克。石片为破裂的自然砾石面台面，但背面没有遗留自然面，说明其为连续剥片产品。

4. 陈家疙瘩

陈家疙瘩旧石器时代文化地点位于卢氏县西南约8千米的横涧乡下柳大队东南方、南洛河南侧高阶地。在地表挖掘的树坑旁发现浅色石英岩石核1件，器物编号LSP05.01，石核呈长方体状，长152.40毫米，宽94.95毫米，厚93.62毫米，重2088克。石核只有一个剥片面，直接采用自然砾石面作为台面剥片，剥片面上目前可见石片疤痕4处。在剥片过程中石核曾被转动90°，从而形成双台面。

5. 望云庵

望云庵旧石器时代文化地点位于卢氏县西南约8千米处的横涧乡下柳大队乔家窑地点西北、洛河桥南望云庵南部南洛河南侧的山梁上。在郭家岭村到望云庵之间的山梁顶部采集到石片和大型刮削器各1件。深色石英岩石片（ISP06.01）长34.25毫米，宽52.15毫米，厚15.09毫米，重31克。石片台面为素台面，不见自然砾石面，显示其为连续剥片的产物。浅色石英岩大型刮削器（LSP06.02），长154.17毫米，宽91.22

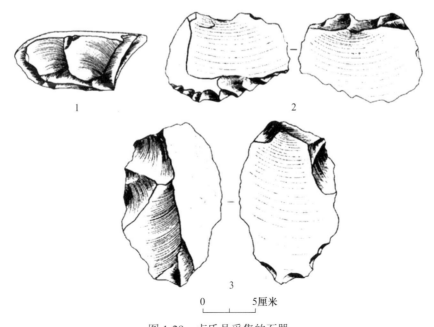

0　　　　　5厘米

图1-29　卢氏县采集的石器

1. 石核（LSP03.01）　2. 刮削器（LSP04.03）　3. 大型刮削器（LSP06.02）

毫米，厚42.09毫米，重543克（图1-29：3），是将毛坯石片的远端从背面向劈裂面修理，而近端一侧两面修理而成。器物上附着大量钙质结核。

6. 乔家窑

乔家窑旧石器时代文化地点（LSP01）位于卢氏县西南方约8千米的横涧乡下柳大队乔家窑村南洛河南侧，地处南洛河支流横涧河东侧的第二级阶地。

乔家窑地点是目前南洛河中游地区采集石制品最丰富的田野旧石器地点，共采集石制品152件，有石锤1件、石核7件、石片53件、修理工具24件、断块及碎片屑67件，原料以石英岩最多。另发现鹿牙化石1颗。修理工具有砍砸器、手镐、刮削器、尖状器和雕刻器等5种（图1-30）。遗址存留大量的断块和碎片屑，显示这里是早期人类日常狩猎或采集的场所，同时他们可随时随地加工石制品以满足其即时活动的需求。

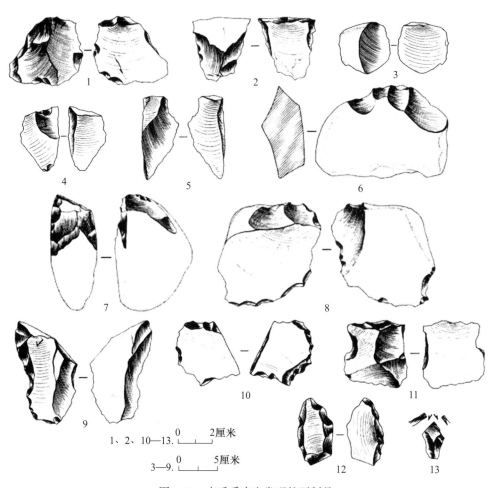

图1-30　卢氏乔家窑发现的石制品

1—3. 完整石片（LSP01.38、LSP01.39、LSP01.43）　4、5. 不完整石片（LSP01.42、LSP01.45）　6. 砍砸器
（LSP01.62）　7. 手镐（LSP01.65）　8—11. 刮削器（LSP01.70、LSP01.71、LSP01.72、LSP01.74）
12. 尖状器（LSP01.82）　13. 雕刻器（LSP01.85）

第二节　三门峡新石器时代考古

新石器时代，人类社会进程发生了质的飞跃。人们逐渐进入定居、农耕的生活状态，大大改善了生活条件，改变了生活方式，社会经济、文化等方面均有了显著发展与进步。

新石器时代早期，在打制与琢制石器的基础上出现了磨制石器，但并非通体磨光，而是只在刃部或锋部加以砥磨。新石器时代早期后段，砥磨技术得以广泛使用。磨制工具的出现，提高了生产力，促进了农业生产发展，人们开始过着农耕定居生活，并饲养牛、羊、猪、狗等。原始畜牧业的出现，补充了人类生活资料的来源，同时又促进了农耕业的发展。与此同时，人们又发明了陶器。陶器的出现和使用，有利于人们加工食物和定居生活。在适宜进行农耕生产的浅山区、河岸台地或丘陵区距河较近的地方，形成了众多大小不同的聚落。

在新石器时代遗址中，发现大量陶纺轮、石纺轮和饰有绳纹、线纹的陶器，表明当时已出现了纺织品。大量的骨、蚌、角、石质生产工具和装饰品的出现，足以证明新石器时代人们的生产与生活状况比旧石器时代有了很大进步。

新石器时代三门峡地区人类生活遗址丰富，有仰韶文化、龙山文化时期众多遗址，发现有大量的磨制石器、精美的陶器及装饰品等。半地下穴房基，粟米及稻谷标本等，是新石器时代先民们在黄河流域的三门峡地区过着农业、畜牧业、手工业皆具的定居生活的见证。

一、三门峡地区仰韶文化遗址的发现与研究

仰韶文化时期的三门峡地区有适宜人类生存发展的地理位置和气候环境，遗留下较多的人类活动遗迹。据统计，三门峡地区已发现仰韶文化遗址200余处，占全国该时期遗址总数的25%。三门峡地区遗址分布密集，文化遗存丰富，应是仰韶文化的核心区域。

（一）渑池仰韶文化遗址

1. 渑池县仰韶文化遗址的发现与分布

（1）仰韶村遗址

仰韶村遗址位于河南渑池仰韶村，面积约为36万平方米。1921年，安特生在此处进行调查，发现灰陶器和碎片，并在灰坑中采集到精细石斧1件，随后对仰韶村发现

的遗址进行发掘，发现该遗址分布范围广，遗存丰富。此次发掘的遗迹主要有袋状土穴，遗物有石器、骨器和陶器。石器种类多样，常见斧、凿、镢、杵、环等；骨器有的呈斧状，有的作锥状。安特生通过比较西方石器时代陶器，认为仰韶文化彩陶"就考古学证之，亦谓此着彩之陶器，当由西东来，非由东西去也"。

新中国成立后，对渑池仰韶文化遗址进行了多次调查发掘。1951年，中国科学院考古研究所河南调查团对该遗址进行第二次发掘①，发掘墓葬9座，还有灰坑、房址等遗迹，出土遗物主要有红底黑彩、深红彩的罐、碗、瓶等陶片及石制品等。河南省调查团对不召寨、杨河村、下城头等史前遗址进行了调查，在县城西北约15千米的下城头村西南发现灰土层，采集到小口尖底瓶陶片，推测该地区为仰韶文化遗址。

1980—1981年，河南省文物研究所与渑池县文化馆联合对遗址进行第三次发掘②，发掘面积为200余平方米，发现房基4座，窖穴41个，出土陶、石、骨、蚌器等遗物613件。遗址发现属于仰韶和龙山两个考古学文化的四个不同发展阶段的叠压地层，其中第一、二期文化为仰韶文化阶段。第一期文化陶器以红陶为主，灰陶较少，黑陶不多见（图1-31）。陶器表面纹饰以线纹为主，其次为弦纹、划纹，另有少量的附加堆纹、窝点纹、篮纹、绳纹。彩绘陶器不多，以黑彩为主，红色和白衣彩陶少见，常见纹饰有圆点纹、三角纹、月亮纹、花瓣纹、网纹、线纹、弧边三角纹和宽带纹。器型有小口扁体釜、折腹釜、盆形灶、大口罐、深腹罐、小口尖底瓶、平底瓶、敛口钵、敞口碗、折腹碗、折腹盆、器盖和瓮等。文化类型应为仰韶文化庙底沟类型，处于豫西、晋南和关中东部地区仰韶文化的中期发展阶段。

仰韶村遗址第二期文化，与第一期文化面貌有明显不同，出土较多石、骨、陶质生产工具。陶器中红陶数量减少，灰陶增多（图1-32）。陶器表面纹饰虽仍以线纹为主，但篮纹、绳纹数量增多并开始常见。彩陶中红彩增多，黑彩变少，花纹较简单。盆、罐、杯、小口尖底瓶等陶器器型也有明显变化，新出现鼎、豆、小口高领罐等器型。通过器型类比可知，鼎、豆略同于洛阳王湾二期器型；彩陶罐与大河村遗址三期彩陶罐相似；小口尖底瓶、平折沿盆、钵与山西西王村遗址出土同类器完全相同。是豫西、晋南和关中东部地区仰韶文化的晚期遗存。

2019年3月至5月，为配合河南渑池仰韶村国家考古遗址公园的建设和推动大遗址保护工作，进一步了解仰韶村遗址的分布范围、文化内涵、聚落布局、功能分区等信息，河南省文物考古研究院联合三门峡市文物考古研究所、渑池县文化广电和旅游局

① 夏鼐：《河南渑池的史前遗址》，《科学通报》1951年第9期，第933-938页。
② 河南省文物考古研究所、渑池县文化馆：《渑池仰韶遗址1980—1981年发掘报告》，《史前研究》1985年第3期，第38-58页。

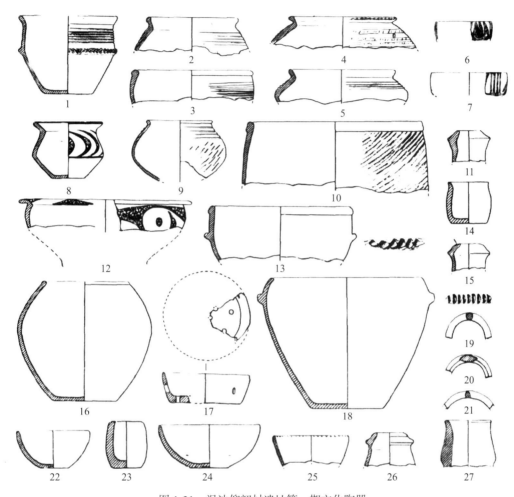

图 1-31 渑池仰韶村遗址第一期文化陶器

1. Ⅰ式罐（T3⑤：43） 2、4. Ⅱ式罐（T3⑤：49、T3③：27） 3、13. Ⅱ式盆（T1⑧：52、T3⑤：51）

5、9. Ⅰ式釜（T1⑧：91、T3①：9） 6、7. Ⅲ式碗（T1⑧：43、T3④：42） 8. Ⅳ式罐（T3⑤：46）

10. Ⅲ式罐（T3⑤：38） 11、15、26、27. 小口瓶（T1⑦：71、T7⑧：88、T3⑤：52、T7⑧：87）

12. Ⅰ式盆（T3⑤：50） 14、23. 杯（T7⑧：83、T3⑤：36） 16. 瓮（T3⑤：12） 17. 甑（T3H28：5）

18. 钵（T3⑤：43） 19. Ⅰ式陶环（T3⑤：40） 20. Ⅲ式陶环（T3③：16） 21. Ⅱ式陶环（T1⑧：79）

22、24. Ⅰ式碗（T3⑤：15、T3⑤：18） 25. Ⅱ式碗（T1⑧：92）

等单位，对仰韶村遗址进行了系统性的考古勘探工作[①]。发现仰韶文化遗迹主要有壕沟和房址。

壕沟：1条编号为壕沟2，略呈东南—西北向截断遗址，现存长度近200米，宽约6米。在沟内各层堆积中出土有红陶、灰陶等陶片，以红陶片居多，且红陶片出土于沟内堆积底部，灰陶片多见于沟内堆积上部，推测壕沟主要使用年代应为仰韶文化时期。

① 河南省文物考古研究院、三门峡市文物考古研究所、渑池县文化广电和旅游局：《河南渑池仰韶村遗址考古勘探报告》，《华夏考古》2020年第2期，第26-36页。

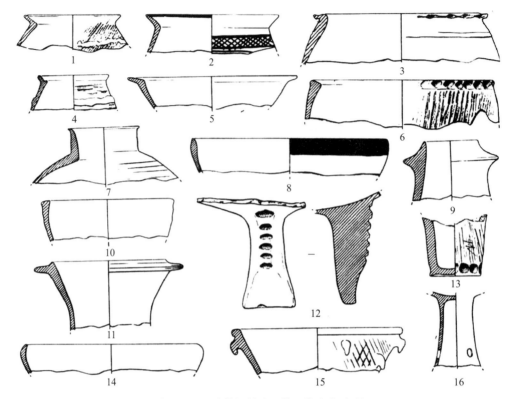

图 1-32　渑池仰韶村遗址第二期文化陶器

1—4、6. 罐（Ⅰ式 T2⑤：64、Ⅱ式 T8⑤：89、Ⅲ式 T1⑤：56、Ⅰ式 T2⑤：64、Ⅲ式 T2⑤：65） 5、10、15. 盆
（Ⅰ式 T7⑤：61、Ⅱ式 T2⑤：66、T1⑤：59） 7. 小口高领罐（T8⑤：90） 8、14. 钵（Ⅱ式 T1⑤：59、
Ⅰ式 T2⑤：69） 9、11. 尖底瓶 12. 鼎 13. 杯（T2⑤：68） 16. 豆（T8⑤：91）
编者注：1、4 器物号相同，应为原始资料有误，特说明。

结合遗址地层和遗迹整体分布等情况，判断壕沟 2 应为仰韶村遗址仰韶时期聚落的北壕沟。

房址：7 座，位于遗址南部的中心区域，成组分布，距地表深 1—2 米。平面形状有近椭圆形、近圆角方形等，多为半地穴式，大多数房内发现有经夯打处理的硬面，少部分还有红烧土硬面。房址长 4—6 米，宽 2.50—4 米，面积均较小，未发现大型房址。依据探孔中出土陶片的特征，判断其年代为仰韶文化时期。仰韶文化房址均位于壕沟 2 以南，房址附近发现的灰坑数量较多，文化堆积亦较厚，证明该区域应为仰韶文化聚落的核心区域。

2020 年，河南省文物考古研究院对仰韶村遗址进行第四次发掘①，出土有仰韶文化早、中、晚期遗存，以晚期遗存最为丰富。其中房屋建筑遗存及大型人工壕沟等遗存，显示出此时期经济发展水平及聚落面貌情况。

① 河南省文物考古研究院、三门峡文物考古研究所、渑池县文化广电和旅游局：《河南渑池仰韶村遗址第四次考古发掘 2020 年度简报》，《华夏考古》2021 年第 4 期，第 53-128 页。

房屋建筑遗存可分两种。如标本H18（2）：3（图1-33：1），残长12.4厘米，残宽10厘米，可分3层。第一层为青灰色，表面平整，极为致密坚硬，厚0.4厘米。第二层为青灰色"混凝土"，非常致密坚硬，包含较多陶质颗粒等，颗粒较小，厚2.5厘米。第三层为浅红色草茎泥，较致密坚硬，可见植物根茎，厚5厘米。可能为房屋建筑地坪。标本H61（2）：6（图1-33：2），残长8.6厘米，残宽7.2厘米，可分3层。第一层为红褐色，表面平整，似涂抹一层红色矿物染料，厚0.2厘米。第二层为黄褐色细泥，较为致密坚硬，厚0.6厘米。第三层为深褐色草茎泥，可见植物根茎，致密坚硬，厚5.3厘米。可能为房屋建筑墙壁。青灰色"混凝土"和涂红褐色草茎泥等房屋建筑遗存在仰韶村遗址属首次发现，表明仰韶时期的先民已经开始使用以烧料礓石加黏土为胶凝材料、以烧制的陶质颗粒为骨料、具备有一定水凝性的"混凝土"作为建筑材料。

图1-33　房屋建筑遗存
1. H18（2）：3　2. H61（2）：6

壕沟遗存（HG1），呈西北—东南向截断整个遗址，与东沟和西沟一起对仰韶村遗址仰韶文化时期聚落形成合围。HG1口大底小且较深，北壁倾斜度较南壁大，人工开挖特征明显，且其南部为聚落内部，北部为聚落外部，防御功能突出，应为该遗址仰韶文化时期聚落的北壕沟，兼有排水作用。从HG1各层堆积情况及出土遗物特征来看，其开挖年代当不晚于仰韶文化晚期，主要使用和逐渐废弃时期则为仰韶文化晚期。

本次发掘的仰韶文化中期遗物主要有小口瓶、罐、钵、盆等陶器。从陶质、陶色、纹饰图案、器型等方面来看，与三门峡庙底沟、南交口、西坡等遗址出土陶器基本相同，属仰韶文化中期庙底沟类型。仰韶文化晚期遗物数量最多，以陶器为主，另有玉器、石器、骨器等。陶器以泥质陶居多，夹砂陶次之。陶色以灰陶为主，黑陶次之，红、褐陶较少。器物以素面为主，黑皮陶、磨光陶占一定比例。篮纹、附加堆纹常见，另有线纹、绳纹、方格纹等。彩陶发现较少，主要纹饰有平行直线纹和由斜线纹组成的网格纹，以红彩为主，另有极少量陶器直接在器表饰红色彩绘。器型有罐、小口尖底瓶、高领瓮、敛口瓮、钵、盆、豆、器盖、鼎、缸等。遗物特征与山西芮城西王村、河南灵宝涧口等遗址遗存相似，属仰韶文化晚期西王村类型。

自 1921 年第一次发掘仰韶村遗址以来，经过多次系统性考古勘探工作，对遗址的范围、重要遗迹分布、聚落布局、功能分区和发展演变等已有了较为全面的了解和认识。仰韶村遗址是豫西渑池地区目前已知面积最大的新石器时代遗址，文化遗存内涵主要有仰韶文化早期、中期、晚期和龙山文化时期，前后延续数千年之久。仰韶文化时期是该遗址的繁盛时期，聚落主体位于遗址的中南部，由 2 条壕沟和东部的饮牛河、西部的西沟共同合围而成，整体形状呈东北—西南向的近长方形，现存面积近 20 万平方米（图 1-34）。聚落内部地层堆积较厚，遗迹较为丰富。仰韶文化早期遗物仅零星见于遗址南部，推测其时聚落面积较小，仅局部有小范围分布。仰韶文化中期遗物比较丰富，在遗址南部和北部都能见到，以遗址南部分布最为密集。仰韶文化晚期遗存最为丰富，壕沟及多处房屋遗址的发现，表明聚落面貌有了更高程度的发展，仰韶村遗址进入鼎盛期，也证明渑池盆地是一处极为重要的大型中心性聚落遗址。

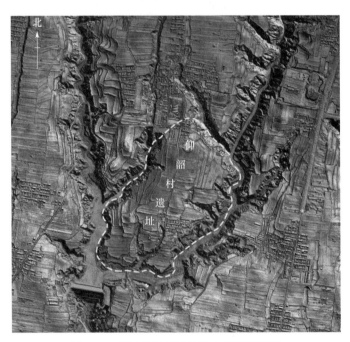

图 1-34　渑池仰韶村遗址地表高程模型图

（2）西河庵村遗址

西河庵村新石器时代遗址[①]位于渑池西南 1.5 千米的涧河北岸，遗址面积东西长约 500 米，南北宽约 200 米，合计面积约为 300 余平方米。1957 年 11 月，河南省文物局

---

① 河南省文化局文物工作队：《河南渑池西河庵村新石器时代遗址发掘简报》，《考古》1965 年第 10 期，第 498-499 页。

文物工作队派杨宝顺、赵国璧、张长森对该地区进行小面积的发掘，发掘面积为 300
余平方米。

遗迹主要为窖穴，共计 19 个，形制为口小底大的圆袋状，深约 1.6—1.8 米，口径
1.85—2.8 米、底径 2.2—3.2 米。窖穴内除陶、骨、石器和草拌泥外还出土有少量的人
骨架。主要遗物有陶片、石器、骨器等。其中陶片较多，主要器型有钵类器、小口尖
底瓶、盆、瓮、碗、杯、罐、瓶底、鼎足、器盖、陶环等；石器主要有刀和纺轮；骨
器主要有凿、镞、针等。遗址出土彩陶丰富，做法为先施白色陶衣后着彩，图案主要
有"米"字形、弦纹、"X"形纹、方格纹和点纹，与庙底沟彩陶的彩绘图案相似。该
遗址性质应为新石器时代的仰韶文化遗址。

（3）西河南遗址

西河南遗址[①] 位于渑池县城西南约 2.5 千米的台地，其南有涧河，北有小河。1962
年，中国科学院考古研究所洛阳发掘队在豫西渑池县进行考古调查，发现较多的仰韶
文化遗址，在西河南遗址断壁发现 2 个袋状灰坑，文化层厚 1.5 米。陶器以红陶为主，
灰陶次之。采集标本有泥质红陶的盆、钵、罐和尖底瓶等陶片，泥质灰陶瓮口沿和粗
红陶器盖及罐口沿等。从标本看，红陶钵有的施白衣黑彩，有的为红衣黑彩，圆唇鼓
腹，饰弧形纹和窄带纹；红陶小口尖底瓶饰附加堆纹；红陶罐、红陶夹砂釜、红陶夹
砂小平底杯等，均为厚胎折沿，腹部微鼓。采集石器有斧、铲、凿等，通体磨光。从
采集的遗物看，该遗址属于仰韶文化庙底沟类型遗址。

（4）下城头遗址

下城头遗址[②] 位于渑池县城西北 7.5 千米处的下城头村，1950 年由河南省文管会发
现，之后夏鼐对其进行了调查。遗址分布于村的东、西、南三面。村东头窑洞门上暴
露有灰层，距地表约 1 米、厚约 0.2—0.5 米、南北长约 10 米；村南头小路东侧和村西
麦地北侧断崖上，都有灰层和灰坑暴露，推测该遗址范围为东西、南北各长约 100 米。
采集的陶片有红陶小口尖底瓶的沿部和底部，有的素面，纹饰主要有线纹、绳纹、弦
纹、旋纹和少量的彩绘。从采集遗物特征分析，此处属于仰韶文化庙底沟类型。

（5）班村遗址

班村遗址[③] 位于渑池县城东北 50 余千米处的南村乡班村，北靠黄河，西临涧河。
遗址处于两河交汇的二级台地，东西长 300 米，南北宽 150 米，面积为 4.5 万平方米，
文化层堆积厚约 2.5 米。基于黄河小浪底水库区建设的需要，中国历史博物馆及有关科

① 吴少珉、苏健、赵金昭主编：《河南古迹名胜辞典》，解放军外语音像出版社，2007 年，第 511 页。
② 中国科学院考古研究所洛阳发掘队：《河南渑池县考古调查》，《考古》1964 年第 9 期，第 432 页。
③ 河南省文物管理局、水利部小浪底水利枢纽、建设管理局移民局编：《黄河小浪底水库文物考古报告集》，黄
　河水利出版社，1998 年，第 7-8 页。

研、教学单位组成联合考古队，从1991年起多次对遗址进行考古发掘与研究，发掘面积为5400平方米，获得了大批实物资料，基本搞清了遗址的文化序列及各期文化遗存的分布状况。

班村遗址文化内涵丰富，文化堆积从早至晚大体可分为五个时期：第一期，前仰韶时代，主要文化遗迹有房基、窖穴、灶坑，陶器以红陶为主，灰陶和褐陶较少，泥质陶多于夹砂陶。纹饰以细绳纹为主，另有线纹、指甲纹和划纹。年代相当于裴李岗文化时期。第二期，属于仰韶文化庙底沟类型，遗存堆积最厚，遗迹主要有房基、灰坑，陶器以泥质红陶最多，夹砂红陶和泥质灰陶次之。纹饰有弦纹、绳纹、线纹、附加堆纹等，彩陶以黑彩为主。第二期后段可能相当于西王村期，约为公元前5500—前5000年。在晚段遗存上发现有厚约1米的洪积层，其被庙底沟二期文化打破，表明在相当于仰韶文化晚期阶段，这里曾有过大的洪水。第三期，属于庙底沟二期文化，分布范围广，年代约为公元前5000—前4500年。遗迹有房基、灰坑（窖穴）、祭祀坑、墓葬、陶窑。陶器以夹砂陶居多，褐陶多于灰陶，红陶较少。纹饰以篮纹为主，还有弦纹和附加堆纹。该期文化层中浮选出大量旱作农作物遗存。第四期，战国文化层。第五期，唐宋文化层。

（6）关家遗址

关家遗址[①]位于渑池东北约70千米处黄河南岸的南村乡关家村西北的高台地。遗址东西长450米，南北宽200米，总面积达9万平方米。该遗址以庙底沟文化遗存为主，在遗址东部还发现有裴李岗文化时期和二里头文化时期的遗存和遗物。1998年10月至1999年12月，为配合黄河小浪底工程，对关家遗址进行了抢救性发掘，发掘面积12000平方米。发现遗迹有庙底沟文化壕沟1条、房基20座、墓葬50余座、陶窑2座、灰坑400余个。从出土遗物判断，此处是仰韶文化庙底沟类型的聚落遗址。

遗址的西、南两面由壕沟环绕，北、东两面部分借助黄河的天然屏障。壕沟呈上宽下窄的倒梯形，口部最宽处7米，深2—6米，西段壕沟长约90米。墓葬主要分布于遗址的西北部，即壕沟的两侧，在遗址东南部也发现一批墓葬。房基主要分布在遗址的中部和东南部，共发现房基20座，大多为平面呈圆形、方形的半地穴式，也有长方形带基槽地面起建的房屋，居住面经过处理，较为平整，在室内中部设有圆形或方形火塘。发现400多座灰坑，以圆形和椭圆形袋状坑居多，较多灰坑直径在约2米，深度超过1.5米，壁面较为光滑，底部平坦。陶窑分布在遗址东北部，保存较好的一座平面呈椭圆形，火塘朝西，窑与膛之间无明显分界。遗址出土陶器主要有小口尖底瓶、釜、釜形鼎、灶、弦纹罐、钵、碗、盆、瓮、缸、器盖等，从所属陶系及图案来

---

① 樊温泉：《关家遗址发掘获重要成果》，《中国文物报》2000年2月13日第1版。

看，属于典型庙底沟文化陶器。

关家遗址的发掘展现了较为完整的庙底沟文化时期聚落遗址面貌：遗址的中部和西南部是制陶和加工石器的场所，遗址外围有天然沟壑和壕沟环绕。遗址明晰的布局和出土的大量实物资料对于研究庙底沟文化乃至仰韶文化有较为重要的学术价值。

（7）西湾遗址

西湾遗址[①]位于渑池北约 60 千米的西湾村北的高台地，北距黄河 0.8 千米，东临涧河，南距仰韶村遗址约 50 千米。1999 年，为配合黄河小浪底水利工程，河南省文物考古研究所对西湾遗址进行考古发掘，发掘面积 400 平方米。

西湾遗址遗存主要为仰韶文化遗存。遗迹有墓葬 1 座，房址 2 座，灰坑 4 个。房屋为椭圆形半地穴式（图 1-35），结构相对简单，地面不甚规整，铺有料礓石硬面，室内没有发现柱洞和灶坑，反映了西湾遗址仰韶文化房基的原始性。

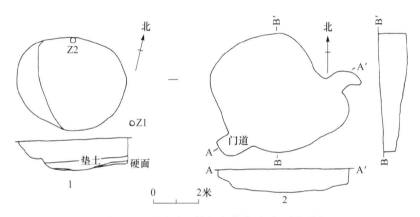

图 1-35　西湾遗址仰韶文化房址平、剖面图
1. T1F1　2. T5F2

由于遗址破坏严重，遗物出土不丰富，主要是陶器，还有少量石器。陶器以泥质红陶最多，夹砂褐陶次之，泥质褐陶和夹砂灰褐陶再次之。陶器以素面为主，有少量的彩陶和磨光陶，可辨器型有钵、盆、罐、瓮、缸、尖底瓶、器盖和器座等。石器主要有斧、拍子、弹丸和饼等。遗址出土有姜黄陶和姜白陶。其中姜黄陶是仰韶文化遗址中常见的品种，姜白陶陶土经过筛选和淘洗，胎白细腻，但火候掌握不均匀，一方面反映了陶器制作的进步性，另一方面反映了烧制方面的原始性。从器物特征看，西湾遗址与王湾一期和庙底沟遗址出土器物有相似之处。

（8）洋湖遗址

洋湖遗址[②]位于渑池东北 60 千米的南村乡洋湖村西北二级台地。地面凹凸不平，

① 河南省文物考古研究所：《河南渑池县西湾遗址发掘简报》，《华夏考古》2008 年第 3 期，第 3-16 页。
② 河南省文物管理局、水利部小浪底水利枢纽、建设管理局移民局编：《黄河小浪底水库文物考古报告集》，黄河水利出版社，1998 年，第 19 页。

两个半截冲刷沟把遗址分成三个半岛，每个半岛长、宽各约 100 米，总面积约为 3 万平方米。西部台地文化层相对较厚，约 1.5 米。遗址采集陶片较少，器型有彩陶钵，夹砂灰陶绳纹罐、篮纹罐，泥质灰陶盆等，纹饰主要有绳纹、篮纹等。遗址西半部南端台地发现有古墓葬，断崖上发现有灰坑、古墓葬。是一处新石器时代仰韶至龙山时代的遗址。

（9）笃忠遗址

笃忠遗址位于渑池东南 12.5 千米的天池镇笃忠村，西北约 20 千米处为著名的仰韶村遗址，东距洛阳王湾遗址 44 千米。1955 年在修建小型水库时，发现众多古代文化遗物，主要有石铲 1 件、石镢 2 件、石斧 2 件、石刀 1 件，均有打击痕迹，陶片有红地黑彩陶、夹砂粗灰陶、夹砂粗红陶等。1962 年，中国科学院考古研究所洛阳发掘队对该遗址进行了考古调查，采集的陶片主要为仰韶晚期粗红陶篮纹及篮纹兼饰堆纹的罐口沿、口沿外附堆纹的盆口沿、扁平形的鼎足，证明该遗址处于仰韶文化分布区。

2006 年 6 月至 10 月，河南省文物考古研究所对笃忠遗址进行了抢救性考古发掘[①]。共清理灰坑 104 个，分属仰韶文化中期和晚期遗存。其中 H103 内出有夹砂罐、折腹釜、敛口曲腹钵、敛口曲腹盆、环形口小口瓶，以及夹砂缸等陶器，属仰韶文化中期的庙底沟类型时期遗存（图 1-36）。此时期主要遗物有陶器及少量石器。陶器多为夹砂红褐陶、灰褐陶，次为泥质红陶。流行线纹，其次为素面，有少量彩陶、弦纹、篮纹、附加堆纹等装饰。可辨器型有罐、釜、盆、钵（碗）、瓶等，制法为泥条盘筑，内壁及外表常见慢轮修整和刮抹痕。石器数量少，器类简单，主要有凿和铲。

仰韶文化晚期遗迹种类单一，皆为灰坑，数量众多。平面圆形或近圆形者居多，椭圆形和不规则形坑的数量较少。各种形制的灰坑中，袋状坑数量占 60%，锅底状、筒状坑的数量都很少。出土遗物丰富，以陶器、石器、骨器为主，尤以陶器的数量最多。还发现有蚌贝器，数量较少。陶器以夹砂陶为主，泥质陶相对较少，两者比例因器类差别有很大不同。器类有罐、鼎、盆、斝、钵（碗）、豆、瓮、瓶、杯、器盖等，以夹砂折沿罐最多见，盆、钵（碗）、器盖占很大比例，代表性器型有夹砂折沿深腹罐、罐形鼎、斜腹盆、双腹盆、折沿盆、敛口钵（碗）、敛口豆、敞口折腹豆、小口高领瓮、筒形杯、喇叭口尖底瓶，以及彩陶罐等（图 1-37、图 1-38）。除流行素面外，器表施篮纹、附加堆纹、磨光者也占很大比例，而弦纹、绳纹、线纹，以及彩陶的数量较少。石器数量较多，制作略显粗糙，打制石器的数量较磨制石器多，可辨器类有锄、铲、斧、

① 河南省文物考古研究所：《河南渑池笃忠遗址 2006 年发掘简报》，《华夏考古》2010 年第 3 期，第 3-18 页。

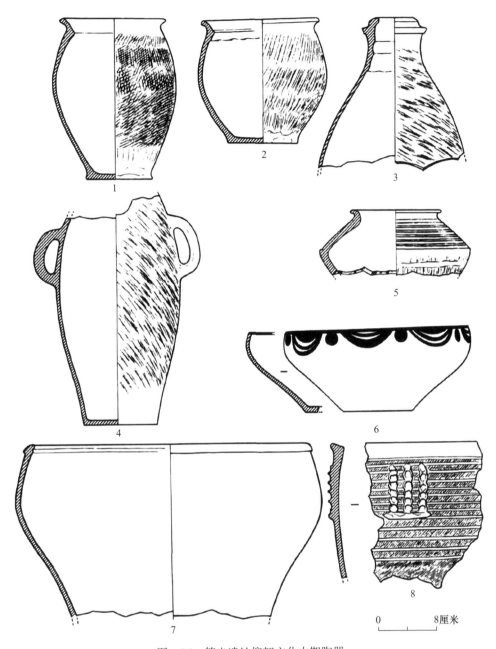

图 1-36 笃忠遗址仰韶文化中期陶器

1、2. 罐（H103：9、H103：8）3. A 型瓶（H103：30）4. B 型瓶（H10：1）5. 釜（H103：13）

6. 钵（H103：3）7. 盆（H103：21）8. 缸（H103：15）

凿、刀、锤、杵、纺轮、镞、砺石等，以刀、锄、铲、斧最为多见。此外，还出土有几枚石璜、环等。骨器发现数量多，主要是镞、簪、锥，还有骨针、镯等。

笃忠遗址仰韶文化年代为仰韶中期到仰韶晚期。仰韶中期的单位较少，出土物却很丰富，根据器型的演化，年代可能较庙底沟类型一期二段稍晚；仰韶晚期的灰坑数量多，出土遗物丰富，文化类型当属西王村Ⅲ期文化。

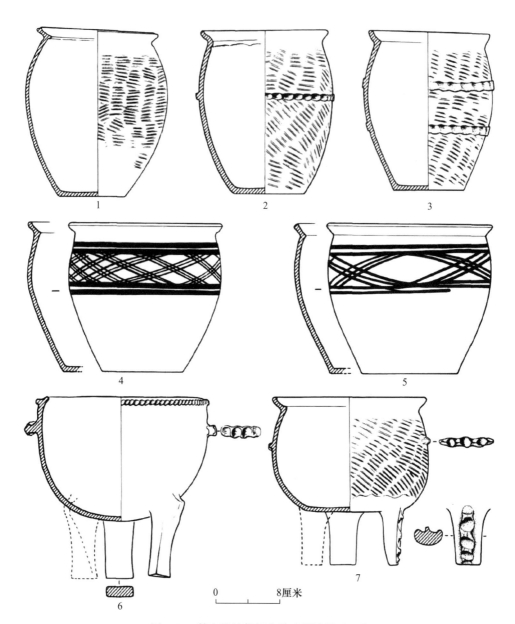

图 1-37　笃忠遗址仰韶文化晚期陶器（一）
1、2、3. 夹砂罐（H98：14、H89：10、H22：17）　4、5. 泥质罐（H98：5、H95：1）
6、7. 鼎（H98：19、H22：159）

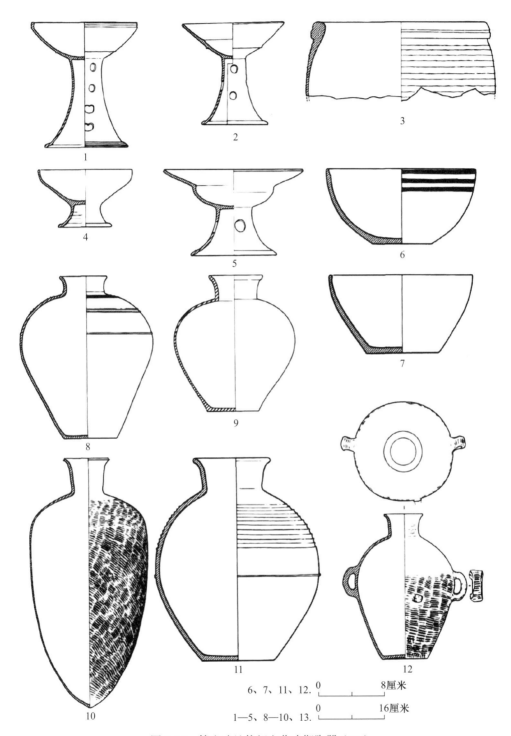

6、7、11、12. ⊢—⊣——⊣ 8厘米

1—5、8—10、13. ⊢—⊣——⊣ 16厘米

图 1-38　笃忠遗址仰韶文化晚期陶器（二）

1、4. A 型豆（H72∶1、H22∶15）　2、5. B 型豆（H98∶13、H22∶37）　3. A 型瓮（H26∶48）　6、7. 钵（碗）
（H26∶69、H36∶18）　8、9. B 型瓮（H77∶18、H22∶170）　10. 小口尖底瓶（H22∶113）
11、12. 壶（H77∶19、H22∶172）

2. 渑池仰韶文化遗址研究

渑池仰韶文化遗址数量较多，面积大、遗存丰富的遗址有仰韶村、班村、笃忠、关家等，这些遗址的发掘及遗迹、遗物的出土对豫西地区早期文化及中华文明起源研究有重要的学术价值。

（1）仰韶村、班村遗址遗存反映了三门峡地区仰韶文化的发展进程

班村遗址文化层堆积厚，经过大规模的考古发掘及分析研究，已基本搞清了该遗址的文化序列及各期文化层堆积的分布状况。

班村遗址第一期文化遗存年代为前仰韶文化时期，相当于裴李岗文化时期，称为裴李岗文化班村类型。主要遗迹有房基、窖穴和位于室外的灶坑，灶坑多为口径1米、深0.5米的圆形锅底状坑，坑内残存烧过的石块、灰烬、陶片及动物骨骼，还有石器、骨器等。遗址灰坑中浮选出大量半炭化的植物果实遗存。陶器以红陶为主，灰陶、褐陶较少，泥质陶多于夹砂陶。陶器纹饰以细绳纹为主，另有线纹、指甲纹、划纹等。器型主要有罐、钵、碗、缸、器盖等，其中以饰有竖向粗绳纹的筒形带把罐最具特点。

班村遗址第二期遗存年代为仰韶文化时期，属庙底沟类型，遗存最为丰富。遗迹主要有房基、灰坑。房基多为半地穴式，平面形状有圆形、椭圆形、方形三类，地面坚硬，表明已具有较高的房屋建筑技术。陶器以泥质红陶最多，夹砂红陶和泥质灰陶次之。器表纹饰有弦纹、绳纹、线纹、附加堆纹等。此外还有彩陶，黑彩绘多于红彩，并有少量白衣彩陶。器型主要有罐、钵、盆、瓮、器盖、尖底瓶、釜、鼎、碗、杯、缸等。

第三期遗存属庙底沟二期文化，分布范围广。遗迹主要有房基、灰坑、窖穴、墓葬、祭祀坑、陶窑等。房基多为较深的椭圆形半地穴式。灰坑以圆形袋状式居多，灰坑内还发现有炭化的粟。遗址西部发现有以人祭坑为中心的祭祀遗迹。陶器以夹砂陶为主，褐陶多于灰陶，红陶较少。纹饰以篮纹为主，另有弦纹、附加堆纹。器型有罐、钵、碗、盆、器盖、缸、尖底瓶、鼎、壶、斝、杯等。

班村遗址第二期、第三期属仰韶文化遗存，据器物组合及器型变化并与同时期文化遗址进行比较，可以发现：班村仰韶文化一期文化面貌同河南陕州庙底沟文化有相似性，均以平底器为主，尖底器次之，有少量的圜底器，器型有重唇环形口尖底瓶、曲腹钵、曲腹盆等。班村仰韶文化一期1段与山西翼城北橄遗址三期文化面貌具有相似性，均出现外唇尖圆的重唇口尖底瓶及平底瓶、敛口钵等，可见班村仰韶文化与北橄三期时代相当，但二者又有差别，班村仰韶彩陶纹饰多以圆点、弧线三角等纹饰为主，北橄三期彩陶中则有一定数量的宽带纹。2段与北橄遗址四期文化面貌相似，陶器大部分素面，主要纹饰包括绳纹、弦纹，均出现重唇口尖底瓶、敛口钵、曲腹盆、夹砂侈口罐等器型。

班村仰韶文化与关中东部仰韶文化庙底沟类型均具有重唇口尖底瓶、曲腹盆、敛口钵等器型，其中班村仰韶文化陶器器型较为矮胖，多曲腹，关中东部庙底沟类型陶器器型多修长、深腹。彩陶纹饰均较复杂，有回旋勾连纹、垂弧纹等纹饰，并有少量白色陶衣。班村仰韶文化与关中西部仰韶文化庙底沟类型则存在明显差别，关中西部地区陶器虽也较修长，但陶器中少见体型瘦长、颈肩分明的高领罐、敛口瓮等庙底沟类型中的典型器型，彩陶数量也远不及庙底沟、班村彩陶多，纹饰亦相对简单，多为圆点、回旋勾连纹，少见或不见垂弧纹。

班村仰韶文化二期与一期差别较大，重唇口尖底瓶重唇退化，曲腹钵、曲腹盆等数量变少，不见庙底沟类型典型器物组合，又未出现平唇口尖底瓶、折沿盆等西王村类型典型器型，可能属于庙底沟类型向西王村类型的过渡阶段。

仰韶文化半坡类型和庙底沟类型是仰韶文化在长期发展过程中形成的两种并行的文化，而非先后发展的两个阶段，故有半坡文化因素的葫芦口瓶和典型庙底沟一期文化的重唇环口瓶，从早至晚一直共存，反映出东西部地区文化的交流与融合。庙底沟类型应是从山西翼城枣园 H1、东关一期，北橄一、二期等豫西晋南仰韶文化早期遗存发展而来，并吸收半坡类型的文化加以创造发展。

（2）渑池班村、笃忠遗址发现的种子及动物骨骼与先民们的生活状态

渑池仰韶文化遗址中发现有炭化植物种子，如班村、笃忠、南交口遗址经过土样浮选，发现了植物、农作物遗存，其中以班村遗址最为丰富。

班村遗址发现多种植物种子。在第一期地层编号 H2033、H1010 的灰坑中浮选出半炭化的植物果实。通过与现代植物标本比较鉴定得知，包括以下种属：

① 朴树内果皮，出自 H2033。果皮表面有明显网纹，有 2 条缝线及与其相垂直的 2 条棱，果核长 6.88—7.34—7.86 毫米。从形态分析，似乎为朴树果。

② 山茱萸果核，H2033 中浮选，长 10—11 毫米，径 4.8—5.1 毫米（最大径 6.12 毫米）。可见背、腹面上各有一条纵向细沟。从纵断面上可见核壁上有大型孔洞，核中间有一圆形胚腔。从形态上看，与现代山茱萸果核相似。

③ 栎属，H1010 中浮选出栎属的炭化子叶块，表面凹陷，有数条较浅的纵沟。从保存的子叶块测量结果来看，可能存在两组类型。大粒者长 14.1—15.7 毫米，小粒者仅有 11.4 毫米。H2033 浮选出的栎的子叶块样，高 13.5 毫米，径 13.24 毫米。另有 10 余块栎的子叶块碎片。由于仅保存子叶块，不见具有鉴定特征的壳斗，难以定种。

④ 紫苏，H2033 浮选出 7 粒小坚果，果核近球形，径约 2.07—2.15 毫米，表面尚能见到大的网状纹。

⑤ 野大豆，在 H2033 中浮选出一粒已炭化的野大豆种子，呈肾形，长 3 毫米，宽 2.6 毫米，表面有清楚的种脐，种脐长 1.14 毫米，宽 0.4 毫米。

第二期地层为庙底沟二期文化堆积，发现有种子遗存：

① 粟，俗称小米。从 H3037 中浮选出大量粟米粒，粒长 1.29 毫米，宽 1.16 毫米。从米粒上可清晰见到胚，胚区长 1.08 毫米，宽 0.8 毫米。米粒长与胚区长的比值为 1.19，胚区长宽比一般是 1.8—2。

② 黍，炭化黍平均粒长 1.79（1.7—1.89）毫米，宽 1.51（1.35—1.7）毫米。米粒上具明显的胚，胚区长 0.83—0.9—0.965 毫米，测量米粒长与胚区长的比值范围为 1.87—2.2，平均值为 2.044。而胚区长宽比值范围为 0.825—0.955，平均值为 0.976。

从粟和黍的测量可看出二者的差异：粟粒较黍粒体积明显偏小，但粟粒胚区的长宽比值偏高，因此粟粒胚区呈窄长沟状，而黍粒的胚区呈宽沟状或等腰三角形。考古遗址中粟黍粒炭化后，单从形态上难以区分。班村遗址庙底沟二期文化灰坑中浮选出的是已被脱壳的粟粒（小米）和少量黍米，由此可推测庙底沟二期文化时期，生活在黄河阶地的班村遗址先民主要种植耐旱的农作物——粟。

考古遗址中植物遗存的发现与鉴定，有助于揭示其地当时的植被面貌，探讨古人类生存的环境状况。班村遗址位于黄河中游地区，属于暖温带落叶阔叶林区。班村遗址裴李岗文化层中浮选出的栎树果核，其母体应属高大的落叶阔叶乔木或高灌木，果核中富含淀粉。该属的果核同样见于河南舞阳贾湖遗址、密县莪沟北岗遗址的裴李岗文化期，以及山东的大汶口文化期。栎树果核在遗址灰坑和房址中的发现，表明栎果应是先民采集的重要食物。朴树也是暖温带落叶阔叶林中的主要乔木，通常生长在华北暖温带山坡、山谷甚至岩缝中，木质硬，茎皮具纤维，种子含油。周口店北京猿人遗址灰坑和华北前仰韶文化期的不少遗址中都曾见到大量朴树的完整果皮，朴果种子很可能也有食用的意义。

班村遗址浮选出的山茱萸果实在中国考古中属首次发现。山茱萸是暖温带落叶阔叶林区中常见的乔灌木树种，其成熟果皮呈现红色，味甜，具有健骨、补肝肾、涩精气、固虚脱的功能，是重要的中药材。

野大豆系一年生缠绕草本，茎细瘦，荚果呈矩形，长约 3 厘米，种子密生黄色长硬毛。除班村遗址裴李岗文化期外，山东滕州庄里西遗址、在河南舞阳贾湖遗址和洛阳皂角树村遗址也有发现，表明在中国历史上曾有过广泛分布。紫苏主要分布于亚洲东部，其叶和种子具有应用价值，在我国栽培甚广。野大豆和紫苏通常生长在潮湿地，其果实和种子富含食用油，应是当时先民从周边湿地采集来作为食物的重要补充。

笃忠遗址为仰韶文化中晚期遗址，遗留大量遗迹遗物，以灰坑数量最多。灰坑中发现大量的动物骨骼及炭化的植物种子。可鉴定的动物种属有猪、犬、绵羊、牛、草兔、梅花鹿、中华竹鼠、雉鸡等共 14 种，其中家猪骨骼发现最多，梅花鹿、草兔、雉鸡等野生动物骨骼较少，表明当时人们的肉食来源主要是饲养的家猪，同时有一定量狩猎所得野生动物。采用浮选法收集的炭化种子有粟、黍等。

仰韶遗址出土的植物及作物标本反映了当时人们生业状况：农作物以粟、黍等旱地作物为主，也发现有稻米种子，表明先民们以粟、黍、稻为主要食物，同时饲养猪、犬、羊、牛、兔等，家猪是主要的肉食来源，狩猎来的野生动物只占很小比例。

（二）三门峡市区仰韶文化遗址

三门峡市区指今三门峡城市区域，包括湖滨区、陕州区（原陕县）等。

1. 三门峡市区的仰韶文化遗址

（1）庙底沟遗址

庙底沟遗址[①]位于原陕州老城西南崖底乡庙底沟村北，北邻青龙涧，面积约为36.2万平方米。庙底沟遗址共经过两次大规模发掘：1956—1957年，为配合三门峡水利枢纽建设，文化部和中国科学院考古研究所组成黄河水库考古队，发掘面积约为4500平方米，发现遗址并将其命名为庙底沟遗址；2002年，为配合310国道工程，河南省文物考古研究所与三门峡市文物考古研究所、郑州大学考古系等单位对庙底沟遗址进行了大规模的抢救性发掘，发掘面积达24000平方米。

1956—1957年庙底沟遗址第一次发掘，发现的仰韶文化遗存包括房基2座，灰坑168个，墓葬1座、灰沟1条等。2002年的第二次发掘，发现仰韶文化庙底沟类型、西王村类型及庙底沟二期文化等时期遗存，包括灰坑、窖穴900余个，陶窑20余座，保存完好的房址10余座，壕沟3条等[②]。房屋有的为南北向长方形半地穴式，南部有长斜坡门道，房内距门不远处有圆形火塘；也有东西向圆形地穴式结构房屋，门道朝东，底部偏东设有灶膛。房屋浅竖穴四周坑壁上敷有一层草泥土，并有排列整齐的柱洞，但没有石柱础，地面亦敷有草泥土。房屋中央部分有四个对称作方形的柱洞，柱洞内填砾石作为柱础。从房基中部柱洞判断，屋顶极可能为四角尖锥形。2002年发掘的陶窑数量较多，陶窑结构保存较为完整，由窑室、火塘及火道等组成，分布相对集中，有可能当时已形成烧制陶器的作业区。

出土遗物有陶器、石器、骨器等。陶器主要为夹砂或泥质红陶，器型有釜、灶、甑、鼎、尖底瓶、罐、盂、盆等（图1-39）。除素面或磨光外，纹饰有彩绘、线纹、篮纹、划纹、弦纹、附加堆纹、镂孔等，以绘植物叶纹的彩陶最富特征。石器有网坠、刀、锤、斧、锛、铲、纺轮、杵、球等，均为磨制。骨器有针、锥、镞、凿、笄等，

---

① 中国社会科学院考古研究所编：《庙底沟与三里桥》，文物出版社，2011年，第4-6页。

② 河南省文物考古研究所编：《河南三门峡市庙底沟遗址仰韶文化H9发掘简报》，《考古》2011年第12期，第23-46页。

风格与仰韶文化半坡类型骨器不同。

庙底沟遗址部分灰坑中发现有炭化种子。有的仅发现几粒，但 H770 发现有 42312 粒，种属有粟、黍、水稻、大豆[①]，应是一处专门存放粮食的储藏坑。

（2）三里桥遗址

三里桥遗址[②]位于三里桥村东南部，发现于 20 世纪 50 年代。遗址南邻青龙涧，与庙底沟遗址隔河相对，位于一块东西狭长的长条形黄土台地，总面积约为 18 万平方米。仰韶文化遗存主要分布于遗址西部，共发现仰韶文化灰坑 47 个、陶窑 2 座、墓葬 2 座。遗物主要有陶器、石器、骨器等。陶器以细泥红陶为主，夹砂粗红陶次之，泥质灰陶和细泥黑陶最少。器型主要有钵、盆、碗、罐、器座等。陶器多素面或器表磨光，纹饰简单，有线纹、划纹、附加堆纹、乳丁纹、彩绘等，其中彩绘仅见于折沿盆及敛口盆的口沿上。石器有刀、斧、纺轮、球等。骨器有针、锥、笄等。

（3）南交口遗址

南交口遗址[③]位于三门峡市区东南 10 千米的交口村西台地，在黄河支流青龙涧河和其支流东青龙涧河交汇处。遗址大致呈东西向，总面积约为 12 万平方米。1987 年，河南省文物考古研究所对其进行发掘，发掘面积 1400 平方米，发现仰韶、龙山、二里头、汉代等不同时期遗存。其中仰韶文化遗存丰富，堆积较厚，可分为三期：仰韶文化一期遗存较丰富。遗迹有半地穴式房址 1 座、墓葬 2 座、灰坑 30 个等。灰坑多为圆形、椭圆形口，斜壁平底或弧壁圜底。遗物有陶器、骨器等。陶器以泥质红陶和夹砂红褐陶、灰褐陶为主，还有红顶陶。器表多素面，纹饰常见绳纹、旋纹。彩陶较少，多绘黑彩，纹饰简单，有直边长三角纹、斜线纹、直线纹、窄带纹等。器型有罐、钵、小口尖底瓶、盆、缸、瓮、器盖等。其中以窄沿罐、杯形口小口尖底瓶、红顶钵为本期陶器的典型器型，彩陶中的直边长三角纹为代表性纹饰。一期文化遗存属仰韶文化东庄类型。仰韶文化二期遗存最为丰富。遗迹有房址 6 座，灰坑 57 座，灰沟 3 条，墓葬 1 座。房址有长方形地面、圆形地面和半圆形地穴式三种形制。灰坑口部形制以圆形居多，还有少量椭圆形、方形和长方形口，其中子母口灰坑为本地区其他遗址所不见。墓葬为多人二次合葬墓，为三门峡地区首次发现。二期文化遗存归属于仰韶文化庙底沟类型。三期遗存发现较少，只有灰坑 2 座，形制规整，均为圆形口，斜壁下张，平底和圜底者各 1 座。三期文化遗存属于仰韶文化晚期西王村类型。

---

① 河南省文物考古研究院，三门峡市文物考古研究所，武汉大学历史学院考古系：《三门峡庙底沟遗址庙底沟文化 H770 发掘简报》，《中原文物》2021 年第 5 期，第 4-14 页。

② 中国社会科学院考古研究所编：《庙底沟与三里桥》，文物出版社，2011 年，第 42-46 页。

③ 河南省文物考古研究所编：《三门峡南交口》，科学出版社，2009 年，第 21-71 页。

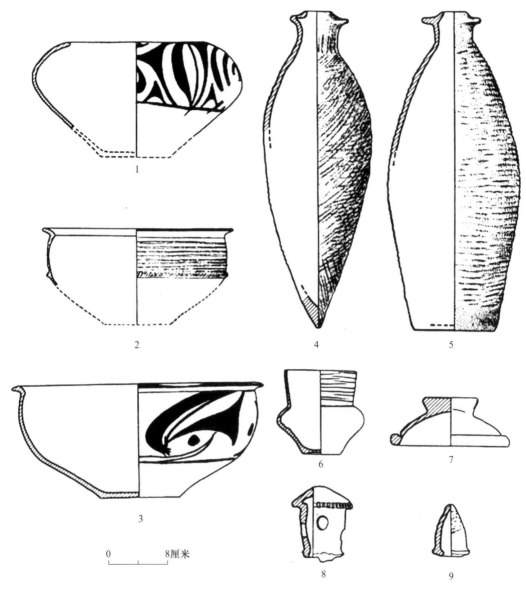

图 1-39　庙底沟遗址仰韶文化泥质红陶陶器

1—3. 盆（A9j H203.47、A10c T235：10、A10d H379：86）　4. 尖底瓶（A18a T203：43）　5. 平底瓶（A186 H338：10）
6. 大口罐（A17cH15：77）　7—9. 器盖（A19a H305：33、A19b H305：34、A19c T110：03）

　　通过对南交口遗址采集土样进行浮选，发现多种类古代植物遗存，经鉴定，有稻、粟、黍等种属的籽粒。稻米粒呈黑色扁椭圆形，质脆，米粒的每面都具 2 条凸起的纵棱和其旁的浅沟，在米粒基部尚可见到呈缺口状的胚区，米粒的长、宽比值在 2 以下，据此可以确定，这些炭化稻米为已被人为加工脱壳的粳米。炭化稻的发现，表明仰韶中期的南交口一带，不仅有以粟类为代表的旱地作物，还可以在低浅水域或沼泽地种植水稻，把黄河中游开始栽培水稻的历史提前到了仰韶早期。此外，还发现有野生果实及杂草种子，为研究中原地区仰韶文化时期古人类食谱提供了实物依据。

（4）南家庄遗址

南家庄遗址① 位于湖滨区崖底乡梁家渠村南家庄东南部，地处青龙涧河北岸呈东西向狭长的二级台地，与庙底沟遗址隔河相望，西距三里桥遗址约 0.5 千米。2005 年，河南省文物考古研究所对该遗址进行试掘，清理灰坑 20 余座，窑址 1 座，房基 2 座，墓葬 1 座，遗存时代包含仰韶、二里头、宋代等不同时期。

仰韶文化地层出土遗物以陶器为主，主要是泥质陶，夹砂陶占一定比例。陶色以红陶居多，灰陶较少。器物表面以素面为主，多磨光，另有线纹等，多饰于小口瓶、瓮、部分罐类器腹部。彩陶较少，彩绘仅施于泥质红陶，多黑彩，部分施白陶衣，有少量红彩、褐色，均施于盆钵类唇部和上腹部，纹饰有条带纹、直边三角形纹、垂弧纹等，组成一周变化不大的连续装饰图案。器型有钵、盆、罐、小口瓶、甑等。

与周边其他仰韶文化遗址相比，南家庄址出土陶器中的敞口钵、直口钵、直边三角纹曲腹钵、直口平折沿平底盆、窄折沿鼓肩曲腹线纹罐瓮等器型的面貌与三里桥遗址出土同类器物基本相同，二者年代一致，属于仰韶文化东庄类型。南家庄遗址出土的大部分陶器的器型、纹饰、彩陶纹样等与山西芮城东庄村遗址所出相同或相似，代表了仰韶文化早期晚段的特征，但相对年代不尽相同，年代或略晚。

（5）北梁遗址

北梁遗址② 位于交口乡北梁村北青龙涧河西岸的二级阶地。遗址南北残长约 250 米，东西宽约 200 米，现存总面积约为 5 万平方米。采集陶器以泥质红陶为主，夹砂红褐陶次之。器表多素面，纹饰以线纹为主，彩陶占一定比例。主要器型有泥质盆、夹砂罐、钵、小口尖底瓶、缸等。

（6）朱家沟遗址

朱家沟遗址③ 位于交口乡朱家沟村东南，青龙涧河自南向西转弯处南岸的二级阶地。遗址中部冲沟以东东西长约 150 米，南北宽约 120 米，冲沟以西东西长约 100 米，南北宽约 80 米，再加上冲沟局部保存区域，遗址现存总面积约为 3 万平方米。遗址有仰韶、二里头等时期遗存。采集的仰韶时期陶片质地有泥质红陶、黑陶和夹砂灰陶。纹饰有线纹、绳纹、附加堆纹等。器型有小口瓶、盆、钵、大口尊等。

（7）卢家店遗址

卢家店遗址④ 位于交口乡卢家店村北，在青龙涧河及其支流交汇处东南的小山形

① 河南省文物考古研究所：《河南三门峡市南家庄遗址的调查与试掘》，《华夏考古》2007 年第 4 期，第 56-95 页。
② 河南省文物考古研究所编：《三门峡南交口》，科学出版社，2009 年，第 386-419 页。
③ 河南省文物考古研究所编：《三门峡南交口》，科学出版社，2009 年，第 386-419 页。
④ 河南省文物考古研究所编：《三门峡南交口》，科学出版社，2009 年，第 386-419 页。

台塬上也有小面积分布。遗址东西长约 300 米，南北宽 150—250 米，总面积约为 6 万平方米。仰韶文化时期遗迹以灰坑为主。遗物有陶器、石器等。陶器以泥质红陶为主，夹砂红褐陶次之。陶器器表以素面为主，线纹次之，有较多彩陶。器型主要有盆、钵、夹砂罐、小口瓶、瓮、缸等。

2. 庙底沟文化年代及分布范围的探讨

1959 年庙底沟遗址发掘工作开始，考古发掘报告将遗址史前遗存分为二期：一期（下层）遗存为仰韶文化，命名为庙底沟类型，是仰韶文化中期的代表，也是仰韶文化最先被划分出来的文化类型；二期遗存因文化面貌独特，有别于仰韶文化又不同于龙山文化，内涵丰富，外延扩大，考古学界称为"庙底沟二期文化"。

庙底沟遗址二期文化影响大、分布范围广。关于庙底沟二期文化的性质，学界多有争论，主要观点有：这类遗存基本是一个整体，其同仰韶文化的联系要多于与龙山文化的联系，为仰韶文化最晚期，称为"仰韶文化庙底沟二期类型[1]；庙底沟二期文化单独存在，具有仰韶文化和龙山文化之过渡文化性质[2]；庙底沟二期文化为龙山文化早期文化[3]。近年来，通过对庙底沟遗址出土器物的再研究，发现庙底沟遗址龙山文化陶器可分为两组：一组以喇叭口尖底瓶、菱形带状纹彩陶盆、盆形鼎等主要器型为代表，属西王村三期类型，也即仰韶文化的最晚期类型，处于仰韶文化末期；另一组以斝、鼎、刻槽盆、筒形罐、喇叭口圆肩平底瓶、釜、灶为主要器型，是庙底沟遗址龙山文化遗存之主体，归属仰韶文化向龙山文化过渡时期。此外，庙底沟二期文化中部分器物如斝类空三足器、釜灶、刻槽盆等，应归入龙山文化早期，也即以釜形斝为代表的空三足器的出现是龙山时代来临的标志[4]。

考古学家们对庙底沟遗址出土的 690 多件陶器进行了碳十四测定，进一步确定了庙底沟二期文化的年代问题：公元前 4000 年至公元前 3500 年的遗存为仰韶文化庙底沟类型文化，公元前 2900 年至公元前 2300 年的遗存为中原龙山文化早期的庙底沟二期文化，具有过渡性质。中原仰韶文化和龙山文化之间的衔接问题，在庙底沟遗址上得到了初步揭示和佐证。

庙底沟类型文化面貌以庙底沟遗址的仰韶文化遗存为代表，过去学界往往将与之

① 严文明：《略论仰韶文化的起源和发展阶段》，《仰韶文化研究》，文物出版社，1989 年，第 122-165 页；韩建业：《晋西南豫西西部庙底沟二期—龙山时代文化的分期与谱系》，《考古学报》2006 年第 2 期，第 179-204 页。
② 安志敏：《试论黄河流域新石器时代文化》，《考古》1959 年第 10 期，第 559-565 页。
③ 卜工：《庙底沟二期文化的几个问题》，《文物》1990 年第 2 期，第 38-47 页；靳松安：《庙底沟遗址第二遗存再分析》，《江汉考古》2000 年第 4 期，第 47-53 页。
④ 张忠培：《黄河流域空三足器的兴起》，《华夏考古》1997 年第 1 期，第 30-48 页。

类似的其他文化遗存都认定为庙底沟类型，使得庙底沟类型遗址分布相当广泛。其分布范围大致为东到郑州附近，西达甘肃洮河及青海东部，南到陕南、豫西南及鄂西北的汉水中上游地区，北达内蒙古南部、晋北及冀中地区[①]。通过近年来的对比研究，可确定庙底沟类型文化分布：分布中心在豫西、晋西南地区，本地区庙底沟类型文化早期和晚期遗存可分别称作庙底沟类型和西王村类型；邻近的关中地区、郑洛地区及豫西南、鄂西北地区的同期遗存中，虽然也有类似庙底沟类型的文化成分，但面貌并不相同，应为受庙底沟文化影响区域；晋中地区同期遗存文化面貌与庙底沟类型大同小异，应属于庙底沟类型文化；冀西北地区的同期遗存则与之较为类似但存有差异，应为庙底沟类型文化分布的边缘地带[②]。

（三）灵宝仰韶文化遗址

1. 灵宝市仰韶文化遗址

（1）南万村遗址

南万村遗址[③]位于灵宝西部边缘南万村西的台地，地面散布着丰富的仰韶文化遗物。1958年，黄河水库考古工作队河南分队对遗址进行了试掘。发掘和采集的器物有石器69件，骨器4件，陶容器23件，小件陶器（包括陶纺轮、刀、球、环）27件。陶器以泥质红陶最多，夹砂粗红陶次之，泥质灰陶较少。红陶质粗，颜色浅，火候低，多素面或饰线纹、压印纹。彩陶多饰黑彩，纹饰简单，饰于钵、盆的口沿部位。器型有盆、钵、碗、罐和小口平底器等。

南万村仰韶文化遗址陶器在陶质比例、纹饰与制法等方面与豫西陕州、灵宝等地的仰韶文化遗址大体相同。在泥质红陶和泥质灰陶中，半月形压印纹具有特色，在附近一带的仰韶文化遗址中偶尔可见，但在陕西西安半坡和凤县龙口村郭家湾等处仰韶文化遗址中则比较多见。

（2）涧口遗址

涧口遗址[④]位于灵宝涧口村西北一漫坡岗地，面积约为1万平方米。1987年，河南省文物研究所对该遗址进行发掘，发掘面积为300平方米，发现仰韶文化时期、汉代、唐代遗存。

仰韶文化时期遗迹有房址1座、灰坑16座。房址为椭圆形半地穴式。灰坑平面形

---

① 巩启明：《试论仰韶文化》，《史前研究》1983年第1期，第71-90页。

② 杨亚长：《谈庙底沟类型》，《中原文物》2000年第5期，第10-14页。

③ 黄河水库考古工作队河南分队：《河南灵宝两处新石器时代遗址复查和试掘》，《考古》1960年第7期，第12-19页。

④ 河南省文物考古研究所、渑池县文化馆：《渑池仰韶遗址1980-1981年发掘报告》，《史前研究》1985年第3期，第38-58页。

制有圆形或椭圆形和不规则形。遗物有陶器、石器、骨器等。陶器以夹砂灰陶为主，泥质灰陶次之，纹饰以篮纹为主，附加堆纹次之。主要器型有小口瓶、罐、鼎、釜、灶、钵、盆等。石器有斧、砍砸器、凿、饰品、刀、矛、纺轮、杵、网坠、球等。骨器有簪、管、凿等。

（3）北万回头遗址

北万回头遗址[①] 位于灵宝西闫底乡北万回头村的高坡台地，1960 年河南省文化局文物工作队在三门峡水库区进行古文化遗址调查时发现。遗址地面散布着仰韶文化遗物，暴露有灰层和灰坑，出土有彩陶盆和若干陶片。彩陶盆，口径 38 厘米，底径 12 厘米，高 10 厘米。稍残，泥质红陶，大口，圆唇，宽沿，腹稍鼓，下斜收成小平底；口沿绘黑彩，图案为几何纹，由四组成对的弧边三角形和三组棱形直线，以及一对花瓣纹组成。彩陶盆的陶质、纹饰、器型与陕州、灵宝等地的仰韶文化遗址中所出同类器物大体相同，在庙底沟仰韶文化遗址与西安半坡遗址中均有出土。

（4）北阳平遗址

北阳平遗址[②] 位于灵宝西北部关子沟与阳平河之间的阳平小塬上，总面积达 90 万平方米。1999 年 11—12 月，中国社会科学院考古研究所河南第一工作队、河南省文物考古研究所、三门峡市文物工作队和灵宝市文物保护管理所等组成联合考古队，选取该遗址中西部进行试掘，发现有仰韶、东周时期遗存。仰韶时期遗迹有房基、灰坑、墓葬等，遗物有陶器、石器、骨器和角器等。陶器以泥质红陶为主，其次为夹砂褐陶，器表以素面磨光为主，纹饰以细绳纹为主，有少量的彩陶，主要器型有小口尖底瓶、盆、罐、钵等。石器有斧、刀、镞、球、珠和细石叶等。骨器有簪、匕、锥等。

（5）底董遗址

底董遗址位于灵宝底董村西北十二里河西岸的二级阶地，总面积约为 10 万平方米。河南省文物考古研究所于 2006、2007 年对该遗址进行发掘，发掘面积约为 800 平方米，发现较丰富的仰韶文化遗存和少量东周至汉代遗存[③]。仰韶文化时期遗存有房址、灰坑、瓮棺葬等。出土陶器以泥质红陶为主，纹饰主要是绳纹，器型有小口瓶、盆、夹砂罐、缸、钵等。石器有斧、锛、磨棒、磨盘等。

（6）底董北遗址

底董北遗址[④] 位于底董村北，2006—2007 年河南省文物考古院发掘底董遗址对周

① 陈焕玉：《灵宝北万回头遗址出土的彩陶盆》，《华夏考古》1991 年第 2 期，第 108 页。

② 中国社会科学院考古研究所河南第一工作队、河南省文物考古研究所、三门峡市文物工作队，等：《河南灵宝市北阳平遗址试掘简报》，《考古》2001 年第 7 期，第 3-20 页。

③ 魏兴涛：《灵宝底董仰韶文化遗存的分期与相关问题探讨》，《中国国家博物馆馆刊》2011 年第 1 期，第 47-57 页。

④ 魏兴涛：《仰韶文化东庄类型研究》，《考古学报》2018 年第 3 期，第 275-312 页。

边地区进行勘探时发现。面积约为 15 万平方米。主要文化内涵为仰韶文化。遗迹有灰坑。遗物主要为陶器，器型有盆、钵、小口尖底瓶、无沿罐等。

（7）西坡遗址

西坡遗址 [①] 位于阳平镇西坡村西北，东西两侧分别有夫夫、灵湖两河自南向北注入黄河支流沙河，现存面积约为 40 万平方米。中国社会科学院考古研究所河南一队和河南省文物考古研究所等单位在 2000—2011 年间共对该遗址进行了七次发掘，发现了丰富的仰韶文化遗存。

仰韶时期遗迹有墓葬、房址、灰坑、壕沟、蓄水池等，出土遗物有陶器、石器、骨器等。陶器以泥质红陶为主，纹饰以绳纹为主，彩陶占一定比例，主要器型有小口尖底瓶、钵、盆、罐、釜、灶、器盖等。石器有斧、刀、球、环、纺轮、陀螺形器和饰品等。骨牙器有骨笄、骨镞和牙饰等。

（8）晓坞遗址

晓坞遗址 [②] 位于阳店镇晓坞村南，地处弘农涧河支流朱乙河北岸的二级阶地和黄土台塬，总面积约为 10 万平方米。2007 年河南省文物考古研究所对该遗址进行试掘，发现仰韶时期和二里头时期遗存。仰韶时期遗迹有墓葬、灰坑等。墓葬共 2 座，形制为长方形竖穴土坑墓，均为多人二次葬，其中一墓发现尸骨 79 具，另一墓 17 具。遗物以陶器为主，主要为泥质红陶，有少量黄褐陶、灰陶和灰黑陶等。器表多素面，绳纹次之，少见彩陶。主要器型有盆、钵、罐、碗等。

晓坞遗址墓葬是豫西三门峡地区首次发现仰韶早期的二次葬墓，结合其他地区发现的仰韶早期的同类墓葬分析，二次葬墓应是豫西晋南一带东庄类型基本的埋葬形制之一。

2. 灵宝仰韶文化遗址的研究

（1）灵宝仰韶文化遗址的分布及变化

灵宝境内发现的众多仰韶文化遗址，呈现出不同时期的仰韶文化面貌，如仰韶文化早期的底董遗址，中期的南万村、北阳平、西坡遗址，晚期的涧口遗址等。除这些已发掘的遗址外，经调查确定的仰韶文化遗址还有多处。如 2006 年 10—12 月，河南省文物考古研究所会同灵宝市文物保护管理所和灵宝市铸鼎塬（原）文物保护管理所，并邀

① 中国社会科学院考古研究所河南一队、河南省文物考古研究所、三门峡市文物工作队，等：《河南灵宝市西坡遗址试掘简报》，《考古》2001 年第 11 期，第 3-14 页；河南省文物考古研究所、中国社会科学院考古研究所河南一队、三门峡市文物考古研究所，等：《河南灵宝市西坡遗址 2001 年春发掘简报》，《华夏考古》2002 年第 2 期，第 31-52 页。
② 河南省文物考古研究所、灵宝市文物保护管理所：《河南灵宝市晓坞遗址仰韶文化遗存的试掘》，《考古》2011 年第 12 期，第 3-22 页。

请北京大学环境考古人员共同对铸鼎塬及其周围史前古文化遗址进行了全面调查，又发现和确认了多处仰韶文化新遗址，涵盖仰韶早、中、晚不同时期。加上以往公布的31处，在灵宝境内发现的新石器时代遗址总数达48处[①]。通过对该地区仰韶文化遗址的分析可以看出：仰韶早期遗址海拔高度较低，多分布在黄河、沙河和阳平河的三级阶地，只有少数分布在较高的黄土台塬上；仰韶中期遗址数量和面积较前期显著增加，居址海拔增加，有的分布于三级阶地和高台塬上，有的发展到山前地带；仰韶晚期遗址数量急剧减少，分布范围从北向南退缩，黄河三级阶地不见遗址，所处高度有增加的趋势，主要分布于高、低台塬上。

（2）灵宝荆山轩辕黄帝陵与周边仰韶文化遗存

黄帝陵位于灵宝阳平镇东南3千米处的铸鼎塬北端。现存陵高4.8米，周长46米，黄土夯筑而成。《史记·封禅书》："黄帝采首山铜，铸鼎于荆山下。鼎既成，有龙垂胡髯下迎黄帝。黄帝上骑，群臣后宫从上者七十余人，龙乃上去。余小臣不得上，乃悉持龙髯，龙髯拔，坠，坠黄帝之弓。百姓仰望黄帝既上天，乃抱其弓与胡髯号，故后世因名其处曰鼎湖，其弓曰乌号。"荆山在黄帝陵南约12千米，属秦岭山脉。《阌乡县志》载："荆山在城南三十五里。""城"指阌乡县城。"鼎湖"之"湖"即铸鼎塬西的"阳平河"。《水经注》："湖水出桃林塞之夸父山。"[②] 夸父山，位于荆山之西，两山仅隔一峪。"鼎湖"位置应在铸鼎塬西阳平镇附近。

铸鼎塬上地势平坦开阔，土地肥沃，阳平河、沙河从塬上穿过，是适宜先民农耕、定居和繁衍生息的场所。灵宝市文物管理委员会对该地古文化遗址进行了初步调查统计，仅在铸鼎塬四周不足8平方千米范围内，就有仰韶时期古文化遗址16处：距铸鼎塬东3千米的北贾村遗址，4千米的千头遗址、磨上村遗址，6千米的永泉埠遗址，8千米的小常村遗址；距铸鼎塬南3千米的九营村遗址，4千米的西坡遗址、阳平遗址、寨子西坡村遗址，7千米的东常遗址，8千米的桑园村遗址；距铸鼎塬西3千米的北阳平遗址，西南4千米的乔营遗址，5千米的横涧村遗址；距铸鼎塬北5千米的文东村遗址[③]。这些古文化遗址环绕于铸鼎塬周围，分布密集、内涵丰富，年代为距今5500—4500年。学术界认为铸鼎塬遗址群与传说中的黄帝时期有很大关系。这些遗址中，以北阳平遗址和西坡遗址面积大，文化层堆积厚，包含物丰富。

北阳平遗址南北长2000米，东西宽400—500米，总面积约为90万平方米，为仰

① 魏兴涛、张小虎、胡小平，等：《河南灵宝铸鼎塬史前聚落调查取得重要成果》，《中国文物报》2007年6月29日第2版。

② （北魏）郦道元著，（清）杨守敬、熊会贞疏，杨甦宏、杨世灿、杨未冬补：《水经注疏补》，中华书局，2014年，第313页。

③ 张怀银、任敏录、宁建民：《荆山铸鼎原及仰韶文化遗存的初步分析》，《中原文物》1999年第3期，第17-20页。

韶村文化遗址面积的近 3 倍（仰韶村古文化遗址面积约为 30 万平方米），文化层厚约 2—3 米。1982 年，原洛阳地区文物工作队在遗址中部进行了小规模试掘。1999 年，中国社会科学院考古研究所河南第一工作队、河南省文物考古研究所、三门峡文物工作队等组成联合考古队又对遗址中部进行试掘，揭露属于仰韶文化时期的房基 3 座、墓葬 5 座、灰坑 27 个，出土大量陶器、石器、骨器等遗物，较完整的有 110 件，确定为仰韶文化中期的庙底沟类型遗存。

北阳平遗址出土的遗物，种类繁多、制作精细，绝非一般工匠所为。其中大型器物口径达数十厘米，如口径 94 厘米的陶缸、90 厘米的陶瓮、50 厘米的夹砂大缸等，在同时期其他遗址中较少发现。还有陶塑人头像、超薄的红陶小口尖底瓶等，在河南仰韶文化中属首见。灰坑中出土的大量兽骨以圈养的家猪骨骼为主，说明当时肉食资源以圈养动物为主，这也是农业发达的标志。此外，还发现一定数量的窖藏、陶窑等，在其他遗址中很少发现。

北阳平遗址文化内涵丰富，堆积深厚，遗物遗迹多，应是仰韶文化中期庙底沟类型的一个大型聚落遗址。

（3）西坡遗址大型房址的发现

西坡村遗址南北长 1000 米，东西宽 500 米，面积约为 50 万平方米，文化层厚达 4 米。自 2000 年始，中国社会科学院考古研究所与河南省文物考古研究所组成的联合考古队先后对遗址进行七次发掘，共发现房址遗迹 7 座。其中：2001 至 2002 年进行第三次发掘时，揭露了占地面积达 516 平方米的特大半地穴房址 F105（图 1-40）。F105 大致为坐西朝东，平面略呈弧角正方形，以半地穴式主室为中心，四周设置回廊，东侧有一条斜坡式门道，门道朝向东南（图 1-41）；2004 年第四次发掘时，发现 1 座大型半地穴房址 F106，居住面面积约为 240 平方米，门道朝向东北；2011 年又发掘大型房址 F107、F108，F107 是在 F108 上改建而成，将 F108 完全叠压，面积约为 169 平方米（图 1-42）。上述房址均为半地穴式，平面呈四边形，有斜坡式门道，屋内有火塘，四壁及室内有柱洞、柱础遗迹。根据房址叠压关系及出土物特征对比，可以认定 F105、F106、F108 为同时期房屋，F105、F106 同处遗址中心位置，间隔约 50 米，两相对应。三座房址位于遗址中部一个中心广场的四周，门道均指向广场。另外，还发现南北两道壕沟和南壕沟外的墓地。因此，西坡遗址应是仰韶文化时期一个聚落遗址，中心广场是公众活动场所。F108 等规模宏大、建筑技术复杂的大型房屋需要大量的人力、物力及高超建筑技术才能完成，不可能是一般的居室，而很可能是举行公共活动、处理公共事务的场所[①]。特别是 F105 工程浩大，单是房基坑的土方量就有约 1000 立方米，

① 中国社会科学院考古研究所河南一队、河南省文物考古研究院、三门峡市文物考古研究所：《河南灵宝市西坡遗址庙底沟类型两座大型房址的发掘》，《考古》2015 年第 5 期，第 3-16 页。

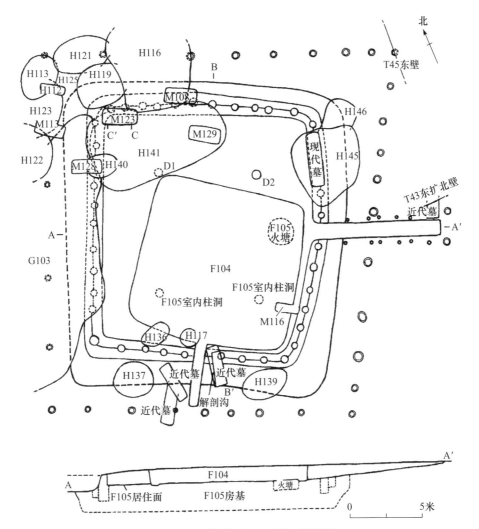

图 1-40　西坡遗址 F105 平、剖面图

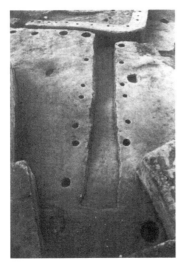

图 1-41　西坡遗址 F105 门道（自东向西摄）

图 1-42　西坡遗址 F107（上西）

应是一处重要的公共活动场所，很可能具有原始殿堂性质。该房屋的居住面、墙面及部分夯层表面均涂成红色，在墙壁柱洞底部的柱础坑周围也发现辰砂，甚至有些夯土与草拌泥之中也包含少量辰砂，这些现象很可能与某种原始信仰有关[①]。

F107 和第二次发掘发现的 F3、F102、F104，布局结构较类似，面积也较大，从地层关系看应晚于 F105、F106、F108。F107 和 F104 都是在原来大型房址上改建而成，说明早期大型房屋已废弃不用，它们的门道朝向西南或东南，应是考虑采光或避风的需要，更注重实用性，或说明原来的中心广场已不再是聚落的中心。

（4）西坡遗址出土的玉器

长期以来，在黄河中游地区的新石器时代遗址或墓地中很少发现玉器，因此多数学者认为这一地区至少在仰韶文化中期以前很可能没有用玉甚至随葬其他器物的习俗。西坡遗址墓葬中共出土玉器 10 件，是黄河中游地区时代最早的成批出土玉器，其中随葬 1 件玉器的墓葬有 3 座，2 件的 2 座，3 件的 1 座。玉器种类只有钺和环两类，具体为 9 件钺、1 件环。玉钺均为长舌形，大多中部厚两侧薄，个别器体比较厚重，上端较平，下部为弧形双面刃，多数较钝，未开锋，均无使用痕迹，其中 8 件有穿孔。10 件玉器中，1 件质地为汉白玉，9 件为蛇纹石，色泽以墨绿色为主，还有绿白色、暗绿色、褐灰色、暗黄绿色、白色等。墓葬中出土 9 件玉钺，应该不是巧合，表明当时人们对玉器的认知发生了显著变化，玉这种珍贵的原料已经被用来制作特定的器物。

西坡墓地随葬的玉钺很可能与其他文化中的玉钺一样，是死者生前身份和地位的象征。玉器作为原料稀少且制作复杂的器物，应不是一般社会成员所能拥有。随葬最大玉钺的 M8 为本次发掘中较大的墓葬，出土配有骨镦玉钺的 M17 也是大型墓。M11 出土玉钺 3 件，墓主是一位约四岁的幼儿，应有其特殊的家庭背景。此外，西坡遗址大型墓葬 M27、M29 均为有生土二层台的长方形竖穴墓，墓室和脚坑上均发现有木质盖板的痕迹，但两墓并没有发现随葬有玉钺。可见，西坡遗址随葬玉钺的有大型墓，也有中型墓，墓主有男性，也有女性，可能是用玉习俗形成初期的表现。

西坡遗址出土玉钺虽然形近似生产工具，但均没有开锋，无使用痕迹，表明其已从生产工具中脱颖而出，率先成为黄河中游地区比较固定的具有礼仪性质的器物，很可能标志着该地区以玉钺为主体的用玉习俗的出现。对比来看，山西芮城清凉寺和襄汾陶寺等遗址墓葬出土的玉钺，此时完全则脱离了原始工具形态，黄河流域的用玉制度进入了比较成熟的阶段。

---

① 河南省文物考古研究所、中国社会科学院考古研究所河南一队、三门峡市文物考古研究所，等：《河南灵宝市西坡遗址 105 号仰韶文化房址》，《文物》2003 年第 8 期，第 4-17 页。

（四）三门峡仰韶文化遗址反映的社会进程

1921年河南渑池仰韶村遗址的发掘，揭开了中国现代考古学的序幕。之后尤其是新中国成立后，经过考古工作者的不断努力，搞清了仰韶文化的分布范围。仰韶文化是分布于黄河中下游地区影响最大、分布最广的新石器时期考古学文化，其中心区域就在三门峡地区。三门峡发现的大部分仰韶文化遗址都属于庙底沟类型，其是仰韶文化中期一支强大的考古学文化，存在时间长，势力强劲，不断向四周扩张，对周边地区文化产生了重大影响。

三门峡市境内有多处仰韶文化遗址，时代从仰韶文化早期至晚期。总的来看，三门峡仰韶文化早期不甚发达，如前文所述的底董、南交口、仰韶村等遗址遗存，在文化特征上与仰韶文化半坡类型有许多共同点，都以泥质红陶为主，器型有敛口钵、碗、杯形口小口尖底瓶、折沿罐、盆等，器表多素面，形制也较一致。三门峡仰韶文化早期遗存属半坡类型。三门峡仰韶文化中期遗址数量较多，庙底沟、西坡、北阳平、班村等遗址均为仰韶文化庙底沟类型。文化特征表现为：陶器以红陶为主，器类丰富，以重唇口尖底瓶、曲腹器为代表，并出现釜、灶、甑等器物组合。彩陶纹样复杂，曲线纹多。庙底沟类型文化以强劲姿态向外扩张，对广大地区产生重大影响。三门峡地区仰韶晚期文化遗址有仰韶村二期、涧口仰韶文化、笃忠二期、班村二期等。文化特征为：以夹砂灰陶为主，红陶所占比例下降，纹饰以篮纹为主，另有附加堆纹、绳纹等，彩陶数量锐减。器型多见喇叭口小口尖底瓶、敛口瓮、折腹豆、大口缸、带流盆、深腹罐等。

三门峡仰韶文化中期遗址数量最多，文化堆积厚，特别是铸鼎塬周围区域，应为仰韶文化中期古人类最为密集的居住地。据灵宝境内多次考古调查勘探及发掘资料统计，黄帝铸鼎塬周边约300平方千米范围内分布有48处古遗址，其中仰韶文化庙底沟一期遗址有18处，出土遗迹遗物丰富，有大型房屋基址、人工防护壕沟，并发现有公众活动区、墓葬区等布局。这些大、中、小型聚落呈"团状"聚集分布，每个聚落群都有明确的中心聚落，还出现以北阳平和西坡为代表的数十万平方米的大型核心聚落，周围分布少数十几万平方米的中型聚落，而大多数则是几万平方米的小型聚落[①]，证明此地区是仰韶文化庙底沟一期的中心区域。西坡遗址的特大房址及广场，具有文化中心的性质；墓葬中出现多件玉礼器，反映了社会的分层及复杂化。《史记》《汉书》等文献都记载黄帝铸"天、地、人"三鼎于铸鼎塬，结合这一地区古地名、山名及民间传说，如荆山、首山、夸父山、夸父营、鼎湖、铸鼎塬、龙须山等，与传说中的五帝

---

① 魏兴涛、崔天兴、张小虎，等：《三门峡灵宝盆地史前遗址的调查收获及重要意义》，《中国文物报》2020年4月3日第5版。

时代相吻合，表明铸鼎塬周边地区是探索中国古文明起源及形成的最重要区域。许顺湛先生则认为："颛顼、帝喾、尧、舜，其绝对年代，当在距今 5000—4200 年之间。颛顼之前是炎帝和黄帝。仰韶文化的时代可与炎帝、黄帝相对应。"[①] 这种说法在该地区得到了印证。

二、三门峡地区龙山文化遗址

三门峡地区龙山文化遗址的分布不如仰韶文化遗址密集，文化堆积也较薄，但考古调查及发掘显示，本地区有仰韶文化遗址的地方往往叠压有龙山文化层，只是因为地面暴露较少而不易被发现。

（一）三里桥遗址

三里桥遗址[②] 位于三门峡市三里桥村东南部，面积约为 18 万平方米，与庙底沟遗址隔河相望。遗址发现于 1953 年，1956—1957 年中国科学院考古所进行过发掘，认为是仰韶文化中晚期遗存。2005 年 8—12 月，河南省文物考古研究所对三里桥遗址再次进行考古发掘[③]，清理灰坑 104 个、房基 3 座、陶窑 3 座、沟状堆积 1 条。据出土遗物判定，该遗址年代为仰韶文化至龙山文化时期。

龙山文化时期房基为半地穴式，平面略呈圆形，直径约 5.5 米，深约 2.5 米。坑壁不规整，东部有旋转形斜坡状台阶，台阶有踩踏硬面，北部坑壁向内有灶坑。陶器以夹砂灰陶和泥质灰陶最多，夹砂粗红陶与泥质黑陶次之，红陶少见。器型有敛口斝、单把鬲、单耳杯、双耳杯罐、小口高领罐、折腹盆、蛋形瓮、甗等。陶器素面或磨光者大量出现，纹饰以绳纹为主，篮纹次之，方格纹较少，还有划纹、镂孔及附加堆纹等。除陶器外，还发现有石刀、石斧、骨铲、骨环等。灰坑多为圆形袋状。陶窑平面呈圆形，直壁，平底。

（二）不召寨遗址

不召寨遗址[④] 位于渑池县城西北 7.5 千米处的不召寨村，1921 年由安特生发现。1951 年中国科学院考古研究所在不召寨村西部和北部断崖上发现有包含物丰厚的文化层，出土有陶鬲、罐、盆及带有动物形塑的器盖等。器物以黑陶为主，灰陶次之，红

① 许顺湛：《黄河文明的曙光》，中州古籍出版社，1993 年，第 757 页。
② 中国社会科学院考古研究所编：《庙底沟与三里桥》，2011 年，文物出版社。
③ 李素婷、丁新功、武志江：《河南三门峡三里桥遗址发掘取得重要收获》，《中国文物报》2006 年 11 月 8 日第 2 版。
④ 吴少珉、苏健、赵金昭主编：《河南古迹名胜辞典》，解放军外语音像出版社，2007 年，第 509 页。

陶少量。纹饰有方格纹、篮纹、绳纹等。石器通体磨光，器型有斧、锛、杵、刀等，有的有穿孔。出土物文化特征为龙山文化，遗址是纯粹的龙山文化遗存。

（三）城东寨遗址

城东寨遗址[①]位于灵宝城东寨村一处北高南低的缓斜坡台地。1958 年，黄河水库考古工作队河南分队对遗址进行复查与试掘，发现龙山文化的房址、窑址、灰坑，遗物有陶器、石器、骨器等。

陶器以泥质灰陶为主，夹砂粗灰陶、夹砂粗红陶次之，泥质红陶少见。泥质灰陶质地坚硬，胎壁薄，火候较高，纹饰以篮纹为主，素面次之，绳纹最少。夹砂陶内羼砂粒，陶质较粗糙，胎壁较厚，纹饰以绳纹为主，素面次之。陶器多为手制，亦见轮制。主要器型有盆、罐、鬲等。

城东寨遗址所出带耳鋬的绳纹鬲，与陕州三里桥龙山遗址所出相同。从陶器质地、器型、纹饰等判断，属龙山文化辛村期的典型遗址。

（四）黄帝陵

三门峡灵宝境内有黄帝陵，位于县城东 20 千米、阳平镇东北 5 千米处的黄帝岭西端，北距黄河 8 千米。《阌乡县志》载："黄帝陵在县南铸鼎原上。"1954 年，阌乡并入灵宝县。黄帝陵高 6 米，周长 42.5 米，黄土修筑。

陵前原有鼎湖宫和黄帝庙。《阌乡县志》："汉武帝建宫，名曰鼎湖宫……唐时土工穿地得玉，有悬佩孔，则志载黄帝陵等事，其不虚软。"又载："每年农历二月九日，为黄帝生日，朝廷官员，文人仕贵，俱来引登高拜祖。"李白有《飞龙引·黄帝铸鼎于荆山》诗："黄帝铸鼎于荆山，炼丹砂。丹砂成黄金，骑龙飞上太清家，云愁海思令人嗟。"可见唐时黄帝陵前盛况。现存唐代轩辕黄帝铸鼎碑铭，碑高 2.5 米、宽 1.3 米，碑文清晰可辨，碑铭并序共 137 字，记载黄帝铸鼎之事。碑为"虢州刺史泰原王颜撰，华州刺史兼御史中丞陈郡袁滋籀书。唐贞元十七年（801 年）岁次辛巳正月九日癸卯书"。

《史记·封禅书》："黄帝采首山之铜，铸鼎于荆山下。鼎既成，有龙垂胡髯下迎黄帝。黄帝上骑，群臣后宫从上者七十余人，龙乃上去。余小臣不得上，乃悉持龙髯，龙髯拔，坠，坠黄帝之弓。百姓仰望黄帝既上天，乃抱其弓与胡髯号，故后世因名其处曰鼎湖，其弓曰乌号。"司马贞索引曰："按鼎湖，县名，属京兆，后属弘农。"至今此地仍有较多与黄帝有关的地名、村名，如龙须沟、铸鼎塬、黄帝岭等。

---

① 黄河水库考古工作队河南分队：《河南灵宝两处新石器时代遗址复查和试掘》，《考古》1960 年第 7 期，第 12-19 页。

三门峡地区龙山文化遗址多和仰韶文化遗址共存，文化堆积不如仰韶时期深厚，表明其文化的延续性。三里桥遗址龙山文化遗存，兼具陕西龙山文化和河南龙山文化的特性，既有双腹盆、深腹盆式甑、平沿鬲、单耳和双耳杯等河南龙山文化王湾类型的常见器型，又有单耳或双耳的鬲、罐，长颈深腹罐，罐形斝等陕西龙山文化的常见器物，显示出三门峡地区处于陕西龙山文化和河南龙山文化接壤地带的特点。

2005 年 12 月，河南省文物考古研究所在发掘三里桥遗址的同时，对遗址所在的青龙涧河两岸进行了细致的调查，在三里桥遗址东南 500 米处的青龙涧河北岸、南家庄村南台地发现残存的南家庄遗址，在南家庄遗址断壁上发现并清理灰坑 20 余座、窑址 2 座、残房基 1 座、灰沟 1 条、墓葬 1 座。从清理所获遗物看，遗址时代包括仰韶文化、二里头文化、宋代等多个时期，以二里头文化为主。结合三里桥及其他仰韶文化遗址来看，龙山文化与仰韶文化往往存在叠压交错关系，从而证明龙山文化为继承中原仰韶文化发展而来。故三门峡地区文化序列应为：仰韶文化经晚期的庙底沟类型文化、龙山文化发展为二里头文化。

第二章　三门峡夏商周时期考古

三门峡地处陕西关中平原与中原地区交界地带，地势险要，扼中原与关中之要冲，地理位置重要。早在夏商时期，人们就在此筑关建城，人类活动遗迹丰富。经过多年考古发掘，已发现多处夏商时期遗存，如郑窑遗址、鹿寺遗址、西崖村遗址、七里铺遗址等。两周时期，三门峡地区先属焦国，春秋早期属虢国，春秋晚期又属晋国，战国时期分属韩、秦、魏三国。此时期的遗址有李家窑遗址、焦国遗址、新安古城等，还发现有虢国墓地、后川墓地、印染厂等大型墓地，出土了一大批商周时期精美青铜器、玉器和其他珍贵遗物。

第一节　三门峡地区的夏商时期遗迹

夏商时期，三门峡地区是人们重要的栖息地。一批夏商时期遗址的发现发掘，展现了当时人们的生存状态。

一、夏 后 皋 墓

夏后皋墓位于陕州区东南雁翎关西北山岗上，位于三门峡至洛宁公路东侧，距三门峡市约 28 千米。墓葬为圆丘形，高约 1.5 米，周长约 30 米。

皋为夏代第十五任君主，生卒年不详。《史记·卷二·夏本纪》："孔甲崩，子帝皋立。帝皋崩，子帝发立。"《通鉴外纪·卷二》载："孔甲崩，立皋。"皋在位十一年，相传死后葬于崤，即今河南洛宁西北。《左传·僖公三十二年》："殽有二陵焉。其南陵，夏后皋之墓也；其北陵，文王之所辟风雨也。"杜预注："崤在弘农渑池县西。"

二、郑 窑 遗 址

郑窑遗址 [①] 位于渑池县城西约 1 千米的郑窑村，总面积约为 12 万平方米。1975 年春，河南省文物研究所和渑池县文化馆联合对遗址进行考古发掘，发现二里头文化灰坑

---

① 河南省文物研究所，渑池县文化馆：《渑池县郑窑遗址发掘报告》，《华夏考古》1987 年第 2 期，第 47-94 页。

54 个、灰沟 6 条、水井 5 眼、墓葬 4 座，出土陶、石、骨、蚌等重要遗物 300 余件。

据遗迹叠压打破关系，参照出土遗物与二里头时期器物序列比较，将郑窑遗址分为三期。

第一期遗迹有灰坑，遗物有石器、骨器、卜骨、陶器。陶器中的折沿深腹罐、Ⅱ式圆腹罐、罐形鼎、三足盘、豆、深腹盆、平底盆等（图 2-1），均为二里头文化一期常见器型。如郑窑遗址出土的Ⅱ式深腹罐、圆腹罐、三足盘与二里头一期相同器型形制基

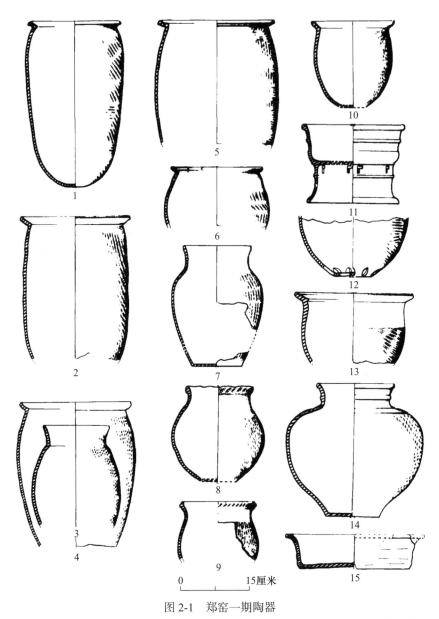

图 2-1　郑窑一期陶器

1、2、5. Ⅰ式深腹罐（J5∶8、J5∶6、J5∶10）　3、7. 小口束颈罐（H23∶8、H23∶7）　4. Ⅱ式深腹罐（J5∶9）
6. 甑（H36∶4）　8. Ⅰ式圆腹罐（H28∶3）　9. Ⅲ式圆腹罐（H28∶9）　10. 大口罐（H28∶2）　11. 圈足盘（H28∶5）
12. 甑（J5∶5）　13. 盆（H36∶3）　14. Ⅰ式瓮（J5∶11）　15. 平底盆（H36∶2）

本相同。郑窑一期大致属于二里头一期文化。

　　第二期遗存是郑窑遗址的主要文化遗存。遗迹有灰坑、灰沟、水井、墓葬、残白灰面等，出土遗物有玉饰、骨器、石器、蚌器、陶器等。陶器的主要器型中，Ⅰ—Ⅲ式深腹罐，圆腹罐，鼎，矮领折肩瓮，大口尊，侈口尊，圈足壶，刻槽盆，深腹盆，浅腹盆，豆，三足盘，器盖等均为二里头文化二期的常见器型（图 2-2）。如：Ⅰ式深腹罐同二里头二期Ⅲ式深腹罐相似；Ⅲ式深腹罐同二里头二期深腹罐相似；圆腹罐同二里头二期的Ⅲ式短颈圆腹罐相似；三足盘同二里头二期三足盘相同。郑窑二期当属于二里头二期文化。

　　第三期遗迹有灰坑、灰沟、水井、墓葬等，遗物有石器、骨器、蚌贝等。陶器主要器型如深腹罐、鼎、甑、捏口罐、刻槽盆、大口尊、盆、平底盆、三足盘、爵、角

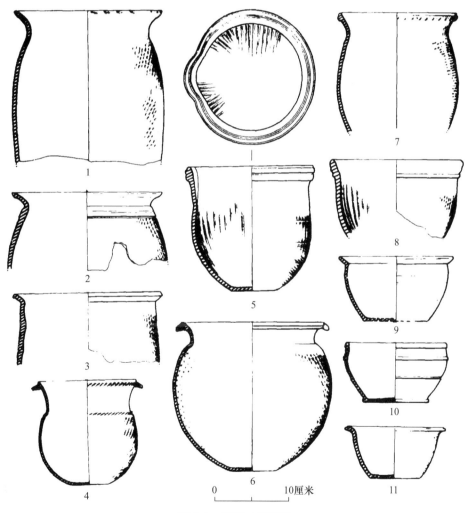

图 2-2　郑窑二期陶器

1. Ⅳ式深腹罐（H71∶18）　2. Ⅲ式深腹罐（H71∶46）　3. Ⅱ式深腹罐（T11③∶25）　4. Ⅰ式圆腹罐（H39∶6）
5、8. 刻槽盆（H71∶31、T11③∶24）　6. Ⅱ式圆腹罐（H71∶19）　7. Ⅲ方圆腹罐（H71∶35）
9、11. Ⅱ式盆（H39∶7、H71∶43）　10. 钵（H39∶12）

等均为二里头文化三期常见器型（图 2-3）。如：Ⅰ式深腹罐同二里头三期折沿深腹罐相
似；Ⅱ式深腹罐同二里头三期 T22④：1 深腹罐相似；Ⅳ式圆腹罐为夹砂灰褐陶，饰粗
绳纹，与二里头三期圆腹罐（ⅢH11：1）相似；圆腹罐（J4：38）同二里头三期磨光

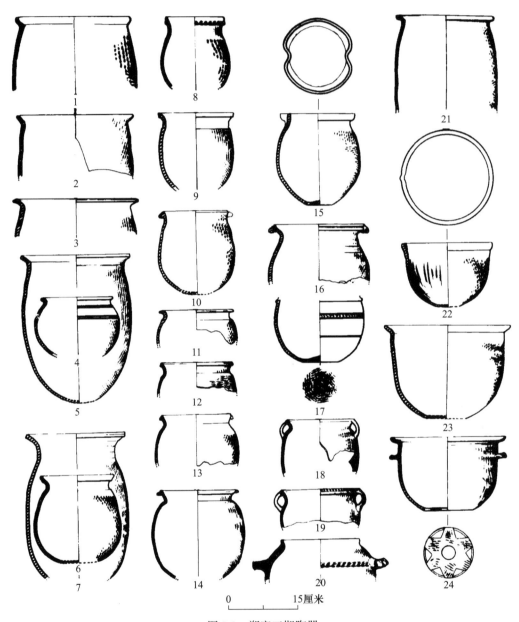

图 2-3　郑窑三期陶器

1. Ⅰ式深腹罐（J1：3）2、5、21. Ⅱ式深腹罐（J4：60、H48：21、H48：26）3. Ⅲ式深腹罐（H49：6）
4、11、17. 圆腹罐（H5：5、J4：50、J4：38）6、12、16. Ⅳ式圆腹罐（H48：23、J4：54、T4②：15）
7. Ⅳ式深腹罐（H48：22）8、9、10. Ⅰ式圆腹罐（H6：3、H53：2、H6：2）13. Ⅲ式圆腹罐（H6：4）
14. Ⅱ式圆腹罐（J4：37）15. 捏口罐（J4：32）18、19. 双耳罐（J4：41、J4：45）20. Ⅲ式鼎（T3：1）
22. 刻槽盆（J4：31）23. Ⅰ式盆（J2：6）24. 甑（H24：1）

圆腹罐相同；瓮形鼎与二里头三期鼎相似；大口尊、三足盘与二里头三期同类器相似。郑窑三期大致属于二里头文化三期的范畴。

郑窑遗址的二里头文化遗存丰富，性质单纯，延续时间长，分期明晰，可作为洛阳盆地以西地区二里头文化分期的标尺。

三、鹿寺遗址

鹿寺遗址[①]位于渑池县城南13千米处的鹿寺村西侧台地，面积约为4.5万平方米。1959年，河南省文化局文物工作队对遗址进行发掘，发现商代窖穴8个，出土陶器有深腹圜罐、深腹直壁罐、大口尊、白陶爵、圈足盘等。1983—1984年，河南省文物研究所和渑池县文化馆联合对遗址进行第二次发掘，出土有仰韶、龙山、商代、西周等时期遗物，确认为一处延续时间长、内涵丰富的古代聚落遗址。

鹿寺遗址商代文化层堆积厚，出土遗物丰富，有陶器、石器、骨器和蚌器。陶器以夹砂灰陶和泥质灰陶最多，泥质黑陶和泥质棕陶较少。器型有鼎、罐、尊、盆、瓮、簋、爵、甑等。纹饰以绳纹为主，另有少量条纹、附加堆纹和弦纹。石器有斧、铲、锛、镰等。蚌器2件，其中镰1件，蚌饰1件。骨器有簪、匕、镞。卜骨出土数量较多，但多为碎片，较为完整的有牛肩胛骨1件和羊肩胛骨3件，都是用火在骨面上进行灼制而未经过修制。

鹿寺遗址出土器中，敛口深腹圜底罐形鼎、敛口沿外侈的深腹直壁罐、大口圜底带耳盆等与洛阳东干沟的商代早期遗址和郑州洛达庙下层商代遗址出土同类器物基本相同，故鹿寺遗址年代为商代早期。

四、西崖村遗址

西崖村遗址[②]位于陕州西崖村西南台地，面积为1.6万平方米。1983年，河南省文物研究所对该遗址进行发掘，发现有属二里头文化遗迹的灰坑、墓葬，出土遗物有铜片、石器、骨器、卜骨、蚌器及大量陶器。陶器以夹砂灰陶为主，泥质灰陶次之，夹砂褐陶和泥质磨光黑陶、黑衣陶等也占一定数量。夹砂陶器多见于炊器，泥质陶器多用于食器及盛贮器。陶器以轮制为主，制作规范，器物附件如耳、足、花边、附加堆纹及少量小件器物均为捏制。器物造型以敞口、束颈、鼓腹下收成小平底或圜底，平底稍内凹常见，圜尖底不多。器表装饰以不规则的细绳纹和篮纹为主，中粗绳纹次之，

① 河南省文化局文物工作队：《河南渑池鹿寺商代遗址试掘简报》，《考古》1964年第9期，第435-440页。
② 河南省文物研究所：《陕县西崖村遗址的发掘》，《华夏考古》1989年第1期，第15-47页。

方格纹少见。器口、颈、腹饰弦纹者较为普遍，附加堆纹次之，镂孔、刻划纹和云雷纹更少；鸡冠耳和鋬纽多饰于深腹罐、盆形甑的上腹部和花边罐口部。陶器的纹饰和器型具有二里头文化特征。

西崖村遗址出土的泥质黑衣陶器有壶、盂、盘等，造型矮胖，胎厚，呈红褐色，器表黑光，大平底，是豫西二里头文化遗址中不常见的器型，与冀南地区二里头文化，如磁县下七垣四层文化、邯郸涧沟商代早期文化磁县界段及商代早期文化部分陶器特点有相近之处。该遗址的发现与发掘，丰富了豫西二里头文化的内涵，密切了豫西二里头文化同冀南二里头文化之间的关系。

五、七里铺遗址

七里铺遗址 [①] 位于三门峡市西南约 50 千米处七里铺村的黄河东岸台地，总面积约为 10 万平方米。1958 年，黄河水库考古队河南分队对遗址进行了三次发掘，发掘面积为 657 平方米。发现遗迹有灰坑、灰沟、墓葬等，出土遗物有石器、骨器、陶器等。陶器以泥质灰陶为主，夹砂粗灰陶次之，夹砂粗红陶最少。器物纹饰以绳纹为主，弦纹次之，另有附加堆纹和极少的粗细人字纹、回纹、卷叶纹等。磨光陶器多为素面或饰弦纹。器型有盆、瓮、甑、洗、大口尊、鬲等（图 2-4），另出土有陶塑的龟、鸟、狗头等形状的配件。石器多为斧、刀、镰等生产工具，但磨制精细，上有钻孔，应是当时使用的工具。出土骨器有镞、铲，磨刮较精致，也应是实用工具。

根据七里铺遗址出土遗迹、遗物特征，并将其与其他遗址进行比较，发现其陶器器型与郑州洛达庙、二里岗，洛阳东干沟等地出土商代遗物之间存在渊源关系。七里铺遗址包含早晚不同的两期遗存：早期遗存年代相当于郑州洛达庙、洛阳东干沟遗址年代，为二里头文化第一期晚段至第三期；晚期遗存年代则与郑州二里岗下层相当，为商代早期。

六、灵宝出土的商代青铜器

三门峡地区夏商遗址中皆没有出土青铜器，或是因为此时期三门峡并不是夏商政权的中心区域，而夏及商代早期青铜器还属于稀有物品，在一般遗址、墓葬中出现的可能性不大，或是因为青铜作为贵重金属，多用来制作工具、武器，反复冶炼重复使用，故没有留存下来。

20 世纪 70 年代，三门峡灵宝先后出土三批商代青铜器 [②]：1973 年 1 月，王家湾

---

① 黄河水库考古队河南分队：《河南陕县七里铺商代遗址的发掘》，《考古学报》1960 年第 1 期，第 25-49 页。
② 河南省博物馆、灵宝县文化馆：《河南灵宝出土一批商代青铜器》，《考古》1979 年第 1 期，第 20-22 页。

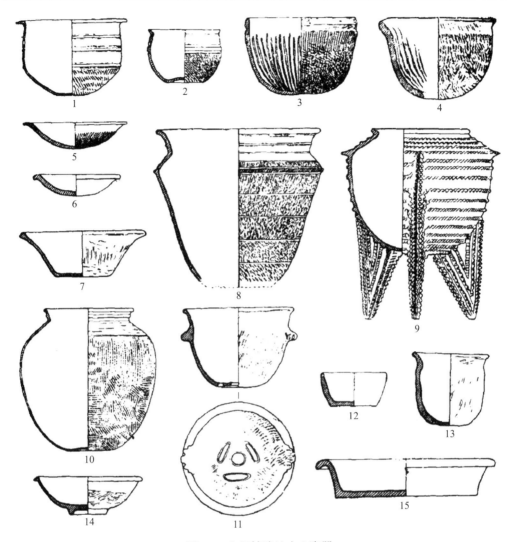

图 2-4 七里铺遗址出土陶器

1. Ⅰ式盆（M302∶1） 2. Ⅱ式盆（M302∶2） 3. Ⅰ式沉滤器（H351∶45） 4. Ⅱ式沉滤器（H352∶24）
5. Ⅰ式盘盖器（T355∶17） 6. Ⅱ式盘盖器（H359∶14） 7. Ⅰ式碗盖器（采集） 8. 大口尊（H352∶25）
9. 鼎（H356∶4） 10. 瓮（M301∶3） 11. 甑（H301∶15） 12. 碗（T354∶1） 13. 杯（T301∶7）
14. 碗（H312∶25） 15. 洗（M301∶1）

出土有饕餮纹铜爵、饕餮纹铜瓤、铜锛、铜刀各 1 件；1974 年 2 月，东桥出土有弦纹铜鬲、目雷纹铜斝（图 2-5）、饕餮云雷纹铜爵、饕餮纹铜罍、兽首饕餮纹铜尊、雷纹铜钺、铜戈、铜斤各 1 件；1974 年 4 月，赵家沟出土了 7 件青铜器，包括饕餮纹铜鼎 2 件，云雷纹铜鼎 1 件，雷纹铜觯 1 件，铜斝 2 件，铜爵 1 件，大部分破烂不堪，完整的仅 1 件。

对三地出土铜器进行器型、纹饰等器物学比对，可知：东桥出土的铜器年代最早，晚于郑州商代二里岗期，早于安阳殷墟出土的同类型器物；赵家沟出土的青铜器年代有早有晚，有的接近郑州二里岗期，有的早于安阳殷墟，有的相当于安阳殷墟早期；

图 2-5　灵宝出土商代目雷纹铜斝

王家湾出土的青铜器，年代应更晚一些，约相当商代晚期武丁时期或稍晚一些。

这批出土青铜器是河南境内首次发现在商代都城遗址外出土青铜器。尤其是东桥出土的兽首饕餮纹铜尊，形体巨大浑厚，器肩上的兽首和器胎上的扉棱与以雷纹作地的饕餮纹共同构成花纹布局，构图严谨，纹饰华丽，是商代精美艺术珍品。陕西岐山京当、西安洪庆和蓝田怀珍坊及陕南等地也有一些商代青铜器出土，表明商王朝的政治势力很早就已到达华山以西的秦岭南北广大地区。

第二节　虢国都城遗址

一、虢国的历史

虢国，是西周初期始封的重要姬姓诸侯国。公元前 1046 年，"武王克商，光有天下"，为巩固周王朝统治，大肆分封同姓诸侯"以藩屏周"，周文王的两个弟弟虢仲、虢叔当然在受封之列。《左传·僖公五年》载："虢仲、虢叔，王季之穆也，为文王卿士，勋在王室，藏于盟府。"杜预注："虢仲、虢叔，王季之子，文王之母弟也。"[①]孔颖达《疏》引贾逵曰："虢仲封东虢，制是也。虢叔封西虢，虢公是也。"[②]虢仲、虢叔分别受封于东虢与西虢。东虢地望在今河南荥阳汜水一带，西虢地望则在今陕西宝鸡、岐山、扶风、凤翔一带。西周晚期周宣王时，由于自然灾害和犬戎的侵扰，西虢东迁至中原地区。

文献记载中有南虢、北虢之谓。北虢，《汉书·地理志》载："故虢国。……北虢在大阳，东虢在荥阳，西虢在雍。"南虢，《水经注·河水》卷四："昔周、召分伯，以此城为东西之别，东城即虢邑之上阳也。虢仲之所都为南虢。三虢，此其一焉。其大城中有小城，故焦国也。"[③]晋《太康地记》："扶风郡雍，西虢地也。平王东迁，虢叔自此之上阳，为南虢矣。"[④]

北虢，因在大河之北而得名，故城在山西平陆东南十五里许。南虢因在黄河之南

---

① （春秋）左丘明撰，杜预集解，李梦生整理：《春秋左传集解》，凤凰出版社，2020 年，第 133-134 页。

② （清）阮元校刻：《春秋左传正义》，中华书局，2009 年。

③ （北魏）郦道元著，（清）杨守敬、熊会贞疏，杨甦宏、杨世灿、杨未冬补：《水经注疏补》，中华书局，2014 年，第 313 页。

④ （清）洪亮吉撰，李解民点校：《春秋左传诂》卷七，中华书局，1987 年，第 279 页。

而得名，上阳，在今三门峡谷陕州李家窑村一带，已在此处发现城址。《左传·僖公二年》："虞师、晋师灭下阳。"杜预注："下阳，虢邑，在河东大阳县。"[1]雷学淇《竹书纪年义证》曰："其实虢连宗庙社稷在下阳，不在上阳。《经》于此年书灭，即谓宗社已覆，虽有孽余，不可谓国矣。"[2]因此可知，北、南二虢本是一国，西虢东迁后初都下阳，因滨河之北故称北虢。晋国强大后，虢受威胁，南渡黄河迁于上阳，后称南虢，最后被晋国所灭。

关于虢国都城上阳，史料记载不多。《左传·隐公元年》杜预注："虢，西虢国也。弘农陕县东南有虢城。"[3]《左传·僖公五年》杜预注："上阳，虢国都，在弘农陕县东南。"[4]《汉书·地理志》："陕，故虢国，有焦城，故焦国。"[5]《后汉书·郡国志》注引杜预言："虢都上阳，在县东（南），有虢城。"[6]

二、虢都上阳城遗址的发现

1957年，黄河水库考古队在上村岭发掘了200余座虢国墓葬，为探寻虢国地望及虢都上阳的位置，又相继对黄河两岸与墓地相关的古文化遗址进行多次调查与试掘。考古人员首先在上村岭虢国墓地周围进行了细致的勘察工作，在北侧发现了同时代的上村岭遗址。遗址位于在沟崖边沿的台地，南北长约200米，东西宽约65米，文化层厚度约为2米，发现陶鬲、豆、盆、罐的残片，其质地、形制、花纹和做工都和上村岭虢国墓地所出类同。之后，考古人员又对黄河北岸的山西平陆虢国下阳城进行调查，发现了与上村岭虢国墓地同时代的盘南村遗址。盘南村遗址位于平陆县城东北3.5千米，东西长300米，南北宽80—250米，遗址内涵主要为龙山文化，在龙山文化的上层有比较贫乏的周代文化层，时代从西周延续到战国，其中有和墓地所出相同的陶器皿残片。考古人员又回到三门峡市青龙涧河两岸进行试掘，发现了与上村岭虢国墓地同时代的李家窑遗址。李家窑遗址位于虢国墓地南侧2千米的涧河北岸高地，地势开阔平坦，东西长约1300米，南北宽约260米。考古人员在遗址南侧中部开了三条探沟，发现有窖穴类遗迹，出土鬲、豆、盆、罐等陶器残片，有的年代和上村岭虢国墓地所出陶器相同，有的稍晚。经过比对分析研究，考古专家们认为盘南村遗址和上村岭遗址规模都不大，并且地势崎岖狭窄，内涵贫乏，和文献记载的位置也不相符，不

[1] （春秋）左丘明撰，杜预集解，李梦生整理：《春秋左传集解》，凤凰出版社，2020年，第124页。

[2] （清）雷学淇撰：《竹书纪年义证》卷三十，民国二十八年排印本，第232页。

[3] （春秋）左丘明撰，杜预集解，李梦生整理：《春秋左传集解》，凤凰出版社，2020年，第7页。

[4] （春秋）左丘明撰，杜预集解，李梦生整理：《春秋左传集解》，凤凰出版社，2020年，第134页。

[5] （汉）班固著，（唐）颜师古注：《汉书》卷二十八，中华书局，1962年，第1549页。

[6] （南朝宋）范晔撰，（唐）李贤等注：《后汉书》志十九，中华书局，1965年，第3402页。

可能是虢都上阳城所在。而李家窑遗址位于地势平坦开阔地带，遗址规模大，包含物丰富，器物与上村岭虢国墓地所出相同，初步认定李家窑遗址有可能是虢都上阳城所在。

1986—2000年，考古工作者在李家窑遗址陆续发现作坊、粮窖、排水管等遗迹。

1986年，为配合城市建设，三门峡市文物工作队在李家窑遗址的重点保护区外围及遗址边缘地带进行了抢救性发掘。1987年春，在遗址内东部偏北崤山东路的路基下，道路北侧的石油公司、河南省探矿四队的家属区内，发现了铸铜作坊区，出土遗物有炼铜渣、炼炉烧土块、陶范及鼓风管等。陶范中以铲范居多，似条砖形，长20.5厘米，宽11—13厘米，厚5.5厘米，两外范合铸一铲，銎部有楔形范芯，范外有绳子捆缚痕迹。还发现有陶质鼓风管，长19厘米，粗端管径6厘米，细端管径1.6厘米，管壁厚0.6—1厘米。1989年秋，在遗址中部三门峡市粮食局办公楼下，清理出储粮窖仓21个。窖仓形制大小不一，大者孔径近2.3米，底径4—4.2米，深1.9—2.1米；小者口径1.2—1.5米，底径2.2米，深1.3—1.8米。多数保存完好，内部经过防潮处理，仓壁经烧烤，有的还涂抹草拌泥，少数底部还铺有红烧土防潮层。这样多且集中的窖仓，在李家窑遗址还属首次发现。同年冬，在遗址西南部九孔桥北端清理出一段陶质排水管道，共12节，总长5米。1992年春，在遗址西部边缘，崖底村东侧和虢国路以南清理出周代陶窑6座，出土有蘑菇状陶拍、变形陶器及陶片等，此处应为一处制陶作坊。1994年，在遗址西南部九孔桥附近发现数段地下陶水管道，总长度达几十米，为多节套接而成，在拐角或分岔处还设有三通构件，结构严密，制作精细，应为城市排水设施。

图2-6 2000年李家窑遗址发现的东城墙局部和西城墙墙基剖面

2000年1月，为配合三门峡市湖滨区政府办公大楼、市人大、李家窑村新址等处基建工程建设，河南省文物考古研究所和三门峡市文物工作队对李家窑遗址展开大规模的考古发掘工作。此次发掘获得了重要成果，发现了城垣（图2-6）与城壕，宫城与环壕，制骨、制陶、冶铜作坊，粮库等各类重要遗迹，以及宫殿、排水设施等建筑遗址[①]，确证其为虢国都城上阳城。

① 崔松林：《虢都上阳城遗址发现记》，《大众考古》2020年第4期，第68-71页。

三、虢都上阳城的布局

上阳城北依上村岭，南临青龙涧河，南城墙被青龙涧河冲毁，北城墙和东城墙保存尚好。现存城垣大致呈东西向长方形，略呈西南—东北走向。城垣东西长约 1000—1050 米，南北残宽 560—610 米，周长约 3200 米。城垣墙基宽 4.5—6 米，残存高度为0.5—1.8 米。城墙用大版筑方法填土分层夯筑而成，夯层清晰可见。夯筑方法为集束棍夯，夯层厚 4—7 厘米，夯窝直径 3—5 厘米。城垣外平行环绕两道与垣墙平行的城壕，内城壕宽 13—17.5 米，深 6.4—10 米；外城壕宽 15—22 米，深 4.3—6 米。

宫城位于城内西南部，平面近长方形，东西长 310—405 米，南北宽约 315 米，周长约 1350 米。宫城墙基外环绕有与宫城基本平行的防御壕沟。宫城内发现有较大面积的夯土和直径近 1 米的柱础，应为宫殿基址；宫城中部还发现横贯东西长 160 多米的陶水管道，管道用子母口圆形陶管依次套接而成，应是供水设施。

宫城和城垣之间分布着粮库和多种手工业作坊。粮库位于宫城外西北侧，由多个排列整齐有序的圆形窖仓组成，窖仓的壁和底部均经过加工处理，应是专门储藏粮食之用。制骨作坊位于宫城外东北侧，出土有数以千计的骨器成品、半成品和骨料，并发现有铜锯、砺石等制骨工具。冶铜作坊位于城垣内东北隅，发现有大量炼铜渣，另在北墙外侧倾倒的废料中还出土有大量的陶范残片及若干陶鼓风管等。制陶作坊位于城垣西墙南端外侧，陶窑数量多，分布集中，而且保存较为完好，出土有陶器成品、半成品和烧坏的废品等。

李家窑遗址发现有城垣、城壕等防御设施，城内有宫城和环壕，并有与宫殿区相配套的供水设施，城垣内发现多种手工业作坊遗迹，出土了大量陶器、石器、骨器、蚌器，以及铜刀、铜铲、铜锯、玉戈、石璧等遗物，反映出该城址内的基本设施情况和以城内西南部宫殿区为重心的布局形式，显然已经具备了诸侯国都城所需要的基本要素和条件。根据考古发掘的层位关系和出土器物特征，可知该城垣的使用年代在西周末年至春秋中期。结合文献所载虢国都城上阳的位置，其为上阳城遗址无疑。

四、虢都上阳城的大型宫殿性建筑基址

2001 年 1 月至 5 月，河南省文物考古研究所联合三门峡市文物工作队继续对上阳城遗址进行发掘，发现了大面积的夯土遗迹，应是一处有宫殿性质的建筑基址[①]。

在宫城内中偏西的北部，揭露出一座大型夯土建筑基址。基址北部紧邻宫城北墙，

---

① 魏兴涛、史智民、李胜利：《三门峡虢都上阳城发现大型宫殿性建筑基址》，《中国文物报》2002 年 1 月 25 日第 1 版。

与宫城北墙平行，坐北朝南，平面呈长方形，东西长24.6米，南北宽（含门阶最宽处）21米，面积约为478平方米。

横贯基址中部略偏北有一条窄浅且较规整的沟槽遗迹，长23.2米，宽0.25—0.3米，深0.25—0.28米，斜壁，近平底，内堆积黄灰色淤沙土，极为纯净，底部有明显的水浸痕迹。此沟槽遗迹处于基址之上，据《考工记》"匠人建国，水地以县（悬）"的记载分析，当属为抄平夯土基址表面挖筑的具有"水准仪"性质的遗迹。

在该基址的东南部夯土之下发现一座墓葬，为一端宽一端窄的小长方形浅土坑竖穴墓，墓口及壁面不甚规整，底部不平，西南部呈斜坡状，无葬具及随葬品。墓主为一成年男性，葬式基本为仰身屈肢，面侧向左，上肢重叠置于胸前，下肢卷曲歪向一侧，人骨放于呈斜坡的墓底之上，似作挣扎状。浅而窄小的墓室与死者的高大躯体极不相称，墓主显然为非正常死亡，应属该基址的奠基遗存。

基址南边东、中、西部各向外凸出三个门阶，应分别为"阼阶""中阶"与"宾阶"。其中东侧者宽2.75米，长1.9米，中部者宽2.5—2.75米，长2.15米，西侧者宽2.6米，长1.75米，中阶明显长于左阶（阼阶）和右阶（宾阶）。因只存下部，门阶表面特征不详。基址上分布有密集的柱础，共发现45个，均为圆形，大体可判断南北向7排，东西向5排。除三门阶与基址相接处两侧及基址上个别柱础较小，直径0.4—0.55米外，其他皆为直径0.65—1米的大型柱础。础坑内堆积均经过了夯打砸实，十分坚硬，有的底部铺垫有料礓石，更多的在底部置整块砾石。柱础石有长方形、近圆形和不规则形多种形制，似为经挑选的自然石块。部分保存较好的础面呈圆凹形，中间低，周围高，础表极坚硬，有的凹面内还遗留有木柱根部的灰白色朽灰或黑色炭块。柱础分布规律，但基址上未见墙基等遗存。

基址及附近发现大量陶瓦残块，多为板瓦，浅灰色，饰绳纹，表明该建筑物顶部覆瓦。基址规模宏大，夯垫土较厚，柱础大而多，且位于宫城以内，推断属宫殿性建筑。

该宫殿性基址是目前发掘的虢都上阳城内面积最大的建筑基址，也是在西周考古中少见的与城址、宫城一起发掘清理的宫殿性建筑基址。宫殿有三个门阶，并有奠基遗存及"水准仪"性质的遗迹，尤其是"水准仪"性质的遗迹，在以往考古发掘中尚不多见，证明宫殿建筑经过精心营造，设施较全。宫殿建筑遗址同城垣与城壕、宫城与环壕、陶水管道、粮库及制陶、制骨、冶铜等手工业作坊一起，使上阳城的布局及内涵更加丰富。

第三节　三门峡上村岭虢国墓地

1956年，为配合黄河三门峡水利枢纽工程建设，中国科学院和文化部联合组成了黄河水库考古工作队，对黄河三门峡库区进行大规模的考古调查与发掘，抢救即将淹没的地下文物及古迹，取得了重要成果。1990年开始，又对虢国墓地进行第二次抢救性大发掘，在墓地北部32.45万平方米范围区，发现了国君兆域，清理大批墓葬、车马坑等。两次发掘共清理了250多座墓葬，出土文物3万余件，基本清楚了整个虢国墓地的布局及规模。虢国墓地是一处规模宏大、等级齐全、排列有序、保存完好的西周晚期至春秋早期的大型邦国公墓，对研究两周之际社会政治、经济、文化、宗法及族葬制度等具有重要意义。

一、上村岭虢国墓地的发现与试掘

20世纪50年代黄河三门峡水利枢纽开始建设，为方便给三门峡大坝运送物资，黄河三门峡工程局决定在湖滨区上村岭修建一条铁路专线。上村岭是三门峡市区北部一道呈西北—东南走向的土岭，东接会兴沟，北临黄河，因长期受河水侵蚀，形成近百米的深沟峭壁，南面是一片平坦的缓坡地。1956年冬，以中国科学院考古研究所副所长夏鼐为队长、安志敏为副队长的黄河水库考古工作队，开始对三门峡上村岭进行钻探与发掘。考古工作队先对上村岭湖滨车站工地进行勘探，发现多座排列紧密的墓葬，彼此之间没有打破关系，推测可能是一个家族墓地。经过全面勘探，明确了墓地的边缘和范围，墓地南北长280米，东西宽200米，总面积约为56000平方米。

考古工作队首先对规模最大的M1052进行发掘[①]。该墓位于墓地西北部，土坑竖穴墓，墓口南北长5.8米，东西宽4.25米；墓底长4.9米，宽3.2米；墓深13.3米。葬具已腐朽，根据痕迹判断应为重棺单椁。随葬器物共计970件，分散在不同位置。外椁盖上放36件石戈，有的已残断；椁室东北角放26件青铜器皿和一套9件铜编钟。青铜器有鼎7、簋6、鬲6、甗1、甫1、壶2、盉1、盘1、小罐1，组合齐全，包括了食器、酒器、水器、乐器等。青铜礼器组合为七鼎、六簋、六鬲，列鼎最大的高36厘米，腹径36.5厘米，最小的高24厘米，腹径24.2厘米，形制、纹饰相同，大小依次递减。据"天子九鼎，诸侯七鼎，大夫五鼎，士三鼎"的记载，可推知墓主人应为诸侯一级的贵族。酒器有方壶2件；水器为盘盉组合，各1件；乐器有1件铜甬钟和编钟1套（由9件纽钟组成），是迄今出土的年代最早的铜编钟。椁室西北角放车马器，东西两侧放兵器。车马器有536件，分軎、辖、轭首、轭足、带扣、衔镳、节约、泡形饰等十多类，兵器有戈4、矛6、剑2、镞11，其中2件青铜戈上有铭文"虢太子元徒戈"，据此断定该墓为虢太子之墓。2件铜剑一件长29.7厘米，另一件长33.5厘米，是新中国成立以来墓葬出土的年代最早的铜剑之一。外棺四周清理出1件蚌泡、214件

---

① 中国科学院考古研究所：《上村岭虢国墓地》，科学出版社，1959年，第28-31页。

石贝和25件铜铃，都有穿孔，应该都是棺上的缀饰。内棺随葬玉器，墓主人耳饰为玉玦，颈部有一组鸡血石串饰，胸部有石璧。

墓葬西边10米处发现并清理了一座葬有10辆车20匹马的大型车马坑，应是虢太子墓随葬的车马坑。

1957年春，考古工作队又在该墓葬周围进行了大规模的考古钻探和发掘，共发掘古墓葬234座，车马坑3座，马坑1座，出土工具、武器、车马器、生活用具、礼器、乐器、装饰品等1.4万余件，以及木车遗存20辆。青铜礼器共发现181件，其中带铭文的14件，玉石器共1200件（组）。在发现的所有墓葬中，M1052是随葬器物最多、级别最高的一座。根据考古勘探和发掘成果，结合出土的"虢大子元徒戈""虢季氏子段鬲"等铜器铭文，认为该墓地应该是西周时期虢国墓地所在。

二、上村岭虢国墓地的发掘

1990—1992年，河南省文物考古研究所和三门峡市文物工作队组成的联合考古队在虢国墓地进行了多次发掘，清理多座级别较高的墓葬，出土大批珍贵文物。

（一）M2001

1990年3月，考古队在虢国墓地北区西部发掘一座大墓，编号M2001。该墓墓室南部有两个盗洞，其中西侧的圆形盗洞被东侧的盗洞打破，东侧盗洞是1989年年底出现的新盗洞，已将椁盖板打穿，进入椁室内部，所幸未遂，随葬器物得以保全（图2-7）。

1. 墓葬形制及葬式

墓葬形制为长方形竖穴土坑墓，墓口位于耕土层下，距现地表仅0.4米，南北长5.3米，东西宽3.55米；墓底略大于墓口，长5.4米，宽3.7米；墓底距现地表11.5米，墓深11.1米。墓室四壁整修平滑，自上而下涂一层厚约0.1—0.2厘米的淡绿色涂料。墓室底部平坦，近墓圹南北两端各有一道东西向浅槽，用以放置枕木。墓底四周有熟土二层台，高1.34—1.82米。墓圹内填土略经夯打，夯层不明显，未见随葬器物。

M2001墓室结构完整。木质棺椁均已腐朽塌陷，由痕迹可推知葬具为一椁二棺三重木质棺椁，

图2-7　M2001虢季墓发掘现场

外有棺罩。人骨已朽，依其痕迹可知墓主为头北足南、仰身直肢葬式。

2. 椁室随葬器物

椁室底部铺"人"字形纹殓席，上放置木棺与随葬品。外棺盖与内棺盖上均覆盖有一层或多层棺衣，其中外棺盖的棺衣中部用朱砂绘花纹。内棺里铺垫多层红色与黄色织物，已腐朽成粉末状，自上而下依颜色大致可分为三重：最上面的1—3层为朱红色，似绘有花纹；其下呈褐黄色，厚0.02—0.03米；再下仍是黄、红两色织物层层相间铺垫，厚约0.03—0.05米。应是覆盖于墓主人身上的衾被与穿在身上的殓衣，以及铺在身下的褥子等。其中最下层的织物上绘有数道粗细不一的南北向平行条带状红色纹样。在内、外棺之间的东侧有黄色织物遗迹，外棺与内棺盖上及椁室底部都有成片的朱砂痕迹，内棺底部更厚。

椁盖板四角各放置数枚圆形蚌饰，西南角放置一件骨笄。棺罩上下及四周散置穿孔的铜鱼、铜铃、陶珠和石贝等若干件，其中陶珠、石贝成行放置，鱼每2件放置一处。这些器物显然是按照某种方式串联后缀在棺罩上的，棺椁腐朽塌陷后部分散落于椁室内。

随葬品丰富，依质地分为铜、金、铁、玉、石、玛瑙、料、陶、骨、角、牙、皮革、蚌、木、竹、苇、草、麻、丝帛等19类，共计5293件（颗），以铜器、玉器为大宗，共占总数量的90%以上。

椁室内席子上放置有大量的青铜礼器、乐器、兵器、工具和车马器等。由于随葬器物数量较多，大部分器物叠压堆放在一处，有些地方竟达三四层。

器物分类摆放：铜礼器有鼎、鬲、甗、簋、盨、簠、圆壶、方壶、盘、盉、方彝、尊、爵、觯等，集中放在椁室西侧的南部，明器放在椁室西南角偏东处。乐器有铜编钟（图2-8）、石编磬、铜钲等及铜编钟钩主要放在椁室西侧北部。其中铜钲与部分石编磬放置于铜鼎的上面。兵器有铜戈、铜矛、漆盾及铜盾钖、木弓、箭镞及草囊或皮革箭箙、玉柄铁剑、铜内铁援戈等，放置在

图2-8　M2001铜甬钟

椁室北端与东侧北半部，以及南端车马器的最底层。其中铜戈均带有木柲，平放于椁室东侧与北端的底部；铜内铁援戈与铜戈一起放在椁室北端偏西处；铜矛、漆盾及铜盾钖放在椁室东北角；箭镞置于椁室南北两端，均为成束放置，原应装在箭箙中；玉柄铁剑放置在椁室东南角，出土时剑锋朝下；2件象牙钩叠放在一起，一端放置于铜鼎

M2001：390 口沿上，另一端斜倚于鼎侧而置于椁底板上。工具有铜斧、铜锛、铜钻、铜凿、铜刻刀、铜锥、铜刮刀、刀形砺石等，集中放置在椁室南端，方向一致，可能原是用木匣或竹筒盛装。铜车马器有辖、銮铃、轭、衔、镳、兽面纹铃、节约、络饰、带扣、小腰、环、游环等，层层叠放在椁室南端及东侧南半部。有些銮铃出土时尚套接在铜轭首上；轭的木胎已经腐朽，仅剩铜轭首与轭足；多数衔与镳成组套在一起；有些节约与络饰的孔内残留有绳屑，而且管孔相对，显然原是串联在一起；小腰上还系有麻绳；有不少环出土于轭附近，推测是与轭配套使用的。另外，还有少数其他质地的车马器，如骨镳、骨小腰、木镳等，与麻布混置。

外棺盖上放置着戚、圭、戈、柄形器等玉石器。其中玉戚置于西北角，一件较大的玉戈置于中部，其他器物则集中于北端，多数断裂或破碎。

3. 内棺随葬器物

内棺盖北端放有几件双龙纹圆形铜饰件、三角龙形铜带饰，其他位置放玉石器，有戚、琮、璧、璜、戈、圭等礼器，龙、虎、鹿、鸟、鸽、鳖、鱼、牛首、马首等动物形佩饰，柄形器、管、珠、马蹄形佩、梯形片、三角形片、条形片等几何形佩饰与缀饰物。从摆放位置分析，入葬时应以某种组合方式加以串联。

内棺内的随葬器物主要为玉石器，间有少量的金器和料器等，可分为三层：

上层器物位于棺盖下，北端有 7 件兽角环，呈东西向排成一列；中部摆放玉韘 1 件和獠牙形玉觿 2 件。

中层器物在已腐朽成粉末的衾被和衣服下，放置于墓主人周身，大多是墓主人生前所佩戴的装饰品，也有少数殓尸用的玉器。墓主人面部放置一组以仿人面部器官的玉片为主体的缀玉幎目；头部放置 2 组分别由玉管、玛瑙珠或玉鹰、玉璜、玉玦、玉佩组成的发饰；颈部有 2 组由玛瑙珠与玉片或玉管组成的项饰，其中一组项饰与佩于胸前达于盆骨下的七璜联珠玉组佩（图 2-9）相接；口中含玉石贝和玉珠玑；胸部及身两侧还放置有戈、人形佩、环、管、韘、觿等玉器；腰间有一组 12 件金质腰带饰；两手各握一圆管状玉；脚踏 2 件踏玉；脚趾间夹有 2 组共 8 件弧形玉饰。

图 2-9　M2001 出土的七璜联珠玉组佩

下层器物即墓主身下铺垫的一组玉器，有璧、戈等。这组玉器下面有黄色粉末状物，是死者的殓服与身下织物等腐朽后的遗留物。

M2001 出土铜礼乐器 75 件，包括 47 件实用器，其中 41 件铸有铭文，共 53 篇，除方甗铭文为"小子吉父"外，其余 52 篇均言明作器者为虢季。M2001 墓主应为虢季。

M2001 共出土铜器 2487 件。铜礼乐器的基本组合为七鼎、六簋、八鬲、八钟、四镈，簠、甫、方壶、圆壶各二，钲、盘、盉、方甗各一。这种组合明显高于 M1052 虢太子墓、山西天马—曲村北赵晋侯墓地的 M8、M64、M93 及其他几位晋侯墓。M2001 出土玉器 967 件（颗），虢太子墓 M1052 仅出玉玦 2 件，项饰 1 组，口琀碎玉若干，前者等级明显高于后者。M2001 所出器物与已发掘晋侯墓相比，虽种类和数量相差无几，但质地和做工更为精细。M2001 东侧 6 米处陪葬有长 47.6 米、宽 3.7—4.16 米的大型车马坑，入葬独辀双轮木质战车 16 辆，马 70 匹以上，狗 6 只。由此可以看出，M2001 所出遗物明显高于虢太子墓及各晋侯墓。因此可以断定 M2001 墓主虢季当为虢国的一代国君。

（二）M2008

M2008[①] 位于虢国墓地北区中南部，形制为长方形竖穴土坑墓，墓内随葬器物大部分被盗，1989 年公安部门追回收缴的虢宫父鬲和虢宫父盘，即出于此墓。

墓口距现地表 0.4 米，南北长 4.8 米，东西宽 3.1 米；墓底略大于墓口，长 5.2 米，宽 3.4 米，墓深 7.8 米。墓室四壁平整，底部平坦。墓底四周有熟土二层台，中部有长方形腰坑，坑内有一具狗骨架。墓内填土略经夯打，夯窝与夯层不明显。

葬具已腐朽且遭破坏，从残存朽痕可知为单椁单棺。墓主人骨架不存，葬式不明。

随葬器物大部分被盗，但残留的部分尚在原位。从椁盖板上清理出 3 件铜翣和 3 件铜戈等；椁与棺之间的西北角清理出鬲、簋、簠、壶、盘、匜、爵、方彝等铜礼器 11 件。其中虢宫父鬲（图 2-10）上有铭文 10 字："虢宫父乍（作）行鬲，用以永征。"虢宫父匜（图 2-11）上有 9 字："虢宫父作匜，用从永征。"椁室西侧清理出軎、辖、衔、镳、带扣、节约、络饰等铜车马器 204 件。此外，椁室里清理出饰棺的铜鱼、铜小铃、铜条形片饰、陶珠、石贝、圆形蚌饰和蛤蜊等。

由于被盗严重，所剩器物少，器物组合不明。但从葬俗上看，M2008 内随葬有铜鱼等，这种葬俗在西周晚期的晋侯墓 M8 与张家坡墓地中已开始出现，在西周晚期至春秋早期的较大型墓葬中较为普遍，如虢国墓地 M2001 中即发现大量铜鱼。从遗留随葬器物的形制看，M2008 中的铜鬲、铜簋、铜盘、铜方壶、铜匜、铜方彝等与虢国

---

① 河南省文物考古研究所、三门峡市文物考古研究所：《河南三门峡虢国墓地 M2008 发掘简报》，《文物》2009 年第 2 期，第 18-31 页。

图 2-10　虢宫父铜鬲　　　　　　　　　　图 2-11　虢宫父铜匜

墓地西周晚期宣、幽时期 M2012 出土的同类器物形制相同或相似，铜簠与山东长清仙人台 M3 出土的西周晚期铜簠相似。此外，该墓铜器上所饰重环纹、窃曲纹、曲体龙纹、波曲纹等，也是西周晚期的流行纹饰。故 M2008 的年代应为西周晚期。

M2008 虽被盗，但从出土的 2 件铸有铭文的虢宫父鬲和虢宫父匜可知，其主人应为"虢宫父"。墓葬出土有骨棺钉，与平顶山应国墓地 M1 出土骨钉情形一致。《礼记·丧大记》载："君里棺用朱绿，用杂金鐕，大夫里棺用玄绿，用牛骨鐕。"用骨钉固棺是大夫级贵族享用的礼制，故 M2008 的墓主虢宫父是虢国大夫级贵族。

（三）M2009

M2009 位于虢国墓地北区东北部，长方形竖穴土坑墓，墓口南北长 5.6 米，东西宽 4.4 米；墓底略大于墓口，长 6 米，宽 4.62—4.84 米；墓底距现地表 19.3 米，墓深 18 米。墓室四壁修整平滑，自上而下涂有一层厚约 0.1—0.2 厘米的淡绿色涂料。墓室底部平坦，四周有熟土二层台，墓圹底部靠近南北两端各有一道东西向浅沟槽用于置枕木。墓内填土经过夯打，夯层与夯窝较明显。

墓室结构完整，棺椁结构清楚，为三重木质棺椁，已腐朽塌陷，依其痕迹可知为单椁重棺，外棺有棺罩。棺罩上中部并排放置 8 根长约 2.0—2.6 米、直径 0.04 米呈西北—东南的细圆木，表面髹黑漆。细圆木下铺有一层竹制殓席，之下是丝织品做成的蒙在棺罩上的"荒帷"。细圆木上散置有零星的铜鱼和一件铜翣。棺罩上缀有铜鱼、石贝、陶珠和竹编等器物。墓主人为仰身直肢葬式，头北足南，右臂弯曲，右手置腹部，左手置盆骨一侧。墓主头骨、盆骨、肢骨等部分保存较好，经鉴定为男性，年龄为 40 多岁。

M2009 出土遗物丰富。

1. 遗物的分布

随葬器物丰富，品类齐全，依用途分为礼器、乐器、兵器、工具、车器、马器、棺饰与其他等 8 类，质地有铜、铁、玉、石、玛瑙、料、陶、骨、角、牙、皮革、蚌、木、竹、苇、草、麻、丝帛和枣刺等 19 大类，以铜器和玉器为大宗，占总数的 90%以上。

椁盖板中部填土中出土玉鱼 1 件、玉管 1 件和兽面形孔雀石饰 3 件，椁盖板上零星散置穿孔的铜鱼、石贝和 4 件兽面形孔雀石饰。

棺罩上下及四周散置有铜翣、铜鱼、铜铃、石贝、陶珠和竹编器等器物。铜鱼多半是 2 件一组且头向一致。从出土情况看，铜铃、铜鱼、陶珠、石贝显然是按照某种方式串联后缀在棺罩上的。竹编器置于棺罩下东部。棺罩四角钉有铜棺钉。

椁与外棺之间放置大量青铜礼器、乐器、兵器、工具、车马器和陶礼器，以及皮甲、麻布衣物等，大部分器物叠压堆放在一处，有些地方器物堆叠可达四层。鼎、鬲、甗、簋、盨、簠、甫、方壶、圆壶、盘、匜、尊、方彝、爵、盉、觯和觚等铜礼器，集中放于椁室南部和东侧南部。铜甬钟、铜纽钟、石编磬、铜钲等乐器，主要放于椁室西北角和西侧中部，其中石编磬置于铜编钟上面。铜戈、铜矛、铜钺等兵器和铜盾钖、木弓、箭镞及草囊或皮革箭箙、箭箙上的象牙饰物等，放置在椁室北中部、西侧中部、东侧北部，以及东侧南端的青铜礼器下。其中铜戈平放于椁室北端中部、东侧中部和南端的青铜礼器下面最底部，木柲皆已腐朽；铜矛放置于椁室东侧北部，木柲已朽；一件铜钺平放于椁室西侧偏北部的玉器上；盾牌均已腐朽，仅剩红色与黑色漆皮及铜盾钖，铜盾钖正面朝下，层叠覆置于椁室西侧的椁底板上；箭镞置于椁室东侧中部、西侧中部和南端偏东部，均成束放在一起，原应装在箭箙中；木弓置于椁室西侧中部和南端青铜礼器下面，均残；3 件象牙器分别放在椁室东南角青铜礼器下和西南角，已残。铜锛、铜凿、铜刻刀、铜削、铜刀、铜銎铁锛、铁刃铜刻刀、铁刃铜削等工具，集中放置在椁室西南角的青铜礼器下，方向一致，原应放在木匣或竹笥内。軎、辖、銮铃、轭、衔、镳、兽面纹铃、节约、络饰、带扣、小腰、环、游环等铜车马器，层叠放在椁室北端与东、西侧。有的銮铃出土时尚套在铜轭首上；轭的木胎已朽，仅剩铜轭首与铜轭足；多数的衔与镳成组套在一起；有些节约与络饰的孔内尚残留有绳屑，而且管孔相对；个别小腰上还系有麻绳；有不少环位于轭的附近，应是与轭配套使用。

外棺盖板上的随葬器物有铜器和玉器，可分为上、下两层：上层器物放在外棺盖的最上面，计有 6 件铜翣和一些铜盾钖、车马器等。6 件铜翣分两行等距离地放在东、西两侧；铜盾钖散置在东南部和东北部；车马器中的铜衔、铜镳放置在东北部、西部和南端偏东部，铜軎、铜辖、铜环放置在北部、西部和中部，铜管、铜带扣放置在东中部，木轭放置在西北部。另在外棺盖上的西中部和中南部分别放置有麻绳和竹编篮。上层器物下面放置玉器、石器和木器等。其中玉器有璧、琮、璜、圭、戈等礼器与鱼形佩，以及柄形器、匕、刀、小环等（图2-12）；石器有两组条形缀饰；木器有小腰、圆锥形饰和条形片饰等。

另外还出土有其他质地的车马器，如骨镳、骨小腰、木镳等，多与麻布混置。

陶礼器有鬲、罐各1件，放在椁室西南角铜礼器下。

皮甲腐朽严重，放置于椁室西侧中部的车马器、兵器和铜钲下。皮甲上的甲片有的边缘不规整，有些甲片的下方有一反面朝上且与之大小基本相同的甲片，似为合甲。甲片正面髹黑漆，反面无漆。在麻布褂及短裤的下面又放置有木轭残件、铜銮铃、铜害辖、铜衔镳、铜带扣、铜小腰、骨小腰、铜合页、铜游环等车马器。此外，在椁室西侧北部的铜钺下面放置有兽面纹玉斧3件，在东侧中部放置有残竹编器等。

图 2-12　M2009 外棺玉器清理现场

2. 编织物

椁盖板、棺罩和外棺盖板上面及椁室底部均发现有"人"字形纹席子的痕迹，应是殓席。在椁盖板上铺盖殓席是为了防止填土与椁盖板直接接触；在棺罩和外棺盖板上面铺盖殓席是为了放置随葬物；椁室底部铺盖殓席应是为放置木棺和随葬品。

麻布衣物有褂及短裤等，放置于椁室东侧中部青铜礼器、车马器及兵器下面。

棺椁内外发现多层织物痕迹。

棺罩上覆盖有三层编织物，第一层和第三层为麻布，中间一层为红色丝绢，这些编织物应为文献中所记载的"荒帷"。

外棺盖板与内棺盖板上均覆盖有多层棺衣。外棺盖板从上往下可分为三重：最上面为数层较粗的白麻布，纹络清晰，经纬分明，厚0.02—0.03米；其下为十余层较细且已腐朽成粉末状的红色和棕褐色丝织物，层层相间铺垫，厚 0.02—0.03 米；最下为数层麻布和红色丝织物，丝织物上绘有菱形花纹图案。内棺盖板上覆盖着多层红色或黄色丝织物，因棺盖板腐朽塌陷而残存在内棺盖板上多个地方。内棺盖板西南角残留有数十层折叠一起的黄褐色丝织片，纹络细密，清晰可见，堆积呈扇形，面积约为 0.25×0.25 平方米。

内棺里铺垫有数十层已成粉末状的红色、棕色、黄色织物，自上而下分三重：第一重是玉器下的红色或棕色丝织物；第二重为第二层玉器下的三条橘黄色丝带和十数层红色或橘黄色丝织物，橘黄色丝带当为装殓时捆绑尸身所用；第三重是墓主人身上的衾被、穿在身上的殓衣，以及铺在身下的褥子等。这些丝织物层层相间铺垫，达十数层之多，厚约 0.02 米。

在内外棺之间的东侧中部和东北部发现有一团厚达数十层的红色丝织物遗存，用途待考。在外棺与内棺盖上及椁室底部的许多地方都有成片的朱砂痕迹，有的已沾染在玉器上。

3. 玉石器

内棺盖板上的随葬器物主要是玉石器，计有戚、琮、璧、戈、圭等礼器，龙、虎、鹿、兔、鸟、鸽、龟、鳖、鱼、牛、蝉、蚕、鹦鹉、凤、蛇、蜘蛛、大象等各种动物形佩饰（图 2-13）和玉人，以及柄形、管、珠、环、凿、铲、锤、棒、马蹄形佩等几何形佩饰与缀饰物。从摆放位置分析，这些玉器在入葬时可能以某种组合方式加以串联。

内棺内随葬器物也主要为玉石器等，大致可分为四层。

第一层器物在内棺盖下，以动物造型为主，自北向南大致可分为五组：最北端的为第一组，计有玉璜、玉人与龙、虎、象、鹿、羊、兔、鹦鹉、鸟、鹅、燕等动物形佩饰，以及削、笄、韘、管、鼓、残玉片等玉器；第二组在第一组之南，有玉璧与龙、兔、蜻蜓、燕、鱼、蝉、蚕等动物形佩饰以及笄、圆形饰、削、管、不同形状的玉片和残玉饰等器物；中部的为第三组，计有玉琮、璧、璜、环等礼器与龙、虎、鸟、蝉、燕、龟、鱼等动物形佩饰，以及圆形饰、椭圆形饰、"L"形饰、勾云形饰、残玉片等器物；中南部的为第四组，计有玉琮、璧、大环等礼器，玉人与龙、凤、鸟、燕、蝉、牛首、蜘蛛、鳖、鱼等形动物佩饰，以及柄形器、圆形饰、方形饰、镯形饰、管、不同形状的玉片等玉器；最南部的为第五组，计有琮、璜等礼器，玉人与龙、虎、牛、蝉、鸬鹚、鸟等动物形佩饰，以及柄形器、管、束绢形饰、圆形饰、圆形棒饰、圆扣形饰、梭形饰、蘑菇状饰、不同形状的玉片等玉器和一件锥形骨器。

第二层器物在第一层器物下的薄红色丝织物下，主要有戚、璧、戈等玉礼器。琮、

图 2-13　M2009 出土玉器

1. 玉虎　2. 玉鹿　3. 玉龟　4. 玉鳖　5. 玉蜘蛛　6. 玉象　7. 玉凤　8. 蛇形玉佩

璧上有红色丝带痕迹，或为串联所用。西南部的一件玉戈上有缀饰，皆已朽成粉末状。

　　第三层器物在第二层器物下已腐朽成粉末状的衾被和衣服下，放置于墓主人周身，大多是墓主人生前所佩戴的装饰品，也有少数殓尸用的玉器。墓主人面部放置缀玉幎目，形似男性面部器官；头部放置由"C"形龙形佩、鸟形佩、树形佩、璜、人龙合纹玦和龙纹觿等玉器组成的发饰；颈部有一组由玛瑙珠（管）、玉牌和玉管组成的项饰，且与佩于胸前的六璜联珠玉组佩连接在一起；口含一组由圆扣形饰、贝和球形珠单行相间组成的串饰；胸部及身两侧放置有戈、璧、鱼形佩、鱼尾龙形佩、韘、獠牙形觿、匕、柄形器等玉器；两手各握圆管状握玉，其中左手腕处有一件凹弦纹箍形饰，应为腕饰；脚端有 2 件踏玉；脚趾间夹有 2 组共 8 件鱼形玉佩。

　　第四层器物是墓主身下铺垫的一组玉器和 6 件绿松石环。玉器有戈、璧、璜和小环等。6 件绿松石环分为两组，每 3 个为一组，分别连接于中部黄色丝带的两端。在这组玉器的北部有红色和黄色粉末状物，应是死者殓服与身下丝织物等腐朽后的遗留。

4. 青铜器

M2009 出土青铜器 2312 件，其中铜礼乐器 171 件。青铜器分为实用器和明器两大类。76 件实用器制作精良，纹样讲究，其中 56 件铸有铭文，均言明作者为虢仲，说明该墓墓主是虢仲。明器则制作粗糙，器身与器盖多浑铸，底部穿孔，或有因浇铸不足而留下的小洞孔，或器内范土未除，而且多数为素面，即使有装饰纹样也较潦草简单。青铜器按用途可分为炊食器（鼎、鬲、方甗）、盛食器（簋、盨、簠、甫）、水器（方壶、圆壶、盘、盉、匜）和酒器（方彝、方尊、圆尊、爵、觚、觯）等四类。实用铜礼乐器基本组合为：鼎 12（列鼎 7、配鼎 5）、鬲 6、簋 10、甬钟 8、纽钟 8、盨 4、簠 4、甫 2、方壶 2、圆壶 2、盘 2、盉 2、爵 2、钲 1、方甗 1、方彝 1、圆尊 1。这种组合明显高于虢太子墓 M1052 和 M2011，以及山西天马—曲村北赵晋侯墓地的 M8、M64、M93 等晋侯墓，与虢季墓 M2001 所出基本一致。

M2009 出土玉器 1050 件（颗），是虢国墓地出土玉器数量最多、品质最好的墓葬。种类涵盖了礼玉、佩玉、殓玉、工具、饰件等多个品类，且多件玉器上有墨书或刻有铭文，虢太子墓 M2011、M1051 自不能与之相比，出土玉器数量相差不大的 M2001 虢季墓及山西晋侯墓在种类和做工上也远远不如 M2009。因此，M2009 墓主人也应为虢国某代国君。

M2009 青铜器总体风格与虢季墓 M2001，以及山西天马—曲村北赵晋侯墓地 M8、M64、M93 墓所出相同或相近。如 M2009 出土的 7 件列鼎，沿下饰 "C" 形平目窃曲纹，腹部饰变形凤鸟纹，耳部饰重环纹，半球状腹、立耳、三蹄足上下端较粗大的形制上同毛公鼎基本相同，是西周晚期最流行的式样之一，其他各器类也是如此。所出玉器与陕西周原、沣西张家坡墓地、洛阳北窑西周墓地，山西天马—曲村北赵晋侯墓地所出同类器相同或相近。尤其是 M2009 内出土的墨书玉遣册中有周宣王时期大夫"南仲"之字。综上所述，M2009 时代应在西周晚期晚段的宣、幽时期。

（四）M2006

M2006[①] 位于虢国墓地北区的西南部。长方形土坑竖穴墓，墓口南北长 4.65 米，东西宽 3.06 米，墓深 9.3 米；墓底略大于墓口，长 5 米，宽 3.3 米；墓底距现地表 9.7 米，墓深 9.3 米。墓室四壁修整平滑，底部平坦。墓底靠近墓圹的南、北两端各有一道东西向浅沟用以放置枕木。墓底四周有熟土二层台，中部设一椭圆形腰坑。墓内填土略经夯打，未见随葬器物。葬具为一棺一椁，已腐，棺里撒满朱砂，墓主人葬式为仰身直肢，头向北，殓服已朽。

---

① 河南省文物考古研究所、三门峡市文物工作队：《上村岭虢国墓地 M2006 的清理》，《文物》1995 年第 1 期，第 4-31 页。

随葬器物丰富。椁盖板东西两侧放置 4 件大型铜翣，两两对称，均残。椁盖中部及四周出土 381 条铜鱼，多成对放置。棺外椁室四周出土圆形蚌饰 55 枚、蛤蜊壳 87 枚和石贝 22 枚，都有穿孔，应是棺罩上的缀饰。棺盖板东侧和西北部放置数量众多的铜马器和石圭。其中衔、镳、铃、节约、带扣和小腰等铜马器位于棺板东侧部；石圭则放置于棺盖板西北部。

棺、椁之间放置铜礼器、铜车马器、铜鱼、陶器、蚌饰和石贝等。鼎、甗、鬲、簋、盨、圆壶、盘等实用铜礼器集中放置于椁室西南角，下葬时多用麻织品包裹，2 件圆壶、2 件盨和 1 件簋保存较好。盉、爵、尊、觯、方彝等铜明器放置在椁室西北角。铜礼器组合为食器、酒器、水器各一套，是西周晚期铜礼器的流行组合形式。食器组合为鼎 3、鬲 4、盨 2 和簋 1。鼎为列鼎，形制、纹饰相同，大小依次递减；4 件鬲形制、纹饰、尺寸都基本相同；2 件盨应是簋的替代品，上有 33 字铭文，记兽叔为孟姞作器（图 2-14）；一件簋上也有铭文 14 字，记丰白作器，是西周晚期的新器型（图 2-15）。酒器组合为爵、尊、觯、方彝，此配套组合盛行于商末周初，西周中期已不多见，酒器型体较小、素面无纹、制作粗糙，为明器。水器组合为一盘一盉，是西周中期较为固定的搭配组合。

图 2-14　兽叔盨

图 2-15　丰白簋

椁室西北角置軎、辖等铜车器，椁室北中部和南部清理出衔、镳、铃、带扣、细腰、节约、络饰等铜马器，椁室东南角有鬲和罐等陶器，椁室西北角和南中部各出土一件玉戈。

棺内随葬玉器众多：墓主人的头顶有玉笄等饰物；耳旁有玉玦 2 对；颈部有一组由马蹄状青白玉佩和玛瑙珠相间串系而成的项饰；面部覆有以鸟、虎、鱼、璜、盘龙、耳等组成的缀玉面罩；口内有玉琀，由 10 个青白色小玉管串成；双手各握一个青白色玉管；脚趾间夹有 2 个条形玉片；胸部玉佩由青白色球形玉珠、红绿色鼓形玉珠及玉管串系而成（图 2-16）；在胸部腰际左右还散置有龙、兽、虎、狗、兔、牛、蚕、鱼、鸽、鸟等动物形玉佩，制作精良。据统计，M2006 随葬玉器共计 240 件，分为礼玉、佩玉和殓玉，充分显示了墓主人身份的高贵。

M2006 共出土 451 件青铜器，其中铜礼器 19 件，有 3 件列鼎、4 件鬲、2 件簋。从兽叔铜簋铭文可知墓主为孟姞，生前是作为姞姓国君或贵族单叔之女嫁于虢国。墓内出土的铜车马器，正好可搭配一辆车两匹马使用，应是孟姞平常出行时所乘之车上的配饰。

图 2-16　M2006 出土胸佩

M2006 出土青铜礼器为西周晚期的特征，盨、簠更是西周晚期流行的器型，礼器组合方式也常见于西周晚期。从形制来看，鼎与西周晚期的虢文公鼎、毛公鼎、颂鼎相似；鬲与伯先父鬲等相似；甗上下尚未分体，与叔硕父甗形制相似；盨与伯多父盨相近；簠与虢国墓地 M1820 出土簠相似；壶与三年痰壶相仿，但年代稍晚。出土陶器与沣西西周晚期墓葬出土同类器相似，如鬲与张家坡 M157 出土的Ⅳ式陶鬲形制相近，罐与张家坡 M437 出土的罐形制相似。这些都表明该墓的年代在西周晚期。青铜器所饰垂鳞纹、重环纹、卷体龙纹、波曲纹等，也是西周晚期流行的纹饰。铜礼器的组合、形制、纹饰等均表明其为西周晚期遗物，但铸造时间略有早晚，其中实用器早于明器。实用器早晚也有不同，如盨等的铸造年代可早到宣王前后，壶、簠等与西周晚期的同类器物相似，同时又与春秋早期的一些同类器物接近。可见，此墓的入葬年代应在西周末年。

综上所述，可判断 M2006 为女性墓，墓主为孟姞，墓葬年代为西周晚期。根据西周女性比其夫君"礼降一等"的葬制，判断墓主人身份为贵族夫人，其丈夫应是大夫级贵族。

（五）M2010

M2010[①] 是虢国墓地北区中部的一座大墓。长方形土坑竖穴墓，墓口南北长 5.4 米，东西宽 3.9—3.95 米；墓底略小于墓口，长 4.86 米，宽 3.63—3.71 米；墓深 9.6 米。墓壁平滑规整，南北壁基本垂直，东西壁向下斜直外张。墓底四周有生土二层台，宽度不一。墓底近南、北两端各有一道东西向的浅沟槽用以放置枕木。墓底中部有一椭圆形腰坑，内有两段残兽骨和一块陶片。墓内填土稍经夯打，夯窝与夯层不明显。

葬具已朽，从残存痕迹可知为重棺单椁，外加棺罩。因塌陷严重，棺罩结构不明。

---

① 河南省文物考古研究所、三门峡市文物工作队：《三门峡虢国墓地 M2010 的清理》，《文物》2000 年第 12 期，第 4-22 页。

椁室底部铺有一层席子，局部尚有席纹印痕；外棺表面髹黑漆，其上覆盖有四层织物，上面三层为丝帛，上有零星朱砂，应为文献记载中的"荒"，最下一层为麻布，应是棺衣。外棺四角有骨钉，用于固定棺衣。棺内有人骨架一具，已朽，依残存骨架推知，墓主人葬式为仰身直肢，头向北。

墓内出土随葬物丰富。

椁盖板上有少量铜鱼、石贝、陶珠和圆蚌饰，棺罩的东西向横木的两侧及下面也放置有许多铜鱼、石贝、陶珠等，都有穿孔，应是棺衣上的缀饰。铜鱼两两放置，头向一致或相互交叉；陶珠大多成行排列，原应用线绳串联，推测它们原来都是缀在棺罩上的。外棺中部放置4件装有木柄的"山"字形铜翣，其下棺衣上放置戈、匕、刀等玉石器；外棺外侧四角各有一些骨钉。

椁与外棺之间放置有青铜礼器、兵器、工具、车马器及从棺罩上散落下来的铜鱼、石贝、陶珠等。鼎、簋、甗、壶、盘、匜等大型青铜礼器主要放置在椁室西北角、西南角和东南角。礼器组合为食器、酒器、水器各一套。食器组合为五鼎、四簋和一甗。其中3件鼎为列鼎，形制、纹饰相同，大小依次递减，另2件鼎为后配，4件簋形制、纹饰、尺寸都相同。酒器有方壶2件。水器为盘匜组合。兵器放置在椁室东侧和南端，有戈2件、矛2件、镞28件，还有盾钖和箭箙，残破严重。其中戈、矛多被人为折断或致弯而分置两处，镞分三组放置，每组近10件。工具放在椁室东南角，包括斧、锛、凿各1件。车马器集中放在椁室南端，有軎、辖、衔、镳、铃、带扣、节约、络饰等300余件，基本上是四辆车、八匹马的配置。

内棺主要随葬玉器，数量不多，墓主人头部有管状饰1，耳旁有玉玦2；身上有玉璜、玉戈、玉柄形器、鹦鹉形玉佩等；口内有8件玉琀，皆为玉器残片；手中各握1件圆管状玉器。

墓葬出土铜礼器组合为鼎、甗、簋、壶、盘、匜，这种组合形式流行于西周晚期。5件铜鼎中有3件为一组列鼎，而列鼎制度到西周晚期才普遍流行。从形制看，此墓出土的鼎与西周晚期的毛公鼎、颂鼎等形制相似；甗上下分体，与叔硕父方甗、虢国墓地M2006出土方甗的形制相似；簋与虢国墓地M2001出土的虢季铜簋形制基本相同；壶与虢国墓地M2011出土的铜方壶形制相似。此外，铜器上的窃曲纹、垂鳞纹、重环纹、波曲纹等是西周晚期的流行纹饰。综合来看，M2010的入葬年代应在西周晚期。

M2010随葬有大量铜鱼，这种葬俗也见于西周晚期的晋侯墓地M8与张家坡墓地，在西周末年至春秋早期较大墓葬中较为普遍，如虢国墓地M2001和M2011。这也可证明M2010的入葬年代应为西周末年。

从随葬铜礼器的数量来看，此墓有鼎5，簋4，壶2，甗、盘、匜各1。对比史载，推测M2010墓主身份为大夫。M2010棺外出土有数十枚骨棺钉，与虢国墓地M2119

和 M2120 情况一致。《礼记·丧大记》云："君里棺用朱绿，用杂金鐕，大夫里棺用玄绿，用牛骨鐕。"骨钉是大夫级贵族享用的礼制。此外，M2010 出土有一定数量的青铜兵器和玉器。这些都表明 M2010 的墓主人应是虢国大夫级的贵族。

（六）M2011

M2011 在虢国墓地北区西北部。长方形竖穴土坑墓。墓壁近直，经修整，四壁均涂有厚 0.1 厘米左右的淡绿色涂料。墓口南北长 5.64 米，东西宽 4.34 米；墓底略大于墓口，南北长 5.74 米，东西宽 4.42 米；墓深 11.3 米。墓底近南北两端各有一东西向浅沟槽以放置枕木。墓底四周有熟土二层台。

葬具为木质棺椁，已朽，从残存的灰迹看为单椁重棺。据《礼记·丧大记》载，天子棺椁四重，诸侯三重，大夫二重，士一重。该墓使用三层棺椁，说明墓主人是高级贵族。棺外有一个大型棺罩，棺罩由四根两两并列的木条交叉呈"十"字形框架，下葬时框架上应蒙有荒帷。人骨架已腐，仅存残齿，可辨葬式为仰身直肢，头向北。

随葬各类器物 3095 件（颗），分布于不同位置。

椁盖板东西两侧放置 6 件两两相对的铜翣，大小、形制相似，长 40 厘米，宽 32 厘米，厚 0.1 厘米。铜翣上部为"山"字形，下部呈长方形，薄铜片制成，压有兽面形暗纹，有成排穿孔，穿孔之间残存窄薄的竹条痕迹，应原有竹柄。《礼记·丧大记》载不同等级贵族使用铜翣数量不一：诸侯国君用黼翣二、黻翣二、画翣二，共六翣；大夫用黻翣二、画翣二，共四翣；士用画翣二。此墓主人死后享用六翣，说明其身份等同诸侯。

棺罩下面及周围散置 316 条铜鱼和 22 件铜铃。铜鱼规律分布，集中于棺罩框架的木条下面，两两成对放置。铜鱼和铜铃原应缀系于棺罩上。外棺南部出土石贝 202 枚，也应是棺罩上的缀饰。距石贝 30 厘米左右发现大量海贝，约 240 枚，是虢国墓地出土海贝最多的。

外棺盖上放置大玉戈 1 件和 87 件石戈与圭。玉戈已断，残长 31.7 厘米，一段出于椁室东侧中部，应是棺盖板塌陷时滑落至此。石戈与石圭整齐叠放成四方形，方向一致，周围有苇编与木灰痕，应是盛装或包裹在箱匣内。M2011 是虢国墓地出土石戈、石圭最多的一个墓葬。

椁与外棺间放置铜礼器、石编磬、铜钲、铜兵器、铜工具和铜车马器等。青铜礼器有鼎、簋、鬲、圆壶、方壶、甫、方甗、盆、盘和匜等 34 件，集中在椁室西南部与东侧中部。礼器组合为食器、酒器和水器三种。列鼎 7 件，口沿下饰窃曲纹，腹饰波曲纹，最大的通高 38.4 厘米，口径 39 厘米，重 12.9 千克。另有八簋八鬲，以及回首龙纹方甗、镂孔波曲纹簋、重环纹圆壶、窃曲纹圆壶、曲体龙纹盆（图 2-17）、重环纹盘、昶伯匜（图 2-18）各 1，凤鸟纹方壶 2，铜钲 1。

图 2-17 曲体龙纹盆

图 2-18 昶伯匜

樟室东北角和东南角放置两套石编磬，每套 9 件。磬为石灰岩质，大部分侵蚀严重，表面呈灰白色。

铜兵器集中放置于樟室东南角与西北角。剑与铤放一处，戈散置多处，镞 5 件或 10 件一组地放置，有五六处。盾锡多件叠放，分置樟室东南角与西南角。铜工具仅有

图 2-19 太子车斧

太子车斧一件（图 2-19），放置于樟室西侧偏南处。铜车器有銮铃、轭首、轭足和辖等，集中在樟室南端。铜马器有衔、镳、节约、络饰、带扣、小腰、环、游环与泡形饰等，散置于铜礼器之间，每一件衔与两件镳相互套在一起。此外还有铜构件、铜合页、铜镂孔长管、铜镂孔"Y"形管与象牙器等，散置于车马器之间。

内棺主要放置玉器。墓主口含 4 件管形玉琀，耳部有 2 对龙纹玉玦，颈部戴有由玛瑙珠、玉佩组合的项饰，胸部放玉戈 1、铜削 1 及一些小件装饰品；左臂侧有玉璧 1，左手握玉管 1，右手握玉由 7 件方形和圆形玉管串系而成，腕部各有一组玛瑙珠和玉佩组合的腕饰；左腿外侧放玉琮 1，身体两侧放置玉盘龙形佩、鱼尾龙形佩、人形佩、鸟形佩、管、环、小腰、柄形器、束绢形佩等数十件。棺西南部放置一组玛瑙珠串饰。统计共有 380 件玉器。

墓葬出土植物种子约 300 粒，是虢国墓地唯一出土植物种子的墓葬。

M2011 随葬铜器 1626 件，实用铜礼器组合为鼎 7、簋 8、鬲 8，圆壶、方壶各 2，铤、甗、甫、盆、盘、匜各 1，外加配鼎 2 件。M1052 虢太子墓为鼎 7、簋 6、鬲 6、方壶 2，铤、甗、豆、盘、盂、小罐各 1，编钟 1 套 9 件。M2011 规格明显高于虢太子。M2011 随葬青铜斧上有"大子车斧"铭文，说明墓主是太子身份，可能因为英年早逝，生前没有成为国君，只能死后享用国君的待遇。

M2011 遗物总体风格与 M1052 虢太子墓一致。列鼎形制同毛公鼎、此鼎乙、趞鼎的形制相类，只是 M2011 出土鼎沿下饰窃曲纹，腹部饰波曲纹，而毛公鼎、此鼎乙饰有珠重环纹，趞鼎饰横弦纹；铜簠同𣄸权𣄸姬簠、梁其簠、山西天马—曲村北赵晋侯墓地 M63 所出窃曲纹簠甲相类同；方壶同晋侯墓地 M64 所出晋侯邦父壶、M93 所出晋叔家父壶、虢太子墓方壶 M1052：161 相类；圆壶同晋侯墓地 M63 所出杨姞壶相同；昶伯匜同鲁仲齐匜、中友父匜相近。因此，M2011 时代为西周晚期晚段宣、幽时期。

（七）M2012

M2012 位于虢国墓地北区的西北部。长方形竖穴土坑墓，被盗。墓口南北长 5.3 米，东西宽 3.74 米；墓底长 5.3 米，宽 3.92 米；墓深 10.93 米。墓室四壁较为平直，表面涂有厚 0.1 厘米左右的淡绿色涂料。墓底较平，近南北两端各有一道东西向的沟槽以安置枕木。墓底四周有熟土二层台。葬具已腐，从残存痕迹可知为单椁重棺。骨架仅保存部分肢骨及牙齿，推断葬式为单人仰身直肢，两臂交于腹部，头北足南。

随葬品丰富，分放不同位置。

青铜礼器集中摆放在椁室北端和东西两侧，尤其是东北角。根据用途可分为炊食器（鼎、鬲、甗）、盛食器（簋、簠、甫、罐）、水器（方壶、盘、匜、盉）和酒器（方彝、觚、爵、觯）等四类。礼器共 68 件，其中实用器只占 28 件，大部分都是明器，计有鼎、簋、簠、鬲、甗、甫、方壶、罐、盘、盉、匜、爵、觚、觯、方彝等 15 种。青铜鼎为 5 件列鼎，最大者通高 36 厘米，口径 37.2 厘米，最小的通高 22 厘米，口径 21.2 厘米；与鼎配套的还有列簋 4 件、列鬲 8 件。衔、镳、辖、銮铃、节约、络饰、带扣、小腰等 1135 件铜车马器和铜礼器混杂在一起，除个别平放于椁底板上外，大多数都倾斜地堆放在一起。

外棺盖上放置铜銮铃 4 件、铜兽首形带扣 8 件、玉戈 1 件。玉戈（图 2-20）长 28.4 厘米，青玉质，墨绿色，玉质较好，内部有竖行铭文"小臣𩵋"。

内棺盖上放置玉璧 1 件、玉戈 1 件、玉柄形器 2 件；棺盖北部有方形铜盒 1 件，内有由绿松石、料珠、煤精等组成的串饰一组。内外棺之间放置小铜罐 2 件。

棺内放置玉器：墓主人头部有玉玦，颈部有组合项饰，胸腹部有五璜联珠玉组佩，身上放有玉璧、玉柄形器和 20 余件动物形玉佩，左手部有玛瑙与绿松石组合而成的腕饰一串，右手部组合腕饰有玉管与佩件，手中有握玉，足部踏玉。

墓西北 9.6 米处有车马坑，坑内有车 19

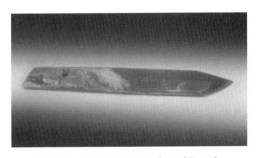

图 2-20　M2012 出土"小臣𩵋"玉戈

辆，皆为木车，已腐，由西向东可分为三排，每辆车下都压有马，显然是先将马处死后埋于坑底，再在马身上放置车辆。

M2012 没有青铜兵器随葬，应为女性墓。墓内随葬青铜礼器共 68 件，有实用器、明器两类。实用器中有列鼎 5、簋 4、鬲 8，从鼎簋配置看，应是五鼎墓，墓主身份与文献记载的"大夫"相当。青铜实用礼器具西周晚期特征，鼎、簋、鬲、方壶、甗等的形制和纹样都较古朴庄重。其中 5 件列鼎形制与毛公鼎、山鼎相同，只是所饰纹样有所区别；铜簋与史颂簋、师酉簋、訇叔訇姬簋等相同或相类；鬲与仲相父鬲甲、乙、丙，杜伯鬲，伯邦父鬲相同或相近；方壶同晋侯墓地 M64 晋侯邦父方壶、梁其壶相近。由此，M2012 时代应为西周晚期晚段宣、幽时期。

从随葬器物铭文看，"汈（梁）姬乍（作）□□"释读为"梁匜"，是梁姬自作器。若以此认为该墓主人是梁姬，就会得出"梁国是姬姓"的结论，而文献记载春秋时期梁国为嬴姓。故"梁姬"应不是墓主人，而是墓主的母亲。

从墓葬形制、规模及位置看，该墓位于 M2001 虢季墓东侧，二者并列埋葬。墓室面积约 20 平方米，墓深近 11 米，有二层台，葬具为三重棺椁。根据西周夫妻异穴合葬的习俗及女性"礼降一等"的制度，推断该墓主应是虢季夫人。

（八）M2013

M2013 是虢国墓地北区中部的一座墓葬。长方形竖穴土坑墓。墓口南北长 4.4 米，东西宽 2.8 米；墓口略大于墓底，长 4.3 米，宽 2.72 米；墓深 7.2 米。墓内填土稍经夯打，夯层和夯窝均不明显。葬具已朽，从残存灰痕可知为单棺单椁，木棺表面髹红漆。棺内人骨已腐朽成粉末状，据其痕迹可知死者为单人仰身直肢葬，头向北。

随葬器物共 898 件，有铜、玉、石、陶、骨、蚌器六类，分三处放置。棺椁间置鼎、簋、盘、匜等铜礼器 7 件，辖、衔、镳、銮铃、节约、络饰等 108 件车马器主要放置在椁室北侧。棺外四周散置小铜铃 3 件、铜鱼 76 件、石贝 230 件、陶珠 299 件、蛤蜊壳 51 件，均穿孔，应为棺饰上的缀物。棺外四角出土 30 枚骨棺钉。内棺放置玉器 90 件（颗）。

青铜礼器分食器和水器两大类。食器组合为三鼎二簋，水器组合为盘、匜各一。三鼎为列鼎，但纹样、铸工不同：两件腹部饰窃曲纹，一件腹部饰重环纹、凸弦纹和垂鳞纹，显然不是同时铸造，应为后配成一组列鼎。簋 2 件，均无盖（图 2-21），其中一件簋的底部还有铭文 3 行 17 字："虢仲作丑姜宝簋，其万年子子孙孙永保用"，记虢仲为丑姜作宝簋，希望其子孙永远收藏使用。盘 1 件，通高 18.2 厘米，口径 43.2 厘米，是虢国墓地出土盘中最大者。与盘同出的铜匜（图 2-22），高 17.4 厘米，流长 36.6 厘米，口沿下饰窃曲纹，腹部饰瓦纹，錾手上饰简易窃曲纹，足部饰龙纹，底部有铭文 3 行 12 字："季奚父作匜子子孙孙永宝用"，是季奚父自作器。

图 2-21 丑姜簋及铭文

图 2-22 M2013 铜匜及铭文

墓主头下放置玉璧 1 件，已残；头侧有玉琮 1 件，青玉质，冰青色，有少许黄白斑点，四面饰云纹；头顶部有玉管 1 件，为旧玉改制而成，应为束发器；左右耳部有玉玦 2 件，形制大小相同，为旧玉改制而成，上面还保留有原器纹饰；口内有玉琀，计有鸟、鱼、长方形和玉器残片等不同形制琀 9 件。颈部有项饰，由 6 件束绢纹佩、1件龙纹佩和 67 颗红玛瑙珠分双排两行串系而成。

M2013 南侧发现陪葬车马坑 1 座，呈正方形，南北长 4.2 米，东西宽 3.5 米，深 1.9 米，坑内出土了一辆车六匹马。车不是整体埋葬，而是拆散后埋于不同位置；马骨也不同向。

从 M2013 随葬器物组合形式上看，铜礼器组合为鼎、簋、盘、匜，是西周晚期中小型墓葬流行的铜礼器组合形式。其中鼎与西周晚期的毛公鼎、颂鼎、虢国墓地 M1820 出土铜鼎等形制相似；簋与虢国墓地 M1820 的铜簋、山东长清县仙人台 M3 出土的西周晚期铜簋形制相似；盘与虢国墓地 M2012 的重环纹铜盘形制相似；匜与虢国墓地 M2011 □伯匜形制相似。M2013 出土铜器上多饰重环纹、窃曲纹、垂鳞纹、曲体龙纹等，均为西周晚期流行的纹饰。证明 M2013 年代应在西周晚期。

M2013 出土有带铭青铜礼器。其中虢中簋是虢中为丑姜作器，丑姜是嫁于虢国的姜姓女子，与虢中的关系待考。季隥父匜是季隥父自作器，"季隥父"为男性称谓，"隥父"为其字，"季"前省略国族或氏称，结合此器出于虢国墓地推测，有可能为"虢季"之省称。这种省称在金文中较常见，如宝鸡竹园沟四号墓主"强季"，铭文既称"强季"，又有省称"季"。

从虢国墓地发掘的其他材料看，男性贵族墓多随葬兵器，女性墓中则不见。M2013 未发现兵器，应为女性墓，墓主应是铜簋铭文中的"丑姜"。青铜礼器有鼎 3 件、簋 2 件，盘、匜各 1 件，依西周礼制推测，墓主为虢国元士级贵族的夫人。

三、三门峡上村岭虢国墓地研究

上村岭虢国墓地是我国迄今为止发现的一处规模宏大、等级齐全、排列有序、保存完好的虢国国君及贵族墓地。自 1956 年发现以来，经过两次大规模的发掘，共清理墓葬 250 多座，车马坑 10 余个，出土了大量的青铜器、玉器及其他陪葬品，为西周晚期至春秋早期器物学研究提供了标尺。虢国墓地的发掘，填补了中国西周考古史上的空白，为研究先秦时期礼制制度、丧葬习俗、思想文化提供了重要的实物资料。

（一）虢国墓地随葬器物研究

虢国墓地随葬器物主要有青铜器、玉器、丝织物等类别。

1. 青铜器

虢国墓地出土的青铜器，种类齐全，造型端庄，纹饰精美，做工精湛，同时多数礼器带有铭文，为研究西周时期政治、经济、文化提供了重要依据。据统计，虢国墓地出土青铜器近万件，其中虢季墓（M2001）和虢仲墓（M2009）出土的青铜器数量达 5000 件，包括带铭文的铜礼器近百件。1959 年第一次发掘出土的青铜器，大多为西周晚期及东周早期器物,"除个别属西周中期者外,多数与公认的厉宣时期标准器相似,也有一些春秋初期的特征"①。20世纪90年代第二次发掘出土的青铜器进一步证实了上述观点。虢国墓地M2001、M2012、M2011出土的青铜礼乐器物时代特征鲜明,为西周晚期晚段宣、幽时期。因此,虢国墓地出土青铜器的年代基本上处于西周晚期到春秋早期之间。在此之前,西周和春秋之际的青铜器发现不多,大规模的考古发现更是凤毛麟角,虢国墓地出土的青铜器不仅是反映虢国文化面貌的直接材料,更是研究西周、春秋时期社会发展的重要资料,为两周青铜器断代提供了标准器物。

虢国墓地青铜器分礼器、乐器、工具、兵器、车马器及杂器等六类。

（1）礼器

礼器是奴隶主贵族用于祭祀、宴飨、朝聘、战争及丧葬等活动中使用的礼仪用器,代表使用者的身份、地位、等级和权力,是立国传家的宝器。周政权建立后,礼仪制度逐步完善。由于青铜器十分珍贵,非大贵族不能用,西周初期便有了青铜器的使用规定,贵族阶层依制享用数量、大小、种类等各不相同的青铜器,到西周中晚期形成了严格规范的使用制度。虢国墓地的年代为西周晚期至春秋早期,出土的青铜礼器很好地反映了制度规范及使用情况。

虢国墓地出土的青铜礼器包括食器、酒器、水器三大类:食器包括炊食器、盛食器、蒸食器等,主要有鼎、簋、鬲、甗、盨、簠、甫等;酒器包括饮酒器、盛酒器和取酒器,有壶、尊、方彝、爵、觯、盉等;水器用于盥洗,又称盥器,有盘、盉、匜等。

青铜礼器中以鼎、簋最为重要,二者往往相配使用。鼎用以盛置牲肉,簋用于盛置稷黍,肉、稷为食之主,鼎、簋也自然成为标志贵族等级的主要礼器。用于祭祀、宴飨等活动的鼎、簋多成套使用,即"列鼎而食",器物形制、纹饰相同而大小依次递减。何休注《公羊·桓公二年》云:"礼祭:天子九鼎,诸侯七,卿大夫五,元士三也。"这种用鼎制度被认为是西周古制,是列鼎制度的主要内容。鼎为奇数组合排列,与之配合使用的簋则为偶数组合。周礼规定:天子九鼎八簋,诸侯七鼎六簋,大夫五鼎四簋,士三鼎二簋或一鼎。这种鼎簋制度用于日常宴饮、祭祀、婚冠、丧葬等场合,以表现使用者的身份地位。

虢国墓地高等级墓葬均有列鼎、列簋出土。除被盗墓葬外,共计13套:M1052、M2001七鼎六簋;M2009、M2011七鼎八簋;M1706、M1810、M2010、M2012五鼎四簋;M1820、M1705、M1721、M2006、M2013三鼎,或配四簋,或配四鬲。M2001虢季墓和M2009虢仲墓的鼎簋均带铭文,表明了墓主人身份,所使用鼎簋符合周制。

---

① 中国社会科学院考古研究所编:《新中国的考古发现和研究》,文物出版社,1984年,第283页。

（2）乐器

虢国墓地出土乐器有钟、钲、铙等。西周时期，墓葬中开始出现成组成套的乐器编钟，一套编钟，形制、纹饰均相同，大小相次。西周早期墓葬中多为一套 3 件[①]，西周中晚期则增加为一套 8 件，往往还有与之相配的 8 件一套或 10 件一套的编磬。

虢国墓地出土有四组编钟，包括两组甬编钟和两组纽编钟：M1052 为一组 9 件纽编钟，M2001 为一组 8 件甬编钟，M2009 出土两组，一组为 8 件纽编钟，另一组为 8 件甬编钟。M2001 和 M2009 编钟上铸有铭文，表明了墓主人的身份。

M2001 共出土乐器 17 件，除 8 件铜编钟外，还有铜钲 1 件，另配石磬 10 件。8 件编钟上皆有铭文，其中 M2001：44、M2001：45、M2001：48、M2001：49 的铭文均为"佳十月初吉丁亥，虢季乍为协钟，其音末鸟（肃）□（雍），用义其家，用与其邦。虢季乍宝，用享追孝其皇考，用祈万寿，用乐用享。季氏受福无疆"。M2001：50、M2001：51 的铭文为"虢季乍宝，用享追孝"[②]。铭文大意是用钟声为祖先诸神奏乐，孝敬祖先，祈求祖先保佑国家。可见这组编钟是为祖先奏乐的乐器。M2001 出土的 10 件石磬为一组大小依次递减的编磬，演奏时配合编钟使用。

M2009 出土的两组编钟均为实用器。此外，还出土石磬 2 套各 10 件，铜铙 1 件。石磬一套为实用器，一套为明器[③]。

虢国墓地中只有 M2001、M2009 和 M1052 出土编钟及编磬，M2011 出土石编磬一组。在其他等级较低的墓葬中均未发现乐器，表明用乐与鼎簋使用不同，只有国君或太子才有资格享用配乐。虢国编钟一套 8 件或 9 件，有的与一套编磬等乐器一同使用。证实这时的编钟还多为一套，有的二套（可能两面悬挂）一起演奏，春秋以前三面悬挂的编钟尚未出现，成熟的编钟等级制度还没有形成。

（3）车马器

车马器分车器和马器。青铜车器主要有軎、轭、辖、銮铃、毂等，马器有镳、衔等。虢国墓地中出土车马器的墓葬有 22 座，其中 15 座葬具为一椁两棺，7 座为一椁一棺。墓主身份有国君、太子、大夫、贵夫人，甚至富足的士或庶民。使用车马器的种类及数量差别很大：M2001 随葬车马器最多，有辖 28 件、銮铃 22 件，还有衔、镳、节约等；M2012 有銮铃 4 件及衔、镳、节约、络饰等；M2011 有辖、銮铃 4 件，还有衔、镳、环、节约、络饰等；M1765、M1767、M1785 等小型墓有辖、衔、镳等。总体来看，随葬銮玲的墓葬等级高，为国君、国君夫人、太子、大夫及夫人等高级贵族

① 卢连成、胡智生：《宝鸡強国墓地》，北京：文物出版社，1988 年，第 96 页。
② 河南省文物考古研究所、三门峡文物工作队：《三门峡虢国墓》，文物出版社，1999 年，第 72、520 页。
③ 南省文物考古研究所、三门峡市文物工作队：《三门峡上村岭虢国墓地》，《中国考古学年鉴（1992）》，文物出版社，1994 年，第 240-241 页。

墓。随葬车马器数量与墓主身份地位有关，墓主身份越高，车马器数量越多，身份地位越低，随葬的就越少。实用马具多出土于男性墓，女性墓葬出土少。

（4）工具、兵器及杂器

虢国墓地墓葬中出土有青铜工具、兵器及其他生活用品。兵器主要有戈、矛、剑、镞等，工具有斧、锛、凿、钻、刻刀、削、三棱刮刀、锥等。兵器及工具多出土于男性墓葬。

虢国墓地还出土大量铜质生活用品，如镜、罐、鱼等，男女墓葬都有出土。

另有铜装饰用品，如棺衣周围悬挂的铜鱼、铜铃等。

2. 玉器

虢国墓地出土玉器近万件，数量之多，品种之全，玉质之好，制作之精，为西周考古中所罕见。玉器按用途及功能可分为礼玉、佩玉、殓玉、饰件、棺饰、用具及其他等七类。

（1）礼玉

礼玉有璧、琮、圭、璋、琥、璜、戚、戈等，均出土于虢国贵族大墓。虢国墓地出土玉器具体情况为：M2001虢季墓，出土璧12件、琮1件、圭3件、璋4件、璜8件、戚1件、戈10件；M2012梁姬墓，出土璧5件、璜3件、戈3件；M2011太子墓，出土璧1件、琮1件、戈2件；M2009虢仲墓，出土璧27件，其中龙纹璧1件、琮7件、戚1件、戈2件；M2006孟姞墓（三鼎，贵族夫人），出土圭16件、戈1件。

礼玉指古代重要场合如祭祀、朝会、交聘、征伐等活动中使用的礼仪性玉器。《周礼》载："以玉作六器，以礼天地四方：以苍璧礼天，以黄琮礼地，以青圭礼东方，以赤璋礼南方，以白琥礼西方，以玄璜礼北方。""以玉作六瑞，以等邦国：王执镇圭，公执桓圭，侯执信圭，伯执躬圭，子执谷璧，男执蒲璧。"六器用以祀神，要用六种不同颜色的玉来礼天地四方；六瑞则是以玉作为朝聘的信物，在邦交时表示礼节，在君臣间表示等级。此外，玉戈、玉戚、玉斧等大型玉兵器已失去实用功能，作为一种标志用于某种特定的场合，同样具有礼玉的性质。

虢国墓地出土礼玉众多，只有身份地位高的贵族才能使用。有些礼玉的使用更具独特性，是权力的象征，如玉戚。玉戚是类似石斧形状的古代兵器，中心有圆孔，两侧有锯齿状扉棱。举行重大礼仪或祭祀时，在玉戚上装"朱干"以舞，以示隆重。《礼记·明堂位》："季夏六月，以禘礼祀周公于大庙……朱干玉戚，冕而舞大武。"孔颖达疏："干，盾也；戚，斧也。赤盾而玉饰斧也。"虢国墓地共出土玉戚3件，皆出于虢国国君墓，其中M2001虢季墓出土1件，M2009虢仲墓出土2件，即是玉戚使用规格高的证明。

虢国墓地出土玉器中，有3件刻有铭文，均出土于虢君墓中："小臣"琮，出于

M2009 棺内，青白玉，通高 12.1 厘米，边长 4.9—5.1 厘米，一端射口平面上竖刻铭文 1 行 4 字"小臣妥见"；M2009 棺内出有小臣系璧，青白玉，内径 6.8 厘米，外径 14.9 厘米，外周纵刻铭文"小臣兹□"；M2012 外棺出土小臣𫚈戈，长 28.4 厘米，碧玉质，通体光素，制作精细，前端竖刻铭文 1 行 3 字"小臣𫚈"。结合卜辞、金文等材料，"小臣妥""小臣系"都是商代晚期的重臣，身份高贵，地位显赫。这 3 件小臣玉器制作年代或在武丁时期，流传至商末，后作为战利品落入周人之手，西周分封时，这些物品可能是"分殷之物"，或是周王对虢君的恩赐物①。

（2）佩玉

虢国墓地出土佩玉品种和数量多，占玉器总数的 60%，分为玉组佩和单佩两类。

组佩饰，又称为全佩、大佩、玉组佩等，是由多件玉器和玉、料、玛瑙等材质的管、珠通过串联方式组合而成的装饰品，实际上是串饰组合项饰的再发展。玉组佩按使用部位可分为头部组饰、腕部组饰及身部组佩饰。头部、腕部组饰是头饰、腕饰的复杂化，华贵的组饰只发现于大贵的族墓中。身部组佩饰结构复杂，多下垂至胸腹，已超出颈饰的范围而多作为胸腹饰。西周时组佩饰是系于颈部而下垂于胸腹的"长项链"形的组饰，包括项胸串饰、牌串组佩饰、多璜玉组佩。

头组饰：虢国墓地 M2001 墓主头部出土组饰 2 组。一组出于墓主头部右上方，应为束绾发髻的发饰，由衔双龙玉环、素面玉环、玉管、玉珠、牛首形玉佩、大小红玛瑙珠和石贝等共 73 件（颗）串联而成（图 2-23：1）。另一组发饰由佩、璜、玦等共 17 件玉器组合而成（图 2-32：2），出于墓主人脑后。

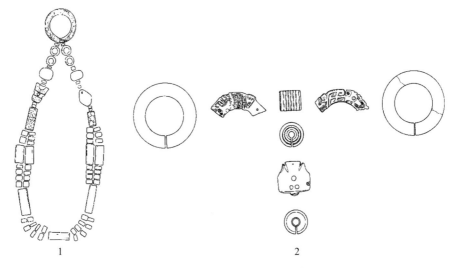

图 2-23　虢国墓地 M2001 头组饰
1. 环、管、珠组合发饰　2. 佩、璜、玦组合发饰

---

① 姜涛、贾连敏：《虢国墓地出土商代小臣玉器铭文考释及相关问题》，《文物》1998 年第 12 期，第 57-62 页。

腕组饰：M2012 墓主右手腕组饰由 8 件玉管和 13 件佩组合而成，佩有兽首形、鸟形、蚕形、蚱蜢形，连缀方法以兽首形佩为结合部，逆时针方向依次串系鸟形佩、双面龙纹扁管、2 件蚕形佩、1 件管、2 件蚱蜢形佩、2 件残玉管、1 件龙首纹扁形管、1 件蚕形佩，出土时散落于右手腕处（图 2-24：1）。左手腕饰由玛瑙珠和绿松石、料管共 126 颗组合而成（图 2-24：2）。M2011 出土 2 组腕饰，1 组由 6 件兽首形佩、81 颗红色或橘色玛瑙珠组成。另 1 组为左手腕饰，由 70 颗玛瑙珠、2 颗绿松石珠、8 件兽首形佩组合而成。M1647 腕组饰由 23 枚红色玛瑙珠、2 枚管形料珠、7 枚菱形料珠、3枚管形玉饰、1 颗球形玉珠、1 件蚕形玉饰组成，出土时环绕在墓主人腕部。

图 2-24　虢国墓地 M2012 腕组饰
1. 右手腕饰　2. 左手腕饰

项胸串饰：虢国墓地出土项胸串饰数量较多。M1820 出土玛瑙珠串饰 1 组，由 577 颗红玛瑙珠、管和 21 件青玉管分作数行排列相间串合而成，墓主腹部有由玛瑙珠、玉蚕、玉贝组成的串饰 1 组。M2001 项胸串饰由 6 件马蹄形玉饰及两行红玛瑙珠相间穿系而成：马蹄形玉饰为青玉质，形制、大小及纹饰相似，玉饰两端各有 3 个斜穿，便于穿系；红玛瑙珠共 112 粒，串于玉饰间。M2012 项胸串饰由 116 件（颗）玉佩、玛瑙珠等组合而成，出土时位于墓主颈部。该串饰以 1 件青白色兽首形佩为中心，由 1 件双面蝉形佩和 6 件形制相同的束绢形佩，间以 108 颗红色玛瑙珠，呈双行相间穿系而成。M2006 项饰由玉饰和玉管珠串系而成；胸佩饰由玉珠和红、绿等色鼓形玉珠及玉管串系。

牌串组佩饰：是牌饰与串连成多组串的彩石珠类串合而成的组佩饰。牌串组佩饰较多出土于大贵族女性墓葬中。M2012 牌串饰为由 83 颗玛瑙珠、7 件玉佩组合而成的项饰，其中 1 件玉佩为人龙合纹佩，其他 6 件为束绢形佩。M2013 1 组项饰由 6 件束绢纹佩、1 件龙纹佩、67 颗玛瑙珠分双排串系而成，墓主为西周晚期虢国贵族夫人，身份为元士 ①。

　　多璜玉组佩：为玉组佩中最突出的佩饰，长度垂至胸腹部，由多件大小相次的玉璜由上至下排列把两行串珠联缀形成组佩饰。虢国墓葬共出土 3 套联璜玉组佩，包括 M2001 出土的七璜玉组佩，M2009 出土的六璜玉组佩，M2012 出土的五璜玉组佩（图 2-25）。其中 M2001 出土的七璜玉组佩最为完备、精美。佩饰分为上下两部分：上部由人龙合纹玉佩、玛瑙珠、玉管共 122 件颗串合，长 52 厘米；下部由 7 件从上到下依次增大的玉璜，间以左右对称的双排两行玛瑙与琉璃串珠共 252 件颗连缀而成，长 80 厘米。该玉组佩出土时佩于墓主身上，垂至膝下。

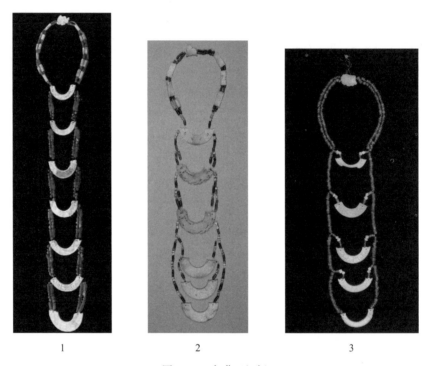

　　　　　1　　　　　　　　　　　　2　　　　　　　　　　　　3

图 2-25　多璜玉组佩
1. M2001 七璜玉组佩　2. M2009 六璜玉组佩　3. M2012 五璜玉组佩

　　头部、腕部组饰常出土于贵族墓葬中，其在虢国墓地男女墓葬中均有出土，表明不再仅具装饰作用，组佩饰种类与数量的多少可能还与墓主人的身份等级有关。牌串组佩饰出土位置不一，有的位于胸腹，有的在肩部或颈部，摆放的方式也较随便，"其佩带方式互不一致，显得颇不规范，它们的地位应比多璜组玉佩为低" ②。以璜作为

① 河南省文物考古研究所、三门峡文物工作队：《三门峡虢国墓地 M2013 的发掘清理》，《文物》2000 年第 12 期，第 27-34 页。
② 孙机：《周代的组玉佩》，《中国古舆服论丛》，文物出版社，2001 年，第 128 页。

串饰的组件源于新石器时代的崧泽和良渚文化，早期多为单璜，也有双璜并列，后来逐渐与管珠串联组合。由于璜在商周时期属于礼器，它和珠玉管珠的结合，使得组佩饰既有装饰功能，同时又有礼玉的性质。随着西周时期"礼"的建立和逐步加深，玉组佩成为权贵身份的象征和标志，其长短和主人地位高低有关，地位越高，玉组佩就越长，结构也越复杂。组佩饰的使用显示了墓主的身份地位，特别是璜联珠玉组佩，出土于国君及夫人墓中。其中 M2001 为七鼎大墓，用七璜玉组佩，M2012 为五鼎大墓，用五璜玉组佩。太子墓和大夫级、士级墓中均没有玉组佩出土。西周时期玉组佩中璜数量的多寡是身份的标志，夫人使用的璜数要少于其夫，体现了夫妇地位的差别。

单佩是单独佩带的玉器。虢国墓地出土的单体玉佩，数量众多，包括动物形佩及小型工具及兵器等，器物上穿孔，皆可佩戴。

（3）殓玉

殓玉指古代专为保存尸体而制作的殓葬玉器。虢国墓地出土殓玉有缀玉面罩、玉琀、玉握、玉踏及脚趾夹玉等。

缀玉面罩是用许多小玉片缝缀于丝织品上，覆盖于死者面部。《仪礼·士丧礼》："幎目，用缁，方尺二寸，䞓里，著组系。"郑玄注："幎目，覆面者也。"[①] 先秦丧葬仪式中用丝织品制成"幎目"用以包裹死者头脸部位。最早的缀玉面罩发现于西周中期的张家坡墓地 M157，虽然仅存部分组件，但确为缀玉面罩无疑。晋国墓地也发现有玉幎目。虢国墓地出土缀玉面罩 3 套，分别出于 M2001（国君墓）、M2009（国君墓）、M2006（三鼎夫人墓）。其中虢季墓 M2001 出土的缀玉面罩由 14 件象征人面部器官的厚玉片与 44 件三角形、梯形、三叉形的薄玉片及 68 颗玛瑙珠用丝线连缀组合成人面形象。制作时，象征人面器官的厚片居中固定于丝帛，其他皆围绕其分布，最后呈人面部轮廓状。西周时期高级贵族用玉缀于幎目上覆面，以区分身份地位，低级贵族和国人是不能使用的。

玉琀是入殓时放入死者口中的玉。《周礼·天官·天府》："大丧共含玉。"含玉在不同时期有不同形状。目前最早的玉琀为内蒙古兴隆洼遗址 M118 墓主口中所含的石管。西周时期，玉琀有玉蝉、玉贝、玉玦等形制。虢国墓地出土玉琀有珠、贝、蚕、管、鱼、鹦鹉、鸟、人龙合纹等不同形制小玉佩及碎石片等。玉琀使用于各阶层，应为当时流行葬俗。

玉握为死者握于手中的玉器，也称手握玉。《释名·释丧制》："握，以物著尸手中，使握之也。"新石器时代的"握"多为兽牙或贝。周代以后，玉石质圆管状物品常用作玉握。虢国墓地 M2001、M2011、M2012、M2010、M2006、M1820、M2017 等都

---

① （清）阮元校刻：《仪礼注疏》，《十三经注疏》，中华书局，2009 年，第 2448 页。

有玉握出土。玉握多为圆管或管状物，有的为单件，有的由多件串系而成，使用时一般左右手各一。

玉踏和脚趾夹玉以往并不多见，但虢国墓地出土较多。M2001 有玉踏 2 件，扁薄长条形；脚趾夹玉 2 组 8 件，皆为弧曲状玉片，一端粗一端细尖。M2012 有玉踏 2 件。

虢国墓地出土殓玉已较齐全，不但有缀玉面罩，还有玉琀、玉握、玉踏、脚趾夹玉，殓玉使用已覆满全身，可以说处于我国葬玉制度发展的重要时期。

（4）饰件、用具等其他类

虢国墓地出土有饰件、用具、棺饰等玉器。有实际用途的用具如鞢、觿、刀、匕等，有的制作精良，佩戴在身上既可实用又兼具装饰功能。仅具装饰性的饰件，有圆形饰、柄形器、兽面形饰、玉杖头、坠形环等。如 M2012 出土的玉柄形器，玉质纯美，作工精致，正背两面饰凤鸟纹，两侧饰变形蝉纹。M2009 出土的玉杖头，青玉质，内圆外方，似琮形，外饰一对兽面纹，插于权顶部起装饰作用。

虢国墓地出土的玉器种类多样。礼玉佩玉类玉质优良，大多为和阗玉。玉器制作精美，除圆雕动物造型外，其他类玉器上往往雕饰繁复的动物纹，如龙、凤、鸟等纹饰，并结合其他装饰纹样组成复杂的构图。西周时期是我国玉器制作发展的重要时期，虢国出土玉器反映了这个阶段的制作工艺和高超水平，具有重要的历史艺术价值。结合晋国墓地其他同时期墓葬出土玉组佩来看，虢国大墓出土的璜玉组佩，和青铜鼎簋、乐器一样，在使用上具有等级性质，佩玉的等级制度基本形成。

（二）虢国墓地的随葬车马坑

虢国墓地及其周围共发掘车马坑 40 余座，对其中 9 座进行了清理剔剥，发掘车 50 余辆，另有马坑 3 座（表一）。具体有：1727 为 M1706（五鼎墓）车马坑，随葬 5 车 10 马；1811 为 M1810（五鼎墓）车马坑，随葬 5 车 10 马；1051 为 M1052（虢太子墓）车马坑，随葬 10 车 20 马；油脂机械厂车马坑为 M1721（三鼎墓）车马坑，随葬 3 车 6 马；M2001CHMK1 为 M2001（虢君墓）车马坑，随葬 13 车 64 马；M2012CHMK2 为 M2012（虢君夫人墓）车马坑，随葬 19 车 38 马；M2013CHMK4 为 M2013（丑姜墓）车马坑，随葬 1 车 6 马；M2011CHMK3 为 M2011（虢太子墓）车马坑，随葬车马情况暂不明；另有八七峡医 M14 没有找到墓主，随葬 1 车 2 马。

表一　虢国墓地出土车马坑遗址一览表

序号	车马坑编号	所属墓	墓主人	车马数量
1	1051 号	M1052	虢国太子	10 车 20 马
2	1727 号	M1706	虢国大夫	5 车 10 马
3	1811 号	M1810	虢国大夫	5 车 10 马

续表

序号	车马坑编号	所属墓	墓主人	车马数量
4	1716 号马坑	不确定	不确定	2 马
5	油脂机械厂车马坑	M1721	不明	3 车 6 马
6	八七峡医 M14 车马坑	不明	不明	1 车 2 马
7	一号车马坑	M2001	虢国国君虢季	13 车 64 马
8	二号车马坑	M2012	虢国国君夫人	19 车 38 马
9	三号车马坑	M2011	虢国太子	未发掘，不清
10	四号车马坑	M2013	虢国贵族夫人丑姜	1 车 6 马
11	五号马坑	M2017	士	破坏
12	六号马坑	M2016	士	4 马

虢国车马坑是我国发现的两周之际规模宏大的车马坑群，规模大，车马数量多。坑中车马均按照统一方向纵队排列，车辕和马头均朝向北方，有章可循。从已发掘清理的虢国车马坑来看，随葬从 1 车 2 马至 19 车 38 马不等，反映了西周晚期的用车制度，即只有士级以上贵族才可使用，庶人平民墓中不能随葬车马，且随葬车马数量由贵族身份等级来决定，墓主身份地位越高，陪葬车马坑规模就越大，车马数量就越多。以虢国墓地车马坑情况为例，一鼎墓用 1 车 2 马，三鼎墓用 3 车 6 马，五鼎墓用 5 车 10 马，七鼎墓用 10 车 20 马。M2001 和 M2012 的虢季及夫人墓分别为七鼎墓和五鼎墓，但车马数则达到 13 车 64 马、19 车 38 马，超越了周代礼制规定，体现了墓主人身份的高贵。

（三）虢国墓地体现的丧葬制度

虢国墓地位于三门峡市区北部上村岭，北距黄河 600 余米，东至会兴沟，西至上村沟东口，南到市区春秋路南 70 米处。墓地南北长 590 米，东西宽 550 米，占地约 32.45 万平方米。

1. 墓地的分区及性质

根据考古勘探资料，虢国墓地墓葬总数有 800 多座（含车马坑和祭祀坑）。墓葬均呈南北向排列，没有相互叠压现象。根据墓葬排列情况，可分为南、北两区，共计八组。南区包括一、二、三组墓葬，有少数高级贵族墓；北区东侧为四、五、六三组，为一般贵族墓；北区西侧为七、八组，墓葬规格最高，各国君、国君夫人，以及高级贵族墓葬均在此区域，且七、八组墓葬南侧有一道东西向壕沟，将本区与其他几组墓葬分隔，壕沟以北是虢国国君及高级贵族埋葬区，壕沟以南是其他贵族埋葬区。

一组，位于墓地最南端，以中小型墓葬为主，约有 90 座墓。

二组，位于墓地南区中部（20 世纪 50 年代发掘区中部），约有 75 座墓，其中 15 座为中型或以上大墓。

三组，位于墓地南区北部（20 世纪 50 年代发掘区北部），约有 74 座墓，大中小型都有。在第二、第三组之间的西侧，有 M1052 太子墓、M1810 及其陪葬的车马坑。

四组，位于界沟以南，包括 41 座中小型墓葬。

五组，位于第四组墓葬东侧，包括 40 座大中小型墓葬。

六组，位于墓地东部、第五组墓葬东侧，包括 19 座中小型墓葬。

七组，位于整个墓地西北端，约有 30 座墓，是以 M2001 號季墓为核心的墓葬群。

八组，位于整个墓地的北端，第七组墓葬的东侧，是以 M2009 號仲墓为核心的墓葬群，包括随葬七鼎的国君夫人號姜墓，有墓葬 90 座。

號国墓地两次发掘共清理墓葬 252 座，均为长方形土坑竖穴墓，无墓道。据墓葬规模可分大、中、小型三等：大型墓一般长 4 米，宽 2.5 米，深 8 米以上，如 M2001 號君墓长 5.4 米，宽 3.7 米，深 11.5 米，M2009 號君墓长 5.6 米，宽 4.4 米，深约 20 米；中型墓一般长 3 米，宽 2 米，深 6—7 米；大多数小型墓一般长 2—3 米，宽 1—2 米，最小的仅长 1.92 米，宽 0.85 米。

此八组墓葬，每一组墓葬均以几座较大型的墓葬为中心，相对集中在一起。尽管墓葬形制上有一定差异，但其整体联系显而易见，是按一定规划确定墓葬顺序和范围，按照宗法等级关系排定墓位。因此，號国墓地是国君及显赫贵族实行族葬的公墓，由《周礼》所载的"冢人"管理。

2. 墓葬等级

號国墓地依据墓葬形制、规模大小及随葬器物种类、数量，可分六个等级。

第一等：號国国君墓，即 M2001、M2009 两墓。M2001 随葬 7 鼎（实为 10 鼎，其中 3 鼎为明器）6 簋 8 鬲 8 甬钟（编钟一套），车马坑 1 座，出土 13 车 64 马。M2009 墓葬规模大，规格高，出土包括 9 鼎在内的各类物品 600 余件，其中有 200 多件大型青铜礼器。

第二等：M2011 和 M1052 两座太子墓。M1052 随葬 7 鼎 6 簋 6 鬲 9 纽钟，随葬品数量近千件，车马坑 1 座，10 车 20 马。M2011 随葬 7 鼎（另有配鼎 2）8 簋 8 鬲，车马坑 1 座，未发掘。

第三等：M1706、M1810、M2012、M2010 四座墓。墓主身份为號国大夫或国君夫人，均为五鼎墓。M1706、M1810 出土 5 鼎 4 簋 4 鬲，M2010 为 5 鼎（3 件列鼎）4 簋 2 壶、甗、盘、匜各 1，M2012 为 5 鼎 4 簋 8 鬲。M1706、M1810 都随葬车马坑，配置 5

车 10 马。M2010 则在棺椁间有大量车马器，为 4 车 8 马的配置。M2012 为 19 车 38 马。

第四等：M1820、M2006、M2013、M1705 四座墓，均为三鼎墓。M1820 出土 3 鼎 4 簋 2 鬲，M2006 出土 3 鼎 4 鬲。M2013 出土 3 鼎，有车马坑。M1820、M2006、M2013 墓主为女性，是虢国大夫级夫人墓。

第五等：约 20 余座，为一鼎或二鼎墓，有的出有铜盘、匜，有的与陶盆、陶罐等同出。未发现车马器、乐器。墓主身份应为士级贵族。

第六等：数量最多，约 200 余座，随葬一些陶器、小件器物或没有随葬品。应为庶人及其以下各阶层墓葬，因与贵族还有关系，仍然葬于公墓内。

3. 墓葬顺序

虢国墓地分四区八组六等级，其埋葬分区顺序的确定具有一定规律。北区邻近黄河河岸断崖，其中第七、八组墓葬等级最高，为虢国国君及夫人墓葬区，有 M2001、M2009、M2012 等 10 座大墓。邻近北区的中部区域墓群中，第四、六组墓葬规模不大，有墓葬 40 余座，从出土物看只有一座墓葬出有一鼎，地位不高，应与国君宗法关系较近；第五组墓葬，等级最高的出有三鼎，有的出有数量不等的青铜器，应为大夫、士及庶人墓。中部南区一大墓群，第三组墓葬，约有 78 座墓葬，有七鼎墓、五鼎墓、一鼎墓，有的没有青铜器出土，墓群等级显然较高，应是与国君有一定宗法关系的卿大夫、士及庶人墓葬。南部区域，第一、二组墓葬，皆为小型墓，较少有青铜器出土，应为士或庶民墓。

虢国墓地墓葬顺序是宗法制度与爵位等级的综合反映，除国君与国君夫人墓葬单独分布在一区外，其他等级墓葬都是高低混杂于各个墓群中。西周宗法社会中，族长、妻、嫡长子、庶子、嫡孙、庶孙及其他有血缘关系的劳动者，等级排列森严。反映至墓葬中，要按本人在家族中的宗法地位排列墓葬顺序，按实际爵位高低和官职大小确定墓葬规模、随葬品等级及数量多少。

《礼记·檀弓上》孔颖达疏："先王之葬居中，以昭穆为左右，凡诸侯居左右以前，卿大夫士居后，各以其族。"[1] 昭穆为辈次排列规则和次序。《周礼·春官·小宗伯》："辨庙祧之昭穆。"郑玄注："父曰昭，子曰穆。"[2] 周代宗庙昭穆顺序是"太祖东乡（向），昭南乡（向），穆北乡（向），其余孙从王父。父曰昭，子曰穆，昭取其乡明，穆取其北面尚敬"[3]。昭穆制度用于墓葬排列就形成了三角形墓群。虢国墓地虢君墓群居最北区，符合周礼"葬于北首"的规定。国君墓葬南面按昭穆形成东西两个排列呈

---

① （清）阮元校刻：《礼记正义》卷七，《十三经注疏》，中华书局，2009 年，第 2774 页。

② （清）阮元校刻：《周礼注疏》卷十九，《十三经注疏》，中华书局，2009 年，第 1653 页。

③ （清）阮元校刻：《春秋公羊传注疏》卷十三，《十三经注疏》，中华书局，2009 年，第 4922 页。

三角形的墓群，再向南还有类似三角形排列。这种形式是家族与国君之间的昭穆排列，形成虢国墓地总体上的昭穆规定。

第四节　焦国遗迹的发现与研究

20 世纪 90 年代以来，为配合三门峡市城市基本建设，考古工作者在李家窑虢都上阳城内发掘了一批西周时期的中小型墓葬和车马坑，开口层位均在虢国文化层下。墓葬中除几座出土青铜器者为低级贵族墓外，大部分为贫民墓，且有些墓葬就在上阳城宫殿区内或在宫殿区附近，表明上阳城建在早期的一处墓地上。地层叠压关系显示，这批墓葬年代明显早于虢国文化层，其中编号为 M44 的墓中出土了一件追夷簋，其铭文证实以 M44 为首的这批墓葬应该是姬姓焦国的墓葬，明确了焦国的存在地域。

一、焦国的历史

史籍有关于姬姓焦国的记载。《左传·襄公二十九年》叔侯曰：“虞、虢、焦、滑、霍、杨、韩、魏，皆姬姓也。”杜预注：“焦在陕县。”[1]《汉书·地理志》“弘农郡”条下云：“陕，故虢国，有焦城，故焦国。”[2]《读史方舆纪要》载：“陕州，周为周公、召公分陕之所。”[3]《公羊传·隐公五年》：“自陕而东者，周公主之；自陕而西者，召公主之。”何休注：“陕者，概今弘农陕县是也。”[4] 姬姓焦国当为周初召公之后的封国。《路史·国名记》谓焦国“召公谯侯之旧国，故城在陕州东北百步”[5]。可知姬姓焦国在三门峡境内。

《史记·周本纪》载：“武王追思先圣王，乃褒封神农之后于焦。”[6]《水经注·河水注》：“其大城中有小城，故焦国，武王以封神农之后于此。”[7] 可知还有姜姓焦国。关于姜姓焦国的封地所在，《广韵急就章注》载在今山东嘉祥县南十五里焦城村。《读史方舆纪要嘉祥县》载：“‘又焦城，志云：‘在县南十五里青山之东。’城塚记：‘周武王封神农后于焦，盖在此。’今其地为焦城村云。”[8] 多认为在山东嘉祥县。

① （宋）吕祖谦编：《左传类编》，《吕祖谦全集　第十六册》，浙江古籍出版社，2017 年，第 223 页。

② （汉）班固，（唐）颜师古注：《汉书》卷二十八，中华书局，1962 年，第 1549 页。

③ （清）顾祖禹撰，贺次君、施和君点校：《读史方舆纪要》卷四十八，中华书局，2005 年，第 2270 页。

④ （清）皮锡瑞撰：《汉碑引经考》，《皮锡瑞全集》，中华书局，2015 年，第 542 页。

⑤ （汉）刘向著，石光瑛校释：《新序校释》，中华书局，2009 年，第 1116 页。

⑥ （汉）司马迁著，（宋）裴骃集解，（唐）司马贞索引，（唐）张守节正义：《史记》卷四，中华书局，1982 年，第 127 页。

⑦ （北魏）郦道元著，（清）杨守敬、熊会贞疏，杨甦宏、杨世灿、杨未冬补：《水经注疏补》，中华书局，2014 年，第 333 页。

⑧ （清）顾祖禹，贺次君、施和君点校：《读史方舆纪要》卷三十三，中华书局，2005 年，第 1546 页。

　　两个焦国建立时间，姜姓焦国在武王伐纣胜利后，姬姓焦国则要晚。西周时期周公东征平定管叔、蔡叔叛乱后，约在成王、康王年间，封召公子于陕，是为姬姓焦国。焦国灭亡于西周末年，今本《竹书纪年》云："七年，虢人灭焦"[①]，时间为公元前 775 年。焦国存在时间大约为 200 年。焦国虽亡，但其焦城在西汉时仍存在。"弘农陕县有焦城"[②]，弘农郡是西汉武帝元鼎四年（前 113 年）在秦函谷关故地设置的，陕县是其辖区。

二、焦国遗迹的发现

　　在文献所载姬姓焦国地域内，发现有与焦国存在时间相吻合的墓葬，墓葬所在地层，出土器物形制、纹饰与西周时期标准器物的类比及青铜器铭文内容，为确定焦国遗址提供了佐证。

（一）西周时期的墓葬

　　自 1987 年以来，河南省文物考古研究所、三门峡市文物考古研究所在李家窑遗址进行多次发掘，清理多座西周时期的墓葬。

1. M44

　　1995 年 5 月，三门峡文物工作队发掘李家窑遗址交警队工地，清理西周时期墓葬 14 座。其中，M44 规模最大[③]。

　　M44 形制为口小底大的长方形竖穴土坑墓。墓口距地表 1.9 米，长 3.1 米，宽 1.56 米；墓底长 3.42 米，宽 1.8 米；墓深 3.2 米。葬具已腐朽，残存迹象表明应是单棺单椁。椁长 2.95 米，宽 1.45 米，板厚 0.08 米，盖板为东西顺置；棺长 2.08 米，宽 0.72—0.8 米，板厚 0.06 米。棺椁表面髹朱漆黑彩。墓主骨架已朽，从碎骨方向判断，墓主应头朝西。

　　墓葬共出土随葬器物 23 件，有陶、铜、石三大类，除铜戈、石圭散置于墓底偏中部外，其余均集中置于墓主头部顶端的棺椁之间。陶器 16 件，以鬲、豆、盂、罐为组合，共出土了四组。石器 3 件，均为石圭，质地较差，制作粗糙。铜器 4 件，包括铜戈 1 件、铜鼎 1 件、铜簋 2 件。礼器组合为一鼎两簋，其中 2 件铜簋大小、形制、纹饰及铭文皆相同。标本 M44：10（图 2-26：1、2），口径 20.6 厘米，腹径 24.4 厘米，通高 25.6 厘米。子口微敛，垂腹，圈足下附三个兽面纹支足，两兽头耳下各附一垂珥，上有盖，盖表隆起，顶部有喇叭形握手。器口沿、圈足各饰一周回纹与三

① （清）郝懿行：《竹书纪年校证》卷十一，《郝懿行集（一）》，济南：齐鲁书社，2010 年，第 3903 页。
② （汉）司马迁著，（宋）裴骃集解：《史记》卷四，中华书局，1982 年，第 127 页。
③ 三门峡市文物工作队：《三门峡市李家窑四十四号墓的发掘》，《华夏考古》2000 年第 3 期，第 17-20 页。

1　　　　　　　　　　　　　　　　　　　　2

图 2-26　M44 出土铜簋及铭文拓片

1. 铜簋　2. 铭文拓片

角几何纹相间的纹带，器腹部和盖表饰瓦垅纹。底、盖同铭，共计 52 字：唯正月初吉丁亥追尸（夷），不敢态（昧）先人之舰（显），对扬毕（厥）观（显）祖之遗宝，用乍（作）朕皇目（祖）寰中（仲）尊殷，（簋）追，尸（夷）用旂（祈）易（）眉寿永命子子孙孙其万年永宝用。

　　M44 为一棺一椁，随葬铜礼器一鼎二簋，仿铜陶礼器 4 套，为鬲、豆、盂、罐组合。可以判断，墓主应为士大夫级贵族。

2. M24

　　M24[①] 为长方形竖穴土坑墓，墓口叠压在周代文化层下，南北长 2.7 米，东西宽 1.4 米；墓底略大于墓口，长 3.2 米，宽 1.8 米；墓深 5.2 米。墓壁上部修整平滑，下部外张，底部平坦。墓底四周有熟土二层台，中部有一椭圆形腰坑，坑内放狗 1 只，头向南，保存较差。墓内填土略经夯打，较硬，夯层与夯窝不明显。葬具已腐朽，应为单棺单椁。墓主为男性，单人仰身直肢葬，头北足南，双手置于腹部。

　　随葬器物根据用途而被放置于墓室不同位置：棺盖板上中部放有石戈 5 件、石圭 12 件；棺椁之间的西部放置铜鼎 1 件、陶罐 1 件、石戈 3 件、砝器 1 件；棺内有残

① 河南省文物考古研究所、三门峡市文物考古研究所：《河南三门峡市李家窑遗址西周墓的清理》，《华夏考古》2008 年第 4 期，第 8-15 页。

石片 1 件。随葬品共计 24 件，分陶、铜、玉、石和蚌等五类，其中石器 20 件，包括圭 12 件、戈 8 件，制作粗糙，多残损。铜鼎 1 件，口径 20 厘米，腹深 10 厘米，通高 21.8 厘米。口微敛，立耳，窄斜折沿，腹略鼓，三柱状足，足内侧有一纵向凹槽。腹上部饰重环纹一周，中部饰凸弦纹一周。

3. M26

M26① 为长方形竖穴土坑墓。墓口叠压在周代文化层下，南北长 2.6 米，东西宽 1.4 米；墓底略大于墓口，长 2.9 米，宽 1.6 米；墓深 5.84 米。墓壁规整，自上而下斜直外张，底部平坦。墓底中部偏东有一椭圆形腰坑。墓内填土略经夯打，较硬，夯层与夯窝不明显。葬具已朽，据痕迹推测为单棺单椁。棺内葬一人，单人仰身屈肢葬式，头向北，男性，年龄为 50—55 岁。

随葬器物共 37 件，分为陶、铜、石、骨四类，放置在墓室内不同位置。陶器共 6 件，包括鬲 1 件、豆 2 件、盂 1 件、罐 2 件，除 2 件陶罐分别放置在棺内中部和填土中外，其余皆置于椁盖板南部。铜器共 17 件，有兵器、车器、马器三种，兵器有戈 1 件和盾锡 12 件，车马器 4 件，均放置在棺椁之间的东部。骨器 4 件，皆为车马器。石器 10 件，均残。

4. M34

M34② 为长方形竖穴土坑墓，墓葬开口于周代文化层下，距现地表 2 米。墓口东西长 2.9 米，南北宽 1.5 米；墓底略大于墓口，长 3.3 米，宽 1.9 米；墓深 6.3 米。墓壁上部垂直，下部斜直外张，底部平坦。墓底四周有熟土二层台，中部有一长方形腰坑。墓内填土经过夯打，较硬，夯窝不明显。葬具已腐，推测为单棺单椁。墓主骨架朽为粉末状，据痕迹判断为单人仰身直肢葬，头向西，年龄和性别不明。

此墓未经盗扰，随葬器物根据用途被放置于墓室不同的位置：椁盖板上放置少量石圭，棺盖板上放置较多的石圭和石戈；棺椁之间放置铜礼器、陶器、骨器和石贝，其中铜礼器和陶器集中于墓室西部，包括铜鼎、盘、匜和陶鬲、豆、壶、盂、罐、器盖等；棺内放置玉玦和玉琀。据统计，随葬器物共 107 件，依质地分为陶、铜、玉、石、骨器五类。陶器 16 件，放置于棺椁之间西部，包括鬲 2 件、豆 2 件、壶 2 件、盂 1 件、罐 7 件、器盖 2 件，皆为泥质灰陶。铜器集中于墓室西部，共 3 件，鼎、盘、匜各 1 件。玉器置于内棺，共 3 件。其中玉玦 2 件，青玉，玉质细腻，半透明，圆形扁

---

① 河南省文物考古研究所、三门峡市文物考古研究所：《河南三门峡市李家窑遗址西周墓的清理》，《华夏考古》2008 年第 4 期，第 8-15 页。
② 河南省文物考古研究所、三门峡市文物考古研究所：《河南三门峡市李家窑遗址西周墓发掘简报》，《文物》2014 年第 3 期，第 8-15 页。

平体，形制、大小及玉质相同，当取材自同一块玉料。另有玉玦 1 件。石器放置在棺盖板上，共 83 件，包括戈 10 件、圭 36 件、贝 37 件。另有骨管 2 件，形制、大小相同，皆呈短圆管状。

5. M37

M37[①] 为长方形竖穴土坑墓。墓葬开口于周代文化层下，距现地表 1.8 米。墓口东西长 3 米，南北宽 1.38 米；墓底略大于墓口，长 3.1 米，宽 1.66 米；墓深 6.4 米。墓壁修整平滑，底部平坦。墓底四周有熟土二层台，中部有一长方形腰坑，坑内放有兽骨。墓内填土稍加夯打，较硬，夯窝与夯层不明显。葬具已腐，从残存的木质朽痕可以看出为单棺单椁。棺内人骨架已朽，从残存的几枚牙齿判断墓主为头西足东。棺椁之间的北部放有一些兽骨。

随葬器物分置于墓内不同地方：棺盖板上放置有石圭，棺椁之间放置铜器和陶器，且多集中于椁室西部，棺内放置有少量玉器，有管、蚕和环等。墓葬出土随葬器物共 71 件，分为陶、铜、玉、石器四类。陶器放置于棺椁之间西部，共 20 件，包括鼎 1 件、鬲 2 件、甗 1 件、豆 2 件、壶 2 件、盂 1 件、罐 6 件和珠 5 颗。除鼎、鬲、甗为夹砂灰陶外，其余为泥质灰陶。铜器集中于椁室西部，共 27 件，分为礼器、兵器和其他三类。铜礼器 3 件，鼎、盘、匜各 1 件。兵器 21 件，有戈、镞、盾锡三种，其中镞 15 件，盾锡 5 件、戈 1 件。其他类铜器 3 件，有小环、小腰及薄片饰各 1 件。玉器放置于棺内，共 3 件，有管 1 件、蚕 2 件和环 1 件。石圭放置于椁盖板上，共 20 件，残损严重。

6. M7

M7[②] 位于三门峡市区南部虢都上阳城外西南边缘。形制为长方形竖穴土坑墓，墓口和墓底相同，南北长 2.7 米，东西宽 1.24 米；墓壁较直，底部平坦，墓深 2.9 米。在墓底南壁有一生土二层台。墓内填土疏松，未见夯打迹象。葬具已朽，为单棺。墓主葬式为仰身直肢葬，头北足南，骨骼保存状况差，性别、年龄不详。

随葬品较少，仅 2 件陶器，为鬲、罐各 1 件，均为泥质灰陶。

7. M8

M8[③] 为一座长方形竖穴土坑墓，位于李家窑遗址西南部。墓口和墓底长宽相等，

① 河南省文物考古研究所、三门峡市文物考古研究所：《河南三门峡市李家窑西周墓发掘简报》，《文物》2014 年第 3 期，第 8-15 页。
② 河南省文物考古研究院、三门峡市文物考古研究所：《三门峡市李家窑遗址两周墓发掘简报》，《华夏考古》2016 年第 4 期，第 18-24 页。
③ 河南省文物考古研究院、三门峡市文物考古研究所：《三门峡市李家窑遗址两周墓发掘简报》，《华夏考古》2016 年第 4 期，第 19-24 页。

长 2.5 米，宽 1.28 米，墓壁陡直，深 1.4 米，墓底平坦。墓圹内填土松软，据残存痕迹看，葬具为木质结构单棺。骨架为仰身屈肢葬，保存状况较差，头向北，面向不清。

随葬器物共 4 件，为陶器和骨器，分别置于棺内墓主左侧腰部和棺外墓底东侧南部。其中陶器有罐、鬲、盂各 1 件，均为泥质灰陶。骨器 1 件，两端均残，残体呈匕状，薄厚一致。

（二）墓葬年代及所属国的判定

M44 位于李家窑遗址区城内，被春秋文化层叠压，其墓葬形制与上村岭虢国贵族墓地的 M2001 相同，为口小底大的长方形竖穴墓。器物组合与虢国贵族墓相同，铜器为鼎、簋组合，陶器为鬲、豆、盂、罐。在器型上与上村岭虢国墓地所出器物有不少相同之处，如：M44 的鬲与上村岭的ⅣA 式鬲（1687：5）、ⅣC 式鬲（1666：4）相近；B 型盂与上村岭的ⅠA 式盆（1650：1）相近，A 型盂与上村岭ⅠA 式盆（1695：5）相近。不同之处有：第一，陶器在制作工艺上与虢国墓地及遗址第三层遗物（春秋文化层遗物）有明显差异。遗址第三层和上村岭虢国墓地所出的豆、盂等器物，陶质细腻，呈灰褐色，盂肩、豆座等部位饰发达的锯齿刻划纹；M44 出土陶器陶质粗糙，呈灰色，器表不抹光，无锯齿刻划纹。第二，M44 铜器器型不同于虢国墓地。M44 出土铜鼎为浅半球形腹，蹄足显瘦，区别于上村岭 M2001：345 铜鼎；铜簋腹部最大径偏下，呈垂腹状，也区别于上村岭同类器物。综合所述，M44 时代应略早于上村岭虢国墓地，为西周晚期。

M44 出土铜簋铭文中有"追（尸）夷"，王龙正先生认为，簋铭追夷亦即焦夷，是作器者私名，器主是姜姓焦国的后裔，出于某种原因成为新封姬姓焦国的臣民，"从字形看，焦字从佳作鸟形，作为国名，它很可能与本氏族的鸟图腾崇拜密切相关，而山东正位于以'鸟为名'的东夷部落……说明焦地原在东夷区域，与中原之陕地不合"[①]。这也佐证姜姓焦国在山东境内。

M24、M26、M34 和 M37 葬具均为单棺单椁。M24 内随葬有礼器铜鼎和陶罐各 1 件，M26 随葬有陶礼器鬲 1 件、豆 2 件、盂 1 件、罐 2 件等及兵器铜戈 1 件，M34 随葬铜礼器鼎 1 件、盘 1 件、匜 1 件和陶礼器鬲 2 件、豆 2 件、壶 2 件、盂 1 件、罐 7 件等，M37 随葬有铜礼器鼎 1 件、盘 1 件、匜 1 件等和陶礼器鼎 1 件、鬲 2 件、甗 1 件、豆 2 件、壶 2 件、盂 1 件、罐 6 件等及铜戈等兵器。从随葬品组合可以看出，这四座墓的墓主不是庶人，而应为级别最低的士级没落贵族。M7、M8 为南北向小型长方形竖穴土坑墓，葬具均为单棺，出土器物较少且多为陶质实用器，未见铜器，故墓主身份不高，应为平民。

---

① 王龙正、乔斌：《焦国略考——追夷簋铭文的启示》，《三门峡文物考古与研究》，北京燕山出版社，2003 年，第 181-184 页。

  M24、M26、M34、M37 这四座墓葬均位于李家窑遗址南部，墓口上部均被东周时期文化层叠压。墓葬形制均为口小底大的长方形墓，葬具为单棺单椁，与上村岭虢国贵族墓葬 M2016、M2017 相同。从四墓出土器物特征看，陶鬲与李家窑 M44 出土的鬲形制相近，陶豆与虢国墓地出土豆的形制相同，陶盂与李家窑 M44 出土盂形制相近；M24 的铜鼎与洛阳东郊西周墓出土鼎形制相近，M34 的铜鼎与虢国墓地 M2017 出土鼎形制相同，铜盘与虢国墓地 M2017 和 M2012 出土的明器盘形制相似，铜匜与虢国墓地 M2011 出土匜形制相似，铜戈与李家窑 M44 出土戈形制相同。在器物组合方面，铜器为鼎、盘、匜，陶器为鬲、豆、壶、盂、罐等，与上村岭虢国墓地小型贵族墓随葬器物组合相同。此外，这几座墓出土的陶器上所饰绳纹、锯齿纹，铜器上所饰重环纹、窃曲纹等，都是西周晚期的流行纹饰。综上所述，从墓葬形制，随葬器物特征、纹饰等方面看，这四座墓葬的时代应为西周晚期。

  M7 的陶鬲与山西天马—曲村晋国墓地西周晚期早段墓葬所出 M6568：1 十分相似；所出陶罐和李家窑遗址西周晚期墓所出陶罐 M24：20 较为相似。M8 所出陶鬲器身较高，宽折沿，瘪裆，锥足，饰粗绳纹，与 M26 所出陶鬲十分相似，也与山西上马墓地西周晚期墓所出甲种平裆类 AaⅠ式、AaⅡ式陶鬲相似；陶盂器身较高，折棱近于腹中部，宽折沿，沿面内凹，与 M44 所出 A 型陶盂完全相同。M7、M8 出土器物与西周晚期器物形制相似，时代应为西周晚期。两墓位于虢都上阳城外西南侧，均为南北向小型长方形竖穴土坑墓，葬具为单棺，出土器物为陶质实用器，墓主应为平民。

  史载，周幽王七年（前 775 年）"虢人灭焦"，在此之前三门峡一带属于焦国。李家窑遗址已被确认为虢国上阳城所在地，M24、M26、M34 和 M37 均位于虢都上阳城宫殿区附近，墓葬开口层位于虢国文化层之下，表明这几座墓葬明显早于虢国时期。M7、M8 位于虢都上阳城外西南侧，虽墓口以上 1.5 米遭到机械破坏，但出土器物是西周晚期特征，据此推断也是早于虢国的焦人墓葬。

三、焦国城址的确定

  焦国得名于焦水，焦水今名苍龙涧河，位于陕州城西南，向北注入黄河。《史记·秦本纪》正义引《括地志》亦云："焦城在陕州城内东北百步，因焦水为名，周同姓所封。"[①]《史记·周本纪》裴骃集解引《地理志》曰："弘农陕县有焦城，故焦国

---

① （汉）司马迁著，（宋）裴骃集解，（唐）司马贞索引，（唐）张守节正义：《史记》卷五，中华书局，1982 年，第 205 页。

也。"[1]《水经注》："河南即陕城也。昔周、召分伯，以此城为东、西之别，东城即虢邑上阳也。虢仲之所都，为南虢，三虢，此其一焉。其大城中有小城，故焦国也，武王以封神农之后于此。"[2] 从文献记载可知，虢国灭焦，占有了焦国的领地，又以焦城为基础，在其西南营建新城，使原焦城成为新虢城的一部分，即虢城的"东北隅"。今三门峡市西郊陕州境内尚存残垣断壁，应为焦城遗迹。近年来，随着李家窑遗址考古工作的开展，发现部分城墙、手工作坊、宫殿遗址，确定了虢都上阳城的具体位置，其东北隅也即是焦国城所在（图 2-27）。

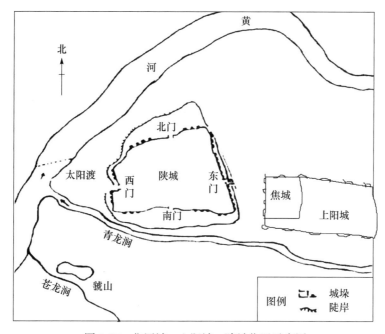

图 2-27　焦国城、上阳城、陕城位置示意图

第五节　新安古城与函谷关

三门峡地区是两周时期重要的战略要地。西周末年，西虢迁至三门峡地区，一方面是因为受到西部犬戎的侵扰，另一方面也是保护周王室东迁的需要。虢国境内的新安城、函谷关，是东西交通要塞，成为兵家必争之地。

① （汉）司马迁著，（宋）裴骃集解，（唐）司马贞索引，（唐）张守节正义《史记》卷四，中华书局，1982 年，第 127 页。
② （北魏）郦道元著，（清）杨守敬、熊会贞疏，杨甦宏、杨世灿、杨未冬补：《水经注疏补》，中华书局，2014 年，第 114 页。

一、新安古城的发现

新安城形成于战国时期。公元前221年，秦始皇在此设置新安县，建新安城。《史记·秦楚之际月表》载："项羽将诸侯兵四十余万，行略地，西至于河南。"[①]《史记·项羽本纪》："楚军夜击阬秦卒二十余万人新安城南。"张守节正义引《括地志》云："新安故城在洛州渑池县东一十三里，汉新安县城也，即阬秦卒处。"[②]1912年修建陇海铁路时，在义马二十里铺村下石河一带挖掘出累累白骨，后经发掘清理可知其是一个东西长400米、南北宽250米的土坑，坑内人骨杂乱无序，即是文献记载的"楚坑"。

1998年，三门峡义马市文物勘探队在新安县城东北的二十里铺村下石河一带钻探到城墙基夯土层，确定为新安古城址。经勘探，新安古城城址为长方形，南北长约690米，东西宽约500米，面积为33万平方米，文化层厚1—3米。遗址地势中西部高，东南部低，东部边缘被涧水淹没，西至二十里铺村西组，北至护城河，南至陇海铁路。2000年，城址被公布为河南省重点文物保护单位。

二、函谷关及故城遗址考古调查

函谷关在今三门峡灵宝市境内，是中国历史上建置最早的关塞。函谷关地处长安与洛阳之间的"两京古道"，西据高原，东临绝涧，南接秦岭，北塞黄河，因紧靠黄河，关在峡谷之中，深险如函而得名。

（一）函谷关在历史上的重要地位

函谷关处于长安至洛阳的咽喉之地桃林塞地上。桃林塞地指今河南灵宝以西至陕西潼关以东地区，"桃林在陕州桃林县，西至潼关皆为桃林塞地"[③]。西周晚期至春秋初年，桃林之地属虢国，后来晋灭虢，此地归晋国管辖设塞，称桃林塞。《类编长安志》载桃林塞"《三秦记》：'桃林塞在长安东四百里。'虢之阌乡矣。县东南十里有桃源，古之桃林，周武王放牛之地。函谷间皆扼束河、山，故云塞尔。"[④]战国时期，此关隘曾属韩国，也曾被魏国占领以锁秦，被秦占领后，改为函谷关。《三秦记辑注》引颜师古

---

① （汉）司马迁著，（宋）裴骃集解，（唐）司马贞索引，（唐）张守节正义：《史记》卷十六，北京：中华书局，1982年，第774页。

② （汉）司马迁著，（宋）裴骃集解，（唐）司马贞索引，（唐）张守节正义：《史记》卷七，北京：中华书局，1982年，第310页。

③ （唐）李泰等著，贺次君辑校：《括地志辑校》卷三，中华书局，1980年，第113页。

④ （元）骆天骧，黄永年点校：《类编长安志》卷七，中华书局，1990年，第211页。

注："今桃林南有洪溜洞，古函谷也。其水北流入河，西岸犹有旧关余迹。"[1] 秦据函谷关天险大败六国军队：秦始皇六年（公元前241年），楚、赵、魏、韩、卫五国伐秦，"至函关，皆败走"。六国合纵攻秦也是以函谷关为战场，"尝以十倍之地，百万之众，叩关而攻秦。秦人开关延敌，九国之师逡巡遁逃而不敢进"[2]。

函谷关在秦汉时最为鼎盛。历史上因朝代更替形成的函谷关共有三座：周秦函谷关在今河南省灵宝市北15千米王垛村。《汉书地理志》载："弘农，故秦函谷关"；汉代函谷关东移至洛阳新安县，"徙函谷于新安，以故关为弘农县"，距秦关150千米；还有一处关口称"魏关"，在秦代函谷关北5千米，现已被三门峡大坝淹没。

（二）函谷关故城考古调查

函谷关故城位于函谷古道南侧，西依上院和南头自然村，东邻由函谷关通往灵宝的公路，南至油瓶沟沟边。城址北宽南窄，平面呈楔形。城内地势西高东低，呈半陡坡状。除城址北部临古道沟边未设城墙外，在东、南、西三面都有夯筑土墙，多是依地形地势而筑。东城墙破坏严重，只在北、南两端还残存少量夯土墙基。其中北端暴露在关楼东南部断崖上，经钻探可知残存墙基长20米，宽6米，夯土层厚1.5米；南端仅剩下一段高出地表的小夯土台，位于油瓶沟出口向北45米处。南城墙沿油瓶沟北沿而筑，总长约200米，东、西两段保存较好，这两段夯土墙基都叠压在原生土上，夯土底层高出地面，形成两处高土台。东面土台东西长15米，宽5米，高2.6米；西面土台在城墙最西端，东西长65米，宽6—9米，高4.4米。西城墙北端在古道南侧沟边，墙基由此向南与南城墙衔接，总长775米，墙基全部被破坏。经钻探，墙基宽11米，夯土总厚度为0.75米。

函谷关故城夯土墙基的特点是：城北面没有墙基，西面墙基全被湮埋在地下，南面墙基全部暴露在地面之上，东面的墙基北端被埋在地下，南端暴露在地面之上。

函谷关故城内，东侧和中部地层堆积比较复杂，南部和西北部较为简单。一般文化层厚1—3米，内含大量砖瓦碎片，生活器皿陶片较少。在鸡鸣台和望气台附近，钻探出面积较大的夯土建筑基址，东西宽10米，南北长17.5米，夯土层厚1.7米，夯土中包含零星的烧土和碎陶片，并有剪边铜钱一枚。望气台西侧20米处发现夯土基址，南北长16米，东西宽3.5米，夯土厚度为1.6米。排水管道和铸钱币遗址已破坏无存。

[1] 魏全瑞主编，刘庆柱辑注：《三秦记辑注》，三秦出版社，2006年，第110页。
[2] （汉）贾谊：《过秦论》，《西安府志》卷七十一，三秦出版社，2011年，第1595页。

第六节　三门峡地区两周时期其他文物遗迹

三门峡地区作为两周时期人们生活、活动的重要地域，除集中发现有焦国遗址、上阳城遗址、虢国墓地等重大遗迹外，还有其他重要遗迹相继被发现，出土一大批精美文物，为探索两周时期文化面貌、丧葬习俗、风俗习惯提供了实物资料。

一、墓　　葬

三门峡地区虢国墓地集中分布大量西周时期墓葬，在其他地区同时期墓葬及遗迹也有零星分布。如文献记载的周桓王陵，另在市区花园北街、甘棠、盆景、花园小区等区域相继发现有两周时期墓葬，其中不乏士级贵族墓葬。

（一）周桓王陵

周桓王陵，位于渑池县城北 50 千米处的凤凰山顶，因东周第二代君王——周桓王葬于此，凤凰山亦被称为桓王山。周桓王（公元前 719 年—公元前 697 年），姬姓，名林，周平王姬宜臼之孙。公元前 720 年，周平王去世，在郑国为质的太子狐回国奔丧后去世，群臣拥立狐之子林为王，为周桓王。当时，由于郑国的强势和郑庄公任王卿之位济私的行为，年轻的周桓王免去了郑庄公的卿士职务，导致双方在繻葛（今河南长葛东北）开战，郑国部将祝聘射中周桓王肩部，王军溃败，周天子权威荡然无存。公元前 697 年，周桓王去世。

《渑池县志》载："嘉庆十五年（1810 年），知县甘扬声饬巡检沈守纯查明陵地四至，东西以大沟为界，南北以山根为界，绘图具详存档。"周桓王陵依山势凌顶而建，占地约 4 亩，高 30 余米。陵墓呈圆形土包状，土质与周边不同，呈粒状，中有空隙如蚁穴。相传东周时每年祭祀都从洛阳邙山择优质沃土运往凤凰山陵地，覆盖先王遗骨，以寄哀思，因此桓王陵丘土质别于四周。周桓王陵树林茂密青翠，深秋初冬时仍枝繁叶茂，形成渑池古八景之一"桓陵秋草"。

（二）鹿寺西墓葬

鹿寺西遗址位于渑池县天池镇鹿寺村西的台地，距离崤函古道南线较近。2020 年 7—12 月，为配合渑淅高速公路建设，三门峡市文物考古研究所对遗址进行了抢救性发掘。共清理墓葬 123 座，其中西周时期墓葬 57 座，春秋时期墓葬 42 座，出土器物 430

件（套）①。

西周时期墓葬均为长方形竖穴土坑墓，多为东西向，墓主为仰身直肢葬式，头向西，葬具为一棺一椁、单椁或单棺，墓底大多有二层台及腰坑。较大墓葬有动物殉牲，多为狗，头向东。随葬陶器多放于墓主头部，主要是鬲、簋、罐的组合。另发现少量铜器。根据以上情况判断，这批墓葬的墓主为西周时期的殷商遗民。

春秋时期墓葬均为长方形竖穴土坑形制，南北向，葬具为一棺一椁或单棺结构，部分墓葬带有壁龛。葬式有仰身直肢葬和屈肢葬两种。陶器多放置于棺椁之间或壁龛内，以单耳罐、盆、罐组合为主。单耳罐内发现有猪骨或羊骨。鉴于洛阳徐阳墓地小型墓葬中陶器组合多见单耳罐、盆、罐，其墓主为春秋时期的戎人。因此，鹿寺西也应是春秋时期中原地区戎人的又一处墓地，是戎人内迁的印证。

（三）花园北街西周墓葬

1998 年 3 月，河南省文物研究所和三门峡市文物工作队在三门峡市工程处花园北街延伸路段工地，发掘清理了一座长方形竖穴土坑墓 M1②。

M1 位于上村岭虢国贵族墓地北部边缘，长方形土坑竖穴形制（图 2-28），墓口距地面 1.3 米，长 3.6 米，宽 2.3 米；墓底距地面 5.4 米，长 4.1 米，宽 2.9 米。墓内五花土经夯打。葬具已朽，从残留灰痕分析为一椁双棺。椁外有二层台。棺内人骨腐朽严重，据残痕辨出头向北。

M1 共出土器物 165 件，主要放置在椁与棺之间的南部和东部，按用途可分为礼器、兵器和车马器（图 2-29）、装饰品等。铜礼器放置于棺椁之间的东南角，共 4 件，鼎、簋、盘、盉各 1 件，均为明器。兵器 2 件，矛、戈各 1 件，分置棺椁之间的东北角和西南角。车马器 11 件，其中軎 2 件、辖 2 件，成对分置于外棺东、南中部外侧；马衔 2 件、骨镳 4 件、铜帽形器 1 件，置棺椁之间西南角。还出土有玉龙、玉玦、玛瑙珠、石圭、陶珠、蚌饰等饰品 145 件，其中玉龙、玉玦、石圭置于棺内头部附近，玛瑙珠、陶珠成串状堆放于棺南部中间，石坠形饰、圆蚌饰散布于棺南部、东部。

墓葬使用重棺单椁，出土铜礼器为鼎、簋、盘、盉各 1 件，与上村岭虢国贵族墓地一鼎墓情况基本一致。铜器上所饰重环纹、垂鳞纹、波曲纹等，为西周晚期流行纹饰，铜器型制也与上村岭虢国墓地出土同类器物接近，故时代当属西周晚期。该墓出土的戈、矛等兵器弥补了多年来一鼎墓无铜簋、铜兵器出土的空缺。据此墓出土戈、矛及车马器等，推测墓主身份应为士。

① 王亮：《河南渑池鹿寺西遗址》，《大众考古》2021 年第 3 期，第 12-15 页。
② 三门峡市文物工作队：《三门峡市花园北街发现一座西周墓葬》，《文物》1999 年第 11 期，第 17-22 页。

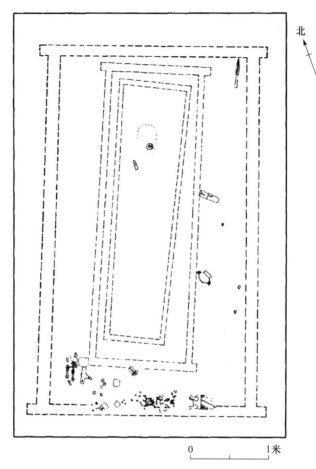

0   1米

图 2-28　花园北街西周墓 M1 平面图

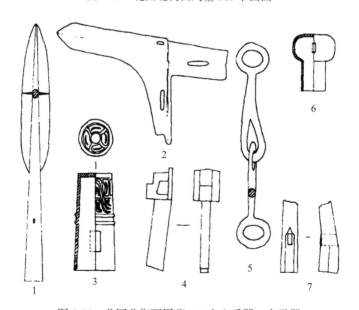

图 2-29　花园北街西周墓 M1 出土兵器、车马器
1. 铜矛（M1：1）　2. 铜戈（M1：11）　3. 铜害（M1：5）　4. 铜辖（M1：10）
5. 铜马衔（M1：12）　6. 铜帽形饰（M1：18）　7. 骨镞（M1：13）

（四）甘棠学校 568 号春秋墓

2021 年底至 2022 年初，河南省文物考古研究院、三门峡市文物考古研究所等单位联合在三门峡市区西部的甘棠学校工地进行抢救性发掘，共发掘墓葬 400 余座，其中东周墓葬 70 余座。

M568[①] 位于甘棠学校工地西北部，为竖穴式土坑墓。墓口距地表 4 米，南北长 3.85 米，东西宽 2.56 米，深 8.86 米。墓壁较规整，北侧有二层台。葬具为一椁重棺。内棺有人骨 1 具，头向北，仰身直肢葬。骨骼保存较差，鉴定为男性，年龄在 28—36 岁之间。

随葬器物多出于棺椁间及墓主身体附近。铜礼器类鼎、敦置于棺椁之间的西南部，附近还出土有陶罐，盘、舟置于棺椁之间西侧中部稍偏南，铜车马器、骨器置于棺椁之间西侧中部略偏北，玉、石器出土于墓主身体周围。

M568 共出土器物 29 件（组），按质地可分为陶、铜、玉、骨、石、蚌等。计有陶罐 3 件，铜器类 14 件，有鼎、敦、盘、舟、盖弓帽、䡇、辖、衔，骨器类为骨镳 3 件，玉器类有圆柱形器、面形饰、玉玲共 5 件。石器 3 件，包括石匕、圭片。另有蚌壳 1 件。

甘棠学校 M568 墓葬规模中等，使用一椁重棺，随葬品以铜器为主，三鼎二敦的食器数量较为少见。

（五）花卉苑 M17 春秋墓

2002 年 7 月至 12 月，河南省文物考古研究所与三门峡市文物考古研究所在三门峡市南部李家窑遗址虢国都城上阳城西城墙南段发掘清理 M17[②]，为春秋中晚期的士级贵族墓葬。

M17 形制为长方形竖穴土坑墓（图 2-30），墓壁规整，斜直下收甚微，底部平坦。墓内填土

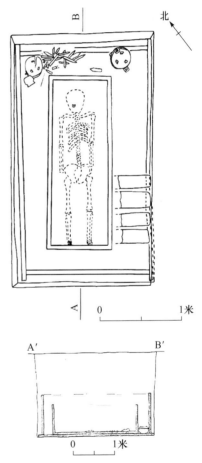

图 2-30 花卉苑 M17 平剖面图

---

① 河南省文物考古研究院、三门峡市文物考古研究所：《河南三门峡甘棠学校春秋墓 M568 发掘简报》，《中国国家博物馆馆刊》2022 年第 9 期，第 27-38 页。

② 河南省文物考古研究院、三门峡市文物考古研究所：《三门峡市李家窑遗址花卉苑小区春秋墓发掘简报》，《中原文物》2017 年第 5 期，第 14-20 页。

略经夯打，较硬，夯层与夯窝不明显。

墓内葬具均已腐朽，由灰白色木质朽痕可知为单棺单椁。棺内有人骨架 1 具，仰身直肢葬式，头北足南，腐朽近粉末状，性别、年龄不明。

随葬器物根据用途差异放置在墓室不同位置：棺盖板上北部放有石圭 7 件；棺椁之间的北部放置有铜鼎 1 件、铜盏 1 件、陶罐 1 件和石圭 21 件；棺内墓主口内放有玉琀 1 件。

墓葬出土随葬器物共计 32 件，有铜、陶、玉和石等四类。具体为：铜鼎、铜盏各 1 件，均属于铜礼器；陶罐 1 件；玉、石器 29 件，分为石圭、玉琀两种，前者属于礼器，后者属于殓玉。

M17 位于虢国都城上阳城西南隅，向西距离内城西壕很近，在宫殿区附近。根据上阳城城墙位置所在，M17 应打破上阳城西城墙，因此其埋葬年代应在虢国灭亡之后。根据出土器物特征判断，墓葬年代应为春秋中晚期，墓主身份为地位较低的士级贵族。

（六）上石河春秋墓地

上石河墓地位于义马市区南部、石河西岸约 100 米的上石河村。2017—2018 年，先后发掘墓葬 135 座，其中春秋时期墓葬 115 座，马坑 7 座，出土铜、陶、玉、石、骨、蚌各类随葬品 2700 余件（颗）。墓葬形制均为长方形竖穴土坑墓，南北向，葬式有仰身直肢、侧身直肢两种。墓地排列有序、保存完整，相互间无打破现象，应为邦族墓地。其中 M93、M94 为墓地规格较高、面积较大者[①]，为夫妻异穴合葬墓；M18 祔葬有马坑[②]。

M93 为南北向长方形竖穴土坑墓（图 2-31）。墓口距现地表 0.6 米，长 4.84 米，宽 3.22—3.6 米。墓壁规整，底部平坦，口底尺寸基本相同。墓底四周设有熟土二层台。墓内填红褐色花土，略经夯打，较硬。葬具腐朽严重，从痕迹判断应为单椁重棺。棺内有骨架一具，仰身直肢葬式，头北足南，鉴定为成年男性。

青铜礼器放置于棺椁之间的东北角和东南角。青铜兵器、车马器及骨器放于椁室西侧。外棺盖板上散落有铜鱼、铜娄、铜铃、三角形铜饰及石贝、石戈、陶珠等。墓主头部东西两侧各置玉玦 1 件，下颚处有玉琀。

---

① 河南省文物考古研究院、三门峡市文物考古研究所、义马市文物保护管理所：《河南义马上石河墓地 M93、M94 发掘简报》，《华夏考古》2021 年第 2 期，第 3-14 页。

② 河南省文物考古研究院、三门峡市文物考古研究所、义马市文物保护管理所：《河南义马上石河墓地 M18 及祔葬马坑 MK4 发掘简报》，《考古与文物》2021 年第 4 期，第 13-18 页。

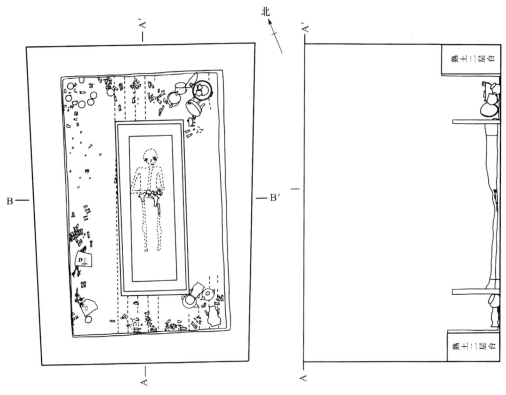

图 2-31 上石河 M93 平、剖面图

　　M93 共出土器物 1334 件（枚），有青铜器、陶器、玉石器和骨器等。铜器有礼器、兵器、车马器和棺饰等。其中礼器 13 件，有鼎 4 件、簋 5 件、方壶 2 件、盉 1 件、盘 1 件。兵器 50 件，有盾钖、镞两种。车马器 19 件，有衔、辖、镳、带扣和小腰等。棺饰 257 件，有铃、鱼、三角形饰和翣等。玉石器共 324 件，有玉玦、玉玲、石戈和石贝等。另有陶珠 662 枚，骨器 9 件。

　　M93 东南部衬葬有马坑。坑平面近长方形，长 6.68 米，东西宽 2.8—3 米，北部稍宽，上部被破坏，余深 0.48—0.72 米。坑内有马 6 匹，两两相对分 3 组由北向南排列。坑中南部殉狗 1 只，头南足朝东北。狗后爪部有少量木质朽痕，可能原随葬有车，狗埋于车下。

　　M94 为南北向长方形竖穴土坑墓。墓口距地表 0.6 米，长 4.7 米，宽 2.6—2.68 米。墓壁规整，东西两壁斜直外张，南北两壁陡直，底部平坦，墓深 4.7 米。墓内葬具为单椁重棺。木椁位于墓底中部，棺内骨架保存较差，仰身直肢葬式，头北足南，经鉴定为约 45 岁的女性。

　　随葬器物放置于椁室西北角、南部和墓主人头部。椁室西北角有石贝 84 件、骨管 3 件，南部有铜方壶 1 件、铜盉 1 件、铜盘 1 件，墓主头部有玉玦 2 件、玉环 1 件、玉玦 1 件、玛瑙珠 24 枚。

M94 共出土器物 121 件（枚），有铜器、玉石器和骨器三类。铜器皆为礼器（图 2-32），有鼎 1 件、簋 1 件、方壶 2 件、盘 1 件、盉 1 件。

M93、M94 皆出有铜礼器，但组合都不全，与周代铜礼器使用规定并不完全相符。两墓葬具皆为单椁重棺，结合使用礼器规格判断，M93 墓主应为中等级贵族，M94 墓主身份相应较低，为士级贵族。M93 出土铜鼎铭文中有"虢季氏子虎父"等字，可知其墓主"虎父"应是春秋时期虢国季氏一族的后人，身份为大夫级贵族。M93 随葬兵器，M94 未见兵器并佩戴玛瑙项饰。两墓排列紧密，方向一致，应为夫妻异穴合葬墓。

M18 为南北向长方形竖穴土坑墓（图 2-33）。墓地上部原为上石河村村民居住地，墓上地层已被完全破坏。墓口距现地表深 1.6 米，南北长 4.33 米，东西宽 3 米。四壁修整光滑，上下垂直，底部平坦，墓底与墓口大小相同，墓深 2.1 米。墓底四周有熟土二层台。墓内填土是以红褐色为主的花土，略经夯打，较硬。

墓内葬具腐朽严重，结构不清，从灰白色或灰黑色木质朽痕判断，应为单椁重棺。木椁位于墓底中部，内棺中葬有 1 人，仰身直肢，头北足南。骨骼保存较差，经初步鉴定为男性，年龄约为 50 岁。墓主身下中部东侧有一椭圆形腰坑。

图 2-32　上石河 M94 出土铜礼器
1. 铜鼎（M94：4） 2. 铜盘（M94：8） 3. 铜盉（M94：7） 4、6. 铜方壶（M94：3、M94：6）
5. 铜簋（M94：5）

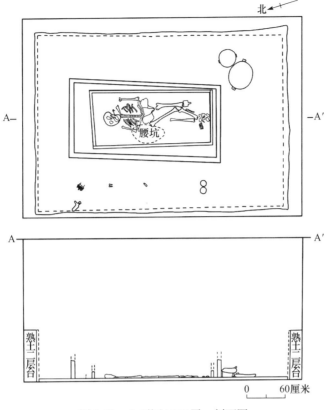

图 2-33　上石河 M18 平、剖面图

随葬器物分别放置于棺椁之间的西部、东南部、内棺中及墓主口中。其中在棺椁之间的西部放置有铜戈 1 件、铜镞 4 件、铜小腰 2 件、铜铃 1 件、铜盾锡 2 件；棺椁之间的东南角放置铜盘 1 件、铜鼎 1 件（图 2-34：1）；内棺中东南角仅放置铜铲 1 件（图 2-34：2）；墓主口内有玉琀 1 件。

1　　　　　　　　　　2

图 2-34　上石河 M18 出土的铜器
1. 铜鼎　2. 铜铲

马坑位于 M18 东侧近 2 米处。平面呈长方形，坑口距现地表深 1.12—1.22 米，坑底南北长 3.58 米，东西宽 2.8—2.86 米，坑深 0.98—1.08 米。坑内填土是以红褐色为主的花土，土质较硬，含有少量的小料姜石块。坑内共清理出 2 匹马和 1 只狗（图 2-35）。其中 2 匹马埋葬于坑底的北部，均为侧卧，四肢直伸，随意摆放，头向不一，应是被处死后放入坑内。坑内东北部埋葬的马，头向东，四足朝南；西北部埋葬的马则头向北，四足朝东。狗埋葬于马坑南部，距坑底 0.4 米高处，呈侧卧状，头向西，四肢蜷曲，保存较差，呈粉状。

图 2-35　上石河 M18 马坑形制与结构

坑内共清理出器物 11 件，其中在坑内东南部与西北侧马的前腹部各出土铜衔 1 件和骨镳 2 件，狗颈部出土铜铃 1 件和铜络饰 4 件。

M18 葬具为单椁重棺，只随葬 1 鼎，墓主身份应为虢国下大夫一级的没落贵族。时代为春秋早期。

义马上石河墓地被确认为一处春秋早期的虢人埋葬茔地，墓地的埋葬者应是虢国被晋灭掉后东逃定居于此的虢国贵族或其后人，从墓葬形制规模及出土物看，有贵族及家眷，还有护卫侍从等，时代应属春秋早期稍偏晚，应与虢国墓地同时期或略晚。

（七）盆景园 8 号战国墓

1993 年 2 月，三门峡市文物工作队在三门峡市经济技术开发区原陕州老城东侧约 300 米处的盆景园基建工地发掘清理了一座古代墓葬，编号 M8[①]。

M8 为竖穴土坑墓（图 2-36）。墓口距地表深 2.4 米，墓口长 4.9 米，宽 3.6 米，深 8.7 米，墓壁不甚整齐。内填略经夯筑的五花土。从墓内残留朽木痕迹判断，葬具为单椁重棺。墓主葬式为仰身直肢，头北足南。

---

① 三门峡市文物工作队：《三门峡市盆景园 8 号战国墓》，《中原文物》2002 年第 1 期，第 4-8 页。

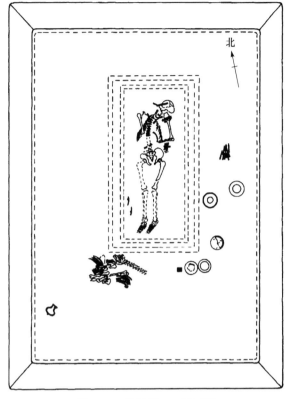

图 2-36　盆景园 M8 平面图

M8 共出土器物 15 件，分铜器、玉石器和骨器三类。铜器 8 件，包括鼎 1 件、豆 2 件、壶 2 件、匜 1 件、带钩 2 件。铜鼎已残，出于棺外东南侧，鬲形，子母口微敛，弧腹较浅，底略圜，矮鬲形蹄状实足。腹部有对称铺首，无衔环，腹部偏下饰一周凸弦纹，弧形盖，外近中有三环纽，另饰两周带状旋纹。盖上及腹侧纽内皆有泥范。豆出土于棺外东侧偏南，子母口，半球形腹，喇叭状座，近口部有对称环耳。弧形盖，顶部有喇叭形捉手。壶出土于棺外南侧，方唇侈口，束颈，瘦鼓腹，圈足，颈偏下对称有半圆形耳。颈部饰三周凸弦纹，圈足内及环耳内亦存留有范。匜出土于墓底椁内西南角，椭圆形口，斜壁，前为宽短流，后有鼻形鋬，椭圆形平底。带钩出于墓主腿骨西侧，残，琵琶形，窄体长颈，纽近尾端，钩面饰菱形涡纹。玉石器出土于棺内尸骨面部、腹部，有琮 1 件、长条形饰 2 件、圭 18 片、人面饰 10 片，可能是缀挂在某种织物上的一种较简单的瞑目。骨器 2 件，出土于墓主头骨北侧，浅黄色，皆残，从出土位置看应为骨笄。

墓葬年代为战国早期偏晚或战国中期偏早。由随葬器物数量少且质量差推测，墓主身份应为元士级贵族。器物粗糙且器壁较薄，铜匜、铜豆等器物内还遗留有泥范，应是明器。

（八）人民银行生活区 28 号战国墓

2002 年 7 月至 10 月，三门峡市文物考古研究所在市中国人民银行住宅小区基建工地发掘清理了 M28[①]。

M28 形制为竖穴土圹墓，墓口长 3.8 米，宽 2.7 米，墓壁保存基本完好，墓底略小于墓口。墓内填经夯打的五花土，土质坚硬。葬具已朽，根据痕迹判断为一棺一椁。墓室底铺有一层厚 4—5 厘米的石灰质灰土。人骨架严重腐朽，仰身直肢葬，年龄、性别无从判断。

M28 出土随葬器物 14 件，有铜、陶、玉、石、蚌五类。以铜器为最多，共 9 件，有鼎、豆、壶、盘、匜、车軎等。大件器物集中放置于墓底西南棺椁之间，小件器物散置于棺内及棺椁之间。

铜鼎 1 件，出土于棺外侧西南角，腹下略残破。子口，浅腹，圜底，蹄足稍高。长方形耳外撇，耳外侧饰蟠螭纹。盖面微弧，上立三环形纽，纽面饰绹纹。盖上饰三组蟠螭纹。腹部有一周凸棱，凸棱上下均饰蟠螭纹。鼎底部有烟熏痕迹，鼎内有禽鸟类肢骨。豆 2 件，出土位置与鼎相邻，形制、大小均同。子母口，半球形腹，喇叭形座，近口部饰对称环耳。弧形盖，顶部有圆形短捉手，捉手上饰两周弦纹。底座内存有泥范，盖部变形且有裂缝。另有壶 2 件、盘、匜各 1 件，軎 1 套。

除此之外，出土有陶釜 1 件、玉柱形器 1 件、玉片饰 1 组 15 片、石圭 1 组 16 片、蚌饰 1 组 16 片。陶釜已残，但仍不失为一件珍贵标本，是本地区发现时代最早的陶釜。

M28 随葬器物组合为鼎、豆、壶、盘、匜，是战国中期墓葬常见器物组合。除铜鼎年代略早外，其他均有战国中期风格特征。因此，该墓年代为战国中期偏早。从随葬青铜礼器组合判断，墓主身份应为元士级贵族。

（九）西苑小区 M1 战国墓

2003 年 8 月，三门峡市文物考古研究所在三门峡市开发区西苑小区建筑工地抢救性发掘了一座战国墓葬，编号 M1[②]。

M1 形制为长方形竖穴土坑墓，南北向，墓口长 4.52 米，宽 3.48 米，墓壁规整平滑，墓口略大于墓底，墓底长 4.22 米，宽 3.2 米，残深 2.6 米，底部平坦。墓内填略经夯打的五花土，夯层不明显。葬具已朽成灰，据痕迹判断为单椁双棺。棺内骨架已朽，

[①] 崔松林、胡小龙、李宪增：《三门峡市人民银行生活区 28 号战国墓发掘简报》，《三门峡文物考古与研究》，北京燕山出版社，2003 年，第 3-7 页。

[②] 胡焕英、刘宇翔：《三门峡工商局西苑小区 1 号战国墓的发掘清理》，《三门峡文物考古与研究》，北京燕山出版社，2003 年，第 13-18 页。

头北面上，性别、年龄无法鉴别。

随葬品共 53 件，有铜器、陶器、玉器和骨器，绝大部分器物分布在棺椁之间，从西到东依次放置玉戈、玉璜、陶壶、铜礼器、车马器和骨器，南端偏东分布小件铜饰件和兵器，内棺内出土铜剑、带钩。铜器共 37 件，为礼器、兵器、车马器及其他杂器四类。礼器残破严重，有鼎 3 件、壶 2 件、豆 2 件、盘 1 件、匜 1 件，主要放置在椁与外棺之间的东北部；兵器有戈 3 件、矛 2 件、剑 1 件，主要分布在椁与外棺间的南部；车马器及其他铜器有辖軎 6 件、衔 4 件、环 3 件、合页 2 件、镩 1 件、带扣 1 件、连环饰件 2 件、带钩 2 件、络饰 1 组 120 枚。另有陶壶 2 件，玉器 6 件，骨器 8 件（组）。

M1 墓葬规模较大，随葬器物多，为三门峡地区同时期墓葬所少见。棺椁虽然已腐，但清理时发现椁与外棺的北部和南部有朱漆木片，有的带褐色花纹。根据铜合页、镩、饰件等器物出土位置，可判定南北两侧应有边箱。墓内随葬成组的铜礼器、兵器、车马器等，铜鼎共 3 件，骨贝 50 余枚，推测墓主为士大夫级贵族。

M1 随葬的铜礼器组合为鼎、豆、壶、盘、匜。其中壶最大径从腹下部移至中部，具战国早中期明显特征。铜鼎、盆、辖軎、环、带扣、带钩、剑、戈、镩，以及玉璜、骨镳等均与后川西村 M2040 出土的同类器物形制相同，铜鼎、豆、壶也与三门峡盆景园 8 号战国墓相似。因此，M1 的时代可推定为战国早期或稍晚。

（十）甘棠幼儿园 M39、M54 战国墓

2022 年 1 月至 2 月发掘清理 M39、M54 两座墓葬[①]。

M39 为南北向长方形竖穴土坑墓，墓口距现地表 1 米，南北长 2.54 米，东西宽1.8—1.9 米。口略大于底，墓壁修整平滑，底部平坦。墓内填略经夯打的黄褐色花土，有熟土二层台。葬具严重腐朽，结构不清，从木质朽痕判断，应为一棺一椁。墓主为单人仰身直肢葬，头北足南，面向西，骨骼保存一般。经初步鉴定为男性，年龄为31—35 岁。

随葬器物共 8 件，分别放置于椁室东部和棺内。其中在棺椁之间放置陶盖豆 1 件、陶器盖 1 件、陶鼎 1 件、陶杯 1 件、陶壶 2 件、陶匜 1 件，棺内南侧放置铜带钩 1 件。

M54 为东西向长方形竖穴土坑墓。墓口距现地表 0.4 米，东西长 2.44 米，南北宽1.48 米。口略大于底，墓壁修整平滑，向下斜直略内收，底部平坦。墓内填以略经夯打的黄褐色花土。墓内葬具严重腐朽，结构不清，从木质朽痕判断，为一棺一椁。墓主骨骼保存较差，为单人仰身直肢葬，头东足西，面向北。经鉴定为男性，年龄为28—36 岁。

---

① 河南省文物考古研究院、三门峡市文物考古研究所：《河南三门峡开发区两座战国墓发掘简报》，《洛阳考古》2023 年第 1 期，第 3-8 页。

共发现 8 件（套）随葬品，以陶器为主，分别放置于椁室南部和棺内南部。其中在棺椁之间放置陶盖豆 2 件、陶鼎 1 件、石圭 1 件、陶壶 2 件，棺内南侧放置铜剑 1 件和铜带钩 1 件。

M39 和 M54 均为长方形竖穴土坑墓，口大底小，葬具为一棺一椁，葬式为仰身直肢葬，随葬器物以陶器为主，组合为鼎、豆、壶。据墓葬形制及器物形制、组合判断，时代为战国早期稍偏晚，墓主可能是僭越使用礼器的平民，也有可能是家族没落的贵族，生前可能为军人或武士。战国早期陕地为魏、韩共有，M39 和 M54 墓葬形制和随葬器物都具三晋作风，墓主应均为魏国人。

（十一）甘棠嘉园 M3、M10 战国墓

2020 年 10 月至 2021 年 1 月，为配合三门峡甘棠嘉园工程建设，三门峡市文物考古研究所发掘清理 M3、M10 两座墓葬[①]。

M3 为长方形竖穴土坑墓（图 2-37）。墓口距现地表约 0.9 米。墓壁竖直，较规整，墓底距墓口 2.9 米。椁室的四周有熟土二层台。墓内填黄褐色五花夯土。葬具为一棺一椁，棺椁腐朽严重，仅残留一些灰黑色痕迹。棺内人骨保存一般，可辨头向东，仰身直肢。出土器物共 5 件，其中棺的东北侧有陶罐、陶鬲、陶豆各 1 件，棺椁之间的西南侧有石圭 2 件。

M10 为长方形竖穴土坑墓，东西长 3.5 米，南北宽 2.2 米，墓口被一些杂草和现代建筑垃圾堆土叠压。墓壁竖直，较规整，墓底距现墓口 4.25 米。椁室四周有熟土二层台。墓内填黄褐色五花夯土。墓室棺椁腐朽严重，仅残留一些灰黑色痕迹，可辨葬具为一棺一椁。椁室平面呈长方形，棺内有人骨一具，头向西，仰身直肢葬式。随葬器物主要分布于棺椁之间的西部，有陶罐、陶鼎、陶豆等 9 件，头骨西侧有 1 件骨簪。

M3 出土器物组合为鬲、豆、罐，据墓葬形制和随葬器物判断，时代为春秋时期

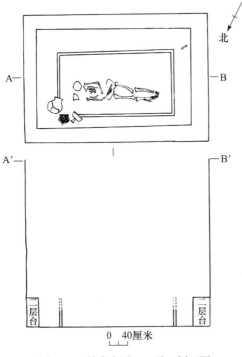

北

A— —B

A′— —B′

二层台　　　　　　　　二层台

0　　40厘米

图 2-37　甘棠嘉园 M3 平、剖面图

---

① 三门峡市文物考古研究所：《三门峡陕州区两座东周墓发掘简报》，《黄河·黄土·黄种人》2021 年第 5 期，第 9-12 页。

或战国早期；M10 出土器物组合为鼎、豆、壶、盘、匜，时代应为战国中期。两墓墓主身份可能是僭越使用礼器的平民，也可能是家族没落的贵族。

二、遗　迹

（一）机械厂车马坑

1988 年春，三门峡市文物工作队在虢国墓地东南部的三门峡市机械厂院内北侧发掘清理了一座小型车马坑[①]。车马坑平面为长方形（图 2-38），南北长 7.7 米，北宽 3.06 米，南宽 2.7 米，坑深 1.8 米。坑壁较直，坑北端被一座东西向的近代墓打破，坑北壁、西壁，以及坑底北部的车、马均受到破坏。坑内有 3 车 6 马，为 1 车 2 马配置。车为木构涂漆，3 车排成一排，辕头朝北，从北向南编为一号车、二号车、三号车。马为先杀后置，马头皆向北，马背皆向西。

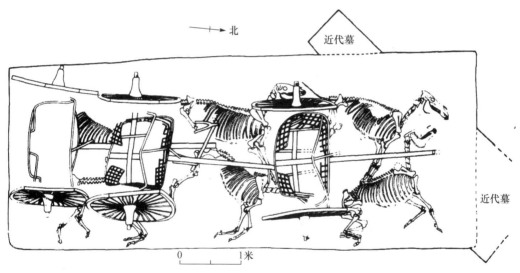

图 2-38　三门峡市机械厂车马坑平面图

车辆腐朽严重，据痕迹可看出大致轮廓。三辆车结构基本相同，皆为单辕双轮，由轮、辕、衡、轭、舆等部分组成，只是三号车车箱（舆）结构比一号车、二号车略简。一号车车辕剖面为圆形，残长 2.62 米，衡、轭被破坏；车轮间距为 1.77 米，轮边残存高度为 0.73 米，横径 1.45 米，每个车轮上有 34 根辐条；车轴长 2.5 米，剖面圆形，直径 0.05 米；车箱为圆角长方形，四面有栏，后栏正中设有供人上下的门，横宽 1 米，前后进深 0.74 米，栏高约 0.26 米。车箱内外均发现席子痕迹，箱内还有一具完整狗骨架。二号车车辕残长 2.7 米；车轮横径 1.3 米，每个车轮的辐条为 28 根；轴

---

① 三门峡市文物工作队：《三门峡市机械厂车马坑的发掘》，《华夏考古》1993 年第 4 期，第 8-11 页。

长 2.46 米，直径 0.05 米；车箱横宽 1.14 米，比一号车略宽。三号车辕木从前轸至辕前端长 2.34 米；衡木为圆形，长 0.7 米，衡径 0.05 米；车衡两端有车轭，保存完好，呈"人"字形，下宽 0.15 米，高 0.4 米；车轮严重变形，辐条残断较甚，数量不清；车箱结构简单，仅有车箱上下的框架，没有发现横、竖木条构成的桸格，车箱长、宽与一、二号车近同。

1957 年，黄河水库考古工作队在上村岭虢国墓地发掘了 3 座规模较大的车马坑，编号 1051、1811 和 1727，其中 1051 号坑内置 10 车 20 马，是当时发掘规模最大的车马坑，它的主墓是出土七鼎的太子墓；1811 和 1727 号坑内均置 5 车 10 马，主墓分别是出土五鼎的 M1810 和 M1706。此座车马坑内置 3 车 6 马，其西南 20 米的三鼎墓 M1721 距此坑最近，应是其主墓。

此车马坑中车子的式样、排列方法与三门峡虢国墓地 20 世纪 50 年代发现的基本相同，只是车子的结构和装饰都较简单，应不是实用车辆。时代应与虢国墓地时代相同，为春秋早期。

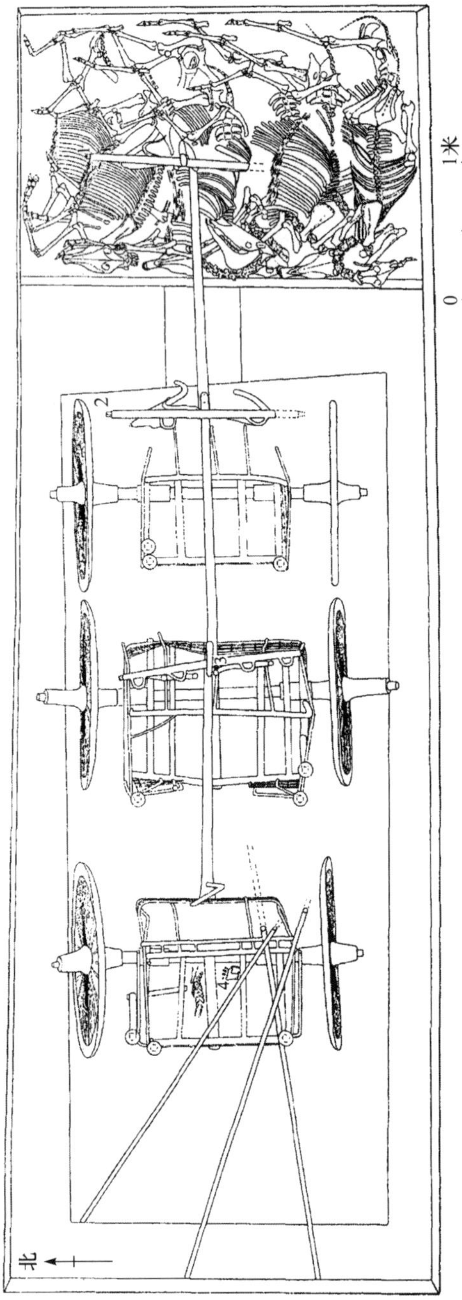

（二）后川车马坑

2002 年，三门峡市文物考古研究所在后川村西侧中国人民银行三门峡中心支行生活区工地清理出一座车马坑①，编号 2002SBCHMK1（图 2-39）。

车马坑所在地势东高西低。坑口距地表 0.6 米，平面略呈东西向长方形，口长 9.36 米，东端宽 3.16 米，西端宽 3.28 米，四壁平直规整，口略大于底，深 2.45 米，内填五花土。坑底清理出 8 马、3 车，马、车分

图 2-39　后川车马坑 2002SBCHMK1 平面图

---

① 三门峡市文物考古研究所：《河南三门峡市后川战国车马坑发掘简报》，《华夏考古》2003 年第 4 期，第 3-9 页。

开放置，各占一坑。马坑居东，平面呈南北向长方形，长 2.9—3 米，宽 1.98—2.03 米，深 0.52 米。车坑居西，平面呈东西向长方形，北边长 6.03 米，南边长 6.18 米，宽 2.4 来，深 0.52 米。车马坑四周设置生土二层台，东二层台实际也是与马坑的隔梁，中部留有支撑车辕的方形土台。

3 辆车均放置在车坑底部，辕皆东向，衡、轭高悬，自东向西编号为一号车、二号车、三号车。3 车皆为木质结构，表面髹棕褐色漆或棕褐、桔红两色相间漆。木胎皆已朽，仅剩一层漆壳，留灰褐色或灰白色遗痕。3 车结构基本相同，均为单辕双轮，由辕、衡、轴、舆、轮等构成，但辕、舆样式与大小不尽相同。

一号车辕头部略残，向上弯曲呈钩状，横截面呈圆形，前细后粗，长 3.09 米，与轴呈"十"字交叉状；衡在辕前部弯钩内，南北向，断面圆形，残长 1.24 米，径 0.05 米；轭垂悬于衡上辕的两侧，呈"人"字形，木胎已腐朽，距辕约 0.45 米，残高 0.4 米。舆身前圆后方，南北宽 1.06 米，东西 1.02 米，高 0.44 米；舆四周皆设围栏，后角各有一根立柱，上有圆形"扶手"装饰；后围栏由两侧下栏杆绕后角柱横折弯曲下延组成，门宽 0.88 米，高 025 米；轼位于舆上中部偏前，横跨车箱，横截面呈圆形，直径 0.04 米。两车轮位于舆南北两侧，均呈扁圆形，有辐条 26 根，轨宽 1.98 米，横径 1.4 米。车轴横贯舆底，自辕下穿两毂而出，中部略向下弯曲，全长 2.39 米，横截面呈圆形，直径 0.08 米。二、三号车结构基本同于一号车，只是二号车舆身为长方形，较一号车宽大，南北宽 1.4 米，东西进深 1.04 米，高 0.50 米，髹棕褐、橘红双色漆；三号车辕长 2.96 米，形制不同于一、二号车，舆底辕木平直，出车箱后直立斜折前伸，呈"之"字形，前部弯曲呈钩状，车舆面积大于一号车而小于二号车。

8 匹马皆放置在马坑底部，头均朝西。其中 7 具马骨架呈侧卧状，身南蹄北；南部近坑壁处的 1 具马骨架呈正卧姿势，头部向南侧立，靠在西壁上。骨架叠压无序，系杀死后埋葬，先放马后放车。

三号车舆后部下方有狗骨架 1 具，头南身北，呈扭曲状站立，应系拴在车上活埋殉葬。

坑内清理出车饰 3 件、狗饰 1 件。车饰中有 2 件骨管，是一、二号车的衡末饰，另有 1 件钢链环，由一大一小两个圆形钢环套接在一起组成，系三号车辕、衡之间的构件。狗饰为 1 件骨贝，是狗的项饰。

后川车马坑位于《陕县东周秦汉墓》中提及的原后川村西的发掘区域，当初可能是因漏探而未发掘。出土车辆与山西临猗程村 M1065 东周车马坑出土木车结构十分相似，与河南辉县琉璃阁战国时期车马坑大体相同，故推断 CHMK1 的时代为战国早、中期。

战国时期中国进入社会大变革阶段，礼崩乐坏，享用车马殉葬的社会阶层不断扩大。列鼎制度由西周天子九鼎，诸侯七鼎，大夫五鼎，士三鼎或一鼎，变为天子、诸侯九鼎，卿或上大夫七鼎，下大夫五鼎，士三鼎或一鼎。《礼记·杂记》云："遣车视牢具。"用车制度与用鼎息息相关。从考古发现来看，七鼎墓殉车 10 辆马 20 匹，五鼎墓殉车 5 辆马 10 匹，三鼎墓或一鼎墓殉车 1 辆马 2 匹。因此，后川车马坑的墓主可能是士级贵族。

3 辆木质车形制相似，装饰华丽，车箱部分结构复杂，大小不同，当为实用车。新郑郑国君王车马坑车辆按车舆大小分大、中、小三种类型，其中大车是躺卧的安车，中型车是仪仗用车，小型车是射猎和御艺车。对比来看，新郑大、中型车均较 2002SB CHMK1 车大，小型车与 2002SB CHMK1 二号车差不多，可能是级别不同用车大小也不同礼制规定。对于 2002SB CHMK1 车的用途，一号车舆窄小，可能是射猎或战争用车；二号车舆宽大，围栏也较高，后门窄小，结构复杂，装饰豪华，可能是躺卧的安车；三号车舆大于一号车而小于二号车，装饰精美，色彩艳丽，轼、轸结构复杂，可能是御艺或仪仗用车。

后川车马坑的主墓位于其西部约 12 米处，为南北向的方坑竖穴墓，遭严重盗扰。

（三）西苑小区战国车马坑

2006 年 4 月至 7 月，三门峡市文物考古研究所对三门峡经济技术开发区的西苑小区内建筑工地进行抢救性发掘，清理出一座车马坑，编号为 2006SXCHMK1（图 2-40）[①]。

车马坑平面呈东西向长方形，四壁平直规整，底部略大于口部，坑底南端长 6.8 米，北端长 6.6 米，东端宽 2.8 米，西端宽 2.72 米。

坑底共埋葬 3 车 6 马，车马分开放置，各据一坑，两坑间有生土隔梁。马坑居东，平面呈南北向长方形。南北长 2.8 米，东西宽 1.6—1.68 米，深 0.55 米。6 匹马叠压放置，摆放无序，2 马头向西，4 马头向东。车坑在西，平面为东西向长方形，东西长 4.6—4.67 米，南北宽 2.11—2.18 米，深 0.5—0.56 米。车坑南北两侧有生土二层台。

车均放置在车坑底部，车辕朝东，自东向西依次为一号车、二号车、三号车。一号车辕中部架在隔梁上，受压力影响，辕前部已下弯，衡、轸高悬于马坑东侧马骨上。二号车稍向南倾，辕前部搭在一号车轼上，辕头部及衡、轸均已破坏。三号车轮、舆紧贴二号车后部，两轮直立，略呈扁圆形，辕头部及衡、轸均已破坏。3 辆车均为木质，皆已腐朽，仅剩表面所髹棕褐色漆皮及少量灰白色朽木痕迹。车辆构造基本相同，均为独辕双轮，由轮、轴、辕、舆、衡等部分组成，仅细部稍不同。

西苑小区车马坑与 2002 年三门峡人民银行西生活区发掘的车马坑、山西临猗程村 M1065 东周车马坑、河南辉县琉璃阁战国车马坑结构大致相同，推测其年代应为战国

---

① 三门峡市文物考古研究所：《三门峡市西苑小区战国车马坑的发掘》，《文物》2008 年第 2 期，第 30-35 页。

早中期。该车马坑配置为 3 车 6 马，与礼制不符，应是战国时期礼乐崩坏的反映，车马坑墓主可能为士级贵族。

从整体情况看，三辆车结构基本相同，主要部件尺寸大体相当，应为实用车。车轭两端下拐处及两侧竖撑在与围栏交会处皆用藤条拴绑固定，下围栏内侧也用立撑固定，这在中原地区同期车马坑中较少见。

西苑小区 2006SX CHMK1 出土车子与三门峡上村岭虢国墓地车子相比，结构设计更合理，制作更精细，装饰更华丽。尤其是车门宽大，便于上下，是战国时期车子改进的体现，为研究我国古代车的结构、制作工艺、用途及演变过程提供了重要的实物资料。

（四）陶窑遗址

1989 年，三门峡市文物工作队在虢国车马坑陈列馆北侧黄河水利枢纽管理局工地清理了一座春秋时期陶窑遗址[①]。

陶窑坐西向东，由窑门、窑室和烟囱等部分组成（图 2-41），除窑门略有塌陷外，保存基本完好。

窑门呈不规则椭圆形，高 100 厘米，宽 88 厘米。窑室内有火塘、窑床、火道等：火塘在窑门和窑床之间，略呈椭圆形，深 4 厘米，南

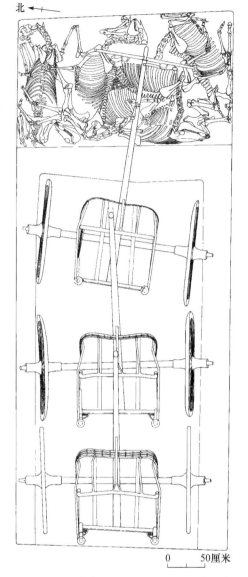

北

0　　　　　　50厘米

图 2-40　西苑小区 2006SXCHMK1 平面图

北长 130 厘米，东西宽 5.7 厘米；窑床略呈梯形，东西长 157 厘米，西宽 222 厘米，东宽 150 厘米，平底；沿窑底周围和中部，有巾形凹槽状火道，火道宽 1 厘米，深 0.7 厘米，与窑室后端西壁外烟囱相连。窑顶呈弧形，距窑床 130 厘米，青灰色，经火烧，质地坚硬。窑内填土中发现了大量绳纹夹砂陶片，有罐、鬲的口沿，鬲足、豆柄、豆盘等，与虢国墓地出土器物特征相同。窑址年代应为春秋早期。

---

① 景通、悬宇：《三门峡发现春秋时期陶窑遗址》，《考古》1989 年第 3 期，第 276 页。

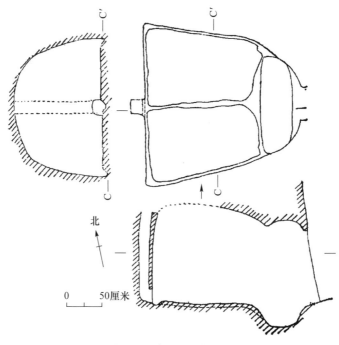

图 2-41　陶窑平、剖面图

三、遗　物

1974 年冬至 1975 年 4 月，三门峡市上村岭大队第三生产队在岭西修建蓄水池时，发现了 8 座古墓（编号为 1 至 8），获得 100 多件铜器和 50 多件陶器。河南省博物馆和三门峡市文化馆派人赶赴现场，并将出土文物运至河南省博物馆保存。其中以五号墓出土青铜器最为精美[①]。

五号墓位于上村岭西北，长方形土坑竖穴墓。墓室土圹整齐，口长 7.5 米，宽 4.8 米，深约 10 米。靠近墓底 2 米处有生土二层台，台宽约 0.5 米。周围残留大量木板灰痕，墓坑中部有大量腐朽的黑灰和漆片。从棺椁遗迹推断，葬具为一椁一棺，内葬一人。墓底铺有一层鹅卵石，墓内填土中有少量经过夯实的白膏泥。

棺椁之间出土 4 件重要铜器，分别是：

1. 错金龙耳方鉴 M5：3（图 2-42），高 21.6 厘米，边长 30.08 厘米。器型作斗状，方口，口沿内折，方唇，短颈内敛，腹壁向

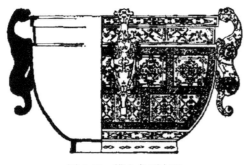

图 2-42　错金龙耳方鉴

① 河南省博物馆：《河南三门峡市上村岭出土的几件战国铜器》，《文物》1976 年第 3 期，第 52-54 页。

器底斜收，方圈足。鉴口沿和颈部有错金嵌绿松石的复合菱形纹图案，腹部以勾连纹隔成方格，格内饰错金嵌松绿石方形几何图案。上腹部相间饰龙形耳4个，作躯体蜷曲伏卧状，头部攀缘于器口，龙头部、四肢以几何纹和圆点纹装饰，兽身嵌有绿松石。

2. 错金蟠螭纹方罍（附陶勺）M5：1（图2-43），口边长15.6厘米，腹宽26.3厘米，通高32厘米，勺长43.7厘米。罍侈口，唇沿外翻、细颈、宽肩、鼓腹、平底，方圈足。颈外壁四面铸有圆形凹槽，原应镶嵌有圆形装饰。腹外壁有方形格栏，格栏内填精细的蟠螭纹，格栏间的宽带状格条皆为错金丝几何纹图案。器盖顶部饰勾连几何纹，盖缘铸错金无花果叶状装饰，表面有一层黑色光亮的物质，原应髹漆。罍内有铜提勺，勺端为圆形，柄中段旋扭成麻花状，顶端有穿，可以衔环。

图 2-43　错金蟠螭纹方罍

3. 镶嵌羽状纹铜扁壶 M5：5（图2-44），口径12.5厘米，高34.3厘米。小圆口，方唇，短颈，器腹窄扁，平底，长方形圈足。两肩饰铺首衔环，颈饰三角形图案，腹部以长方形、梯形和三角形范块铸成格栏，栏上嵌红铜纹饰，栏内满饰羽状纹。

4. 踞坐人铜灯 M5：4（图2-45），通高48.9厘米，盘径23.7厘米，重7.5千克。铜灯由灯盘、灯柄、灯座三部分组成，部件间对接铆合紧密，可拆装。灯座为俑人踞坐状，

图 2-44　镶嵌羽状纹铜扁壶

俑人头梳扁髻，发丝清晰可辨，戴冠，冠缨系颚下，身着右衽窄袖短袍，长至膝上，腰束革带，以带钩系结，双手伸于胸前掌灯。灯盘为圆形，盘内有三个锥形烛座，灯盘下有"丫"形柄插入俑人双手所持灯座的方銎内。灯盘外缘髹三角形漆彩，柄表面原髹朱色漆彩，现仅有少量遗留。

上述几件铜器中，方鉴制作最为精工，其形制与安徽寿县蔡侯墓出土的蔡侯方鉴相似，龙形耳饰与《上海博物馆铜器》一书图七六双龙蟠螭纹鉴的龙形耳饰近似。蔡侯方鉴和上海博物馆藏双龙蟠螭纹鉴都系春秋中晚期作品。上村岭五号墓出土鉴制作技术较上述两鉴有了新发展，鉴身错金工艺用金丝盘填于纹饰内，然后打压固定，金丝整齐，平整光亮，代表了战国时期错金镶嵌工艺的新成就。同时，这样的大型铜器镶

图 2-45　踞坐人铜灯

嵌绿松石工艺是战国中期以后出现的新工艺，因此，这件方鉴的制作年代不早于战国中期。方罍与汲县山彪镇战国墓所出莲盖壶的形制近似，制作年代应属战国时期。扁壶与上海博物馆藏战国中晚期两头兽纹铜扁壶的器型及纹饰近似，与《商周彝器通考》下册图九一五铜扁壶的器型、纹饰相同，亦应系战国中期作品。这种扁壶常出土于陕西，被称作"亚形壶"，是战国时代秦国贵族墓葬随葬器物中的代表性器物之一，通常被认为是秦器。不过，齐、韩、赵、魏诸国亦有此种器物出土。踞坐人漆绘灯俑和洛阳金村东周墓出土的踞坐俑形象相似，脸型、发髻、服饰等与秦始皇陵的大型武士俑及山西长治分水岭战国墓、山东诸城埠门村出土的战国铜俑形象近似，推知此器物年代属战国中晚期。因此，从器型、纹饰及艺术风格看，这四件铜器的年代应为战国中晚期。

上村岭的东部曾是北虢辖地，此后又为智氏、三晋所夺，各方势力在这里处于拉锯状态。史载，秦孝公元年（公元前361年）出兵东围陕城（今陕州），三门峡地区成为秦国领土，直到秦惠王时（公元前337—公元前311年），仍为秦国辖区。秦孝公至秦惠王时代属战国中期，铜扁壶和铜执灯人形象又具有秦风，可能是秦国遗物。

第三章　三门峡秦汉两晋南北朝时期考古

公元前 221 年，秦并天下实现了统一大业。秦实行郡县制管理全国，三门峡地区属三川郡，史称陕县或陕城。西汉高祖二年（公元前 205 年）改三川郡为河南郡，陕城属河南郡；汉武帝元鼎四年（公元前 113 年），置弘农郡，领 11 县，陕县即在其中。王莽时期，弘农郡改称右队郡。东汉光武帝建武七年（31 年），复称弘农郡，领 9 县，属司隶校尉部。三国魏时，改弘农郡为恒农郡，领 9 县。西晋时，又改为弘农郡，领 6 县。南北朝时期，弘农郡属南朝刘宋，后被北魏攻克，改为恒农郡，太和十一年（487 年）郡治由恒农迁至陕城，置陕州。隋朝义宁元年（617 年），置弘农郡，领 4 县。

先秦以来，三门峡地区即是重要的战略、交通要地，也是人类重要的聚居地。秦汉至南北朝时期也不例外，遗留下来的陆路及水路交通遗迹、众多的墓葬及墓群，是当时交通运输、社会生活状况及丧葬习俗的反映。三门峡地区发现有十多处秦人墓地，在市区及其周边的上村岭、三里桥、后川、水电部十一工程机修厂、三门峡西站火电厂、市刚玉砂厂、市司法局、粮食局面粉厂等地都有发现，时代从战国晚期延续至西汉早期。这些墓葬绝大多数为平民墓，少数为贵族墓，在葬俗、葬制、随葬品方面都表现出十分典型的秦文化风格。三门峡地区之所以有如此众多的秦人墓，源于秦人东进攻占函谷关占领陕地，大批军人、罪隶、贫民随之驻守生活，死后葬于此地。进入汉代，三门峡地区仍有很多秦人墓，墓主是继续在此生活的秦人及后代，葬俗上仍保留秦文化因素。之后，随着中原汉文化的渗透，秦风葬俗逐渐弱化并与汉文化融合，秦人特征的墓葬逐渐消失。

两汉时期，三门峡地区人口聚集，经济发达，遗留汉墓数量多，随葬物品丰富，如后川墓地、向阳汉墓群、刘家渠汉墓群，其他区域也有汉代墓葬陆续被发现。这些墓葬大小不一，既有简单的土坑竖穴墓，也有结构复杂的多室墓，随葬品有的只出土一两件陶制品，有的则出土有大量的陶器、铜器、银器、漆器等，反映了墓主身份地位、贫富的差别。从墓葬排列及时代特征看，有的是世代在陕州居住的家族墓地，有的是散落的零星墓葬，但从墓葬形制、结构、随葬器物等方面来看，基本反映了三门峡地区汉代丧葬习俗的发展变化。

魏晋南北朝时期，三门陕地区墓葬较少发现。从发现的北魏时期墓葬来看，还保留着本地传统特色，与北魏典型墓葬形制有所不同。同时，墓道由东汉以来的斜坡状发展为阶梯斜坡状,与唐代斜坡墓道形制有相近之处,应为东汉至唐代墓葬墓道形制的过渡。

第一节　三门峡地区秦汉魏晋南北朝时期的遗迹

秦汉至南北朝时期,三门峡地区仍然是中原、关中的交通要道。中国历史上在唐代以前多建都长安,大量物资要从洛阳经三门峡漕运至长安,但黄河三门峡段水流湍急,航运艰难,为使物资安全及时运达,历代朝廷均注重对黄河三门峡段的疏凿,修筑栈道,开通新河及陆道运输,并在两端修建粮仓,遗留至今的遗迹有栈道、人工航道、粮仓、驿站等。南北朝时期,三门峡地区处于北魏及南朝刘宋政权统治下,在佛教兴盛时期,此地大举兴建寺院,开凿石窟,留存下义马鸿庆寺石窟、渑池石佛寺石刻、陕州熊耳山空厢寺等佛教文化遗存。

一、灵宝函谷关遗址

函谷关是我国历史上的一座雄关,建置应始于战国晚期。秦国攻占此地后,为了巩固扩张得来的领土,防止东方诸侯国的进攻,改晋之桃林塞为函谷关。秦"建武关、函谷关、临晋关者,大抵为备山东诸侯也"[1],于是"秦东有崤、函之固"。崤为崤山,函即函谷关,是秦国东大门,函谷关址在今灵宝县境内,于是有关内、关中、关外之说。西汉武帝时期,楼船将军杨仆数立大功,耻为"关外民",上书武帝奏请徙关。杨仆"本宜阳人",汉时宜阳在今县城西20千米处,地处河南灵宝县东,故被认为是"关外人"。武帝恩准,于"(元鼎)三年冬,徙函谷关于新安",将函谷关东移300里置于今新安县境内。于是原关称秦函谷关,新安称汉函谷关。

秦函谷关名取自关隘置于函谷之中,"函谷关入函道"。《西征记》曰:"劣通,东西十五里,绝岸壁立,崖上柏林柏阴谷中,殆不见日。"[2]意即函谷关所在的衡山岭一带,地势险峻,沟壑山岭纵横,阻隔西东,古无大道,又北临黄河,河水紧切衡山岭下,无路可通,衡山岭东又紧靠洪溜涧河谷地,谷岸高峻横断,只剩函谷一道可贯东西,于是形成一夫当关,万夫莫开的关口。秦函谷关城在汉初仍继续使用,其位置唐代称"在弘家衡山岭",《元和郡县志》:"秦函谷关在汉弘农县,即今灵宝县西南十一里故关是也。"[3]

---

① (宋)王益之撰,王根林点校:《西汉年纪》卷八,中华书局,2018年,第128页。
② (宋)王应麟,傅林祥点校:《通鉴地理通释》卷八,中华书局,2013年,第211页。
③ (唐)李吉甫撰:《元和郡县图志》,中华书局,1983年,第34页。

近年来，经过考古调查勘探，已确定了秦函谷关东城门的确切位置，发现了故城遗址、箭窖遗址、函关古道古路基、地下排水管道、烽火台遗址等，出土了战国铜剑、铜镞、陶排水管道，汉代弘农灰陶筒瓦、绿釉陶楼、灰陶灶、"天兴五季"瓦当等。

（一）窖藏箭库遗址

函谷关窖藏箭库遗址位于秦函谷关东古道沟口南侧，东城墙以西 15 米处的断崖上。窖为竖井式，窖口距地表深 2 米，直径 0.9 米，底距窖口深 5 米，窖内堆放着多束铁杆铜箭矢，每束大约 40 余枝，均已锈成块状，平排或斜排摆放，体积约 2 立方米。箭杆为铁杆竹芯，长 40 厘米；箭头呈三棱锥体，长 3 厘米。依据箭镞的造型及铸造方法，认定此箭窖属战国时期，应为扼守关隘卫士的专用箭库。

（二）函谷关古道遗迹

秦函谷关古道位于崤函古道西段，西起潼关，东至陕州，全长 7.5 千米。古道两壁陡立，狭窄幽长，"车不双轨，马不并辔"，自古以来就是中原地区通关中、达西域的咽喉要道。公元前 1029 年，周武王伐纣，东出函谷，"大会诸侯于孟津"；公元前 491 年，老子从洛阳出发西渡，曾在函谷关著《道德经》。东汉张衡《西京赋》描述崤函古道说："（长安）左有崤函之险、桃林之塞。"[①] 现古道保留有烽火台、大字营门洞等重要遗迹。

2007 年 9 月，三门峡市考古研究所、灵宝市文物管理所对函谷关古道进行了调查、钻探，发现汉及唐宋时期的路基，并在函谷关古道沟西端、西寨村东 170 米处，开挖一条长 13 米、宽 3 米的探沟。发现在今地表以下 1.7—6.3 米处有厚 1.6 米、宽 1.3 米的路土，路土上有车轮碾压的车辙印痕。路土下层为汉代文化层，其上有唐、宋时期的路土层。在函谷关古道路基试掘的探沟内，已清理出汉、唐、宋等不同时期的车辙印痕 40 段，并出土有汉、唐、宋等不同时期的文物残片，路土层有数十层，厚薄不等，并留有车轮碾压和人畜踩踏痕迹。车辙凹槽宽 0.7—3.5 米，深 0.7—1 米，两辙间距离间隔 1.6—1.8 米。两辙之间有坚硬的踩踏路面。车辙外面是道路的边沿，有的地方出现有数条左右并列的车轮碾压凹槽，当为会车时所留。古道最宽处为 4.2 米，最窄处为 3 米。从路基的宽度、硬度、路土层厚度可以看出，中、下层的路基是函谷关古道最繁荣、最辉煌阶段。

---

① 　郭世谦:《山海经考释》西山经二引，天津古籍出版社，2011 年，第 164 页。

二、黄河古栈道

栈道，又称"复道""阁道"指沿峭壁陡崖上凿孔架桥连阁而成的一种道路。栈道的大规模兴建始于战国，此后历代均有修筑。三门峡黄河栈道是漕运遗迹。中国历史上在唐代以前多建都长安，都城人口众多，耗粮巨大，关中虽有"天府"美誉，但难以满足都城人口及西北戍军的粮饷供应，大量的粮食需从洛阳经三门峡漕运至长安。途经的黄河三门峡地段河床狭窄，水流湍急，航运艰难。为使漕粮安全及时运抵关东，从汉至唐，历代都要对三门峡段进行疏凿，修筑栈道，凿开新河，修整北岸十八里陆道，在两端建筑粮仓。20 世纪 50 年代，黄河水库考古工作队勘察了三门峡两岸的栈道、人工航道、粮仓、驿站等遗迹。

黄河三门峡古河道分鬼门、神门、人门三段。三门峡古栈道壁凿呈"匚"形，主要分布在人门岛沿岸，现黄河大坝北岸，南端起自梳妆台，向北经人门岛，现存长度为 625 米，皆凿于紧靠黄河的陡壁悬崖的半腰之上。黄河古栈道共有两条，一条离河面较高，一条离河面较低，都是紧挨着石壁的冲击处开凿。汉代栈道高 2.5 米，宽 0.2—1.2 米，在栈道里壁凿有许多长方形或方形凹槽，可穿插木棒，铺设木板，以供船工们在急流中拉纤前进。栈道壁上还有许多牛鼻形穿孔，可系上绳索供纤夫攀缘，如遇风浪可就近把船拴住，保证运输安全。

据调查，三门峡以东仍有绵连不断的古栈道痕迹，现仅存在于七里沟、杜家庄、狮子沟一带，保存情况不如三门峡完好。栈道及开元新河两壁刻有历代题字，共有 77 处，有年号者 35 处，其中有东汉和平元年（150 年）石刻字迹，是我国目前已知年代较早的石栈道遗迹。

三、义马鸿庆寺石窟

鸿庆寺石窟是开凿于北魏时期的小型石窟，位于义马市东南部 14 千米的常村镇石佛村。鸿庆寺原名"三圣庙"，698 年，武则天巡幸该寺，始改名"鸿庆寺"。鸿庆寺现存洞窟 5 个，佛龛 46 个，大小造像 120 余尊，浮雕佛传故事 4 幅。其中的"降魔变"浮雕是国内发现同类作品中最大的一幅。罗哲文等国家著名文物专家赞誉其是"中州文明，华夏之光""石刻精华，文物珍宝"。

鸿庆寺现存的 5 个洞窟，多为北魏晚期开凿。最北一窟命名为一号窟，平面近长方形，窟室较大，中心凿有四方塔柱，四面各开一大龛，现仅塔柱背面所雕龛像尚有残存。窟上壁浮雕大型佛教故事，多保存完整。其中西壁浮雕高大，可分三部分，中间为《降魔变图》，宽 6.1 米，高 5.4 米。内容是魔王让三个美如天仙的女儿诱惑佛祖，企图破坏佛祖修行，失败后又用魔法和毒蛇猛兽围攻佛祖，但都被佛祖驱散的故事。图中刻绘释迦端坐菩提树下，一手支颐，面对各种引诱威胁，神态安详，意志坚定。菩提树叶的上方及左右布满各种妖魔，有的骑怪兽，有的盘毒蛇，有的着甲胄，有的衣短裤，有的引弓搭箭，有的持盾刀，有的舞长矛，鼓妖风、吐毒气向佛祖进逼。整幅图像场面宏大，雕刻精细，为浮雕中的精品。南壁浮雕《犍陟吻别图》和《礼佛图》，刻一佛结跏趺坐于莲花座上，右手支颐作思考状，前面有一马跪其前肢嗅佛足，反映释迦决意修行、健陟依依不舍的情景。旁有礼佛人九身，均面向菩萨，有的手擎华盖，有的头扎高髻，有的头戴小冠、笼冠，表现了皇家出行的盛大场景。北壁浅浮雕宫殿建筑及人物，表现太子执意出家，他的两位妃子及宫女苦苦挽留的情景。东壁刻高大城楼，上下有菩提树和身着长衣的人群。中心柱上有佛、鹿及执伞侍者等形象。

二号窟较小，窟内三壁各雕一龛，后壁及左壁尚残存有无头佛菩萨像。

三号窟窟顶前半已塌，后经砌补，窟后壁与右壁各一龛，左壁三龛。左壁龛浮雕维摩与文殊谈道的故事，维摩安坐几床，神态自如。后壁龛中央坐佛经后代加涂泥彩，已失原形。

四号窟较三号窟略小，窟顶中心莲花外引四条斜线向四角，将窟顶分为四个斜面形区域，外围以帷幔璎珞装饰，每个斜面雕两飞天对舞，现已模糊难辨。

五号窟，形似二号窟，窟顶已全塌，后经修复加固，现仅见后壁一龛一像。

1963 年，鸿庆寺石窟公布为省级文物保护单位。2001 年 6 月 25 日，国务院公布其为全国重点文物保护单位。

四、渑池石佛寺石刻

石佛寺石刻位于三门峡渑池坡头乡庙下村山涧中，是豫西北地区目前发现的唯一一处开凿于北周时期的洞窟。

石佛寺石刻现存 4 个窟龛，均属北周时期。一号龛为摩崖立佛，刻于较浅的圆拱形龛中，通高 6 米，俗称"丈八石佛"。石佛肉髻低平，面相方圆，粗颈，平肩，腹部凸出，右手上举，左手下垂，造型与须弥山石窟佛像相似。二号窟为佛殿窟，窟内四壁刻大佛 22 尊，顶部刻小佛 101 尊。窟内采用三壁三龛式造像，主尊像为弥勒，在北周时期洞窟内比较少见。窟内 3 个尖拱龛在拱梁和两侧立柱中间均出现束莲装饰雕刻，这种装饰在河北邯郸响堂山石窟的北齐和隋代窟龛中极为常见。三号窟为禅窟，距离地面 3 米，平面近方形，是寺院僧人礼佛修禅休息的地方。四号窟为圆拱形空龛，位于山涧东侧，战时用于储存粮食，龛左侧刻有游记铭刻，已无法辨识。

石佛寺石刻造像具有北周石窟特征，又有自身的独特性，局部纹饰兼具北齐及隋唐风尚，为我国北周石窟研究提供了重要实物资料。

五、陕州熊耳山空厢寺

空厢寺位于三门峡陕州西李村乡熊耳山西麓，距三门峡市约 53 千米。由空厢寺所存南朝梁武帝撰写的《菩提达摩大师颂并序》碑可知，该寺应创建于南朝之前。另存有《圆觉空观菩提达摩初祖大师事略记》碑，载："达摩……乃南天竺国香至王第三太子也，姓刹帝利，生有瑞相，眼绀青色，得法于西天二十七祖般若多罗尊者，……大梁普七年庚子岁九月二十一日达于南海广州……十月一日抵金陵与帝语不契……魏孝明太和十年也，寓止少林面壁九年，……迨至大和十九年岁次丙辰十月五日，祖在洛阳禹门千圣寺端然而逝，寿一百五十岁，其年十二月二十八日葬熊耳西山，建塔于定寺之吴坂，后有魏使宗云于元象元年自西域取经回，见祖于葱岭手携只履西归，以闻帝令启圹唯见支履空棺存焉，随诏取遗履林寺供养，并敕赐定林寺名空厢寺。"由此可知，空厢寺原名定林寺，因印度高僧达摩初祖大师葬于此，有人见其携只履西还，此处留下只履空棺，故称"空厢寺"。据寺院遗址砖瓦残片可知，该寺建筑规模较大。因年久失修或人为破坏，现仅存房舍 3 间，达摩塔 1 座，石碑 5 通（其一现藏柳沟学校，其余 4 通仍在原址）。其中有达摩造像碑，为东魏元象元年（538 年）立，碑身正中阴刻达摩立像，头顶祥光，宽袍大袖，形象逼真，右上侧刻偈语四句："航海西来意，金陵语不契，少林面壁功，熊耳留只履。"

达摩塔位于空厢寺中，高约 12 米，青砖结构，七级浮屠，两层基座，塔身为八角形，塔刹为宝瓶式。第一级西侧有一拱窗；第二级塔身腰部有砖雕花卉图案，每面两幅，共十六幅。因基部土壤松陷，塔身向东南倾斜。据清《河南通志稿》记载，现存塔为明洪武五年（1372 年）所建。

寺院曾数经修葺，最后一次是清雍正十年（1732 年）。

六、陕 州 故 城

陕州故城遗址位于三门峡市区西约 3 千米处的黄河东岸。陕州因"陕"而名，陕，隘也，即险要难行之地。《直隶陕州志》载："山势四围曰陕，环陕皆山故名陕。"陕州东有崤陵、熊耳之险，西控桃林、函谷之塞，南有陕原、乾山，北逾黄河，遥望中条，四周皆山地，是历代东都洛阳和西都长安之间的咽喉要道，也是兵家必争之地。西周武王时，封神农之后于此，建焦国，焦国古城在陕州城东北隅。周成王时，周、召辅成王，"分陕而治"，其后周王又封虢仲于陕，是为虢国。春秋时陕州归晋，三家分晋后，先后属魏国、韩国。战国时，秦惠王置陕县。西汉景帝年间，陕州古城始建，规模大，形势险要，之后历代陕县城在当地都具重要地位。东汉时，陕县仍归弘农郡所属。三国魏时，改弘农郡为恒农郡，陕县属之。西晋时，又改为弘农郡，陕县仍为其属。南北朝时，魏孝文帝太和十一年（487 年）置陕州，陕县城为州治所，始称陕州，属恒农郡。

《水经注》载有"陕县故城"与"陕城"："（河水）又东过陕县北。橐水出橐山，西北流，又有崖水，出南山北谷，经崖峡，北流与干山之水会，出于干山东谷，两川合注于崖水。又东北注橐水，橐水北流出谷，谓之漫涧矣。与安阳溪水合，水出石崤南，西经安阳城南，汉昭帝封上官桀为侯国，潘岳所谓我徂安阳也。东合漫涧水，北有逆旅亭，谓之漫口客舍也。又西经陕县故城南。又合一水，谓之渎谷水，南出近溪，北流注橐。橐水又西北经陕城西，西北入于河。河北对茅城，故茅亭，茅戎邑也。"[①]《陕县志》载："陕城为西汉所筑，周围十三里一百二十步。东、南有壕，深五丈。西、北近黄河，高十余丈，代有修浚。"[②] 故城原有东、西、南、北四条大街，呈十字状交汇于城区西部。

据考古调查勘测，陕州故城东西长 1496 米，南北宽 1200 米，周长 5392 米，城墙残高 8 米，宽 8 米，夯土层厚 6—11 厘米，夯窝清楚可见。现存城墙应为明代遗迹。陕州故城现为省级文物保护单位。

第二节　三门峡地区秦人墓葬

三门峡地处豫、晋、陕三省交接处，南扼黄河，东出靖关，西守函谷关，具有重要的战略意义。早在秦孝公元年（前 361 年），秦国出兵围攻陕城，36 年后，秦惠文君派张仪攻取陕城，从此，陕城成为秦人东出函谷，进攻关东六国的重要据点。随着秦国不断的军事胜利，陕城又由攻击性前哨阵地转为扼守秦国东大门的重镇，秦人在这里活跃了一百多年，大批的军人、罪隶、贫民在此驻守生活，死后葬于此地。汉时，很多秦人及后代继续在此居住生活，葬俗上仍保留秦文化因素。新中国成立以后，在三门峡市发现并发掘清理秦人墓地 10 余处，清理墓葬约 2000 余座，时代从战国晚期延续至西汉早期，其中少数为贵族墓葬，绝大多数属平民墓葬，出土陶、铜、铁、玉、骨等各类遗物，在葬俗、葬制、随葬品等方面都显示出十分典型的秦文化特征，为研究三门峡地区秦汉时期秦人墓提供了丰富的实物资料。

---

① （北魏）郦道元著，（清）杨守敬、熊会贞疏，杨甦宏、杨世灿、杨未冬补：《水经注疏补》卷四，中华书局，2014 年，第 339 页。

② （民国）欧阳珍修；韩嘉会等纂：《陕县志》卷四，民国二十五年铅印本，第 1 页。

一、三门峡秦人墓的发现与分布

已发掘的三门峡秦人墓葬主要分布在市西郊、陕州与灵宝境内的黄河南岸：市区秦人墓葬分布在上村岭及其南侧坡地，即湖滨区六峰路以西、黄河路以北，至甘棠路西约 400 米的范围内，主要集中于大岭路以西地段；陕州秦人墓主要在县城西 5 千米处的火电厂；灵宝市西 10 千米处有秦人墓地。

这三处墓地的墓葬相对集中于某一区域，排列有序，很少有相互打破现象。古人聚邑而居，聚族而葬，墓地与居住地之间均有界隔，秦人墓地分布也有这一显著特点，墓地都位于城邑外，与城区严格分离。陕县火电厂，市区宇泰公司、节水办、面粉厂等处发掘的较大型墓葬，其周围带有"口"字形或"日"字形的围墓沟，情形与陕西关中地区、山西侯马乔村的秦人墓十分相似，其可能具沟壕性质，是表示阴宅范围的界沟。三处墓地的分布有规律性，按从早到晚、由西至东发展。墓地中可以看到墓葬间的密切关系，墓主大都头部朝西，极少数朝北、朝南或朝东，墓葬间很少有打破关系。

二、三门峡秦人墓的发掘

经过 30 多年的考古发掘，在三门峡市区和陕州、灵宝等地发现并发掘战国至秦汉时期的墓地十几处，发掘清理秦人墓葬 3000 余座，出土随葬器物 4300 余件。

（一）三门峡市区秦人墓

三门峡市区秦人墓以甘棠路两翼为中心，西起黄河路北段，东至面粉厂，北抵湖滨路，南至三里桥村，面积达 1.4 平方千米，已发掘秦人墓 1000 余座。主要墓地有上村岭、三里桥、573 干休所、甘棠路等。

1. 上村岭秦人墓

上村岭秦人墓主要分布于上村岭及其南侧坡地，共发掘 81 座墓葬，其中竖穴墓 19 座，洞室墓 62 座，依时间分早、中、晚三期，早期相当于战国时期，中期为秦至西汉初年，晚期相当于西汉早期。

墓葬形制有竖穴土坑墓和洞室墓两种。早期竖穴土坑墓占一定比例，中期之后逐渐减少，形制也由之前的墓口大于墓底发展为口底相差不大的斜直壁型。少数墓底有二层台。洞室墓数量多，有侧室墓与墓室位于墓道短壁下的墓葬两种。侧室墓数量少，早期占比例大，到西汉初年基本不见。墓室开于墓道短壁的洞室墓早期数量少，中期后大增，墓室洞口多用木条封堵。墓内填土多经夯打。

　　秦人墓葬大多没有葬具，仅个别有木棺甚至有木椁。葬式以仰身屈肢为主，次为侧身屈肢，极少数为仰身直肢，但晚期仰身葬式增多。骨架下多遗留一层草木灰。

　　随葬器物有陶、铜、铁、玉石、骨等类，以陶器最多，铜器、铁器都出自中晚期墓葬，尤以带围墓沟的较大型墓葬出土铜器较多，有鼎、壶、瓿、盆、甑、蒜头壶等。早期墓葬随葬品不多，在 1—4 件之间，有的无随葬品。陶器种类有鬲、釜、壶、罐、盆、茧形壶等，以釜、壶为基本组合。各墓中同种器皿只出 1 件，鬲、釜不同出。铜器有带钩、环、镞等，另出土有半两钱。铁器只有带钩、削刀。陶器在竖穴墓中放置于墓主人的头端，洞室墓中则侧置于洞内壁龛里；铜、铁、玉石类装饰品多置于墓主人周身。中期墓葬随葬品种类及数量有所增加，每墓约在 8—10 件，最多达 11 件。陶器组合形式有两种：一种为鼎、釜、甑、缶、罐、蒜头壶等，另一种为釜、甑、缶、盆、茧形壶等。早期的陶鬲已被陶釜或铜釜、铁釜代替。铜器还常见有鼎、甑、壶、蒜头壶、带钩、环、印章、镜、矛、镞等，仍有半两钱出土。陶、铜、铁等类容器多置于洞室墓近墓门处，其他装饰品置于人骨架周身。晚期墓葬随葬品数量及放置位置与中期大致相同。陶器器物组合与中期第二种组合形式相同，即甑、缶、罐、盆等，仍有个别墓出土蒜头壶与茧形壶等。此时期铁釜流行，几乎每座墓中都有一件出土。此外，铜器还有盆、盘、甑、瓿、蒜头壶、勺、镞等，钱币有半两钱和五铢钱。铁器有勺、刀、锛、锸、灯等。

2. 三里桥秦人墓

　　三里桥秦人墓[①] 位于三门峡市西郊三里桥村北涧河第二台地。1988 年，三门峡市文物工作队进行了发掘，共清理秦人墓 67 座，分竖穴土坑墓和洞室墓两类。

　　竖穴土坑墓 11 座，墓穴小且浅，四壁斜直。墓主为仰身直肢葬，头朝北。个别有棺，多无随葬品。有的墓穴大而深，但墓内多无人骨架及葬具，应为迁葬墓。

　　洞室墓 56 座，皆为竖井式墓道，分为单室墓和双室墓两种。单室墓数量多，共 54 座，分三式：Ⅰ式墓道口大底小，墓室短小，仰身直肢葬式；Ⅱ式墓道口底大小相当，墓室较长，葬式多为单人仰身直肢和仰身屈肢；Ⅲ式墓道口底大小相同，四壁陡直，墓门多用土封堵，有的用土坯封堵，洞室窄长，葬式为仰身直肢，骨架下铺草木灰。随葬品有陶器、铜器、铁器，多置于洞室前部及人骨架两侧，陶器组合为坛、罐、甑，有的还有铜盆、铜釜、铁釜等，铁釜下均有带三足的铁圈架。双室墓共 2 座，包括 M77 和 M96。均为长方形竖井式墓道，口略大于底，四壁陡直。墓道近底部的东、西两壁中部各有一洞室，即东室和西室，两室平面皆为长方形。M77 东洞室内有人骨架两具，均为仰身直肢，其中一具头西足东，另一具头东足西，骨架下铺草木灰；西

① 三门峡市文物工作队：《三门峡市三里桥秦人墓发掘简报》，《华夏考古》1993 年第 4 期，第 35-53 页。

室中部有人骨架一具，仰身直肢，头东足西，骨架下有草木灰。两室共出随葬品57件，陶器置于洞室近墓门处，其他小件置于骨架周围。东室有陶罐1件、陶釜1件、陶甑1件、铜镞4件；西室有陶罐1件、铜镞4件、铜钱45枚。M96两室均未见人骨架和葬具，但有随葬品。东室有陶罐、陶坛、陶甑、铜盆、铁釜，均位于墓室南部；西室随葬品位于东部南北两侧，有陶罐、陶坛、陶甑、铁釜等。个别陶器上书写有"酒""沐""浆"等字。

根据墓葬形制、随葬品等的特征，可将三里桥墓葬分为三期：第一期包括竖穴土坑墓及单室洞室墓I式，绝大多数无随葬品，年代为秦末汉初，其中竖穴土坑墓皆为仰身直肢葬。第二期包括单室洞室墓II式及双室墓M77，大墓道小墓室的洞室墓主多为仰身屈肢葬式，具陕西秦墓特征。陶器组合为坛、罐、甑或罐、盆、釜、甑，与陕西常兴汉墓早期器物组合相同，特征类似，年代相当于西汉初期。第三期包括单室洞室墓III式及双室墓M96，葬式为仰身直肢，器物组合为陶坛、罐、甑及铁釜，有的有蒜头壶、盆、釜等铜器及陶茧形壶等，这样的器物组合及器型与关中小型汉墓第一期相似，而关中地区铁釜普遍进入家庭是在西汉中期以后，因此第三期年代相当于西汉早中期。

三里桥秦人墓葬分布集中，有一定规律：第一期竖穴土坑墓分布在西部和西北部，第二期单室洞室墓II式和M77分布于墓地北部和东北部，第三期单室洞室墓III式和M96位于墓地中部和南部，时间上呈现出由东向西、由北向南的埋葬顺序。墓葬形制随时间推移也有变化，即由土坑竖穴墓演变为洞室墓，洞室墓墓道由浅变深，洞室由短小变为狭长。

3. 573干休所秦人墓

573干休所秦人墓[①]位于上村岭秦人墓地西边缘。1984年，发现秦人墓62座，形制分为竖穴土坑墓和土洞墓两类。

竖穴土坑墓15座，墓葬结构简单，墓穴小且不规整，有的无二层台。单人葬，葬式以仰身屈肢为多，还有俯身屈肢、仰身直肢，头向北或向西，无随葬品，或放1—2件陶器或小物品、工具等。有的有棺，有的无葬具。

土洞墓47座，据墓室在墓道开挖位置分为侧室墓和墓室在墓道短壁下部两种，均为大墓道小墓室，墓道底部多有生土二层台。其中墓室在墓道长壁下部的侧室墓有34座。墓道四壁陡直，墓门宽度与墓道长壁相当或略短，并用木板封堵。墓室平面呈长方形，大多无葬具，葬式多为仰身屈肢，个别为仰身直肢或侧身屈肢，大多头向西，少数向北或向东。有的在墓室壁上挖有壁龛。随葬品较少或无随葬品，有的仅放置1—

① 宁文阁、赵小灿、王光有：《三门峡573干休所秦人墓发掘简报》，《三门峡文物考古与研究》，北京燕山出版社，2003年，第19-31页。

2 件小物品或陶器等。墓室在长方形墓道短壁下的洞室墓有 13 座。墓道口大于底，四壁斜直，墓门宽度小于墓道，多堆土轧实封堵，少数用木板或植物枝条封堵。墓室平面呈长方形。葬式多为仰身屈肢，蹲屈严重，个别为仰身直肢或侧身屈肢，无葬具，骨架下铺草木灰。墓门朝南或朝西，墓主头向与墓门方向一致。无随葬品或数量较少，有的只放少量陶器或小物件。有的墓室有壁龛，内放陶器或兽骨。

573 干休所墓葬分布密集，排列有序。墓葬形制、随葬器物种类和特征及死者葬式等与陕西关中地区秦墓相同，应为同时期的秦人墓，时代为战国晚期。墓葬皆为小型墓，多无葬具，骨架蹲屈严重，多数墓葬没有随葬品，即使有也仅为少量陶器，形体较小，皆为实用器，没有明器，有的在墓主身旁有铜箭头，墓葬主人可能是地位较低的贫民、军人或刑徒。

4. 甘棠市场 M143 秦人墓

甘棠市场 M143 位于三门峡市区西北部。墓葬由方坑墓道、生土二层台、墓门、土洞室四部分组成。墓口平面呈长方形，墓道四壁斜直光洁，口大于底，底部东、南、西三面有二层台，墓门开于北壁。墓室平面呈长方形，西壁近门处有长方形壁龛一个，内置陶釜、甑、盆、壶各 1 件，墓底有骨架两具，一男一女，皆为屈肢葬，下铺草木灰。男性骨架处有铜带钩 1 件、铜印章 1 件。

据墓葬形制、出土器物等判定，墓葬为战国晚期秦人墓。

5. 大岭路粮库秦人墓

大岭路粮库墓葬区[①]位于三门峡市区西北部，2001 年，三门峡市文物考古研究所在此挖掘一批古墓葬，其中有两座围沟墓（M197、M198），均为洞室墓，方向一致，东西并列，在同一围墓沟范围内。

两墓形制相同，均由长方形竖井墓道和长方形拱顶土洞墓室组成，墓道、墓室均填略经夯筑的五花土。墓室位于墓道北端，室底与墓道底处同一平面，墓门用木板封堵。两墓主为一男一女，为夫妇并穴合葬墓，葬式为仰身直肢，头南足北，有棺。随葬器物略有不同，M197 男性墓出土随葬品 7 件及兽骨若干，均放于墓室东侧，随葬品有陶缶 4 件、罐 1 件、铁釜 2 件。M198 女性墓出土随葬器物 11 件及兽骨若干，随葬品有陶、铜、铁、兽骨四类：陶器 6 件，包括缶 3 件、罐 1 件、盆 1 件、甑 1 件，陶罐、陶盆上有陶文"陕亭""陕市"；铜器 2 件，镜、銴各 1 件；铁釜 1 件。

M197、M198 与火电厂秦人围沟墓类似，两墓一组，周围挖围墓沟。通过墓葬形

① 胡小龙、崔松林、王永峰：《三门峡市大岭粮库围墓沟墓的发掘》，《三门峡文物考古与研究》，北京燕山出版社，2003 年，第 35-40 页。

制、随葬器物的类比判断，两墓年代应为西汉初期。

6. 司法局秦人墓

司法局秦人墓[①]位于三门峡市西部，墓葬形制分为竖穴土坑墓和洞室墓两种。

司法局秦人墓葬共 54 座，包括竖穴土坑墓 22 座，洞室墓 32 座。土坑墓坑口呈长方形，口大底小，除个别有棺或棺椁外，多无葬具，墓底大多无二层台。葬式多为仰身屈肢，仅 3 座为仰身直肢，墓主头向西或北，多无随葬品或极少，仅有 1—6 件。洞室墓墓道均为长方形竖井式，洞室开于墓道长壁下，墓道大于洞室，部分墓道底部有生土二层台，保留有椁室遗风。葬式都为仰身屈肢葬，骨架严重蜷屈。随葬品贫乏，半数墓内无随葬品，有随葬品者也多为 1—3 件，主要有鬲、釜、盆、罐、壶、茧形壶等陶器，另有铜带钩、铜镞等。墓葬时代为战国晚期。

7. 刚玉砂厂秦人墓

1985 年冬，三门峡市文物工作队在刚玉砂厂清理了 22 座秦人墓[②]，包括长方形竖穴土坑墓 1 座，长方形竖井墓道洞室墓 21 座。墓道皆为长方形竖井式，其中洞室墓洞室开在墓道短壁下部，东西向，墓道大于洞室。部分墓道底部有生土二层台。葬式为单人屈肢葬，头向西，骨架严重蜷屈。墓内皆有随葬品，主要为陶器，在 3—6 件之间。陶器有鼎、甗、釜、盆、罐、缶、蒜头壶等，另外还有铜带钩、铜钱、铜矛、铜印章等。刚玉砂厂墓葬出土的部分陶器上印有"陕亭""陕市"等陶文，且大都印在器物显著部位，如鼎、釜、罐、壶等器物的肩部或腹部，盆、甗等器物的腹内壁或内底部。印有方形和长方形两种，方印边长 2.4 厘米，长方形印长 2.5 厘米，宽 2 厘米，有的带边框。印文为阴文篆体，少数为阳文。这些陶文应是器物产地的标志。

2020 年 10 月至 2021 年 3 月，河南省文物考古院和三门峡市文物工作队为配合周边棚户区改造项目，共发掘清理 165 座战国秦汉时期墓葬[③]。其中代表性秦人墓有 119 座，具体为：长方形竖穴土坑墓 23 座，墓底大多有生土二层台，有葬具，葬式为仰身屈肢或侧身屈肢，头向西（图 3-1）。竖穴洞室墓 96 座，由墓道、墓室组成，墓道宽于墓室，一半墓葬有二层台。长方形竖井墓道，墓口平面呈长方形。墓室多开于墓道短壁

---

① 三门峡市文物工作队：《三门峡市司法局、刚玉砂厂秦人墓发掘简报》，《华夏考古》1993 年第 4 期，第 12-34 页。

② 三门峡市文物工作队：《三门峡市司法局、刚玉砂厂秦人墓发掘简报》，《华夏考古》1993 年第 4 期，第 12-34 页。

③ 河南省文物考古研究院、三门峡市文物工作队：《河南三门峡市刚玉砂厂四座秦人墓发掘简报》，《华夏考古》2022 年第 4 期，第 30-37 页；河南省文物考古院、河南省文物考古研究院、三门峡文物工作队：《河南三门峡市刚玉砂厂战国秦汉墓发掘简报》，《考古与文物》2023 年第 3 期，第 17-28 页。

下，个别开于墓道长壁。葬具为木棺，已朽，葬式为仰身屈肢或侧身屈肢，头向西。随葬品有陶釜、茧形壶、盆、罐、甑等，另有铜带钩、铜镜、铜镞、铁釜、铁刀，以及玉章、玉环、料塞等。

综合来看，刚玉砂厂墓地墓葬形制包括竖穴土坑墓和竖穴墓道土洞墓两种，以竖穴墓道土洞墓居多，墓葬方向以西向居多。较多墓葬带有二层台，延续了战国墓葬的传统。葬具一般为单棺，有的无葬具。葬式有侧身屈肢、仰身屈肢、仰身直肢等，以前两者较为常见。绝大多数墓葬的随葬器物以陶釜、陶盆为主，陶器组合常见釜、盆、罐等日常生活用器，不见中原地区战国晚期的鼎、豆、盒、壶等仿铜陶礼器组合，具有明显的秦人墓葬特征。

图 3-1 刚玉砂厂带二层台土坑墓 M70 平、剖面图

刚玉砂厂洞室墓与西安半坡 I 式洞室墓形制相同，出土陶甑与三门峡市上村岭秦人墓的 II 式陶甑相同，带有"陕亭""陕市"陶文的陶器在大岭路粮库秦人墓中也有出土。刚玉砂厂墓地与后川墓地的直线距离约为 500 米，比后川墓地地势要高、规格较大，但出土器物较少。两处墓地之间可能具有一定的联系。因此，刚玉砂厂秦人墓时代应为战国晚期至西汉初期，为陕州故城内及其附近居民的公共墓地，墓主身份为平民阶层。

8. 后川秦人墓

2019 年，河南省文物考古研究院联合三门峡市文物考古研究所在三门峡后川村发掘古墓葬 230 座，其中秦至西汉早期墓葬 14 座[①]。墓葬均为长方形竖穴墓道土洞墓，由墓道和墓室两部分组成。墓道朝西，一般宽于墓室，底部与墓室底平或略低，墓道壁较规整，部分墓葬的墓道填土经过局部夯打，有明显的夯窝和夯层。墓室均为长方形

---

① 河南省文物考古研究院、三门峡市文物考古研究所：《河南三门峡后川墓地秦汉墓葬发掘简报》，《文博》2023年第 3 期，第 3-11 页；河南省文物考古研究院、三门峡市文物考古研究所、安阳师范学院考古与文博系：《河南三门峡后川村 M425 发掘简报》，《黄河・黄土・黄种人》2022 年第 20 期，第 3-6 页。

土洞式（图 3-2），平顶，墓室壁较规整，平底。均为单人葬，葬式有仰身屈肢、仰身直肢和侧身屈肢。

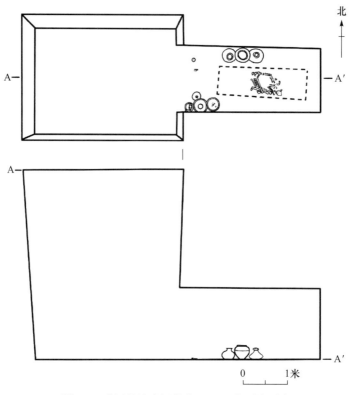

图 3-2　后川墓地秦汉墓葬 M506 平、剖面图

14 座墓葬共出土器物 92 件（套），按材质可分为陶器、铜器、骨器及铁器。其中陶器数量最多，主要有蒜头壶、缶、甗（鼎和甑组合）、釜、罐、盆、壶、甑等；铜器有蒜头壶、鼎、鍪、勺、镞、支架、器座、镜、印章等；铁器为耒和犁铧等生产工具。在一些陶器器表发现有戳印文字，主要出现在缶、罐、釜、鼎的肩颈部及盆的底部，内容有"陕亭"与"陕市"两种，其中"陕亭"有 3 例，"陕市"有 6 例。M425 出土铜印章一枚，上有"王矰"之名，该墓还随葬有铁剑及玉剑具。

后川墓地秦汉墓分布集中，墓葬之间无打破关系，形制较为一致。墓葬方向（墓道方向）均为西向，为 260°—273°，头向基本朝西，面向上或向南、北。墓葬形制均为竖穴墓道土洞墓，墓室位于墓道短边一侧，墓道普遍宽于墓室，墓道与墓室宽度之比大多为 1.5—2，长度比约为 1。均为单人葬，有单木棺痕迹或在人骨下铺草木灰，未见夫妻合葬墓。仰身屈肢葬式最多，有 7 座（屈下肢），仰身直肢葬式有 5 座，侧身屈肢葬有 2 座。墓葬年代为秦末至西汉初年。

（二）陕州火电厂秦人墓

陕州秦人墓集中于原陕县火电厂一带[①]，位于大营乡黄村和南曲村之间。1992 年考古勘探时，发掘战国至秦汉时期墓葬近 800 座，2003 年又发现同时期墓葬 400 多座。三门峡火电厂墓地共发现秦人墓葬约 1000 多座，依据墓葬形制可分为竖穴土坑墓、竖穴土坑墓道侧室墓、竖穴土坑墓道洞室墓三类。其中 8 座围墓沟墓葬资料已发表，墓葬规模大，埋葬深，有竖穴土坑墓和洞室墓两类，墓葬四周围有窄而浅的围墓沟，有的围墓沟内有墓葬一座，有的为两座。

竖穴土坑墓共 7 座，其中有 6 座为两墓一组葬于一个围墓沟内，另一墓单独埋葬。二墓一组的墓葬中间有一条沟将它们分开。墓葬墓口呈长方形，墓壁陡直光滑，墓底四周有生土二层台，部分墓葬二层台上有马骨或羊蹄骨。除 CM08139 葬具为单棺重椁外，其余皆为单棺单椁，葬具已朽，椁室底部多铺一层卵石。葬式多为仰身屈肢葬，少数为单人仰身直肢或侧身屈肢葬。以 CM08137 和 CM08139 为例（图 3-3），两墓在同一围墓沟内，两墓之间由一条沟区隔开，围墓沟平面呈"日"字形，上宽下窄，沟壁不规整，底部平坦，断面呈梯形。CM08137 墓口距地表深 1 米，平面为长方形，四壁光滑规整，墓底四周设有生土二层台，墓底平坦。葬具为单棺单椁，在二层台的内侧可见到椁盖板的痕迹，椁室底部铺一层卵石。棺内有人骨架一具，仰身屈肢，头向西，经鉴定为一青年女性。随葬品多置于椁室西端，有陶盆、陶甑、陶坛、陶罐、铜鼎、铜壶、铁釜、铜铃、铜钱、铜镜等。CM08139 墓口平面为长方形，四壁陡直，光滑规整，东壁的上部被破坏，墓底四周设有生土二层台，墓底平坦。葬具为二椁一棺，椁室底部铺有一层卵石。棺内有人骨架一具，仰身屈肢，头向西，由于腐朽较甚，年龄、性别不明。随葬品多置于内椁西端，有铜蒜头壶、铜壶、铜鼎、铁釜、陶坛、陶甑，棺内北端也有部分随葬品，有铜镜、铜铃、铜带钩、铜环、铜奁架、铁刀等。CM09102 为单独埋葬的一座围沟墓（图 3-4），围墓沟及墓葬形制结构与其他墓相同，只是在北二层台的西部和西二层台上散置 3 个马头、2 个羊头、2 条马腿骨、11 条牛腿骨和 3 条羊腿骨。葬具为一椁一棺，皆已朽，棺内铺草木灰。葬式为仰身直肢，头向西，骨架保存较差，年龄、性别不详。随葬品置于椁室西部，包括鼎、勺、蒜头壶、瓿、盆及附件等铜器，罐、缶、盆及甑等陶器，另有铁釜、铜镜、铜带钩置于棺内。

洞室墓仅 1 座，编号 AM02047，由墓道和洞室两部分组成。墓道为长方形竖井式，四壁规整。洞室底部平面略呈长方形，横剖面呈拱形，三壁不规整。葬具为一椁二棺，椁室与洞室同大，椁室内置二棺，墓主为一男一女，男性为仰身直肢，头向

[①]　三门峡市文物工作队：《三门峡市火电厂秦人墓发掘简报》，《华夏考古》1993 年第 4 期，第 54-67 页。

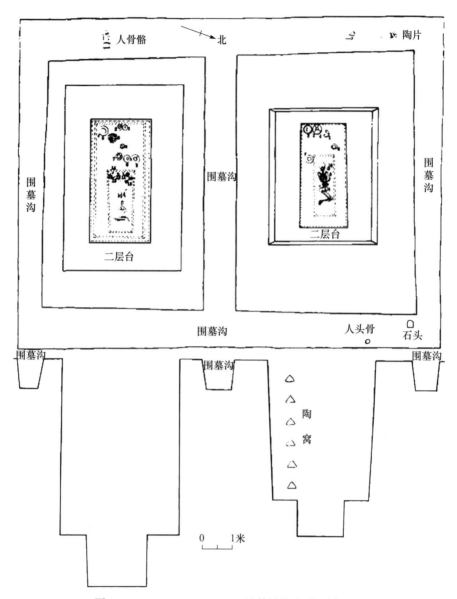

图 3-3　CM08137、CM08139 及其围墓沟平、剖面图

西，女性为仰身屈肢，头向西，为同穴夫妇合葬墓。随葬品多置于洞室近墓门处，有铜鼎、铜釜、铜壶、陶盆、陶缶，另有铜带钩、铜钱、铁刀置于男性骨架处。

　　墓葬四周有围墓沟是秦人墓地中的一种新形制，在全国其他地方并不多见。由于围墓沟本身比较窄浅，其与墓穴之间又有一定的距离，在考古钻探和发掘中容易被人们忽视，以往在田野发掘中，也曾发现围墓沟这种现象，但数量很少，没有引起足够重视。火电厂墓地围墓沟墓葬与形制较小的竖穴土坑墓和洞室墓相间分布，没有相互叠压和打破现象，应是同时期的家族墓地。墓葬形制、蹲屈葬式都与关中地区和山西侯马乔村秦墓相似。出土铜器如鼎、壶、蒜头壶等，与湖北省云梦睡虎地十一号秦墓、

河南泌阳秦墓的同类器物相同，陶器特征也
与关中及三门峡地区秦末汉初墓葬中的同类
器物相似。墓葬时代为秦末汉初。

（三）灵宝王家岭秦人墓

灵宝秦人墓地位于灵宝市阳平镇东北部
王家岭一带。1999 年 10 月，灵宝市文物保
护管理所在三门峡至灵宝高速公路工程区域
钻探发掘战国墓葬 763 座。2011 年进行第
二次发掘，清理战国墓葬 20 余座。墓地地
势开阔，墓葬均呈东西向，形制、大小基本
相同，排列有序，是一处由专人管理的公共
墓地①。

墓葬形制为长方形竖穴土坑墓，墓口大
于墓底，四壁规整，墓底为生土二层台。墓
葬均为单人葬，葬式有仰身直肢、仰身屈
肢、侧身屈肢，屈肢葬式均下肢蜷屈至腹
部。随葬器物有茧形壶、鼎、釜、罐等陶器
及铜带钩。均属战国时期秦人典型葬式和随
葬品。

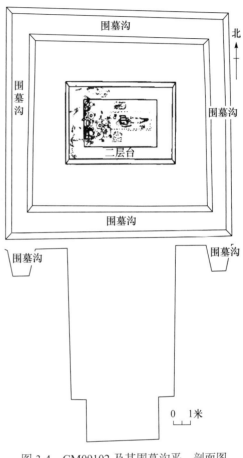

图 3-4　CM09102 及其围墓沟平、剖面图

根据墓葬形制及器物特征，此处秦人墓
葬区时代应为战国晚期，墓主身份是守关将士。据勘测考证，王家岭墓地范围从阳平
河东岸至高柏村西，东西长 5 千米，南北宽 3 千米，是全国最大的战国时期秦人墓葬
区。高柏村就是根据此地为秦人阵亡将士埋葬培土形成高岗并栽植柏树纪念而得名。

三、三门峡秦人墓的研究

三门峡地区秦人墓葬大多数是平民墓，少数为贵族墓，在葬制、葬俗、随葬品等
方面显示出十分典型的秦文化特征。汉建立后，此地区在很长一段时间仍保留秦人丧
葬习俗，随着中原汉文化影响的加强，秦文化影响呈减弱趋势。

---

① 张怀银、何耀鹏：《灵宝王家岭秦汉墓的发现及其意义》，《中原文物考古研究》，大象出版社，2003 年，第 236-
238 页。

（一）墓葬形制

墓葬形制有竖穴土坑墓和竖井式墓道洞室墓两类。洞室墓数量居多，约占总数的78%，包括侧室墓与前洞室墓两种。

1. 竖穴土坑墓

大多属于战国晚期，分有两种类型：一种是带围墓沟的大墓，形制大、埋葬深，随葬品丰富。如火电厂秦人墓地中的7座围墓沟墓，大多为2座墓葬在同一围墓沟内，中间以一条沟隔开，还有一座墓四周有围墓沟。葬具为一棺一椁，葬式多为单人仰身屈肢，少数为仰身直肢或侧身屈肢。随葬品较为丰富，底部二层台上有的放置马骨或羊蹄骨。出土器物有陶盆、陶甑、陶罐及铜鼎、铜壶等。带围墓沟的竖穴土坑墓较一般竖穴墓形制大，但仍属于中小型秦墓之列，圈围土地墓沟的出现，反映出单个家庭对土地的占有意识。另一种为无围墓沟的竖穴土坑墓，形制较小，长方形，口大底小，有的有二层台和壁龛。葬式大多为屈肢葬，踡屈严重，多无葬具。

2. 竖穴土坑墓道侧室墓

时代为战国晚期至西汉初期。墓道平面呈长方形，口大底小，墓道底部多数无二层台。墓室开于墓道长壁下，墓门宽度与墓道长壁相同或略窄，有的用木板封堵，有的在墓门两侧挖有凹槽以放置门板。墓室平面呈长方形或梯形，顶部大多已坍塌。有的墓室挖有壁龛，放随葬器物或兽骨。葬式多为仰身屈肢，有的为侧身屈肢或俯身屈肢。

3. 竖穴土坑墓道洞室墓

时代从战国晚期至西汉早期。墓道为口大底小的长方形土坑竖穴，有的底部有二层台。墓室位于墓道短壁下，小于墓道，墓门有封堵，墓室平面近长方形。大多有葬具，葬式为单人屈肢。

4. 单竖穴墓道双洞室墓

时代为西汉初早期。长方形竖井式墓道，近底部东、西两壁中部各有一洞墓室。见于三里桥M77、M96，印染厂M56。其中三里桥M77两墓室各有一具骨架，均为仰身直肢；M96无骨架。印染厂M56两室人骨分别为仰身直肢和仰身屈肢。随葬品有陶罐、缶、壶、坛、盆等及铜镞、铁釜等，分别置于墓室内。

从考古材料来看，三门峡地区秦人墓在战国晚期时以竖穴土坑墓占比较大，洞室墓数量少；战国晚期至秦，洞室墓数量开始增加，初期还多是墓室开于墓道长壁下的侧室墓，之后渐少，西汉中期以后基本不见；秦至西汉早期，墓室开于墓道短壁下的洞室墓为流行墓葬形制。洞室墓均为大墓道、小墓室的土洞墓，顶部大多塌毁，结构不详。西汉初期及早期，有少量双洞室墓。

（二）葬具与葬式

竖穴土坑墓中形制小的大多无葬具，形制较大的有棺椁；洞室墓中个别有棺有椁，均已朽，仅有木灰。大部分墓主身下铺一层草木灰。

战国晚期秦人墓以屈肢葬为主，多见仰身屈肢葬，还有侧身屈肢葬和俯身屈肢葬。直肢葬至西汉早中期有增多趋势，如三里桥秦人墓地多为仰身直肢葬，屈肢葬占比低。仰身或侧身屈肢葬，双手多置胸前或腹部，下肢踡屈。仰身直肢葬式，双手大多放于身体两侧，个别置于胸前或腹上。

关于秦人墓多屈肢葬式，学术界多有争论，主要有三种观点：一种认为是秦国奴隶的一种固定葬式①；另一种认为秦人屈肢系仿象鬼之所恶的“窋卧”，以防止鬼物侵扰②；第三种观点从民族葬俗角度进行分析，认为这是人死之后其亲属帮助死者踡屈还原为“胎儿状”，以期死者尽快灵魂转世，重新投生③。考古资料显示，秦墓不仅有大量的屈肢葬，也有很多的直肢葬，且与身份高低没有直接关系，秦宗室则流行直肢葬，表明秦国社会人员组成的复杂性。秦霸西戎后，控制了大量人口，秦孝公时，秦可控制戎狄九十二国之众，甘青地区许多后进民族成员大批被俘，成为秦国的有生力量，随着秦国的扩张，他们也分散各地，三门峡地区秦人墓葬多屈肢葬证实了这一点。

（三）随葬器物

根据随葬器物可把三门峡秦墓分为三类：第一类，随葬青铜礼器、仿青铜礼器及日用陶器；第二类，随葬日用陶器，共出有带钩、钱币及其他小物件；第三类，无随葬品。

随葬器物以陶器最多，还有铜器、铁器、玉石器、骨器等。铜器多出于稍大墓葬中，主要有鼎、壶、甗、盆、甑、蒜头壶等；铁器多出于西汉初早期墓葬中，有带钩、削刀。陶器为随葬器物的主要品种，以釜、壶为基本组合。竖穴墓中无随葬品或极少，器类单一，主要有釜、盆、罐等陶器，多放置于墓主头部，铜（铁）带钩、玉环、箭镞等放置于身体周围。洞室墓中随葬品多置于壁龛，主要有釜、盆、罐、茧形壶等陶器，及铜带钩、铜箭镞等。秦至西汉初期，随葬品有所增加，有的墓葬中数量达8—10件，陶器基本组合有两种，一是鼎、釜、甑、缶、罐、蒜头壶等，二是釜、甑、缶、盆、茧形壶等，陶鬲已被新出现的铜、铁器所取代，铜器有鼎、甑、壶、蒜头壶、带

① 韩伟：《试论战国秦的屈肢葬仪渊源及其意义》，《中国考古学会第一次年会论文集》，文物出版社，1980年，第201-211页。

② 王子今：《秦人屈肢葬仿象“窋卧“说》，《考古》1987年第12期，第1105-1106页。

③ 戴春阳：《秦墓屈肢葬管窥》，《考古》1992年第8期，第751-756页。

钩、环、印章、镜、矛、镞等。洞室墓中陶、铜、铁器等容器类物品多放置于墓室靠近墓门处；秦末至汉早中期，陶器以瓿、缶、罐为主，有的还出有蒜头壶和茧形壶，并且每墓都有铁器出土。

（四）三门峡秦人墓特征

秦国在统一过程中，为了巩固军事成果，多采用"徙民"政策，方法有二种：一是赦免罪犯，迁入新占领地区；二是"出其人"，即把占领区原居民迁出或把人全部赶走。三门峡西屏关中，东扼河洛，形势险要，为历代兵家必争之地，战国晚期成为秦国东征的重要据点。《秦本纪》载（惠文君）十三年（公元前 312 年），"使张仪伐取陕，出其人与魏"。（昭王）二十一年（公元前 286 年），司马错攻魏河内，"魏献安邑，秦出其人，募徙河东赐爵，赦罪人迁之"[①]。大批秦人迁徙到新征服之地，并有驻军及人员进行管理，庄襄王元年（公元前 249 年），秦置三川郡，三门峡地区成为秦的腹心之地。秦统一后，秦人继续在此繁衍生息，留下许多生活遗迹。三门峡地区的秦人墓葬集中分布，形成多个性质单纯的秦人墓地，且没有发现同时期的原著魏国遗民墓葬。

三门峡早期秦人墓葬多数规模小，无随葬品或只有少量铁釜、罐、盆等日用器，有的伴出带钩或铜镞，器物简单，表明墓主地位不高，有的骨架上有铜镞，表明其应为士兵或罪人。随着秦在三门峡地区统治的巩固，尤其是在秦统一六国后，社会各阶层的秦人在此继续生活，有的秦人墓葬形制稍大，随葬品增多。有的有殉人、殉马及数量较多的铜器、陶器，有的陶器上还印有陶文等，表明当地社会经济的发展，墓主应为中小地主。西汉早期，三门峡地区秦人后裔墓有的已变为仰身直肢葬式，但仍以头西向为主，墓葬形制及随葬日用陶器的秦文化风格仍较明显，这种情况一直延续至西汉中期，中原汉文化发展居主导地位后，秦人墓的葬俗骤然消失。

第三节　三门峡地区汉代墓葬群

墓葬一般位于人们居住地附近。汉代三门峡地区政治经济中心为陕县县城，此时期墓葬即围绕县城分布。据现有考古材料看，陕县故城城址以东西起后川村、东至刘家渠、北至上村、南至三里桥的大片区域，发现有大量战国至秦汉时期墓葬。其中后川、向阳、刘家渠墓地发现墓葬数量多，分布集中，形成汉代墓葬群。

---

① （汉）司马迁著，（宋）裴骃集解，（唐）司马贞索引，（唐）张守节正义：《史记》，中华书局，1982 年，第 206、212 页。

一、后 川 墓 群

后川墓地发掘墓葬约为 40 余座，时间从秦末至西汉中期。2019 年，为配合河南三门峡黄河嘉园住宅区工程建设，河南省文物考古研究院联合三门峡市文物考古研究所在三门峡后川村发掘古墓葬 230 座。其中秦末至汉初秦人墓葬 14 座，均为长方形竖穴墓道土洞墓，前文已述。另有多座西汉早期至西汉中期墓葬，其中以 M23、M24、M26、M27 四座墓葬[①] 和 M351[②] 最具代表性。

1. M23

坐东朝西的土洞室墓（图 3-5），由墓道和墓室两部分组成。墓道为长方形竖穴土坑式，口部略大于底，四壁斜直较规整，底部平坦。墓门位于墓道的东端下部，高于墓道底 0.2 米，与洞室相连。墓门宽 1.86 米，高 1.3 米，封门情况不详。墓室为土洞室，平面呈长方形，顶近平，室壁规整，西端略高于东部，底部平坦，东西长 3.7 米，宽 1.77—1.86 米。葬具位于室内中部，腐朽严重，依痕迹可知为单木棺。棺内有人骨架一具，仰身直肢，头西足东，面向上，经鉴定为一成年男性。

墓内出土各类随葬器物共 20 件（图 3-6），分别放置于墓室的南、北两侧及棺内。其中陶器 8 件，计有缶 2 件、罐 2

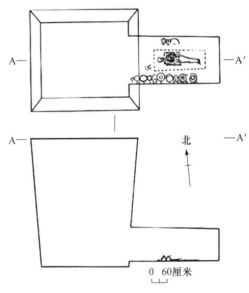

图 3-5 后川 M23 平、剖面图

件、甑 1 件、虎子 1 件、盆 1 件、碗 1 件；铜器 8 件，计有鼎 1 件、壶 1 件、洗 1 件、钵 1 件、勺 1 件、三足支架 2 件、带钩 1 件；残玉柄形器 1 件；骨管 1 件；铁器 2 件，计有鼎 1 件、釜 1 件。

2. M24

坐东朝西的土洞室墓（图 3-7），由墓道和墓室两部分组成。墓道为竖穴土坑式，

① 河南省文物考古研究院、三门峡市文物考古研究所、三门峡庙底沟博物馆：《三门峡后川村四座西汉墓发掘简报》，《中原文物》2023 年第 1 期，第 28-37 页。
② 河南省文物考古研究院、三门峡市文物考古研究所、安阳师范学院考古与文博系：《河南三门峡后川村 M351 发掘简报》，《黄河·黄土·黄种人》2022 年第 24 期，第 13-16 页。

图 3-6　后川 M23 出土器物

1. 铜鼎（M23：4）　2. 铜壶（M23：5）　3. 铜洗（M23：3）　4. 铜钵（M23：2）　5. 铜勺（M23：16）

6. 铜三足支架（M23：1-1）　7. 铜带钩（M23：17）　8. 玉柄形器（M23：18）

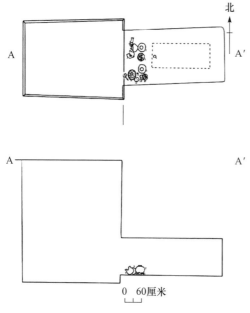

图 3-7　后川 M24 平、剖面图

平面略呈梯形，口部稍大于底，西端略窄于东端，四壁光滑规整，向下斜直，底部平坦。墓室位于墓道的东侧，土洞室，平面略呈长方形，拱形顶，室壁规整，平底，底部高于墓道底 0.3 米，东西长 3.78 米，南北宽 1.52—1.94 米，高 1.3 米。室内葬具腐朽严重，依残痕可知为一木棺，棺内铺有一层较薄的草木灰。棺内人骨架一具，骨骼腐朽严重。

墓内出土随葬器物共 15 件，分别放置于墓室的门口处及棺内。其中陶器 7 件，计有缶 3 件、罐 2 件、盆 1 件、甑 1 件；铜器 6 件，计有鼎 1 件、壶 1 件、勺 1 件、镜 1 件、饰件 2 件；骨管 1 件；铁釜 1 件。

3. M26

坐东朝西的土洞室墓（图 3-8），由墓道和墓室两部分组成。墓道为竖穴土坑式，平面呈长方形，口部略大于底，四壁斜直，较规整，底部平坦。墓门位于墓道东端下部，近平顶，宽 1.89 米，高 1.89 米，进深 0.6 米，封门情况不详。墓室为土洞室，平面近长方形，底部平坦，东西长 3.56 米，南北宽 2.04—2.2 米。墓室内葬有一人，骨骼腐朽严重，为仰身直肢葬式，头东足西。墓主头部东侧发现有腐朽的木箱痕迹。墓室近墓门处随葬一匹马，马骨保存完好，马头向南，足向东，头部和腿部皆有朱砂。

墓内出土各类随葬器物共 19 件，分别放置于墓室内的北侧和墓主头部的木箱内。其中陶器 5 件，计有缶 3 件、罐 2 件；铜器 11 件，计有鼎 1 件、甗 1 件、长颈壶 1 件、勺 1 件、匕 1 件、残镜 1 件、秘帽 2 件、铃 3 件；八棱形石柱 2 件；铁器 1 件。

4. M27

坐东朝西的土洞室墓（图 3-9），由墓道和墓室两部分组成。长方形竖穴土坑式墓道，四壁光滑规整。墓门开在墓道东壁下部，与洞室相连，近平顶，封门情况不详。墓室为土洞室，高于墓道底部 0.2 米。葬具为木棺，棺内有骨架一具，保存较差，仰身直肢，头西足东，面朝上。

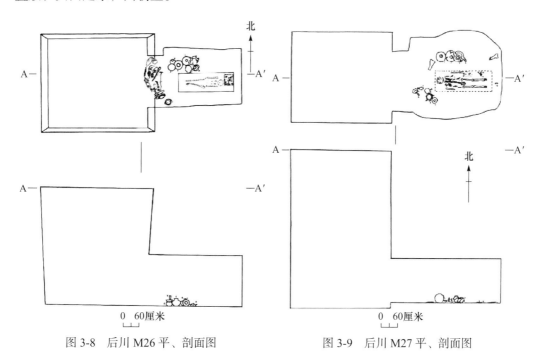

图 3-8 后川 M26 平、剖面图   图 3-9 后川 M27 平、剖面图

墓葬出土各类随葬器物共 14 件，分别放置于墓室内的北侧、东南部及棺内。其中陶器 5 件，计有缶 3 件、虎子 1 件、盆 1 件（图 3-10：1—3）；铜器 6 件，计有鼎 1 件、蒜头壶 1 件、釜 1 件、带钩 1 件（图 3-10：4—7）、洗 1 件、残片 1 件；铁器 3 件，均锈蚀残碎较甚，计有勺 1 件、刀 1 件、剑 1 件。

5. M351

M351 为坐东朝西的洞室墓，由墓道和墓室两部分组成（图 3-11）。墓道位于墓室

图 3-10　后川 M27 出土器物

1. 陶缶（M27：2）　2. 陶盆（M27：4）　3. 陶虎子（M27：11）　4. 铜鼎（M27：6）
5. 铜蒜头壶（M27：8）　6. 铜釜（M27：9）　7. 铜带钩（M27：12）

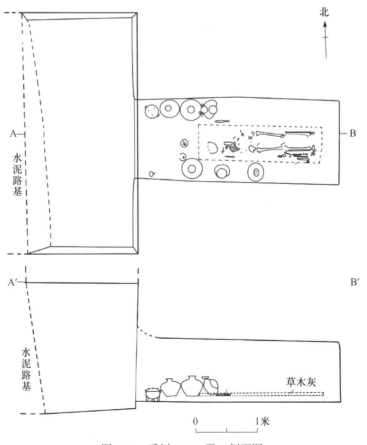

图 3-11　后川 M351 平、剖面图

西端，长方形竖井式，墓道西部为现代水泥路基，故没有完全发掘。从现发掘墓道东端部分看，推测墓口呈长方形，口部略大于底部，底部由东向西倾斜，两壁加工规整。墓门设在墓道东壁底部中央，顶部坍塌。墓室位于墓道东端，平顶土洞式，墓底平面近长方形，长 3.32 米，宽 1.24—1.32 米，室底高出墓道 0.12 米，室壁加工规整。墓室中部偏后有人骨架一具，已腐，骨架朽痕外发现棺木痕迹。墓主为仰身直肢葬式，男性。

出土随葬器物共 18 件（套），其中铜鼎、陶缶、陶釜、陶罐、陶瓿等放置在墓室南、北壁下，石研磨器、铁器、铜环、铜珠、泥球等放置在墓主腿骨处，残留的铜附件（可能附于木厄类器物上）放置在棺木前方。

M23、M24 和 M26、M27 这四座墓葬均为坐东朝西的土洞室墓，墓道为竖穴土坑式，宽于墓室。随葬品中铜器组合以盖鼎、壶、瓿、洗、鍪、釜、勺等为主，陶器以小口广肩缶、罐、盆、瓿为主。其中铜蒜头壶、小口广肩陶缶是秦文化墓葬的典型器物，铜盖鼎和铜圆（方）壶则融合了东周列国铜礼器文化的因素。四座墓葬位置相距很近，墓葬形制和时代大体相同，应为同一时期的家族墓葬。每两座墓呈南北向并列分布，应为夫妻并穴合葬墓。这种组合规律在三门峡地区西汉墓中较为常见，是当地流行的一种丧葬习俗。

M351 为土洞室墓，墓道宽于墓室，形制结构与 M23、M24、M26、M27 类似，年代也较为相近。M351 出土有铜鼎、铜矛和石研磨器等。据器物形制判断，墓葬时代应为西汉早期。三门峡地区是秦出关统一六国过程中最早占据的地域之一，受秦文化影响较深，其地域文化既有中原地区文化的特性，也表现出关中地区浓厚的秦风。

二、向阳汉墓群

三门峡向阳墓地[①] 位于三门峡市区西北部的向阳村。1988 年，三门峡市文物考古研究所在此处发掘 2 座汉墓[②]，编号 M13、M15。2001 年 7 月至 8 月，三门峡市文物考古研究所又在此地发掘清理一批古墓葬，其中汉墓 32 座，方向不一，深浅不等，形制不同（图 3-12）。总体上，向阳村汉墓根据墓葬形制可分为平顶洞室墓、拱顶洞室墓、"十"字形多室墓三类，其中拱顶墓数量最多，为 28 座，平顶墓为 4 座[③]，"十"字形多室墓为 2 座。拱顶洞室墓结构复杂，形制构造多不一致，又可分为拱顶土洞室、拱顶砖券洞室墓两类，其中拱顶砖券洞室墓又可进一步分为拱顶小砖并列券洞室墓、平砖

① 三门峡市文物考古研究所编：《三门峡向阳汉墓》，北京燕山出版社，2006 年。
② 赵小灿、宁文阁、康继云：《三门峡向阳村两座汉墓发掘简报》，《三门峡文物考古与研究》，北京燕山出版社，2003 年，第 45-48 页。
③ 1988 年发掘的向阳村 2 座汉墓，墓室顶部已塌，据墓室结构及出土物品分析，应为西汉早中期的平顶墓，故此类墓为 4 座。

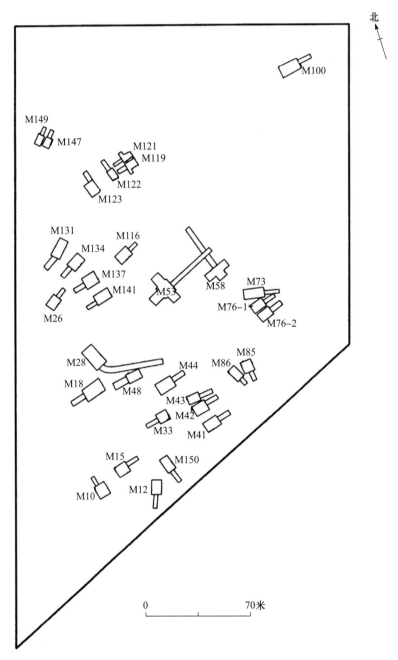

图 3-12　向阳汉墓平面分布图

横券洞室墓、梯形拱顶砖券洞室墓三小类。所有墓葬皆有墓道：平顶和拱顶洞室墓墓
道多为长方形竖井式，只有一座为长斜坡拐弯式；"十"字形多室墓墓道为长方形斜坡
式，墓室前有天井，墓道与天井之间由过洞相连。

（一）平顶洞室墓

4 座，包括 M13、M15、M119、M121。

M13 为小型单室土顶空心砖墓，由墓道、墓门、墓室三部分组成。墓道为长方形竖井式，四壁整齐。墓门位于墓道西端，用两块方柱形空心砖砌成，墓门高 1.2 米，宽 1米。墓室平面呈长方形，长 3.5 米，宽 1 米，高 1.2 米。西、南、北三壁用空心砖横立错缝砌一层，壁上部及墓室顶为土洞，已塌。墓室内人骨成粉末状。随葬品共 8 件，有陶罐 2 件、陶瓿 2 件、铁剑 1 件、铜勺 1 件、铜蛙 2 件。多放置于墓室前、中部及墓门处。

M15 为长方形土洞墓。由墓道、墓门和墓室三部分组成。墓道为土坑竖井式，四壁陡直。墓门位于墓道东壁下，已残，用土坯封堵。墓室平面呈长方形，长 2.5 米，宽 1.6 米，高 2.3 米，墓顶已塌，室内骨架已朽。随葬品有陶罐 1 件、陶瓿 2 件、陶壶 1件、铜甑 1 件、铁釜 1 件、铁剑 1 件。

据两墓形制及出土物品分析，时代应为西汉中期。

M119（图 3-13）、M121 两墓由长方形竖井墓道、墓门、平顶空心砖洞墓室两部分组成。墓门开于墓道东壁下底部。墓室位于墓道东端，为一平顶洞室，室内用空心砖筑砌成长方体椁室，椁室顶部用九块空心砖横放，皆断裂，椁室内置棺。墓门一侧设置耳室，室宽与墓道相等。

M119 棺已朽，葬式为头西足东的仰身直肢葬。随葬器物主要有陶器、铜器、铁器

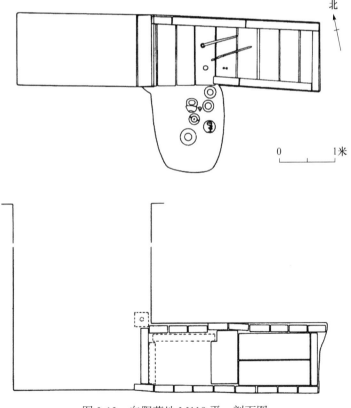

图 3-13　向阳墓地 M119 平、剖面图

及铜钱等，计有陶器3件、铜器6件、铁器2件及铜钱1组。陶器组合为罐、瓿，铜器组合为釜、甗、提梁壶、博山薰炉、镜、带钩，铁器为刀、剑。据随葬器物判断，墓主应为男性，身份可能为中小地主或地方官吏。

M121棺已朽，椁室有人骨架一具，葬式为头西足东的仰身直肢葬。随葬器物共6件，陶器、铜器各3件。陶器为坛1件、瓿2件；铜器有甗1件、盆2件。墓葬时代为西汉中期。

M119、M121两座墓葬西距陕州城约500米，应与汉陕县城有关。

（二）拱顶墓

28座，根据形制差别分为拱顶土洞墓、拱顶小砖并列券洞室墓、拱顶平砖横券洞室墓、梯形拱顶砖券洞室墓四类。

1. 拱顶土洞墓

8座，根据甬道的有无划分为甲、乙两类。甲类无甬道，乙类有甬道。

甲类墓葬7座，由长方形竖井墓道和拱顶土洞墓室组成（图3-14）。墓门开于墓道

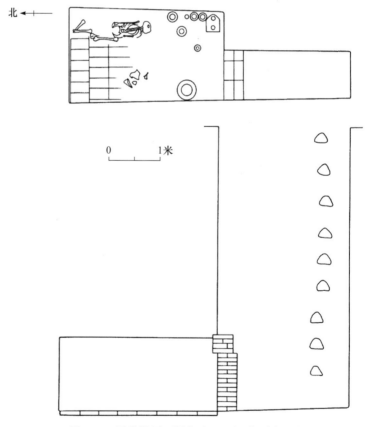

图3-14　甲类拱顶土洞墓（M85）平、剖面图

一侧壁下，拱形顶，墓室位于墓道一端，为一拱顶长方形土洞，靠近墓门一侧多有壁龛。部分墓室有木棺痕迹。墓室内多有骨架发现，一般为单人，也有双人合葬者。葬式都为直肢葬，头朝向不一，东、西、南、北四向都有。随葬器物多为陶器，以瓿、壶组合为主，另有仓、灶、小壶等。铜器较少，偶见带钩，个别有铜钱、银印等。

　　乙类墓葬 1 座，为 M76，由长方形竖井墓道、甬道、拱顶土洞墓室组成（图3-15）。甬道为一单砖起券拱顶过道，连接墓道、墓室。墓室内葬具散乱，人骨架腐朽严重，葬式不清晰。随葬器物 19 件，包括陶器 17 件、铁刀 1 件和钱币 1 组。陶器有瓿 5 件、壶 1 件、仓 5 件、小壶 3 件等。

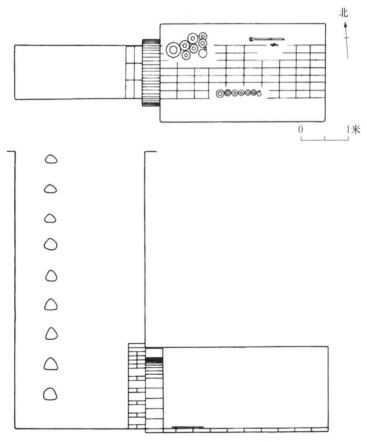

图 3-15　乙类拱顶土洞墓（M76）平、剖面图

2. 拱顶小砖并列券洞室墓

　　18 座，根据甬道的有无划分为甲、乙两类。甲类 13 座无甬道，乙类有甬道。

　　甲类墓葬，由长方形竖井墓道、小砖并列券洞室两部分组成（图3-16），有的有壁龛、耳室。墓门开于墓道一边壁下底部，墓门与墓道底部等宽，顶为拱形。墓室位

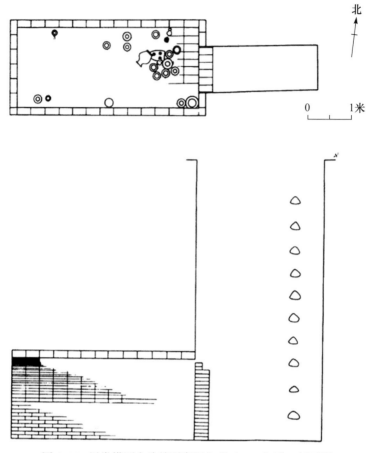

图 3-16　甲类拱顶小砖并列券洞室墓（M41）平、剖面图

于墓道端部，为一小砖并列券拱顶洞室结构，底部平面近长方形，用砖顺向平铺，四壁用顺砖错缝平砌，顶部采用并列券法砌成拱形。近墓门一侧壁上挖有壁龛。部分骨架已朽，葬式不详。可辨者的都为仰身直肢葬，头向南、北、东皆有。随葬器物有陶器、铜器、铁器等，陶器以瓿、壶组合为主，常见仓、灶、罐等，铜器有鼎、釜、勺、带钩、铺首等。

乙类墓葬，5 座，由长方形竖井墓道、砖砌甬道和拱顶小砖并列券洞室三部分组成（图 3-17）。墓口平面近长方形，四壁规整，底部平坦，壁上有上尖下平的三角形脚窝。墓道内填五花土。墓门开于墓道短壁一侧，门为砖券拱形，宽度与墓道相同或略宽。封门用青砖垒砌。墓门与墓室间有甬道，一般为拱形券顶结构。墓室平面近长方形，砖券拱顶洞式结构，顶部采用单砖并列券法。室内骨架和葬具腐朽严重，比较散乱，有的为单人葬，有的为夫妻合葬，葬式大多不明。随葬器物有陶器、铜器、铁器及铜钱等。陶器有泥质灰陶器、釉陶器，器型有瓿、壶、仓、鼎、樽、盆、釜等，铜器有镜、带钩等。

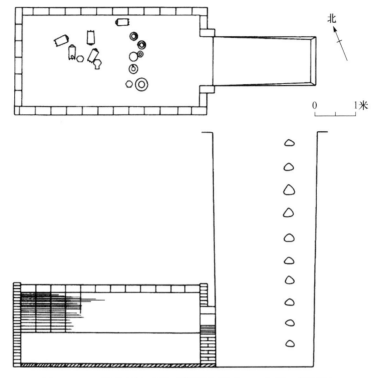

图 3-17 乙类拱顶小砖并列券洞室墓（M73）平、剖面图

3. 拱顶平砖横券洞室墓

1 座，为 M86，由长方形竖井墓道、拱顶平砖横券洞室两部分组成（图 3-18）。墓门开在墓道北壁底部，拱顶，用青砖紧贴土壁砌成。墓室为砖券拱顶洞室结构，顶部用平砖横向并列起券。墓室内骨架已散，随葬器物放置于墓室中部，共计 16 件，皆为陶器，有瓿 7 件、壶 1 件、仓 5 件、樽 1 件、甑 1 件、釜 1 件。

4. 梯形拱顶砖券洞室墓

1 座，为 M26，由长方形竖井墓道、墓门和砖券洞室三部分组成（图 3-19）。墓门开于墓道西壁底部，顶呈"八"字梯形，宽度同于墓道。墓室位于墓道底部西端，为"八"字梯形拱顶结构。葬具已朽，墓主葬式为直肢葬，头东足西。随葬器物共 2 件，包括陶坛 1 件，铜钱 1 组。墓葬时代为王莽时期。

（三）"十"字形多室墓

2 座，M58 和 M53。两墓形制相同，均由长条形斜坡墓道、甬道、天井、主墓室和左、右耳室六部分组成，平面呈"十"字形（图 3-20）。天井位于墓道端部，下有过洞与之相连，过洞为拱形顶。墓室位于天井底部一端，由主室、两侧耳室三部分组成，平

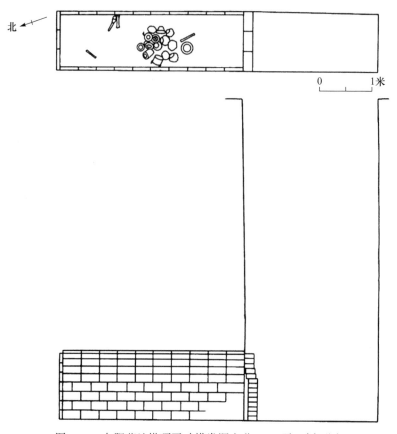

图 3-18　向阳墓地拱顶平砖横券洞室墓 M86 平、剖面图

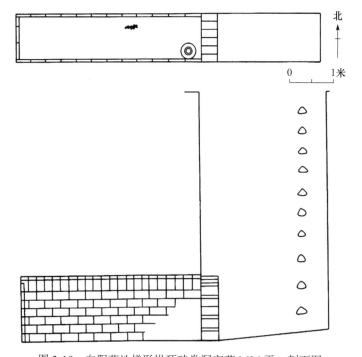

图 3-19　向阳墓地梯形拱顶砖券洞室墓 M26 平、剖面图

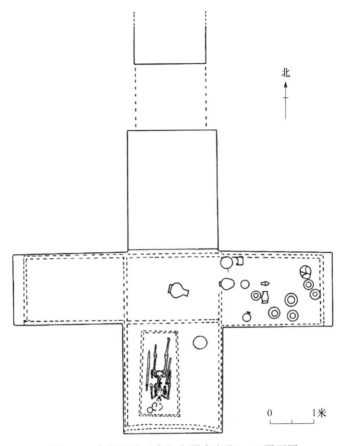

图 3-20　向阳墓地 "十" 字形多室墓 M58 平面图

面呈 "十" 字形，均为拱顶土洞式结构，两侧耳室开在墓室前部，主墓室有骨架，M58
棺椁已朽，葬式为仰身直肢，头南足北。西耳室骨架散乱。随葬品有陶器、铜器、铁
器三种，大都放于耳室，有的放于主墓室。陶器有坛、瓿、盆，铜器有壶、钫盘、盆、
甗、釜、博山炉、带钩、镜等，铁器有剑、刀、炉等。M53 主墓室葬具为一椁二棺，
墓主为一男一女，葬式均为头东足西，仰身直肢。随葬品丰富，有陶器 27 件，包括瓿
17 件、壶 10 件；铜器 79 件，包括鼎 1 件、卣 1 件、扁壶 1 件、甗 1 件、鍪 1 件、盆
1 件、盘 1 件、洗 1 件、灯 1 件、镜 2 件、带钩 1 件、薰炉构件 2 件、车马饰 1 组
36 件、箱盒饰 1 组 6 件、棺饰 1 包等；铁器 5 件，玉饰 1 件，银饰 1 件及铜钱 1 包。

（四）向阳墓地的时代演进

　　向阳墓地墓葬年代为西汉中期至东汉前期。墓葬形制以拱顶洞室墓最多，平顶洞
室墓、"十" 字形多室墓较少。平顶洞室墓集中在西汉早中期，拱顶洞室墓盛行于西汉
晚期，"十" 字形多室墓则流行于东汉时期，存在一定的演变规律。如平顶洞室墓的墓
道与墓室同宽，墓门高度与墓室相同，室内用空心砖构筑成椁室，墓道略宽于墓室。

拱顶洞室墓的墓道多窄于墓室，墓门高度一般低于墓室。"十"字形多室墓墓室更为宽大，形成由两侧耳室加主墓室的结构，墓道也变为长条形斜坡。总体来看，墓室部分由窄低向宽高发展，墓道由竖井式变为长斜坡式是向阳墓地墓葬的发展规律。

各类型墓葬葬式也有不同，平顶洞室墓均为单棺仰身直肢，拱顶洞室墓则出现一室双棺或三棺的夫妻合葬，有些为二次埋入，"十"字形多室墓合葬、多次进葬比较流行。

随葬器物组合也有明显变化。西汉中期，陶器组合主要为坛、罐、瓿，晚期出现壶、仓、灶等器型，随葬器物向生活类器物转变；西汉末至东汉初期，随葬品器物种类更多，仿铜礼器的陶器、祭奠用的案、耳杯等开始出现，并且以模型类器物随葬之风开始流行。因此，向阳墓地墓葬可分为四期：平顶空心砖洞室墓出土坛、罐、瓿组合的为第一期，年代属西汉中期；拱顶洞室墓出土罐、瓿、壶、小壶、仓、灶组合的为第二期，年代属西汉晚期；拱顶洞室墓出土坛、罐、瓿、壶、仓、灶、鼎、樽、甒、盆、瓢、勺、杯、博山炉、井、案、耳杯组合的为第三期，此时期墓葬形制多为长方形竖井墓道拱顶小砖券洞室，开始出现带甬道的墓葬，并且出现同穴夫妇合葬墓，单棺葬逐渐衰落，时代相当于西汉末至东汉初；长斜坡墓道的"十"字形多室墓出土瓿（瓮）、壶、盆等组合的为第四期，此时期随葬陶器的数量大增，器型明显变大，铜器数量也多，有的器物较大，为实用器，器物多放置于耳室内，年代应为东汉前期。

向阳墓地位于古陕州城东约 500 米的缓坡上，从墓葬排列分布情况来看，应是居住在陕州城多个家族的墓地。从墓葬规模及随葬器品情况分析，墓主大多为属中产阶级的地主或官僚。个别带有文字的器物标明了墓主身份信息，如 M42 出土"尹遂成印"铜印章，说明墓主姓尹，M53 出土的铜扁壶颈部两侧刻"周"字，也可能是墓主的姓氏。有的几座墓葬排列有序，应是同族墓葬。个别并列设置、相对较近的墓葬，形制相同，出土器物相近，有的还对称设置，应是夫妇异穴并列合葬墓。

三、刘家渠汉墓群

刘家渠汉墓群位于三门峡市陕县以东约 3 千米的刘家渠村附近的平原上，西为梁家渠村，南有青龙涧横流，北边是上村岭。墓地面水背岗，地势较高。1955 年黄河水库考古工作队发现该墓地，1956 年 4 月至 8 月对其进行发掘，清理墓葬 223 座，其中西汉时期墓葬 2 座，东汉时期墓葬 44 座，其余为唐及宋金时期墓葬[①]。1986 年，三门峡市文物工作队又在刘家渠东进行发掘，清理东汉时期墓葬 2 座[②]。

① 黄河水库考古工作队：《河南陕县刘家渠汉墓》，《考古学报》1965 年第 1 期，第 107-168 页。
② 三门峡市文物工作队：《三门峡市刘家渠汉墓的发掘》，《华夏考古》1994 年第 1 期，第 22-30 页。

（一）西汉时期墓葬

西汉时期墓葬共 2 座，编号 M96、M97，两墓相邻，规模均较小。M96 为竖穴土洞墓，墓道平面长方形，四壁垂直，西壁开辟洞室，出土陶仓 2 件、陶罐 2 件、陶灶 1 件、宣帝五铢 3 枚。M97 也为长方形竖穴墓道的土洞墓，洞室不规则，内放置瓮棺，旁放有绿釉小罐 2 件、灰陶小壶 1 件、灰陶碗 1 件。瓮棺内有婴孩骨架 1 具，另有小型的铁剑、铁刀和绿釉小扁壶、绿釉骑马小人、绿松石小珠及宣帝五铢等。M97 东北角打破 M96，故两墓虽同为西汉后期，但 M97 年代更晚。

（二）东汉时期墓葬

两次发掘清理的东汉时期墓葬共 46 座，都是中型以上墓葬，年代从东汉初至东汉晚期。

1. 墓葬形制

分为竖井土坑墓和斜坡墓道洞室墓两种。

竖井土坑墓为 1 座，长方形墓坑，墓口大于墓底。

斜坡墓道洞室墓为 45 座。墓道皆为斜坡式，有的两侧带二层台；墓葬多为东西向，也有南、北、东南、西南方向。砖砌洞室墓 40 座，土洞墓 15 座。砖室墓的墓门、甬道、墓室及顶、壁、底部都用砖券砌或铺砌。土洞墓墓室的顶、壁不砌砖，只有墓门、甬道多用砖砌，底部常铺砖。墓砖多为长方形小灰砖，无纹饰，个别用红砖和模印几何纹的小砖。

斜坡墓道洞室墓由主室、侧室、耳室、假门、墓门、甬道六部分组成。主室有 1—3 个不等，两个主室的分前、后室，三主室的有一前室、两后室，其中后室的后部砌棺床，高出地面 6—22 厘米，墓室顶部有正方形穹隆式和长方弧形两种形制。侧室在前室（或单主室）之侧，一般为 1—2 个，面积一般较大，在后部砌砖棺床，上放棺具，顶部都为长方弧形，结构随主室为砖室或土洞。耳室位于前室（或单主室）之侧，个别在侧室旁，面积较小，放置随葬器物，多为长方形，弧顶，结构多为土洞，个别为砖室。假门位于前室后方或侧边，大多是为方便以后增辟墓室而预留，或者象征后室、侧室或耳室，假门多用砖券，外壁即为生土。墓门为拱形，除个别为土门外，多数都用砖券砌。甬道多位于墓室与主室之间，前室与后室之间，前室（或单主室）与侧室、耳室之间，起连接作用。甬道多为拱形顶，底部平坦，部分墓门与墓室间的甬道为斜坡状以承接墓道。甬道多用砖砌，个别不用砖（此墓地中仅有四例）。

根据墓葬结构，斜坡墓道洞室墓可分为五式，包括长方形弧顶墓、单穹隆顶墓、双穹隆顶墓、横前室"丁"字形墓、横前室"TT"形墓。

　　长方形弧顶墓 17 座，均只有一个主室，长方形弧顶。其中 6 座带侧室，包括双侧室的 1 座和单侧室的 5 座。M19 墓道开有"天窗"，在距墓门 3.3—5.4 米下开凿隧道，M50 于斜坡墓道下作阶梯六级，M45、M108 墓道较短，在斜坡前端形成垂直壁。

　　单穹隆顶墓 19 座，前、后室都为砖室者 12 座，都为土洞者 5 座，前室土洞、后室砖砌的 2 座。有前、后两个主室者，一般前室为正方形穹隆顶，后室为长方形弧顶。9 座墓有侧室，有的为双侧室；7 座有耳室。有的墓无后室，但在主室后壁开一假门。还有的无侧室、后室，在主室左右后三壁皆开假门。

　　双穹隆顶墓仅有 M3 一座，墓室由前、后室，前室左、右侧室及甬道侧室组成。前、后室顶已塌毁，两室间辟券门两个。甬道侧室有棺床，在汉墓中较为少见。

　　横前室"丁"字形墓 7 座，包括砖室墓 5 座，土洞室墓 2 座。有前、后室，前室横置，均为长方形弧顶（图 3-21）。3 座墓有侧室，其中 1 座为双侧室，2 座为单侧室。

　　横前室"TT"形墓仅有 M87 一座，砖室墓，由前室、双后室、南侧室组成，前室横置，双后室分列前室后方左右，均为长方形弧顶。

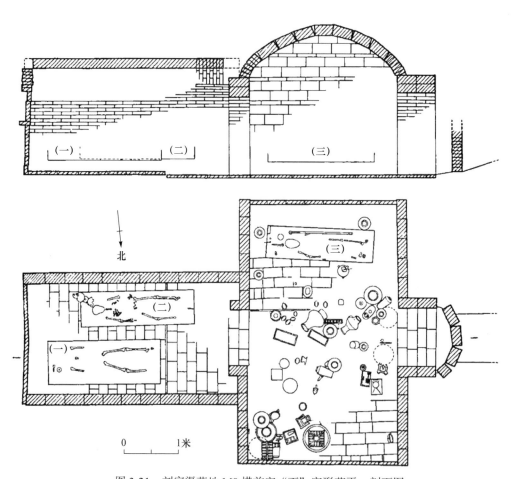

图 3-21　刘家渠墓地 M8 横前室"丁"字形墓平、剖面图

2. 葬具、葬式

均为木棺，皆已朽，只留有铁棺钉、漆皮及木板灰等。棺下往往铺白灰作干燥剂。土坑墓棺都置于墓室中央，一般为单棺葬。洞室墓中棺都以合葬双棺为最多，有11座，单棺的3座，三棺的8座，四棺的2座，六棺的1座，应为多次合葬。洞室墓中的长方形弧顶墓，棺均陈于主室或侧室后部。其他类型的墓葬，棺则多置于后室、侧室的后部，少数放于前室，有的棺下置有棺床。

葬式均为仰身直肢，头向不一。

3. 随葬品

随葬器物多数已失位。竖井土坑墓和竖井土洞墓随葬器物相对不多，斜坡洞室墓墓室宽大，随葬器物较多。放置规律为：小件器物多随身放置，如铜镜、小刀、耳瑱、石板等多置于头部，珠子佩于胸前，指环、顶针在身际，长铁刀、铁剑、带钩置于腰侧，钱多散布于周身。陶器多放置于墓室前部，有的集中在前室。一般耳杯、盘、勺放于案上，瓢、尊放于案旁，有的尊中放勺或耳杯。这一套用具陈于墓室中央靠近棺前，应为祭奠所用。壶、仓、罐、灶、井、灯、炉、楼阁、房屋、家禽、家畜、水榭、猪圈、俑等放置于室四周。耳室逐渐不被重视，数量减少，多放置仓、罐、壶等。有的墓门有二陶狗分立左右，面向门外。有的前室有砖井一口，用十六块砖围成，中间留孔洞，上放置陶井，井四周放陶瓮等器物。有的墓门附近放置买地券，个别墓发现有动物骨架，应为狗、马之类。但总的来看，随葬器物不能区别出两套或两套以上。

（三）墓葬性质

刘家渠汉墓群位于汉代陕城东郊，墓主人应为陕城内居民。墓葬分布排列应从西向东扩展，两座西汉时期墓葬位于墓地最西边，东汉前期墓葬集中于西部，东汉后期墓葬则以居东为多，墓葬方向也由多数向东逐渐转为多数向西。刘家渠汉墓基本可分为两组：一组墓室用砖砌，随葬陶器大多为绿釉陶；另一组墓室为土圹，随葬陶器大多为灰陶，仅有少数例外。两组墓的墓型和陶器型式演变规律相同。在同一时代、同一地点墓葬中，砖室墓出土绿釉器而土圹墓出土灰陶器，表明墓主奢华程度不同。从砖室墓的墓葬规模、随葬品丰富程度来看，其墓主大多数为中小地主阶级，有的墓葬规模大、结构复杂，墓主可能是地方官僚。土圹墓墓主则应多为平民。

第四节　三门峡地区零散分布的汉墓

三门峡地区除有集中埋葬的汉代大墓群外，还发现其他相对数量不多、分布较为分散的小规模墓地及单个汉墓，基本反映了西汉初年至东汉末期墓葬形制、随葬品种类及数量随时代变化而变化的情况。

一、西汉时期墓葬

三门峡地区西汉时期墓葬形制与中原其他地区不同，大多为长方形竖井墓道的洞室墓，且墓室多开于墓道短壁外，显然受秦人墓葬形制的影响。早期墓葬多为单室墓，中期开始出现多室墓并开挖耳室，四壁及底部开始用砖砌，顶部由之前的平顶变为拱顶，置墓门，门用木条、砖或土封堵。

（一）火电厂西汉墓 M21、M25

1991 年三门峡市文物工作队在火电厂厂区钻探出大批墓葬并进行抢救性发掘，其中 M21、M25 规模较大[①]。

M21 为长方形竖穴墓道土洞墓（图 3-22），墓道位于墓室西部，填土略经夯打，墓壁规整，未发现有工具痕迹。墓门残高 3 米，宽 2.04 米。墓室平面呈梯形，长 4.25 米，宽 1.6—1.84 米，在墓室后中部发现有棺木痕迹，保存状况较差，棺内发现人骨痕迹，为仰身直肢葬。随葬器物主要放置于墓室西部南侧和中部，有陶器、铜器、铁器和玉器，共计 17 件。铜器数量较多，主要有鼎、钫、壶等，陶器有缶、壶，铁器有铁剑，残损严重，玉器有印章、璏、璧。

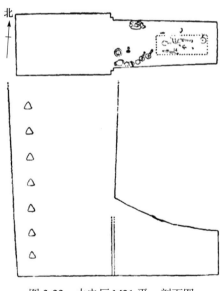

图 3-22　火电厂 M21 平、剖面图

M25 位于 M21 南侧偏东，形制与 M21 相同，为长方形竖穴墓道土洞墓。填土略经夯打。墓道位于墓室西侧。墓门残高 3 米，未发现封堵墓门痕迹。墓室长 3.5 米，宽 1.84—1.9 米，高 1.6 米。墓室底部有棺椁、人骨痕迹，难以判断墓主年龄、性别。随葬器物位于墓室西部，共计 28 件，有陶器、铜器、铁器、玉器和银器。铜器最多，有钫 2 件、鼎 2 件、蒜头壶 2 件、瓿 1 件、镜 1 件、盆 2 件、鍪 1 件、饰件 8 件、勺 1 件，有的残损严重。此外有残破的铁三足支架 1 件，玉璧 2 件，破损较严重的银器 4 件，以及陶缶 1 件。

M21 和 M25 的墓道长、宽都大于墓室，且

① 胡小龙：《河南三门峡市火电厂西汉墓》，《考古》1996 年第 6 期，第 6-15 页。

墓道与墓室平面均为东西向长方形，这种大墓道小墓室的洞室墓出现在战国中期前后，属于洞室墓的早期阶段。从 M21、M25 的随葬器物、墓葬规模判断，墓葬时代当为西汉初期。两墓随葬器物丰富，多以铜器为主，墓主人具有一定身份地位。

（二）义马新市区 5 号西汉墓

1984 年洛阳地区文物工作队在配合义马市区的基本建设中发掘清理了一座西汉墓，编号 84 义新 M5[①]。

M5 为单室土洞墓，由长方形竖井墓道和土洞墓室组成（图 3-23）。墓道为长方形土坑竖井式，平底，口长 2.5 米，宽 0.86—1.1 米，口距底深 4.5 米，东南壁下有一壁龛，内置 1 罐。墓室开于墓道短壁，平面呈长方形，长 4 米，宽 1.1—1.34 米，高 1.1 米。墓底用小砖斜铺，平顶。墓门处南北两壁有凹槽，槽内有木质和条编植物遗迹，应为封堵墓门时所置。墓室内有棺木痕迹，棺内有骨架一具，头西面南，下肢保存较好，上肢成粉状，为仰身直肢葬。

随葬器物有陶罐 4 件、铁刀 1 件、铜带钩 1 件、铜俳优俑 4 件，另有五铢钱 43 枚。

墓葬出土的一组 4 件铜俳优俑（图 3-24），为豫西地区同期汉墓所仅见。

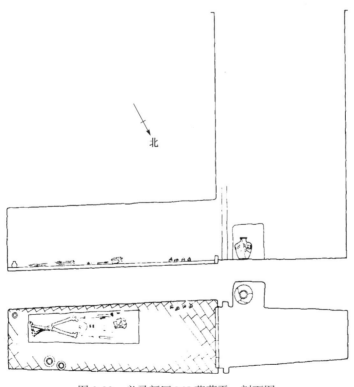

图 3-23　义马新区 M5 墓葬平、剖面图

---

① 洛阳市第二文物工作队：《义马新市区 5 号西汉墓发掘简报》，《文物》1995 年第 11 期，第 20-23 页。

图 3-24　义马新区 M5 铜俳优俑

据墓葬形制及出土器物判定，M5 年代为西汉初期。

（三）义马张马岭汉墓

1996 年，河南省文物考古研究所、三门峡市文物考古研究所在义马市张马岭村南发掘一大批古墓葬，其中 M90 规模最大 [①]。

M90 由长方形竖井墓道和长方形墓室组成的洞室墓（图 3-25），坐东向西。墓道内填以红褐色油性土和黄白沙性土组成的较疏软的五花土，略经夯筑。墓壁规整，墓道的北壁西侧和西壁北侧分别发现有近三角形脚窝。墓道底长 2.82 米，宽 1.72 米，距地表深 3.4 米。墓室外西侧南北两边的二层台上及墓道底均发现有凹槽痕迹，凹槽内亦填五花土，且填土内有灰白色朽木痕迹，应为封堵墓门遗存。

墓室设在墓道的东端，平面呈长方形，直壁，平顶，室底与墓道底在同一平面上，室宽与门宽相同，均为 1.2 米。墓室长 3.5 米，高 1.2 米。墓室后中部的淤土内发现有棺木痕迹，棺底铺有 0.03 米厚的草木灰。在棺迹范围内发现有人骨朽痕，葬式应为仰身直肢，头西足东，两手顺置于盆骨两侧。

随葬品较丰富，分置于墓室南北两侧偏西处，计有陶、铜、铁器三大类 18 件。陶

① 河南省文物考古研究所、三门峡市文物考古研究所、义马市文物管理委员会：《河南义马市张马岭村九十号墓的发掘》，《华夏考古》2012 年第 3 期，第 23-28 页。

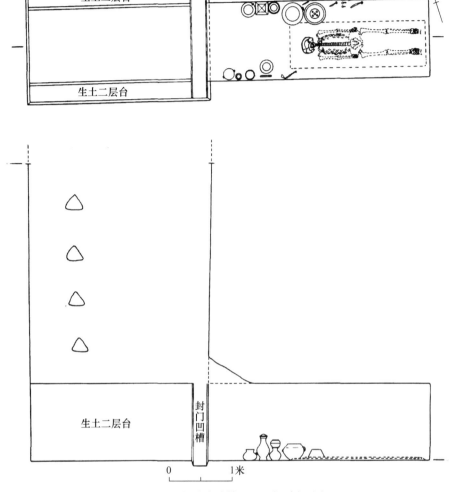

图 3-25 义马张马岭 M90 平、剖面图

器有鼎、钫、罐、盒、瓿、壶等，铜器有刀、削、镊、锥，铁器有釜、臼、杵、铁器
残柄、铲。在棺外西南侧发现有零星猪骨。

根据墓葬形制、器物组合和器型特点分析，此墓的时代应为西汉早期。

（四）大岭路国家粮食储备库汉墓

2001 年三门峡市文物考古研究所在市区大岭路国家粮食储备库工地发掘一批秦汉
时期墓葬，M64 为其中之一[①]。

M64 为土圹式竖穴墓道土洞墓（图 3-26），墓道口平面呈长方形，长 4.2 米，宽 3.32
米，深 4.5 米。墓室开于墓道东端，结构为拱顶土洞式。墓门用土封堵，门高 1.55 米，

---

① 崔松林、胡小龙、党雪红：《三门峡市大岭路国家粮食储备库 M64 发掘简报》，《三门峡文物考古与研究》，北
京燕山出版社，2003 年，第 41-44 页。

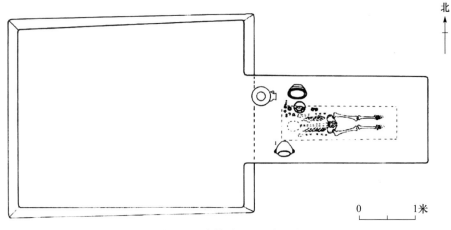

图 3-26　大岭路 M64 平面图

宽 1.5 米。墓底平面呈长方形，长 3.1 米，宽 1.46—1.55 米。墓室残留骨架一具，仰身直肢葬式，男性，骨架下铺草木灰，葬具为单棺，已朽。

随葬品有铜、铁、陶、骨、石、料等质地器物 16 件（套）。大件器物放置于墓室西端南北两侧，小件器物放于棺内。包括铜鍪 1 件、铜铃 3 件、铜镜 1 件、铜饰 3 件，铁釜 1 件，陶器 3 件，缶、盆、甑各 1 件，另有水晶环 1 件、骨器 2 件和料珠 5 粒等。

M64 墓葬形制为西汉早期流行墓式，随葬品亦具有同时期器物特征，时代应为西汉早期。

（五）移动通讯公司综合楼西汉墓

2002 年，三门峡文物考古研究所配合市移动通讯公司基建进行发掘，共发掘汉墓 16 座 [①]。墓葬分为空心砖墓和土洞墓两种类型。

空心砖墓：以 M24 为例，由长方形竖井墓道和空心砖墓室组成（图 3-27）。墓道深 5.7 米，长 2.7 米，宽 1.1 米。墓室底平面呈长方形，长 3.24 米，宽 0.82 米，高 0.92 米。墓室南侧有一耳室，主室及耳室均用空心砖砌成。墓门用方柱形空心砖砌门额、门框，墓室口用两块空心砖作为门扇封堵。随葬品主要放于墓室门口及棺内，有陶器 4 件、铜器 5 件、玉器 4 件、铁器 1 件。

土洞墓：以 M15 为例（图 3-28）。长方形竖井式墓道，长 2.6 米，宽 0.9 米，深 4 米。双墓室，东室位于墓道东端，拱顶土洞式，长 3 米，宽 1.66—1.76 米，高 1.2 米。墓室北侧门内有一小壁龛，内放随葬品 2 件。西室位于墓道西端，拱顶土洞式，长 3.7 米，宽 0.94—1.2 米，高 1.2 米。门内南壁有一耳室，内放随葬品。两室均没有发现骨

① 任留政、赵小灿：《三门峡移动通讯公司综合楼汉墓发掘简报》，《三门峡文物考古与研究》，北京燕山出版社，2003 年，第 49-55 页。

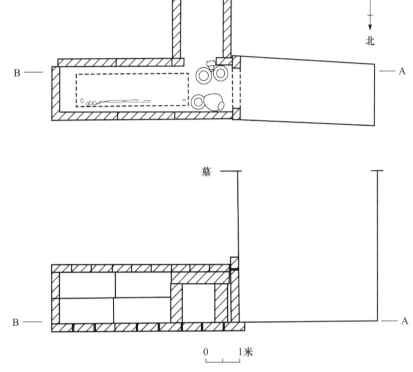

图 3-27 移动通讯公司综合楼空心砖墓 M24 平、剖面图

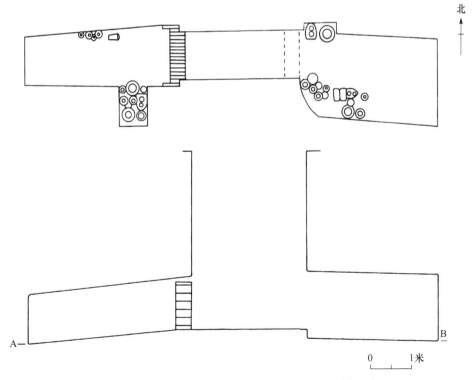

图 3-28 移动通讯公司综合楼土洞墓 M15 平、剖面图

架和棺木痕迹。两墓室均用土坯封堵，只是西室墓门有简单的青砖通道。随葬品共 24
件，有陶器、铜器等。陶器主要有罐、缶、仓、奁、灶等，铜器有盆等。

　　这批墓葬均为中小型，土洞墓与砖室墓并存。随葬器物以陶器为主，大部分为陶
质明器，铜器较少。据墓葬形制及出土器物分析，应为西汉中期的平民及小地主阶级
墓葬。

（六）崤山立交桥西汉墓 M4、M5

　　1992 年 9 月，三门峡市文物工作队抢救性发掘了一批古墓葬，其中 M4、M5 位于
209 国道三门峡段与三门峡市崤山路立交桥附近，发掘前已被修路取土破坏[①]。

　　M4 为竖穴式小砖单室墓（图 3-29），由墓道、墓门、墓室组成。墓道位于墓室东
端，为竖穴式，残长 2.4 米，宽 0.9 米，深 1.2 米。拱形墓门，墓门外用小砖错缝平砌
封门。墓室长 4.2 米，宽 1.12 米，高 1.34 米，西、北、南壁为平砖错缝顺砌，墓底平
铺顺砖。随葬器物有陶器、铜器，以陶器为主，有罐、仓、奁、壶、俑、灶、狗等，
铜器有带钩和铜钱。

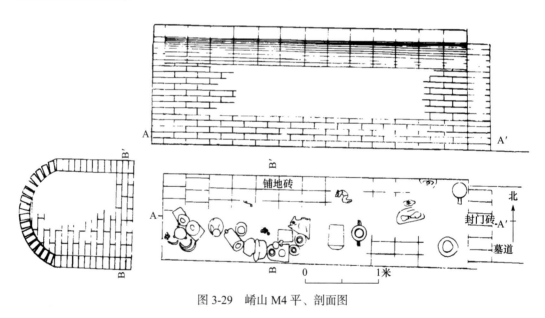

图 3-29　崤山 M4 平、剖面图

　　M5 由墓道、墓门、前室、侧室、后室组成（图 3-30）。墓道位于墓室东侧，被
破坏，形制不清。墓室平面呈"曰"形。墓门在前室东端，依墓室被隔墙分割出的北
半部作墓门，隔墙上通置一块四面饰菱形图案的空心砖，将门分为上下两部分，门高
1.95 米，宽 1.14 米，用小砖平砌封堵。墓室长 5.2 米，宽 2.24 米，高 2 米，墓室东部

---

①　三门峡市文物工作队：《三门峡市立交桥西汉墓发掘简报》，《华夏考古》1994 年第 1 期，第 12-21 页。

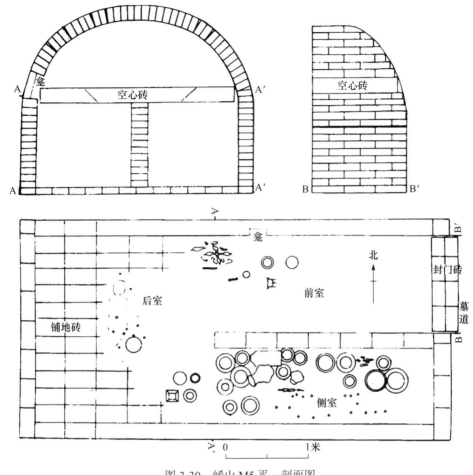

图 3-30　崤山 M5 平、剖面图

从东端起砌一道东西向隔墙，隔墙上横置空心砖至南北两壁，将墓室分割为前室和侧室，没有隔墙的墓室西部作为后室，隔墙长 2.64 米，高 1.02 米。墓室四壁为平砖错缝顺砌，墓底平铺顺砖。墓室北壁处有壁龛。墓内发现人骨 2 具，分别位于后室、侧室，人骨已朽，难以判断性别、年龄，仅可辨为直肢葬。

M4、M5 的墓壁、券顶和封门砌法大致相同，只是券顶用砖不同，M4 用小砖，M5 用子母砖，顺砖对缝立砌，两砖相对处扣合子母砖。M5 中小砖和空心砖的使用，是大砖向小砖的过渡形式，而用砖墙将一室分隔为多室则是单室墓向多室墓的过渡。

M5 中的铜镜多见于西汉晚期，两座墓出土的五铢钱与洛阳烧沟汉墓出土五铢钱相近。依据随葬品特征和墓葬形制分析，两墓年代为西汉晚期。

（七）华余包装公司 16 号汉墓

1993 年，在配合华余包装公司基建工程时三门峡市文物工作队发掘了一座古墓葬，编号 M16①。

M16 为长方形单室砖券墓，由墓道、墓门、墓室和耳室组成（图 3-31）。墓道为竖井式，墓门前用封门砖。墓室呈长方形，长 4.3 米，宽 1.6 米，高 1.12 米，四壁、底部用长方形单砖平铺。墓壁于距墓底 0.86 米高处起券，墓顶为楔形砖单券，楔形砖长 36 厘米，宽 18 厘米，厚 5—8 厘米。墓室西侧开一耳室，耳室门高 0.62 米，宽 0.74 米，进深 1 米。墓室内无棺床，发现有少量棺木痕迹和棺钉及数颗牙齿。从残迹推测，墓主为头南足北。

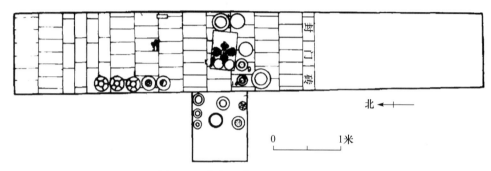

图 3-31　华余包装公司 M16 平面图

随葬器物多置于墓室前部、西部及耳室，有陶器、铜器、铁器等共 30 件。以陶器为主，器型有壶、釜、盆、甑、罐、博山炉、勺、耳杯、奁、仓等。铜器有铜釜，还有铜钱。铁器有铁灯架。

五铢钱为汉宣帝时期所铸，故 M16 年代应不早于西汉晚期。

（八）滨湖路汉墓

1996 年三门峡市文物考古研究所发掘滨湖路墓地，其中 M7、M19 为西汉时期墓葬②。

M7 为单室土洞墓，由墓道、墓门和墓室三部分组成。墓道为长方形竖穴土坑式，长 2.74 米，宽 0.8 米，深 3.2 米。墓门用小青砖错缝平砌封堵。墓室平面呈长方形，弧形顶，长 3.06 米，宽约 1.6 米，地面用砖铺。人骨架已成粉末状，据残痕判断为单人葬，头向南。随葬器物共 16 件，多置于墓室内，以陶器为主，有 15 件，主要为鼎、灶、仓、壶、罐、俑等，另有铜镜一面。

M19 为砖室墓，由墓道、墓门、墓室、耳室四部分组成。墓道为长方形竖井式，

①　三门峡市文物工作队：《三门峡市华余包装公司 16 号汉墓发掘简报》，《华夏考古》1993 年第 4 期，第 68-71 页。
②　杨海青、许海星、赵小灿：《三门峡市滨湖路汉墓发掘简报》，《三门峡文物考古与研究》，北京燕山出版社，2003 年，第 56-60 页。

四壁陡直，长 2.6 米，宽 1 米，深 4.1 米。墓门用小青砖错缝平砌封堵。墓室平面呈长方形，长 3.9 米，宽 1 米，砖券弧顶，四壁用平砖错缝垒砌，地面顺行顺缝平铺墓砖。耳室位于主室中部北侧，土洞式，弧顶，平面呈长方形。墓室内发现人骨架，腐朽严重，葬式不明。随葬器物共 27 件，主要出于墓室北侧及耳室，有陶器、铜器两类。其中陶器 13 件，器型有鼎、仓、壶、博山炉、鸱鸮壶等；铜器 14 件（枚），主要有盆、甗、釜、钵及铜钱等。

两墓虽形制有别，但墓道、封门砖及铺地砖砌法均相同，据随葬器物、墓葬形制分析，时代应均为西汉晚期。

（九）图书馆西汉墓 M1

2000 年，三门峡市文物考古研究所在市图书馆基建工地发掘一座汉墓，编号 M1[①]。墓葬上部被破坏，由墓道、墓门、墓室、耳室四部分组成。墓道为长方形竖井式，长 3.1 米，宽 0.8 米，残深 0.9 米。墓门残存高度为 1 米，用青砖错缝平砌封堵。墓室平面呈长方形，长 4.6 米，宽 1.4 米，上部已破坏，下部及地面用砖铺砌。主室前部两侧各有一土洞耳室，平面为长方形。

随葬器物主要放置于主室前部及耳室，共 37 件，分为陶、铜、铁器三类。其中陶器 30 件，有灶、博山炉、鼎、壶、钫、罐、仓、甑、盆、碗、奁等；铜器 6 件，有釜、甗、镜、带钩及铜钱等；铁器 1 件。

从随葬器物种类及器型判断，墓葬年代应为西汉晚期。

二、东汉时期墓葬

三门峡地区东汉时期墓葬呈现出家族墓制特点。墓葬形制趋于复杂，多为长斜坡墓道多室砖券墓。墓室底、墙、顶部皆由青砖砌筑。顶多弧形，有的呈屋脊状，仿照生前房屋结构布置。西汉时期流行的仓、灶、井等明器在东汉前期继续存在，但杯、盘、案、勺、饭槌等开始盛行，中晚期又增加鸡、狗、猪圈、楼阁、碓房、仓房、水田、池塘等模型，并有各式侍俑，完全是地主阶级尘世庄园生活的再现。

（一）电业局 M28

2000 年，三门峡市文物考古研究所在电业局小区基建工地发掘了一座东汉墓，编号

① 杨海青、赵小灿、许海星：《三门峡市图书馆发现一座西汉墓发掘》，《三门峡文物考古与研究》，北京燕山出版社，2003 年，第 61-64 页。

M28①，形制独特。

　　M28 由斜坡拐弯墓道和砖券墓室组成（图 3-32）。墓道为长斜坡拐弯状，由两部分组成，在自东向西长 16 米处向北折 60°，再由南向北长 2.5 米处与墓室相连。墓门宽 1.4 米，高 2.43 米，用青砖封堵。墓室壁及顶皆由青砖砌筑，顶为弧形，共有并列券砖 17 排，在室顶沿中线摆砖一排，构成类似屋脊状结构。墓室底呈长方形，长 6.5 米，宽 2.9 米，用平砖对缝铺砌。墓室内棺木已朽，发现骨架三具，其中两具为仰身直肢葬式，第三具散乱，葬式不明，性别为两男一女。此墓应为家族合葬墓。

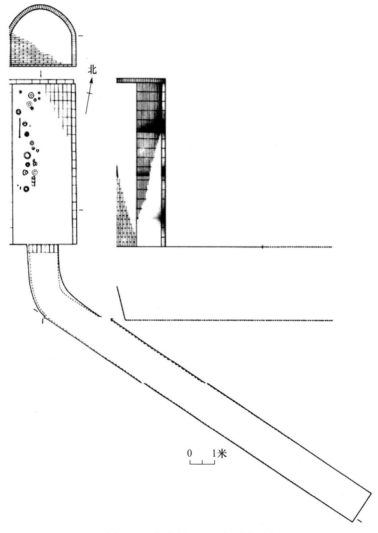

图 3-32　电业局 M28 平、剖面图

---

① 崔松林、胡小龙、康纪云：《三门峡市电业局 28 号汉墓的发掘》，《三门峡文物考古与研究》，北京燕山出版社，2003 年，第 65-71 页。

随葬器物集中放置于墓室，棺内及骨架四周主要放置铜钱，一具男性骨架处出有铜、铁质刀、带钩等，另一具男性架处放置铁剑一把。随葬品总计有铜、铁、石器及钱币等 35 件。其中陶器有 22 件，包括绿釉陶器 17 件，有壶、罐、仓、鼎、奁、耳杯、案等，另有褐釉罐 2 件，泥质灰陶壶、罐、盆各 1 件；铜器有刀、带钩、衔环铺首、当卢、泡钉及铜钱等；铁器 3 件，为刀、剑等兵器。另有石饰件 2 件。

M28 砖券法为王莽至东汉早期的并列券法，由出土器物与汉墓标准器的类比分析及墓葬出土"大泉五十""货泉""布泉"的字体判定，该墓年代上限不早于西汉末年的王莽时期，下限至东汉早年的刘秀时期。至于拐弯墓道的出现，在全国较为罕见，分析有以下几种原因：一是初修建时为竖穴式墓道，在二次或三次葬时开始流行斜坡式，故进行改制；二是受地理环境制约，因开凿斜坡式墓道须占用他人土地，不得已采取拐弯式；三是风水原因；四是直接开凿的拐弯墓道或是在后期使用时在南北墓道基础上向东延伸而形成。

（二）三里桥宾馆 M284

1993 年，三门峡市文物考古研究所在市崤山西路南侧三里桥宾馆工地发掘清理了一座汉墓，编号 M284[①]。

墓葬由墓道、墓门、前室、耳室、甬道、后室五部分组成，是一座具一定规模的汉墓。墓道为土圹斜坡式，底坡长 15.25 米，宽 1 米，南北两侧有二层台。墓门位于墓道与前室间，高 1.4 米，为拱形三层券顶，用小青砖平卧错缝垒砌封堵。前室平面呈方形，边长 3 米，四壁皆用小砖平卧错缝砌筑，顶部起券成穹隆式。前室南北两壁各开一耳室，结构与墓门相同。甬道在前、后室之间，建筑方式及用砖与墓门相同。后室平面呈长方形，长 3.86 米，宽 2.8 米，四壁均用平砖错缝砌筑，后部设一长方形棺床。前室发现有木棺痕迹，棺内人骨已为粉末状，葬式不明。

随葬器物丰富，共出土各类器物 76 件，铜钱 46 枚。其中陶器 55 件，大多为泥质红陶绿釉器，釉质较粗，少量为泥质灰陶。器型主要有碓房、井、狗舍、猪圈、羊圈、灶、炉、博山炉、器盖、豆形灯、鼎、壶、罐、案、盆、瓿、耳杯、盘、碟、勺、瓢、奁。铜器 8 件，有盆、刀、剑、镜、顶针等，还有铜钱 46 枚。铁器 6 件，锈蚀严重，有剑、刀、钩等。铅器 5 件，均为铅杯，锈蚀严重。另有石砚、研磨石各 1 件。

从墓葬形制、器物形制及组合等分析，此墓年代为东汉中晚期。从丰富的随葬器物看，墓主应属地主阶级。

① 杨海青、许海星、王军震，等：《三门峡市三里桥宾馆 284 号墓的清理》，《三门峡文物考古与研究》，北京燕山出版社，2003 年，第 72-78 页。

（三）建设东路汉墓 M1

1993 年，三门峡市文物考古研究所在市峤建设东路北侧建筑工地发掘清理了一座汉墓，编号 M1。

M1 为小青砖券砖室墓，由墓道、甬道、前室及耳室、过道、后室五部分组成（图 3-33）。墓道为土圹斜坡式，底坡长 7.44 米。甬道位于墓道与前室之间，东西两壁用横砖垒砌，上收作三层券顶。前室平面呈方形，边长 3.16 米，四壁用小青砖错缝砌筑，顶为穹隆式。前室东西两壁中各有一砖券耳室，结构大致相同，皆为弧形顶。过道在前、后室之间，长 1.08 米，宽 1.36 米，壁顶建筑方法及用砖同甬道。后室平面呈长方形，长 3.2 米，宽 1.82 米，四壁用平砖错缝砌筑，为拱形券顶，室后部有长方形棺床，上面有零星人骨及棺钉，葬式不明。

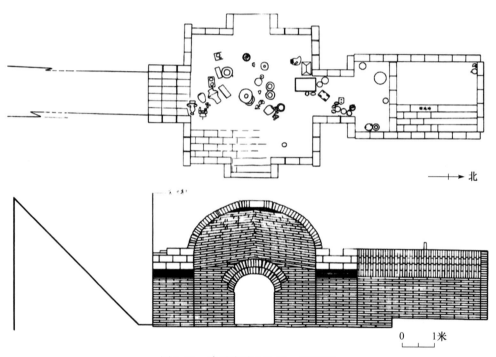

图 3-33　建设东路 M1 平、剖面图

出土随葬器物 45 件，位置已扰乱，少量放置于后室南侧，大多数放于前室及过道。其中陶器 44 件，均为泥质红陶绿釉器，釉质料粗，器型有仓房、碓房、井、灶、猪圈、羊圈、炉、支灯、博山炉、钱柜、仓、壶、案、耳杯、盘、碟、碗、勺、瓢、奁等。另有铜镜 1 件。

该墓形制与三里桥宾馆 M284 相似，将其器物形制和组合与其他汉墓进行类比分析，判定其时代为东汉中晚期。随葬器物丰富，墓主应属地主阶级。

（四）后川村东汉墓葬 M54

2017 年河南省文物考古研究院、三门峡文物考古研究所联合对三门峡市后川村黄河嘉园项目进行了考古发掘，在施工区域东端发现了 M54。

M54[①] 为长斜坡墓道砖券多室墓，坐西朝东。由墓道、封门砖、甬道、前室、后室和耳室组成（图 3-34）。墓道平面呈长方形，上部被破坏，原始开口情况已不可知。封门砖残存 20 层，略呈弧形，错缝平铺。甬道位于墓道西，拱顶，西部顶砖缺失，两壁用砖错缝平砌，长 0.8 米，宽 1.2—1.25 米，高 1.26 米。墓道底高出甬道底约 0.07 米。前室位于甬道西端，平面近方形，长 3.12 米，宽 3.06 米，残高 1.4 米。原为穹隆顶，因被盗扰已塌毁。四壁用砖错缝平砌，南北壁各有一耳室，北耳室小，南耳室较大。地面大部分用砖横向错缝平铺。后室位于前室西侧，平面呈长方形，长 3 米，宽 2.47 米，残高 1.24 米。顶部坍塌，墓壁用砖错缝平砌，铺地砖为横向错缝平铺。后室与前室间有过洞，过洞中部原有砖柱，残留三层，将过洞分成两部分，可知后室原放有两棺。墓葬被盗严重，未见人骨和葬具。南耳室为土洞式，平面呈长方形，宽 2.1 米，进深 1.82 米，以砖铺地。北耳室为砖券式，尚未完工。耳室与前室间有过洞，过洞长 1.16 米，宽 0.55 米。

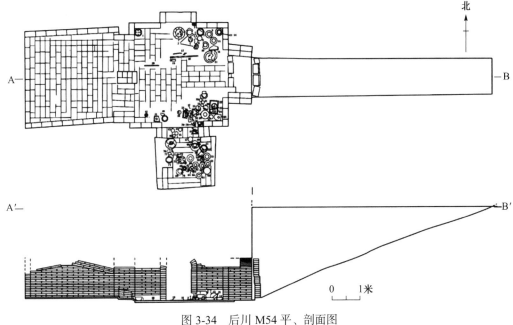

图 3-34　后川 M54 平、剖面图

墓葬共出土器物 79 件，质地分为陶、铜、铁、石四类。主要出于前室及南耳室：

---

① 河南省文物考古研究院、三门峡市文物考古研究所：《河南三门峡后川村东汉墓 M54 发掘简报》，《黄河·黄土·黄种人》2021 年第 11 期，第 6-12 页。

前室东北角、东南角集中放置陶器，前者有罐、壶、盆、碗、案、水榭等，后者有罐、魁、灯、灶、案、水榭等；中西部放置铁剑、铜牌饰；南耳室内器物未被扰动，有罐、壶、盘、炉、博山炉、甑、井、铜釜等。

据墓葬形制、出土器物推断，M54 年代为东汉中期晚段。

（五）灵宝张湾汉墓

张湾汉墓[①]位于灵宝县张湾村。1972 年，河南省博物馆为配合基本建设工程发掘了一批古代墓葬，其中汉代墓葬 4 座，编号为 M2—M5。

四座汉墓均为小砖砌券的多室墓，方向大致都是坐西向东。墓葬形制较为相似，均为斜坡墓道砖砌洞室墓，由墓道、墓门、甬道、前室、耳室、后室组成，有的还有中室。

M2 平面呈"中"字形（图 3-35），墓道位于墓室的东边，长 16 米。墓门用单层小砖错缝平砌封闭。前室为横长方形，南北长 4.35 米，东西宽 3.1 米，四壁用小砖砌筑，在高至 1.76 米处起单砖弧形券顶。前室南北各有一个土洞耳室，西壁偏南有甬道与后室相通。后室东西长 4 米，南北宽 2 米。除北耳室底部未铺砖外，其余各室皆以小砖铺地。后室西部发现有两处并列的长方形棺灰痕迹，长 1.86 米，宽 0.6 米，下面铺以石灰，附近尚有长约 10 厘米的铁棺钉。

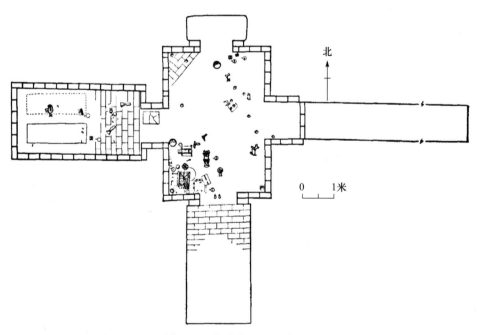

图 3-35 张湾墓地 M2 平面图

---

① 河南省博物馆：《灵宝张湾汉墓》，《文物》1975 年第 11 期，第 75-93 页。

四墓均被盗，但仍出土不少随葬品，只是位置已被扰乱。随葬品以绿釉陶明器为主，还有一批铜、铁、银、铅等质地器物，多集中分布在前室，后室或耳室较少，有的被盗空。M5 的随葬品集中分布在北耳室、前室和中室。

陶器主要有水上楼阁、楼、仓房、碓房、碓臼、磨、猪羊圈、炉、灶、灯等，生活类器皿主要有盘、碗、奁、鼎、壶、扁壶、罐等，量器有斗、升等，家禽类有鸡、狗、猪、羊等，还有瓦当、俑等。石器有砚台。铜器有洗、熨斗、镜、弩机、小刀、盖弓帽、车軎。漆器主要为饰件类。铁器主要为生产生活工具，如釜、刀、小铲、剪刀。银器为首饰类，如手镯、指环。铅器有线坠、铅人。骨器有骨簪一枚。此外，四墓均随葬五铢钱。

四座墓结构相似，方向基本相同，随葬品相似，且均出有东汉五铢钱，时代应为东汉后期，但时代上存在先后关系。如：M2 的水上楼阁为敞门开窗，玲珑剔透，而M3 的水上楼阁已变为门窗稀少，四壁紧严；M2 出土圆头灶，M3、M4、M5 出土方头灶；M3 出土圆肩三兽足仓，M4、M5 出土圆肩平底仓；M5 中三足钵取代了鼎；M4、M5 出有"位至三公"的连弧纹铜镜。因此，关于四座墓的相对年代，M2 较早，M3次之，M4、M5 较晚。

张湾汉墓中出土较多具有标志性的器物。如：M2 出土的陶桌（图 3-36），是我国目前发现最早的桌明器。M3 出土了箸、棋均完整的六博俑（图 3-37），也是汉墓中罕见的；出土的陶持畚俑（图 3-38），反映了东汉时期的农民形象。M4 出土的铜弩机上有铭文 36 字，包括纪年和技工的名字，较为少见，对研究东汉兵器制造具有重要参考价值。M5 出土陶楼的楼前平台上有舞乐俑，也是东汉考古的重要发现，为研究东汉舞乐杂技提供了资料。

从四墓的形制规模和随葬品来看，墓主均属地主阶级。其中 M4 出土有官制弩机，墓主应为地方官吏。M5 出土的陶罐朱书"谨为杨氏之家"，说明墓主姓杨。东汉时期灵宝属弘农郡，杨氏是该郡的大族。这四座墓的随葬品中，既有陶制的日用器皿、井、灶、碓磨、家畜、家禽、楼阁仓廪，又有精美的铜器、银器、漆器，还有陶六博具等，反映了汉代地主阶级的奢侈生活。墓中贮粮设施有瓮式圆仓、方形陶仓房，表明粮食的囤积，还出有收租的量器——斗和升。M5 朱书陶罐上记有："自食地下租岁二千万，令后世子子孙孙士宦至公侯，富贵将相不绝。"反映了墓主希望子孙万代永保富贵的思想。

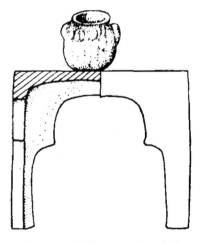

图 3-36　张湾墓地 M2 出土陶桌

图 3-37　张湾墓地 M3 出土陶六博俑

图 3-38　张湾墓地 M3 出土陶持盾俑

（六）南交口汉墓

南交口汉墓位于河南省三门峡市湖滨区交口乡，1997 年由河南省文物考古研究所发掘清理，其中 M17[①]形制较大，封土冢尚存，四周环绕围墓沟，出土器物丰富。

1. 墓葬形制及随葬品

M17 为大型洞室砖券墓，由长条形斜坡墓道、砖券甬道、前室、后室、侧室五部分组成（图 3-39）。墓道平面呈长条状"凸"字形，斜坡状底，深 0.6—7.6 米。墓门砖砌，顶部塌陷，高度不详，在墓道内用砖封堵墓门。甬道长 1.2 米，宽 1.1 米，残高 1.4 米，平面呈长方形，底部平铺"人"字形砖。前室为南北向横长方形，长 6.12 米，宽 2.84 米。前室东壁开南北并列两门，西壁甬道有一假耳室门。后室位于前室东部偏南处，长 3.5 米，宽 2.3 米，平面呈东西向长方形，底部未铺砖。前室南部有侧室，底部平铺一层直缝砖。墓室底部铺砖下发现 5 个小坑，口径 0.22—0.28 米，深 0.2 米，每坑内置一个陶瓶，瓶上绘北斗七星图案，并有朱书文字。墓室及后室残存棺痕，人骨散碎，推断应葬有 2 人。

---

① 河南省文物考古研究所：《河南三门峡南交口汉墓（M17）发掘简报》，《文物》2009 年第 3 期，第 4-18 页。

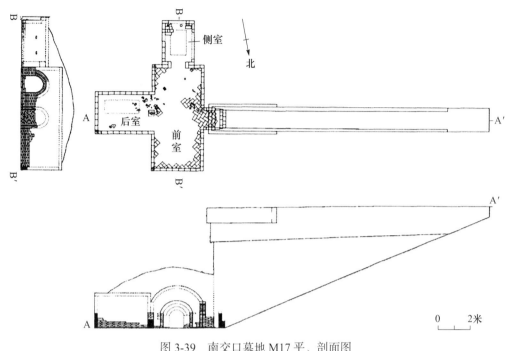

图 3-39 南交口墓地 M17 平、剖面图

墓砖为长条形青砖，部分墓砖上发现有刻划文字和符号。

墓室经盗扰，随葬品摆放位置不清楚。在盗洞和墓室积土中发现有大量铜绿色土锈，判断原有大件铜器。现存随葬器物 75 件。其中陶器 48 件，有院落、羊圈、壶、博山炉、釜、俑、盘、案等。铜器 16 件，主要为䡇、环、衡末饰等车马饰和铜质漆木盒。铁器 5 件，锈蚀严重，有刀、钩。石砚 2 件。玉璜 1 件，上刻卧虎纹和卷云纹。另有铅衔链 1 件、骨耳瑱 1 件、残木器盖 1 件。

依据墓葬形制及随葬器物推测，M17 的年代当为东汉后期。墓葬周围的围墓沟是秦墓常见的形制，东汉时期有围墓沟的墓葬较少见，或是本地秦文化的一种延续，紧邻 M17 的是一座带有墓冢的墓葬，两墓南北对应，可能属同一家族。

2. 镇墓瓶朱书文考释

M17 墓中出土 5 件有朱书文字的陶瓶，瓶即罐，河南西部一带将其称为"瓶"，类似器物在三门峡其他汉墓中也有发现。五瓶按照东、西、中、南、北方位埋置，每瓶上都绘有北斗神符，朱书天干、神祇、驱邪避祸等内容，有镇墓作用，又称"镇墓瓶"，据朱书文内容知其具有解注作用，因此也称"解注瓶"。

五瓶皆为泥质灰陶，侈口，束颈，斜肩，平底，器内装有矿物。五瓶朱书内容如下。

M17∶6 "东方、甲乙、神青龙、曾青九两，制中央，令母守子，礻咼（祸）不起，从今日始，如律令！"（图 3-40∶1）

M17：7 "南方、丙丁、神朱（爵）雀，丹沙（砂）七两，制西方，令母守子，礻局（祸）不起，从今日始，如律令！"（图3-40：2）

M17：8 "中央，戊己、神如（勾）陈，雄黄女（七）两，制北方，令母制子，礻局（祸）不起，从今日始，如律令！"（图3-40：3）

M17：9 "西方、庚辛、神白虎，礜（碌）石八两，令母制子，礻局（祸）不起，从今日始，如律令！"

M17：10 "北方、壬癸，慈（磁）石六两，制南方，令母守子，礻局（祸）不起，从今日始，如律令！"

"祸"为祸的别字，"祸不起"，即无灾祸。M17：9瓶漏写"制东方"，M17：10漏写"神玄武"。

根据朱文内容前二字，每瓶又分别被赋予文字名：M17：6出土于后室东北角，首二字为"东方"，简称"东方瓶"；M17：7出土于前室东南角，首二字为"南方"，简称为"南方瓶"；M17：8出土于后室门中央甬道立柱下，首二字为"中央"，简称"中央瓶"，M17：9出土于甬道东南角，首二字为"西方"，简称"西方瓶"；M17：10出土于前室东北角，首二字为"北方"，简称"北方瓶"。

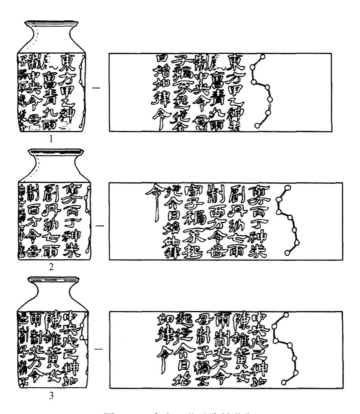

图3-40 南交口墓地陶镇墓瓶

1. M17：6 2. M17：7 3. M17：8

中国古代东、南、西、北四方神为青龙、朱雀、白虎、玄武，较为常见，中央神"如陈"则少见。"如陈"应为"句（勾）陈"。"勾陈"，星名，刘向《说苑·辨物》："璇玑，谓北辰，勾陈枢星也。"[①]《晋书·天文志》："北极五星，钩陈六星，皆在紫宫中……钩陈，后宫也，大帝之正妃也，大帝之常居也。"[②]北斗七星中，最末二等大星勾陈一为帝后，勾陈二、三、四为后宫群妃。汉代镇墓文中，明确"勾陈"居四神中央的较为罕见。《淮南子·天文训》曰："中央，土也，其帝黄帝，其佐后土，执绳而制四方。"[③]但汉代陶瓶中却以勾陈代替。目前五代、宋、元时期出土的买地券中，有十方提及"勾陈"，且勾陈一般在青龙、白虎、朱雀、玄武之后，内容为"内方勾陈，分掌四域"。可见，勾陈在五代、宋、元时期买地券中一直延续使用。

五陶瓶朱书文前均绘北斗七星图案，星与星间有连线，斗身在上，斗柄在下，斗勺口朝外。这些图案当为神符，有学者认为其与巫术、道教有关，汉代人把北斗当作掌管人生死的神灵，《史记·天官书》载北斗文昌宫的六星中有"司命""司禄"，人死后归天上北斗管辖[④]。

秦国早已流传五行思想。战国末年，三门峡地区属秦国，湖北云梦睡虎地秦简《日书》中即载有五行内容，汉代，五行思想已渗透于生活及意识形态中。《淮南子·天文训》载："水生木，木生火，火生土，土生金，金生水。子生母曰义，母生子曰保。子母相得曰专，母胜子曰制，子胜母曰困。"[⑤]南交口汉墓出土的东方、南方、北方三瓶均朱书"令母守子"，守与保同义，中央瓶和西方瓶朱书"令母制子"，制即为克、为胜，是汉代五行思想的反映。

南交口墓地出土五个陶瓶以甲乙、丙丁、庚辛、壬癸分配东、南、西、北四方，以戊己居中，以五位配合五行，把天干、五位、五行相结合，并用天干计日。《淮南子·时则训》载："孟春之月，招摇指寅……其位东方，其日甲乙，盛德在木""孟夏之月，招摇指巳……其位南方，其日丙丁，盛德在火""季夏之月，招摇指未……其位中央，其日戊己，盛德在土""孟秋之月，招摇指申……其位西方，其日庚辛，盛德在金""孟冬之月，招摇指亥……其位北方，其日壬癸，盛德在水。"[⑥]"其日甲乙""其日丙丁"等，即干支记日，用十天干涵盖所有日子。早期道教采用邹衍五行生胜术，依据人死之日决定施行解除法术。因此，陶瓶的朱书文特别标示天干日神。

南交口墓地出土陶瓶中盛装曾青、丹沙（砂）、雄黄、礜石、慈（磁）石五种矿

① （汉）刘向撰，向宗鲁校证：《说苑校证》卷十八，中华书局，1987年，第442页。
② （唐）房玄龄等撰：《晋书》，中华书局，1974年，第289页。
③ （汉）刘安编，刘文典撰，冯逸、乔华点校：《淮南鸿烈集解》，中华书局，2013年，第88页。
④ 吴荣曾：《镇墓文中所见到的东汉道巫关系》，《先秦两汉史研究》，中华书局，1995年，第362-379页。
⑤ （汉）刘安编，刘文典撰，冯逸、乔华点校：《淮南鸿烈集解》，中华书局，2013年，第124页。
⑥ （汉）刘安编，刘文典撰，冯逸、乔华点校：《淮南鸿烈集解》，中华书局，2013年，第159-179页。

石。汉至魏晋时期，这五种矿石曾入药，用于治疗外伤及寒症。关于五石药的毒性，东汉《神农本草经》有载，魏晋《名医别录》则认为雄黄、礜石皆有毒，丹砂、磁石无毒。据考证，除磁石外其他皆毒性较大，故古人称为五毒。

南交口汉墓出土陶瓶上的朱书文体现了阴阳五行思想，具有解注、安冢、镇墓的作用。以往在河南与陕西之间，也曾发现镇墓瓶，上书雄黄、丹砂或礜石，但往往未见五石俱全者，而且不少汉墓中出土四、五件陶瓶而未见朱书者等。南交口汉墓陶瓶的发现，证实这些陶瓶具有同样性质，皆为镇墓、解注之用[①]。

第五节　三门峡地区魏晋北朝至隋时期墓葬

魏晋南北朝时期是中国历史上政权频繁更替的时期，连年战乱，人民流离失所，社会生产遭到严重破坏。此时期墓葬在三门峡地区发现较少，只在市区西北部的大岭国家粮食储备库、甘棠市场、三门峡技术学院、氧化铝厂等地发现北朝至隋时期的墓葬。

一、三门峡大岭路国家粮食储备库北魏墓

2001年，三门峡市文物考古研究所在三门峡市西北大岭国家粮食储备库基建工地清理了一批古墓葬，其中M145为北魏时期墓葬[②]。

墓葬为土洞多室墓，由阶梯状斜坡墓道、甬道及多洞室组成（图3-41）。墓口平面呈长方形，墓道下距开口1.32米处呈斜坡向下形成第一个台阶，台阶中部挖有一脚窝，此下又有类似的二级台阶。甬道在墓道北端和主室的南侧，北宽南窄，平面呈梯形，长1.18米，宽0.76—0.57米，底部呈坡状，直壁弧顶，甬道口发现有封堵痕迹。墓室位于甬道北端，由主室、北侧室、东侧室三部分组成。主室平面呈横长方形，长1.52—1.49米，宽0.95—0.78米。北侧室平面呈圆角横长方形，长1.68米，宽0.82—0.8米，有小过道与主室连接。东侧室平面为南宽北窄的近梯形，长1.8米，宽0.64—0.84米，也有小过道与主室相连。北、东侧室均发现有人骨架，未发现棺木痕迹。其中北侧室有人骨两具，可判断出头东足西，仰身直肢葬式，南北并列，北侧一具为男性，面北，南侧一具女性，面南，应为夫妻合葬，二人年龄约为中壮年。东侧室内有人骨一具，骨架散乱，应为迁葬，头南足北，葬式、年龄不可考。

随葬器物共10件，主要放置于北、东侧室，包括双系陶罐1件、铜带饰7件、铜

① 郝本性、魏兴涛：《三门峡南交口东汉墓镇墓瓶朱书文考略》，《文物》2009年第3期，第57-61页。
② 胡小龙、崔松林、党雪红：《三门峡大岭国家粮食储备库北魏墓的发掘》，《三门峡文物考古与研究》，北京燕山出版社，2003年，第85-88页。

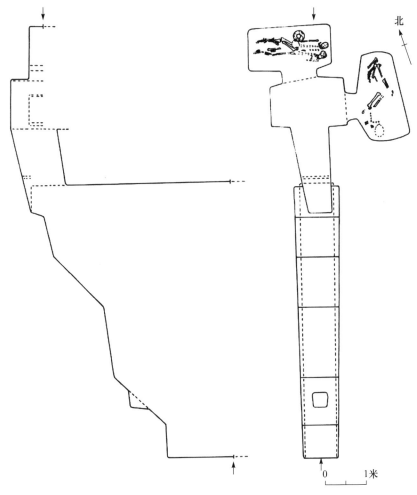

图 3-41　大岭 M145 平、剖面图

钱 1 件、蚌壳 1 件。

从墓葬结构分析，M145 年代应为北魏时期。所出铜钱为"永安五铢"，是北魏孝庄帝于永安年间铸造，故此墓年代不早于此时期。此墓形制小且随葬器物少，墓主地位应偏低不富有。

北魏时期，统治中心在以洛阳为中心的北方地区，墓葬形制中砖室墓和土洞墓皆有。M145 土洞多室墓的形制与已发表的北魏墓葬形制有所不同，应是地域差别所致。阶梯状斜坡墓道与唐代的一种墓道形制有相近之处，省工省力的唐墓梯形斜坡墓道可能就是由此演变而来。

二、三门峡北朝和隋时期墓葬

1985—1995 年间，原洛阳地区文物工作队和三门峡市文物工作队分别在三门峡市区西北部甘棠市场、三门峡技术学院和氧化铝厂等地发掘北朝墓葬，共 13 座^①。

（一）墓葬形制

均为土洞室墓，墓门朝南，按照墓葬结构可分为 A、B 二型。

A 型墓葬，2 座，包括氧化铝厂 M64 和甘棠市场 M132。M132 由墓道、过洞、天井和墓室四部分组成（图 3-42）。墓道南北长 8.04 米，宽 1.1 米，墓道北端向下出现过洞门顶，墓道东壁上有一壁龛，未发现任何遗物。墓道上口向北 2.7 米处设有一天井，天井长 4.06 米，宽 1.1 米。墓室位于墓道的北侧，墓门宽 0.68 米，顶高 0.9 米，墓室平面近方形，南北长 2.82 米，东西宽 2.46 米，穹隆顶，壁面上涂有白灰和红色颜料，大部分已剥落，部分壁面上残存有墨色条纹。墓室北端有一长方形生土台棺床，棺床上发现有棺木痕迹和残碎人骨，均被扰动。墓室门口处有一方石墓志。

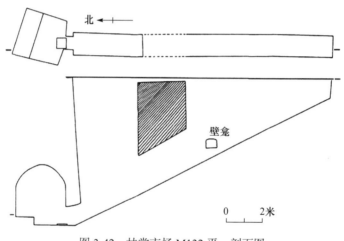

图 3-42　甘棠市场 M132 平、剖面图

B 型墓葬，11 座，规格均小于 A 型墓葬，且墓道和墓室之间没有过洞和天井。依墓室结构不同，可分为 Ba、Bb 二亚型。

Ba 型墓葬，8 座，墓室平面多呈方形或近方形，棺床多位于墓室后端，平面为长方形，长 1.6—2.6 米，宽 0.8—1.1 米，高 0.3—0.5 米（图 3-43）。

Bb 型墓葬，3 座，包括氧化铝厂 85YM5、M32，技术学院 90JM13（图 3-44）。该类型墓葬的墓道结构与 Ba 型基本相同，但墓室形状不规整，构筑粗糙，墓室与墓顶没有明显的分界，自墓壁底向上呈弧形内收。3 座墓墓室形状各不相同，仅在 85YM5 内发现一件随葬品，其他两座墓葬未发现随葬品，但出土有刻纪年的墓志砖。

---

① 三门峡市文物考古研究所：《河南三门峡市北朝和隋代墓葬清理简报》，《华夏考古》2009 年第 4 期，第 40-51 页。

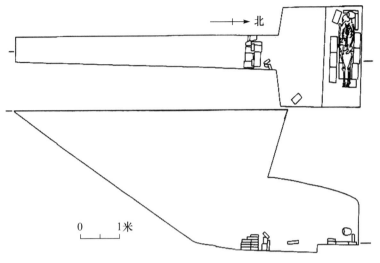

图 3-43　氧化铝厂 85YM1 平、剖面图

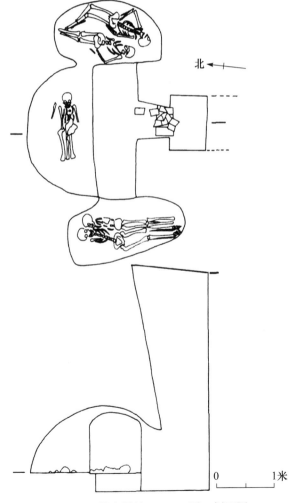

图 3-44　技术学校 90JM13 平、剖面图

（二）随葬器物

13 座墓葬中，仅 7 座墓葬出土墓志和墓志砖，其余墓葬随葬器物均较少。A 型墓葬规模较大，但被盗，无随葬器物出土。Ba 型墓葬中仅 4 座有少量随葬器物，Bb 型墓葬仅发现一件铜发钗。随葬器物按质地可分为陶器、铜器、铁器等。陶器共计 4 件，主要器型为陶罐、陶壶。铜器发现有铜发钗和铜钱。铁器发现 1 件铁镰刀，锈蚀较严重。另发现有串珠、石墓志、墓志砖和买地券。

依据 7 座墓葬中发现的石墓志和墓志砖等具有纪年性质遗物推断，墓葬年代均为北朝。其中年代最早的是 85YM51，为北魏建义元年（528 年），年代最晚者为 90JM11，为北周大象元年（579 年）。其余 6 座墓葬未发现出土纪年物，但从 85YM1、M8、M32 出土的铜钱来看，没有晚于北朝时期的铜钱，85YM32：5、85YM32：6、85YM1：2 为东汉时期五铢钱，"布泉""五行大布"则为北周武帝时期铸造。同时，这 6 座墓中也没有发现任何晚于北朝的器物，年代应不会晚于隋。

技术学院 90JM10 与 90JM13 并列，砖铭字体相同，且砖铭上均有"吕相姬"这一人名，判断这两座墓的墓主属同一家族。氧化铝厂 85YM51 与 85YM40 左右并列，墓葬方向一致，形制相同，判断属同一家族。氧化铝厂 85YM2、M5、M1 方向亦一致，排列紧密，也应为一家族墓葬。

这批墓葬中不仅有墓葬规格较高的贵族墓，也有数量较多、挖筑简陋的平民墓，比较全面地反映了北朝至隋时期社会的丧葬习俗。其中狭长的斜坡墓道和室内设置有生土台棺床的做法与豫西地区的汉代墓葬不同，也与中原地区唐宋时期墓葬存在差异，形成了一种独具特色的墓葬结构。

第四章　三门峡隋唐时期考古

隋唐时期三门峡地区属陕州。唐玄宗天宝元年（742 年），改陕州为陕郡。唐肃宗乾元元年（758）年，改郡为州。隋唐时期，为加强江南物资及生活用品对京师的供应，朝廷对三门峡黄河漕运采取多种整治措施。如隋文帝时在陕州置常平仓储存物资，又"诏凿砥柱"，在砥柱两崖修筑栈道。唐初由于三门峡栈道遭到毁坏，朝廷采取多种整治措施，恢复航道畅通，同时又开辟陆路交通辅助运输。这些措施促进了三门峡地区经济文化的繁荣。遗留至今的文化遗存有漕运遗迹、寺院、崖壁石刻、碑刻及众多墓葬等，反映了三门峡地区人们的生产生活状态及丧葬习俗。

第一节　三门峡地区隋唐时期的遗迹

一、陕州渔淋城遗址

渔淋城遗址位于陕州柴洼乡鱼里村西约 800 米黄河南岸的台地，南依庙崖山，北临黄河边，距三门峡市约 70 余千米，现存面积约 6000 平方米。2000 年，三门峡市文物考古研究所和陕县文管会联合对此遗址进行考古调查和发掘，根据调查情况，在西部台地布置探方、探沟进行发掘，发掘面积 205 平方米[①]。

勘探发掘结果表明，渔淋城遗址地层堆积较薄，古代遗存较少。

遗物以瓷器和陶器为主，铁器次之。陶器多为实用器，有泥质和夹砂两种质地，均为灰陶，由于器物残碎严重，无法复原，只可看出有罐、盆等。瓷器也多为碎片，有白、黑、豆青、青灰四种釉色，器型有缸、罐、杯、碗等，以碗为多。瓷器可复原的有双耳瓷罐 1 件、瓷杯 1 件、瓷碗 1 件、小瓷壶 1 件。铁器有生产工具、炊具、兵器三种，生产工具有犁铧、镰、船用配件、铁钉等，炊具有铁锅 1 件，兵器有箭头 7 枚。另出土铜钱 5 枚，有开元通宝 2 枚、熙宁元宝 2 枚、天圣元宝 1 枚。

渔淋城在史书上没有明确记载，当地人称之为"运粮城"，是为黄河漕运而兴建。《河南通志》清稿引明嘉靖《通志》称陕州硖石夹岸有北岸城和南岸城，巧合的是黄

---

① 任留政、赵小灿、曹铁钢：《陕县渔淋城遗址考古调查与试掘》，《三门峡文物考古与研究》，北京燕山出版社，2003 年，第 131-135 页。

河北岸与南岸相对处有一渔淋城，因此，渔淋城即为南岸城。城的建设应与唐开元二十一年（733年）裴耀卿漕运改革中"乃于河阴置河阴仓，河清置柏崖仓，三门东置集津仓，西置盐仓，凿山十八里以陆运"[①]有关。故人们称之为运粮城是有根据的。

渔淋城遗址绝大部分被山石掩埋，无法取得更多实物资料。此次发掘出土的遗物证实其为当时漕运的中转站，主要作用是暂存物资，给运输船只、人员提供方便，其使用年代应从唐代一直延续至宋代或更长。

二、陕州空相寺唐代碑刻（汾阳王置寺表）

空相寺又名定林寺，俗称西山寺，位于陕州西李村乡熊耳山山麓。据清及民国《陕州志》载，东汉永平年间佛教传入陕州时，就修建了空相寺，距今已有1900多年历史，与少林寺、白马寺、相国寺并称"中州四大名寺"。

空相寺是禅宗初祖菩提达摩的葬地。据载，达摩初在少林寺传法慧后，即到熊耳山的定林寺传法5年，于南朝梁大同二年（536年）十二月在济阳千圣寺讲经时圆寂，旧葬空相寺。关于空相寺的得名，传说东魏使臣于元象元年（538年）自西域返京回途中，遇到达摩大师赤足携只履西归，报于皇帝，皇帝命人挖开达摩墓葬，只见只履空棺，达摩已脱化成佛，遂将定林寺更名为"空相寺"。

2004年3月，空相寺僧人绿化寺院时，在地下1.5米处挖出《汾阳王置寺表》碑刻，经专家鉴定为唐代碑刻，应为唐大中十二年（858年）郭子仪曾孙郭珙立。碑为长方形，圆额，通高120厘米，宽60厘米，厚15厘米，未见碑座。碑首双行篆书"汾阳王置寺表"，"王"字残缺，应是将一块旧碑重新磨平后刻制，内容为[②]：

> 故尚父汾阳王奏达摩祖师谥号，寺额、塔额，度僧表，并中书门下牒及牒、寺牒
>
> 河南府永宁县界熊耳山下达摩师塔院，徵事郎守，永宁县令柱国桂次武大中十二年九月□□日到任，方始建
>
> 右臣伏以达摩禅师自西方传法至中国，为禅门第一祖师，阐化梁朝后，至河南府□□寺灭度，葬于熊耳山下，遗塔见在。其所著履，化为神泉，所持杖，变生一树。空中钟梵，往往得闻。三百余年，灵验不绝，为远近所知。自经圣代，未蒙旌异。臣往年曾到塔院，亲礼圣迹，及收东京日，身虽不往，心发至愿，倘禅师福佑，俾被氛弥灭，国步再安，必当上，闻特加崇饰。今

① （宋）欧阳修，（宋）宋祁撰：《新唐书》卷五十三，中华书局，1975年，第1366页。
② 内容转引于许永生：《陕县空相寺出土唐代碑刻〈汾阳王置寺表〉》，载《河南文物考古论集4》，大象出版社，2006年，第258-259页。

若缄默，有负衷诚。臣子之情，伏希圣察。特望天恩，加达摩禅师谥号，并赠寺额塔额，度柒僧庶，上资景福，下遂愚衷

谨录奏　　听伏德　敕旨

大历七年（公元772年）十一月廿五日　关内河东副元帅司徒兼中书令，汾阳郡王郭子仪奏，中书门下牒，关内河东副元帅

牒奉　敕达摩禅师宜赐谥号圆觉禅师，寺额为空相之寺，塔额为空观之塔，余依牒至准，敕故牒

大历七年十二月十二日牒　中书侍郎平章事元载，门下侍郎平章事王缙，兵部侍郎平章事李使，司徒兼中书令在使院，敕关内河东副元帅牒空相寺，牒奉中书门下，敕牒如右请录白施行者，各贴所由准，敕故牒

大历八年正月四日牒　关内河东副元帅司徒兼中书令汾阳郡王郭子仪

谢赐谥号　　御题塔寺额表并批答

河南府永宁县熊耳山第一祖达摩大师塔院，敕宜赐达摩大师谥号圆觉，禅师寺为空相寺，塔为空观之塔，右件寺，伏蒙御题塔寺两额，中使张如津送到者。伏以达摩大师，心入佛地，振锡东土，禅关遂开，塔额寺名，实在崇饰。今圣慈鸿信，御扎亲题。金榜流日月之光，香台写龙凤之状，掩凌烟于千古，降垂露于九重。非独法门之荣，实为天下之宝。将以永福，皇弥传乎不朽。谨附表陈谢，以闻谨言

大历八年四月三日　河内关东副元帅司徒兼中书令汾阳郡王臣郭子仪奏

敕建达摩大师迹自五天，化流三界，广津梁于东夏，弘清净之因缘，遵敬遗陈，旌题塔寺，因照正教，永播玄猷，所谢知□

祖师塔院

显祖忠武公大历中特奏闻崇饰。珙九年夏，敕授此邑宰，至止月余，丞造塔下，而上奏旧章，帝赐批答，悉录白藏于塔室内，踧获稽首，捧阅再周，伏睹弘道尚教之旨，而忧国之诚，形于至愿。虽□响内，不忘竭尽之恩，焕乎懿烈，扇赫今古。珙谬宰兹地，获睹遗芳，敢不发挥圣德，期乎不朽。谨用勒诸贞珉，以垂永永，冢孙朝议郎行河南永宁县令珙记

大中十二年九月日建，刻字杨绍

碑阴为：

（碑首直书二行上刻）常住地土为记

（碑身共九行）敕赐空相寺常住地土为记

今具四至下项地土

东至（峪）口为界

南至令春沟南（岭）为界

西至西白福土门为界

北至天河北（岭）为界，内水磨两盘

四至以里，尽属空相寺常住地土，方圆□亩，

数百余顷，并无诤（争）议。

大历八年三月　　日

碑刻为郭珙任河南府永宁县县令时所立，记录其祖郭子仪到空相寺朝拜及平叛后朝廷封赐事件。碑文记载郭子仪平定"安史之乱"时，曾到空相寺朝拜达摩圣迹，并许愿若达摩禅师福佑，平定叛乱，必当奏请朝廷，"特加崇饰"。平定"安史之乱"九年后，郭子仪奏请朝廷封赐。唐代宗亲赠达摩禅师谥号圆觉，寺额为空相之寺，塔额为空观之塔。此为空相寺繁盛辉煌之时。

三、陕州安国寺

安国寺，位于陕州东部李村乡东南约 6 千米的瑞云山下，原名瑞云寺，因寺院殿堂覆有琉璃瓦，在阳光下宝光闪闪，俗称琉璃寺。安国寺初建于北周天和四年（569年），隋大业元年（605 年）扩建，隋亡时尚未完工，唐代继续进行，于贞观元年（627年）完工。安国寺为唐时名称，意为定国安邦。在唐武宗时期的灭佛运动中，陕州寺院唯安国寺没被破坏。唐之后历代对安国寺均有修葺，现存建筑多为明清时翻修改建。1986 年 11 月，安国寺被批准为省级文物保护单位，2013 年 5 月被国务院公布为全国重点文物保护单位（图 4-1）。

图 4-1　安国寺大门

安国寺主体建筑坐北朝南，是一座规模宏伟、气势浩大的古代建筑群，相传是以白马寺为蓝本按比例缩建。前后共五进院落，由火墙界分为前、后两院。中轴线上依次有山门、前殿、三佛殿、二佛殿、火墙门楼、后大殿，以山门及前、中、后三重佛殿为前院。另有东西掖门、钟楼、西配殿、东西廊房、莲花池、石碑经幢等。现存面积为 5000 余平方米，寺内房屋计有 33 间，寺外东侧还有僧房 27 间。另有石碑 5 通，石碣 5 方，唐代经幢 1 件（残）。

山门面阔三间，进深一间，为带檐的灰瓦硬山式建筑，灰陶雕脊。明间辟拱券大门，门上有砖雕香云结彩匾额一方。山门东、西两侧为掖门。门前立石狮子一对，高 1.5 米。

前殿及位于西侧的配殿皆为面阔三间，进深一间，硬山灰瓦顶，檐下柱头置异形斗拱，雕刻有马、狮、鹤等动植物图案，形象生动，雕工精湛。明间饰荷花雀替和垂莲柱，柱下用鼓镜柱础。殿前立清代石碑两通。

三佛殿即中殿，是安国寺建筑群中的核心。面阔和进深均为三间，歇山顶，覆绿色琉璃筒瓦，重唇滴水，盘龙瓦当。正脊前后两面均塑一结跏趺坐于须弥座上的佛像，佛像上方为莲花宝瓶，其两侧为牡丹、龙凤图案，鸱吻高大秀丽。戗脊、垂脊为琉璃花脊，檐下置异形斗拱、七架梁、鼓镜柱础。平板枋上饰有狮、象等图案的木雕并施有彩绘，檐下东西两侧砌八字墙，正面踏道和垂带已毁。

二殿，面阔、进深皆三间，单檐歇山顶，四周有回廊，上覆以绿色琉璃瓦。正脊中间置一奇丽的琉璃脊饰，上部为一宝葫芦，中为仰覆莲，下部为须弥座，座两侧各雕佛像一尊。正脊之脊筒上饰龙、凤、花卉等图案，两端置龙首大吻，垂脊和戗脊均为琉璃花脊，四周檐部用盘龙瓦当和重唇板瓦，檐下置异形斗拱，柱下用青石鼓镜柱础。明间安六抹头隔扇门六扇。此殿为明代建筑，是豫西地区现存较早的木构建筑之一。

砖门楼，位于火墙中段，重檐歇山顶，上覆琉璃瓦，下为青砖垒砌，脊饰高大完整，檐下有仿木结构和垂花门饰件。门楼的上下、前后均有浮雕，内容为动物和花卉。门楼两侧墙壁雕饰独角兽、狮子滚绣球、蝙蝠等图案。门楼砖雕精美，艺术价值较高。

后大殿，面阔五间，进深二间，单檐硬山式顶，上覆灰色筒瓦。正、垂脊皆为青件花饰，盘龙瓦当，檐下置五踩异形斗拱，檐檩和斗拱皆有彩绘，阑额为透雕，明间雕二龙戏珠，次间为牡丹、人物故事和天宫，稍间为八仙故事，明间、次间均为六抹头隔扇门。前檐有小八角通体磨光石柱四根，是清道光二十六年（1846 年）重修殿宇时改换的，下部为须弥座圭角柱础，雕有莲花、卷草、花卉与几何图案。

安国寺历史悠久，环境优美，寺内的钟楼、二殿、砖门楼等在建筑艺术方面均具有较高成就。

第二节　三门峡地区隋唐时期墓葬

由于隋王朝存在时间短，墓葬大多与南北朝时期或初唐墓葬混为一起。三门峡地区具有明确纪年的隋墓发现不多。其中刘伟、刘穆墓因出土有墓志，可作为具有明确纪年的隋代墓葬代表。墓葬虽然均被盗，残留遗物较少，但出土器物具有明显的汉魏南北朝至唐代过渡特征，为研究隋代墓葬提供了可靠的实物资料。

唐代墓葬发现较多，大多为中小型规模土洞墓。墓道有竖穴、斜坡、阶梯等多种形制，其中斜坡墓道墓葬规模较大。墓室多单室，平面多呈长方形，有的为正方形或不规则形。随葬品有的较为丰富，出土有三彩器、陶器、瓷器、铜镜、铜钱、铁器等。出土大量陶俑为此时期墓葬特色，陶俑种类有武士俑、侍俑、乐俑等。镇墓兽继承北魏以来传统，多为成对呈现，一为人面，一为兽面。陶俑数量依墓主人身份有多寡之别。

一、刘伟、刘穆墓

1956 年，黄河水库考古工作队在陕县会兴镇刘家渠墓地发掘 2 座隋代墓[①]，二墓并列，均为南北向土圹单室墓，虽被盗，但出有墓志，可知为隋代刘伟、刘穆之墓。

刘穆字景谐，开皇四年（584 年）卒，年 81 岁，时任绛州刺史。开皇六年（586 年）十一月与夫人王氏合葬于此。刘穆墓（M1031）规模较小，墓室平面呈方形，室后半部有一棺台，南面有带两个天窗的斜坡墓道。此墓已被盗掘一空，除墓志外，仅残存铁镰 1 件、隋五铢 2 枚。

刘伟，刘穆之兄，字睦儁，保定四年（564 年）卒，年 71 岁，时任昌州刺史。开皇三年（583 年）与夫人李氏合葬于此。此墓（M1032）墓形大小略同于刘穆墓，只是墓室东壁多一耳室。出土物有陶俑、铜撮、铜镜、银币、铜钱等。

陶俑有武士俑 2 件，文、武骑士俑各 1 件，另有镇墓兽 2 件。

铜撮 1 件，长柄斗形。撮径约为 1.65 厘米。柄上刻"始建国元年正月癸酉朔日制"，斗部周刻"律撮，方五分而圜其外，庣旁四毫，冥册分五釐，深四分，积百六十二分，容四圭"。王莽以初始元年（8 年）十二月癸酉朔改元为始建国，这是其改元后颁发的标准量器。北京故宫博物院、上海博物馆及台北故宫各收藏一件传世王莽时期量器，此件是正式发掘出来的第一件。

铜镜 1 件，如汉式，外围锯齿状纹饰，中间为四叶蒂纹和连弧纹，四叶蒂纹似莲

---

① 黄河水库考古工作队：《一九五六年河南陕县刘家渠汉唐墓葬发掘简报》，《考古通讯》1957 年第 4 期，第 9-19 页。

瓣。上有"光正隋人，长命宜新"八字铭文。

银币 2 枚，夏作铭先生主考证为波斯萨珊王朝库思老一世（531—579 年）的银币。

另出土有隋五铢 31 枚、铁刀 2 件、残铁剪 1 件、铁顶针 1 件、铜叶若干、陶罐 1 件、金指环 1 件及墓志一方。

二、姚懿墓

姚懿，字善意，姚崇之父，原籍吴兴（今属浙江），因其先祖曾为官陕圻，遂为硖石县（今河南陕州）人。姚懿曾任硖石令，因被诽谤辞官归里，后任嶲州（今四川西昌）都督，安定西南。龙朔二年（662 年）十二月一日死于嶲州都督府，年 73 岁。次年七月，归葬于硖石县安阳公之原其父姚祥墓侧，即河南三门峡陕州菜园乡南阳村东。唐开元三年（715 年），朝廷因其子姚崇追赠其为吏部尚书，谥号"文献"，姚崇在陕县张茅乡西崖村南选穴重建父墓，并由昭文学馆学士胡皓撰文，大书法家徐峤之书丹《大唐故嶲州都督赠幽州都督吏部尚书文献公姚府君碑铭》。

1983 年，配合陇海铁路改造，河南省文物研究所对姚懿墓进行了勘探发掘[1]。墓为南北向土洞墓，由墓道、甬道、墓室和东、西耳室五部分组成。墓道为长方形竖穴式，东西各开一耳室。甬道开于墓道北壁，拱券顶，门用土坯封堵。墓门位于甬道北端，设木门将其与甬道隔开，木门已朽，遗落朽木、铁钉、铁环等门构件。墓室平面呈长方形，长 2.5 米，宽 2.28 米，室内青砖铺地，顶部残存一朵彩绘花卉图案。墓室北壁下横置棺床。甬道内出土墓志一盒，正方形，边长 0.56 米，志盖为盝顶式，上刻"唐故嶲州都督赠吏部尚书姚公玄堂记"，周边刻十二生肖和缠枝花卉图案。志文 20 行，行 20 字，记录姚懿生平事迹和原墓位置及迁葬缘由、经过等。墓前有姚懿墓碑，由青石刻制，蟠首，龟趺，通高 3.7 米，宽 0.97 米，厚 3.2 米。篆额"大唐故嶲州都督赠吏部尚书文献公姚府君之碑" 20 字，碑身楷书 29 行，行 58 字，首行题"大唐故嶲州都督赠幽州都督礼部尚书文献公姚府君碑铭"，碑文 200 余字，碑阴文字已蚀损难辨。1983 年 12 月 13 日，碑被移至陕州西 15 千米温塘游览区刘秀峰上。

随葬器物分置主室及耳室内，有陶器、瓷器、木漆器、彩绘俑等。陶器、瓷器、木漆器等放于耳室内，其中陶器 7 件均为罐，内有黍、粟等。瓷器造型、釉色具唐代特点。棺床上有玉带一条，皮革已朽，保存有方孔方形玉饰 4 件，半圆形方孔玉带饰 7 件，带坠、带扣各 1 件，这些玉件外均镶极薄的鎏金铜片。此墓未发现棺木及人骨遗迹，应是其子所建衣冠冢。

---

① 河南省文物研究所：《陕县唐代姚懿墓发掘报告》，《华夏考古》1987 年第 1 期，第 126-137 页。

三、张弘庆墓、韩忠节墓

　　1985 年、1986 年，三门峡市文物工作队配合基建工程发掘清理了一批唐墓，其中张弘庆墓、韩忠节墓[①]保存较完整并出土有墓志。

（一）张弘庆墓

　　墓葬位于三门峡市粮食局第二面粉厂西北部，编号为 M132。南北向土洞墓，由墓道、甬道、墓室三部分组成（图4-2）。墓道位于墓室南侧，南部略残，残长 4.6 米，宽0.6—1 米。甬道位于墓道与墓室之间，与墓道相接处有一天井，弧顶，长 0.4 米，宽 1米，高 1.3 米。墓室长 2.6 米，宽 1.24—1.36 米，高 1.3—1.4 米，平面呈长方形，拱形顶。墓室门用土坯墙封堵，已塌。墓室西侧残存木棺一具，棺内有人骨架，保存基本完好，头北足南，仰身直肢。

　　随葬器物有陶瓷器、铜器、铁器、银器、玉器等类别，主要放于棺内及墓室西壁

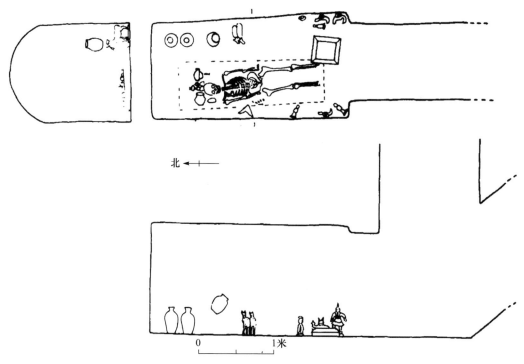

北 ←

0　　　　1米

图 4-2　M132（张弘庆墓）平、剖面图

① 三门峡市文物工作队：《三门峡市两座唐墓发掘简报》，《华夏考古》1989 年第 3 期，第 97-112 页。

下、东半部。瓷器有壶 1 件、碟 1 件；铜器有镜 1 件、耳勺 1 件；玉器有玉猪 1 件、玉棒 1 件；银器有盒 1 件、耳杯 1 件；铁器有犁铧 3 件、铁片 1 件，陶器有瓶 2 件、罐 2 件、砚 1 件，男女陶俑各 1 件，另有马俑、武士俑、镇墓兽等共 9 件，还有铜钱 325 枚。除男女陶俑放于棺内外，均放置于墓室近口处。

墓室口处有砖墓志一合，用两块边长 35 厘米、厚 5.6 厘米的方砖制成。志盖面墨书篆字"大唐故张府君墓志铭"，志文朱色楷书，漫漶不清，内容大概为：墓主张弘庆，其先祖为清河人，后迁居陕州甘棠，任朝中武职，张弘庆生前受父传训，继承先人习武传统，但终生无官。

M132 出土一枚"乾元重宝"，始铸于唐肃宗乾元元年（758 年），故张弘庆墓年代不早于 758 年。

（二）韩忠节墓

墓葬位于三门峡市工商银行家属楼工地，编号为 M215。土洞墓，由墓道、甬道、天井和墓室四部分组成（图 4-3、图 4-4）。墓道口因施工而被破坏，墓道东部呈过洞式，长 9 米，高 1.9—2.5 米，上方开天井三个，墓道东部与甬道相接。甬道为过洞式，弧形顶，长 3.4 米，宽 0.9—1.2 米，高 1.8—1.9 米，甬道与墓道相接处有厚约 0.4 米的土坯墙。墓室平面呈长方形，长 3.88 米，宽 3.02 米，高 2.2—2.4 米。墓室北侧有一具木质棺椁，保存较差。棺内有人骨架两具，南侧骨架保存较好，仰身直肢，男性；北侧骨架零乱，女性，为迁葬而来。这与墓志所载此墓为韩忠节及夫人关氏合葬墓相吻合。

随葬器物放置于棺椁内及墓室南侧。棺内主要集中于人骨架周围，有铜蚕 1 件、铜蛙 1 件、骨笄 1 件、铜镜 2 件、铜钱 10 枚、银手镯 2 件、蚌壳 3 件等；椁内有陶塔形罐 2 件、陶瓶 5 件、墓志 1 合；墓室南侧放置陶俑、陶碗、陶盆等。

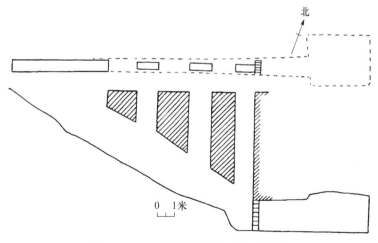

图 4-3　M215（韩忠节墓）平、剖面图

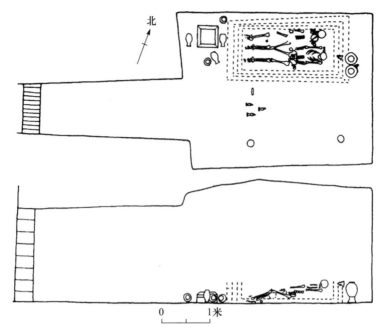

图 4-4　M215（韩忠节墓）墓室与甬道平、剖面图

石墓志出于椁内，青石镌刻。正方形，盝顶盖，边长 45 厘米，通高 21 厘米。盖面阴刻篆书"大唐故韩府君墓志铭"，志石四周阴线浅刻十二生肖图像。志文记载：墓主姓韩名忠节，字仲子，昌黎人。先祖历任官职。韩忠节经史博洽识度，英才包于文武，初任蓬州大竹主簿和雁门县尉。为人轻财重义，守直徇公。后升为摄蔚州司马兼河东道支度营田铸钱判官。辞赏归于乡邑，于天宝元年孟冬终于陕城私第。夫人河东关氏，早年去世，于其年十一月二十九日合葬于硖石县西原礼。

M215 出土石墓志文中记载韩忠节逝世于唐玄宗天宝元年（742 年）。

四、张归香墓

2021 年 4 月至 5 月，三门峡市文物考古研究所对大岭路北段东侧的一批唐代墓葬进行了发掘清理。其中 M61 是这次发掘中面积较大、保存完整的墓葬[①]。

M61 是一座坐北朝南的土洞室墓，由墓道、天井、甬道和墓室四部分组成（图 4-5）。因基建施工，原墓口已被破坏，现存墓道口部平面呈倒梯形，长 2.5 米，宽 0.84—0.88 米。墓道南壁陡直，东、西两壁斜直略外张，底部呈斜坡状，且稍大于口部。底坡长 2.74 米，宽 0.89—0.9 米，距墓道南端 1.36 米处有两个台阶。天井介于墓道和墓室之间，平面近长方形。墓道与天井之间有过洞相连接，过洞为拱形顶，长 0.52 米，宽

---

① 河南省文物考古研究院、三门峡市文物考古研究所、河南博物院：《三门峡唐代张归香墓发掘简报》，《中原文物》2021 年第 4 期，第 38-42 页。

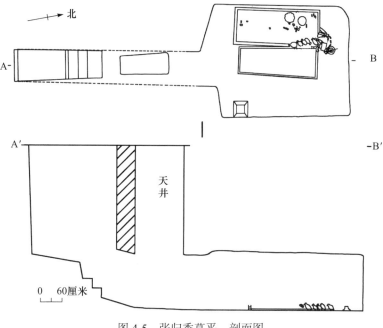

图 4-5　张归香墓平、剖面图

0.94 米，高 1.46 米，直壁高 1.18 米。甬道位于天井和墓室之间，平面呈长方形，顶部呈拱形。墓室平面大体呈长方形，南北长 3.92—4.32 米，东西宽 3.0—3.12 米，高 1.5—1.62 米，室壁较直，弧形顶近平，平底。墓室内有南北向并列木棺 2 具，腐朽严重，结构不明。棺内人骨架基本无存，根据木棺的数量推断应为夫妇合葬。

共出土随葬品 25 件，主要放置于墓室西侧木棺的东北部和棺内，墓志则放置于墓室东南角。具体为：陶器 8 件，计罐 1 件、器盖 1 件、瓶 5 件、器座 1 件；铜器 13 件（枚），计镜 1 件、泡钉 10 枚、合页 1 件、铜钱 1 枚；金钗 1 件；铁刀 1 件；蚌壳 1 枚；漆器 1 件。

墓志放置于墓室东南角，身、盖合为一体，青石镌刻，保存完好。整体呈正方形，边长 38—40 厘米，通高 21 厘米。墓志盖为盝形顶，边长 40 厘米，高 12 厘米。志盖上阴刻篆书 9 字"大唐故张君墓志之铭"，字迹清晰规整，四刹浅阴刻芙蓉花纹及卷云纹。志石正方形，边长 38 厘米，高 9 厘米。志石四周用阴线浅刻十二生肖图像，均作兽首人身，着广袖长袍，双手执笏合抱于胸前。志文楷书，首题"大唐张君墓志铭并序"，共 17 行，满行 25 字，共计 383 字，主要记录墓主生平、经历和本人及其夫人所卒时间。墓主张归香，原为南阳人，因官于陕郡并斗宅于此，故为陕人，以景云二载七月十三日卒于邵南宜君里。夫人杨氏粤以天宝二载十二月四日卒于旧业，即以天宝四载十月二十五日合葬于陕郡东原礼也。张归香生于唐高宗龙朔二年（662 年），卒于唐睿宗景云二年（711 年）七月十三日，享年 49 岁，与夫人于唐玄宗天宝四载（745 年）十月二十五日合葬于陕郡。

M61 出土了有确切纪年的墓志铭，可知为唐代中期墓葬，墓主为张归香夫妇。

五、水工厂唐墓

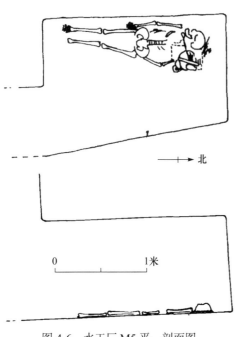

图 4-6　水工厂 M5 平、剖面图

1989 年 11 月，三门峡市文物工作队在市水工厂西宿舍楼工地发掘一座唐墓，编号 M5[①]。

M5 为刀形土洞墓（图 4-6），由墓道、墓室两部分组成，墓道未清理，形制不明。墓室平面为不规则长方形，长 2 米，宽 1.1—1.4 米，高 1 米，拱形顶。墓室内淤满泥土，骨架及随葬品被埋，棺木位于墓室西侧，保存较差，墓主为仰身直肢葬式。

随葬器物多放置在墓主头部和左肩处。共出土 12 件（套），具体为瓷碾 1 套、瓷兔 1 件、铜镜 1 件、铜笄 4 件、骨笄 3 件、蚌饰 1 件及开元通宝 1 枚。

据 M5 土洞单室刀形墓的形制、随葬品的特点，以及墓内出土的开元通宝铜钱，可将其断为唐代晚期墓葬。墓内出土较多精美的铜笄、骨笄和蚌饰，墓主应为女性。

六、刘家渠唐墓

刘家渠墓地为涵盖汉代至宋金时期墓葬的大型墓地。1956 年在发掘大量汉墓的同时，还发掘唐墓共 116 座[②]，其中 14 座墓出土有墓志。这批唐墓均为规模较小的南北向土圹单室墓。墓道有竖穴式、斜坡式、阶梯式三种，墓室大多为长方形或方形，有的呈不规则形。年代少数为初唐时期，大多为盛唐之后至唐末。

M1001，墓志显示为开元二十一年（733 年）墓葬。斜坡墓道，带有天窗 1 个。墓室西宽东窄，平面呈不规则形，顶为拱形。室内发现骨架 2 具，头西足东，腰部出有铜铐、带扣。随葬器物有平口短颈的陶瓶、双耳小罐、大陶罐及开元铜钱，器物耳部多被打掉。

---

① 三门峡市文物工作队：《三门峡市水工厂唐墓的发掘》，《华夏考古》1993 年第 4 期，第 72-75 页。
② 黄河水库考古工作队：《一九五六年河南陕县刘家渠汉唐墓葬发掘简报》，《考古通讯》1957 年第 4 期，第 9-19 页。

M1036，为大历二年（767 年）墓葬。斜坡墓道，带 2 个天窗。墓室略呈长方形，顶已塌，东壁下有小壁龛 2 个。随葬品有带座陶罐、陶灯盏、小陶俑、粗瓷碗、铁镰、铁刀、石猪、石蚕、瑞鸟衔绶镜及开元铜钱等。

M5，开成三年（838 年）墓葬，竖穴式墓道，墓室平面呈长方形，拱形顶。随葬器物有带座陶罐、双耳小罐、小陶俑、砚、墨及开元铜钱等。

M64，大中四年（850 年）墓葬。墓室与墓道均平面呈梯形，为刀形墓。墓室西半部有砖砌棺床。随葬器物为带座陶罐和白瓷水注 1 件、白瓷立狮 1 件、灰青变蓝釉器口残片 2 片。

刘家渠唐墓多被盗，出土器物不多，可分陶器、瓷器、铜器、铁器等类别。与其他地区唐墓相比，此墓地墓葬出土陶俑数量少，出土瓷器以白瓷为主。铁器常见有铁犁、铁锄、铁剪、铁鼎，其中铁犁常放置于墓主足部附近，在墓门左右也各放置一件，可能为当地丧葬习俗。另有铜镜、粉盒、砚、墨、尺及头部装饰品出土。

七、印染厂唐墓

1965 年，河南省文化局文物工作队（现为河南省文物考古研究院）为配合三门峡市基建工程，在印染厂发掘清理了 100 多座唐墓，以编号 T9 区 27 号 M36、T12 区 M130 为例介绍[①]。

（一）M36

M36 为单室土洞墓，由墓道、墓室两部分组成（图 4-7）。墓道为长方形竖井式，深 5.2 米。墓室平面呈长方形，长 4.2 米，宽 2.1 米，顶部已残，室内填满淤土，棺木无存，清理出人骨架 3 具，保存状况差，头北面上，葬式可能为仰身直肢。

出土器物有铜、铁、瓷、陶质器物和蚌壳。铜器 12 件，有铜镜 2 件、铜锁 1 件、铜环 2 件、铜镊子 1 件、铜钱 2 枚、铜合页 1 件、铜饰 3 件；铁器有镰、刀各 1 件；瓷器有唾盂 2 件、碗 5 件；陶器有瓶 4 枚、彩绘塔式罐 2 件、陶砚 1 件；另发现蚌壳 1 件，墓志砖一合。

依据 M36 形制、随葬器物及出土"开元通宝"铜钱、墓志文所载"唐元和四年二月廿六日记"，判断此墓葬年代为唐代晚期。

① 河南省文物考古研究所：《河南三门峡市印染厂唐墓清理简报》，《华夏考古》2002 年第 1 期，第 12-17 页；河南省文物考古研究院：《河南三门峡市印染厂 130 号唐墓清理简报》，《华夏考古》2016 年第 2 期，第 23-30 页。

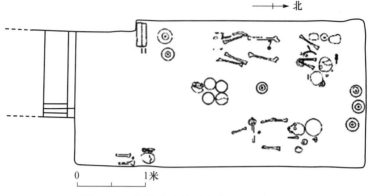

0   1米

图 4-7　三门峡市印染厂唐墓 M36 平面图

（二）M130

M130 为土洞室墓，由墓道和墓室两部分组成（图 4-8）。墓道未挖掘，钻探资料显示为竖井斜坡式，墓道口开在墓室南壁偏东处。墓室平面呈长方形且宽于墓道。室顶坍塌，形状不明。墓室四壁较直，修筑整齐，南壁稍窄于北壁。墓室长 3.05 米，宽 3.33—3.42 米。室内积满淤土。墓门宽 0.88 米，土坯封门，已塌。靠近墓室西壁并列放置人骨架 2 具，保存完好，头向北。东侧的面向西，西侧的面向东，均为仰身直肢葬式。人骨架下铺青灰少许，范围不明。葬具为木棺。西侧人骨架应为迁葬而来，与东侧人骨架在一棺内。东侧为男性，西侧为女性。

随葬品有釉陶的俑、动物、生活用具、圈房等，另有陶轿、铁买地券及铁锁等，自南向北放置于墓室中心线上。陶器以釉陶为主，共 22 件，主要有盆 1 件、磨 1 件、仓 1 件、镇墓兽 1 件、人俑 11 件（图 4-9）、动物俑 7 件等。陶磨、仓和动物俑皆为模制，镇墓兽、人俑、动物俑等均施彩绘，制作精美。

M130 未出土纪年遗物，但墓葬形制、随葬器物具有明显的时代特征。墓葬形制为由墓道和墓室组成的洞室墓，墓道呈较长的竖井斜坡状，墓室为横长方形土洞，墓道开口在墓室南壁偏东处，葬具靠近墓室西壁放置。这些都是隋至初唐时期墓葬形制的典型特征。

所出随葬器物共 25 件 / 组，其中陶器囊括了镇墓神器类（镇墓兽、武士俑、文官俑）、出行类（马、骆驼、风帽俑）、家居类［女俑、男俑、幞头俑（图 4-10）］，以及庭院类（狗、牛、羊、猪、磨、仓、钵、盆）四大类组合，器物组合比较齐全，为北齐至隋流传下来的随葬品组合习俗。白胎、稀薄青白或青黄釉陶器的造型和烧造工艺显示出隋至初唐时期的风格，尤以隋风较浓。通过与其他纪年墓类比，确定 M130 年代为 650—670 年之间。随葬品规格较高，尤其是釉陶类出土较多，墓主人应具有一定身份和经济实力。

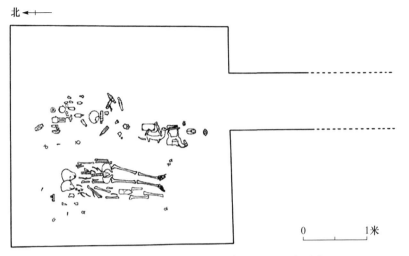

图 4-8 三门峡市印染厂唐墓 M130 平面图

图 4-9 三门峡市印染厂唐墓 M130 出土人釉陶物俑
1. 武士俑（M130∶5） 2. 女俑（M130∶20） 3、4. 风帽俑（M130∶12、M130∶7）
5、6. 文官俑（M130∶21、M130∶39）

图 4-10　三门峡市印染厂唐墓 M130 出土幞头陶俑

1—3、5. 幞头俑（M130：10、M130：16、M130：17、M130：9）　4. 幞头胡俑（M130：18）

八、三里桥村 11 号唐墓

2000 年，三门峡市文物考古研究所在三里桥村湖滨区法院家属楼工地发掘清理了一批古墓。其中 11 号墓葬[①]随葬品丰富，人物及动物俑生动逼真，在三门峡地区唐代墓葬中较为罕见。

M11 为南北向土洞墓，由墓道、甬道、墓室三部分组成（图 4-11）。墓道向南，为斜坡台阶式，部分在施工中被破坏。甬道位于墓道与墓室之间，过洞式，长 0.78 米，宽 0.77—0.93 米，残高 1.2 米。墓室平面呈不规则四边形，东西长 2.95—3.08 米，南北宽 1.56—2.23 米，高 1.5 米。室内东北置一棺，已朽，棺内有人骨 2 具，均仰身

---

① 　三门峡市文物考古研究所：《三门峡三里桥村 11 号唐墓》，《中原文物》2003 年第 3 期，第 7-16 页。

图 4-11　三里桥村 M11 平面图

直肢，头西面上。据骨架判断，南侧的一具为男性，另一具为女性。

墓室口东西两边放置武士俑、侍俑和镇墓兽，西壁自南往北放置车、马、骆驼和仪仗俑，东壁自西往东放置庖厨模型、动物模型和乐舞俑，室内偏西部置墓志 1 合。棺内男骨架腹部置铁铲，头骨处放有铜钱 1 枚。

出土随葬器物共 88 件。绝大部分为彩绘陶器，均为模制，泥质红陶，火候较低，易残断。主要有镇墓兽 2 件、武士俑 2 件、女侍俑 19 件、男侍俑 10 件、女坐俑 7 件、女舞俑 3 件、男舞俑 2 件、男舞俑 2 件、骑马俑 4 件、各类动物俑 16 件、陶车 1 件、陶罐 2 件、陶仓 2 件、陶支架 2 件及陶质瓶、盆、灶、磨、碓、井、匜、香炉各 1 件，另有"开元通宝"铜钱 1 枚。

M11 出有砖墓志 1 合，正方形，长 35 厘米，宽 34 厘米，厚 6.5 厘米。盝顶式盖，墨书篆体"□□□□君墓志铭"，志石白色楷书，字迹脱落，模糊不清。

该墓由台阶墓道、甬道、墓室组成，为三门峡地区比较常见的唐墓形制，但随葬品如此丰富的唐墓在本地区实属少见。随葬品中的贴金武士俑、牛车、乐舞俑、骆驼、琵琶等在豫西地区已发掘的同类墓葬中为首次发现。

　　据墓葬形制分析，M11 为唐早期墓葬。出土器物尤其是陶人俑，体态清瘦带有明显的北朝遗风，镇墓俑皆为武士俑，未见天王俑，武士俑装束为明光甲等，皆为初唐后段明显特征。因此，M11 时代为唐代早期，墓主人具有较高的社会地位。

九、上 村 唐 墓

　　1985 年和 2016 年，原洛阳地区文物工作队及三门峡市考古研究所在配合城市基本建设中，先后在大岭路北段上村改造工地抢救性发掘了一批唐宋至明清时期的墓葬，其中 M7、M53 为唐代墓葬[①]。

（一）M53

　　墓葬形制为台阶式墓道土洞室墓，由墓道、甬道和墓室组成（图 4-12），墓底距地表 5.4 米。墓道位于墓室南侧，平面为南北向长方形，南宽 0.6 米，北宽 0.46 米，后端向下斜收，墓道内保留有 8 级台阶，台阶高 0.08—0.44 米，宽 0.2—0.35 米，填土为黄褐色五花土。甬道位于墓道和墓室之间，南北长 1.2 米，东西宽 0.7 米，高 1.76 米。墓门以土坯封堵。墓室平面呈横长方形，东西长 3 米，南北宽 2.1 米，拱形顶。墓室后部发现木棺痕迹，棺内有人骨 2 具，骨架较散乱，无法判断性别和年龄。

　　M53 出土器物共计 92 件，多放置在墓室前端近墓门处，主要有陶俑、动物俑、镇墓兽及其他陶器等。其中动物俑、陶俑及其他陶器为泥质红陶，多数陶俑及动物俑装饰彩绘，并多为空心合模制作，个别为实心。俑以外的陶器共 10 件，器型有碗、盆、罐、纺轮、钵、方板、井、磨盘等；陶俑 51 件，有盔帽俑、笼冠俑、进贤冠俑、骑马女俑、幞头俑、舞蹈女俑等；动物俑 30 件，有镇墓兽、人面兽、狮、骆驼、狗等。其中镇墓兽 2 件，形制基本相同。M53：64 头部有尖独角，面目狰狞，怒目圆睁，阔鼻大耳，八字须，肩竖两翼，背部有脊，前肢直立，后肢蹲踞于方板之上（图 4-13）。人面兽 1 件，编号 M53：41，长 19 厘米，宽 11.5 厘米，高 20.3 厘米，人面兽身，头戴幞帽，浓眉大眼，倒三角长髯上扬，腰身瘦长，前肢直立，后肢蹲踞于长方形底板上（图 4-14）。铁镜 1 件，直径 13.6 厘米，缘厚 0.5 厘米，圆纽，锈蚀严重，纹饰不清。

　　M53 没有出土墓志、铜钱等纪年遗物。阶梯状、后端内收的墓道，长方形土洞墓室，并且墓室偏向一侧等特征，都是初唐时期的墓葬形制特征[②]；镇墓兽爪足，肩

① 任留政、任孝生：《三门峡上村唐墓发掘简报》，《三门峡文物考古与研究》，北京燕山出版社，2003 年，第 98-102 页；三门峡市文物考古研究所：《河南三门峡上村佳苑唐墓 M53 发掘简报》，《中原文物》2020 年第 6 期，第 16-24 页。
② 徐殿魁：《洛阳地区隋唐墓的分期》，《考古学报》1989 年第 3 期，第 275-305 页。

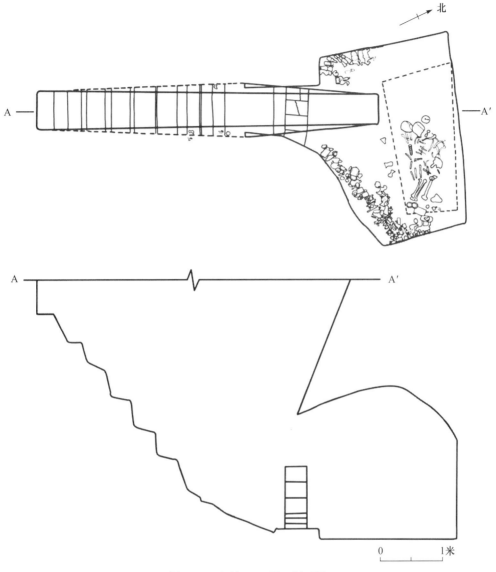

图 4-12　上村 M53 平、剖面图

图 4-13　上村 M53 出土镇墓兽（M53：64）

图 4-14　上村人面兽（M53：41）

部有翼，下部为底板，尚未形成台座等皆符合初唐时期镇墓兽的特点^①。因此，依据墓葬形制、随葬器物等推断，M53 年代应为初唐时期，具体可能不晚于公元 670 年。

（二）M7

M7 为坐北朝南的土洞墓，由墓道、天井、甬道、墓室四部分组成（图 4-15），墓底深 9.6 米。墓道为长方形斜坡状，上窄下宽，长 15.4 米，宽 0.8—0.9 米，深 1.7—9.4米。墓道北部有 2 个长方形天井。甬道在墓道北端，长 3.2 米，宽 0.8 米，顶已塌。甬道北端接墓室，墓室底部平面近正方形，南北长 3.4 米，东西宽 3.1 米，顶已塌。室内西侧有骨架 2 具，头南面上，仰身直肢，两头骨紧贴一起，东边一具骨架稍压于西边骨架之上，应为夫妇合葬。骨架下和脚部有铜钱，背部压有铁器残片，前有朱砂颗粒。

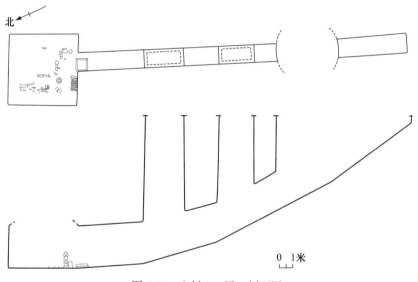

图 4-15　上村 M7 平、剖面图

随葬品多放置于墓室的东、南边，多为陶器，其中陶俑占多数。具体为陶罐 2 件、陶碗 1 件、镇墓兽 2 件、武士俑 2 件、吏俑 2 件、侍俑 21 件、小型男妇侍俑 7 件、陶羊 3 件、陶猪 2 件、陶鸡 3 件、铜钱 100 枚、石墓志 1 合。镇墓兽 2 件，一为狮面兽身，马蹄足，前腿直立，后腿蹲屈，腿外侧及颈、头部饰鬃毛，头顶两直角，面目狰狞，蹲坐于圆形底座上。另一件人面兽身，已残，大耳，头顶有弯曲长角，肩披竖毛，蹄形足。狮面兽身镇墓兽通高 76 厘米。武士俑威猛高大，通高 89 厘米，头戴圆顶翻沿盔，闭口瞪目，身着战袍，饰复杂花纹。衣边贴金，脚蹬战靴。这些形体高大、彩绘华丽的陶俑及镇墓兽（图 4-16）在三门峡地区并不多见。

墓志为青石质。志盖近正方形，长 55 厘米，宽 56 厘米，盝顶，盖面分九格，阴

① 郝红星、刘小梅：《巩洛地区唐墓镇墓兽排序征例》，《黄河·黄土·黄种人》2019 年第 8 期，第 15-36 页。

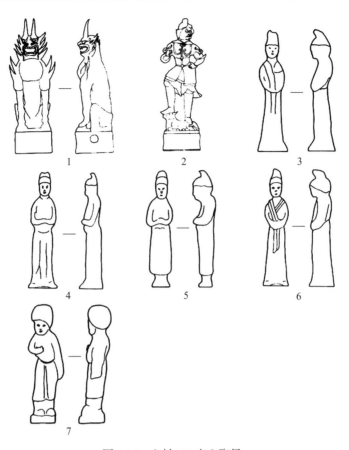

图 4-16 上村 M7 出土陶俑

1. 镇墓兽（M7：6） 2. 武士俑（M7：7） 3. 女侍俑（M7：23） 4、5. 男侍俑（M7：17、M7：25）
6. 女侍俑（M7：28） 7. 伎俑（M7：24）

刻篆书"大周故韩府君墓志铭"九字，四刹浅刻连枝卷云牡丹花纹。志文正楷书，由右向左竖写，共 24 行，每行 16—30 字不等，计 630 余字。志文内容为墓主生平：墓主韩君，讳晓，字柔远，四代为列卿，卒于调露二年七月三日，即 680 年唐高宗李治时期，于长安三年二月十日葬于陕城东原，即 703 年武则天时期，地望与现今位置无误。志文中有多处武则天时期的新造字体。

M7 为盛唐时期高官墓，充实了三门峡地区盛唐时期的墓葬材料。

十、七里堡唐代墓葬群

2002 年，三门峡市考古研究所和陕县文物管理委员会联合对陕县七里堡唐代墓葬群进行考古发掘，清理唐代墓葬 37 座[①]。墓葬排列整齐，大多坐北朝南。

---

① 任留政、赵小灿、任新生，等：《陕县七里堡唐代墓葬群发掘简报》，《三门峡文物考古与研究》，北京燕山出版社，2003 年，第 104-110 页。

墓葬形制分为两类：一类为小型土洞墓。墓平面呈刀形，由长方形竖井墓道、甬道、长方形土洞墓室组成。以 M35 为例（图 4-17），墓深 7.7 米，墓道四壁规整，填五花土。墓门位于墓道北壁下，拱形顶，高 1.7 米，宽 1.1 米。甬道位于墓道和墓室之间，进深 0.8 米，宽 1.1 米，高 1.7 米，甬道两侧各设一壁龛。墓室平面呈长方形，长 3.2 米，宽 2.1 米，高 1.7 米，顶部略平。室内充满淤土，未发现骨架及葬具痕迹。随葬器物共 11 件，包括陶瓶 1 件、砖墓志 1 合、塔形罐 1 套、铜镜 2 件、铜尺 1 件、铜剪 1 件、玉盒 1 件、铜簪 1 件、铜镯 1 件、铜钱 1 组 4 枚。另一类为长方形阶梯墓道土洞墓，由长方形阶梯墓道和长方形土洞墓室组成。此类墓葬数量占整个墓地墓葬总数的 80% 以上。以 M39 为例（图 4-18），墓道长 2.8 米，宽 0.8—1.1 米，底为阶梯式，台阶大小一致，每级台阶宽 0.3—0.4 米，高 0.1—0.3 米。墓道内填五花土。墓室位于墓道的北端，土洞拱顶，室底平面为长方形，长 2.7 米，宽 1.68—1.7 米。墓门与墓室同宽，高 1.5 米。墓室顶部已塌，室内积满淤土，没有发现骨架及棺木痕迹。随葬器物放置于墓门内，共计 4 件，为陶器 1 件、瓷器 2 件、铁器 1 件。

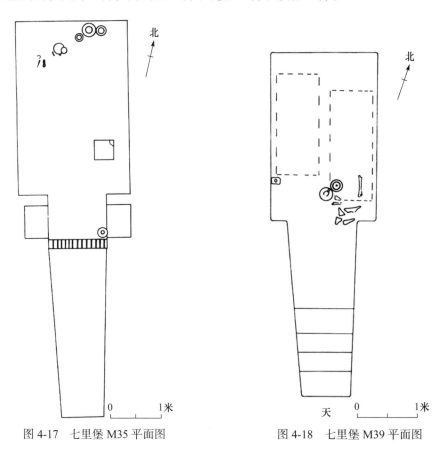

图 4-17　七里堡 M35 平面图　　　　　图 4-18　七里堡 M39 平面图

七里堡唐墓群形制单一，均为中小型墓，随葬器物不多，大多仅出一两件，最多的为十余件，有的没有随葬品。墓葬形制依墓道差异分为长方形竖井墓道土洞墓和长方形台阶墓道土洞墓两种，墓道较短，以台阶墓道为主。墓葬兼具陕西西安郊区及河南洛阳地区隋唐时期墓葬特征，又有明显的地区差异。通过墓葬形制及出土器物特征判断，七里堡这批墓葬为唐代中、晚期的平民墓葬。

十一、三门峡市纪年唐墓

2003 年，三门峡市文物考古研究所发掘清理一座唐代墓葬，编号为 M1[①]。

墓葬为南北向土洞墓，由墓道、墓室两部分组成（图 4-19）。墓道平面呈梯形，长 3.7 米，宽 1—1.4 米，墓道内填五花土，较硬。封门用 6 块砖南北竖向平铺。墓室平面呈梯形，长 2.9 米，宽 1.56—1.6 米，深 1.6 米，拱形顶，地面东西向错缝平铺一层地砖。墓室内发现有棺钉、棺痕，人骨散乱。随葬品放置于墓室近北壁和东、西壁处。

出土器物共 17 件，有陶器、瓷器、铁器、铜器和石器五种，具体为彩绘塔形罐 1 件、彩绘陶罐 1 件、陶瓶 2 件、瓷罐 2 件、铁牛 2 件、铁猪 2 件、铜铲 1 件、铜饰件 1 件、铜钱 1 枚、石砚 1 件、条形石器 1 件及铜筷 1 双，石墓志 1 合。

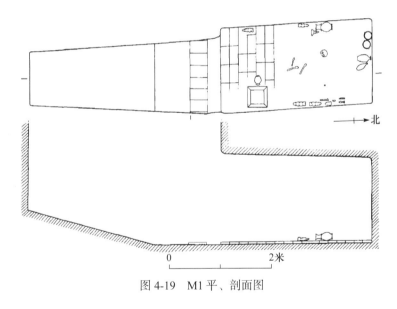

图 4-19　M1 平、剖面图

墓志，平面呈长方形，长 39 厘米，宽 37 厘米，厚 12 厘米。志盖盝顶，阴刻楷书"大唐故王府君墓志铭"，字周浅刻半葵卷云纹，四刹刻花叶图案，四边有波浪纹。志文较清晰，楷书 23 行，每行字数不一，多者 34 个字，少者 7 个字。

据墓志可知，墓主为王迈，字子超，太原祁人，明经贡士，四代有学识，因病死于大中九年九月二十四日陕县甘邵里，即今陕州故城附近，享年 20 岁，同年十一月八

① 三门峡市文物考古研究所：《河南三门峡市清理一座纪年唐墓》，《考古》2007 年第 5 期，第 93-96 页。

日葬于陕州硖石县门信乡赵上村，即今三门峡市湖滨区会兴镇上村。"大中"是唐宣宗年号，"大中九年"是 855 年。

十二、庙底沟唐墓群

庙底沟位于三门峡市湖滨区韩庄村，驰名中外的庙底沟文化就是在此发现而得名。1956—1957 年，中国科学院考古研究所黄河水库考古队对庙底沟遗址进行了大规模发掘，除发现仰韶文化庙底沟类型文化遗迹外，还发现 156 座墓葬，其中有唐代墓葬。2002 年 5 月，由于国道 310 线三门峡市城区段亟须拓宽，河南省文物考古研究所会同三门峡市文物考古研究所、郑州大学考古专业等单位，联合对庙底沟遗址进行了大规模的抢救性发掘。发掘面积 24000 多平方米，除发现仰韶文化庙底沟类型、西王村类型及庙底沟二期文化等时期文化遗迹外，还发掘清理了 270 余座汉唐宋元明清时期墓葬。

庙底沟唐代墓葬共 101 座，其中 36 座是在发掘工作结束以后在发掘区外发现。101 座墓葬中，37 座墓葬结构不清，其余 64 座可分为洞室墓、竖穴土坑墓两大类。

（一）洞室墓

共 57 座，根据墓道形状及结构的不同，可分为斜坡墓道洞室墓和竖井墓道洞室墓两类。

1. 斜坡墓道洞室墓

共 10 座，具体又可分为 A、B 两型。A 型墓道为斜坡加阶梯，形状狭长，有的墓葬有天井、甬道，墓室有平顶、弧形顶、斜坡顶。B 类墓道为斜坡状，墓道与墓室间均有甬道，墓室有平顶、弧形顶两类。下面分别以 M2 和 M105 为例说明。

M2，南北走向，为长方形阶梯加斜坡墓道的洞室墓（图 4-20）。墓道位于墓室南端，上部遭破坏，平面为不规则长条形。墓室平面呈楔形，顶部横剖面呈弧形，纵剖

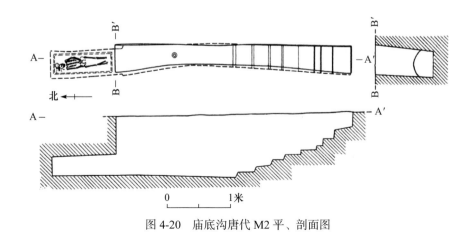

图 4-20　庙底沟唐代 M2 平、剖面图

面呈坡状，南高北低，直壁。墓室有木棺灰痕，发现人骨1具，头向北，面向上，仰身直肢葬式。出土遗物4件，陶双耳罐、铁剪、铜挖耳勺等放置于人头骨的右侧，陶瓮则置于墓道的北中部。

M105为斜坡墓道洞室墓（图4-21）。墓道位于墓室南部，平面长方形，口小底大，分两段：南段为斜坡，坡度较大；北段为平底。甬道平面近长方形，南北长120厘米，宽90—94厘米，平底，顶部纵剖面南高北低。墓室平面呈楔形，纵剖面为抛物线形，直壁，平底。未发现葬具及人骨。出土随葬品6件，陶俑5件，墓志1合（图4-22）。

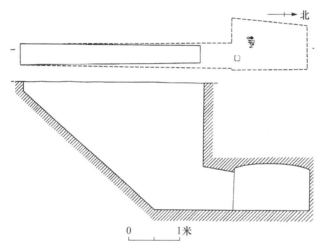

图4-21　庙底沟唐代M105平、剖面图

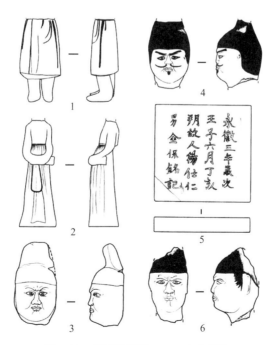

图4-22　庙底沟唐代M105出土器物

1. 泥俑（M105：1）　2. 陶俑（M105：2）

3、4、6. 彩绘泥俑头（M105：4、M105：3、M105：5）　5. 陶墓志（M105：6）

墓志位于墓室近门处，其余遗物放置在墓室的西南角。墓志方形，陶质，志面刻"永徽三年岁次壬子六月丁亥拜故人扬仕仁界金保铭记"。志面及四边较平整，志底面较粗糙，长36.4厘米，宽36.8厘米，厚5.4厘米。

2. 竖井墓道洞室墓

共47座，墓道平面呈长方形或楔形。洞室开凿于竖穴墓道短边一侧，有的平面为长方形，有的不甚规则，以楔形为多。根据墓室与墓道的宽度比，分为A、B、C三型：A型9座，洞室宽度大于墓道宽度；B型24座，洞室宽度与墓道宽度相等；C型13座，洞室宽度小于墓道宽度。另有1座墓已遭破坏，只可辨出为洞室墓。

A型：洞室宽度大于墓道宽度。又有洞室底部高于墓道底部或与墓道底部位于同一平面两种情况。以M150为例说明。

M150（图4-23），洞室底部高于墓道底部。上部遭破坏严重。竖穴墓道位于墓室南端偏西侧，平面呈长方形，直壁，平底，长140厘米，宽76厘米，深160厘米。墓室平面呈楔形，直壁，平底，长200厘米，宽136—164厘米，顶高120厘米，东西壁高74厘米。墓室底高于墓道底。墓室内有人骨4具，3具头向南，1具头向北。1具为仰身直肢，其余3具应为二次葬。葬具为木棺，仅余痕迹。随葬品6件，有铜革带饰1件、铁环2件、铜革带扣头1件、铜钱（开皇五铢）1枚、铜钗1件。

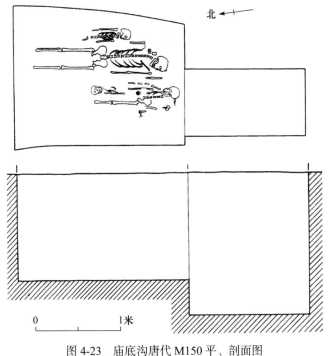

图4-23 庙底沟唐代M150平、剖面图

B 型：洞室宽度与墓道宽度相等，亦存在洞室底部高于墓道底部或与墓道底部位于同一平面两种情况。以 M66 为例说明。

M66（图 4-24），墓室底部与墓道底部位于同一平面。竖穴墓道位于墓室南端，平面呈楔形，北宽南窄，长 195 厘米，宽 50—70 厘米，深 230 厘米，直壁，平底。墓室平面呈长方形，长 220 厘米，宽 70 厘米，顶高 90 厘米，直壁，平底。墓室底部与墓道底部位于同一平面。未发现人骨及葬具。随葬品 1 件，放置于墓室西北角。

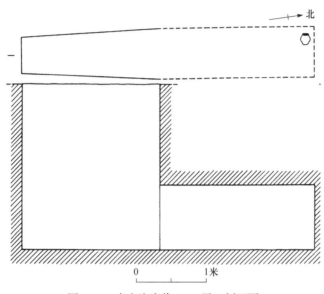

图 4-24　庙底沟唐代 M66 平、剖面图

C 型：洞室宽度小于墓道宽度。以 M110 为例。

M110（图 4-25），洞室底部高于墓道底部。竖穴墓道位于墓室南部，平面呈楔形，北壁垂直于底，其他三面略斜收。墓室平面亦为楔形，北宽南窄，直壁，平顶，底高于墓道底。墓室内发现人骨 1 具，仰身直肢葬式。随葬品 2 件，放置于墓门左侧，分别为黄釉马和黄釉蟾蜍埙（图 4-26）。

（二）竖穴土坑墓

共 7 座，无墓道。根据墓坑平面形状可分为两型：A 型 6 座，墓坑平面呈长方形，除一座较为宽短外，其余均为狭长形状；B 型 1 座，墓坑平面呈圆形，应为瓮棺葬。

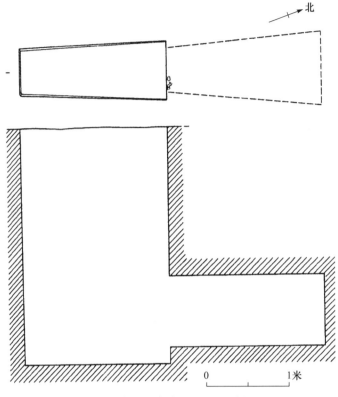

图 4-25　庙底沟唐代 M110 平、剖面图

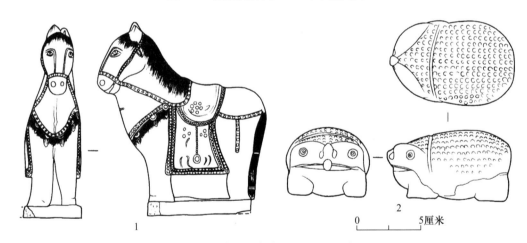

图 4-26　庙底沟唐代 M110 出土器物

1. 黄釉马（M110∶1）　2. 黄釉蟾蜍埙（M110∶2）

　　以 M44 为例。南北走向，墓葬平面近长方形，直壁，平底（图 4-27）。墓葬开口长 190 厘米，宽 70—58 厘米，残深 28 厘米。墓室平面近长方形，室内有人骨 1 具，头北足南，面向上，下肢骨不存。未发现葬具。随葬物 3 件（图 4-28），瓷水注 1 件位于墓主头部东侧，铜钱 2 枚置于人骨口中。

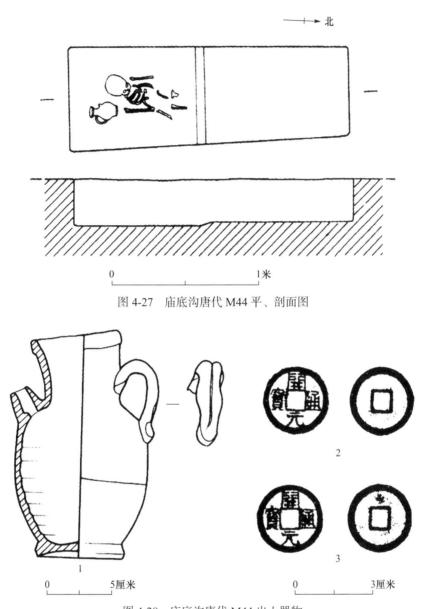

图 4-27　庙底沟唐代 M44 平、剖面图

图 4-28　庙底沟唐代 M44 出土器物
1. 黑瓷水注（M44：1）2、3. 铜钱拓片（M44：2，1—2）

（三）庙底沟唐代墓葬形制特点

　　庙底沟墓群中唐墓发掘 101 座，37 座葬结构不清，余下 64 座墓葬中，斜坡墓道洞室墓 10 座，竖穴墓道洞室墓 47 座，竖穴土坑墓 7 座。

　　三门峡地区斜坡墓道洞室墓出现于汉代，延续至唐代，宋时已绝迹。庙底沟唐墓中有 10 座斜坡墓道洞室墓，有 7 座集中于盛唐时期及其前后，其中初唐末至盛唐初期的 1 座，盛唐时期的 3 座，盛唐末至中唐初期的 3 座。其余 3 座分别属于初唐、中唐和中唐末至晚唐初期。

　　47 座唐代竖穴墓道洞室墓中，期别明确、形制清楚的有 43 座。其中以墓室与墓道同宽的墓型为多，共 23 座，占总数的 53.5%；墓室宽度大于墓道宽度的墓葬 9 座，占总数的 20.9%；墓室宽度小于墓道宽度的墓葬 11 座，占总数的 25.6%。23 座墓室与墓道同宽的墓型中，除 1 座见于盛唐时期外，其余均见于中唐以后，占中唐以后竖穴墓道洞室墓总数的 65.7%。11 座墓室宽度小于墓道宽度的墓型中，有 9 座出现在中唐以后，占中唐以后竖穴墓道洞室墓总数的 25.7%。9 座墓室宽度大于墓道宽度的墓型，则比较均匀地分布于各期中。从中可以看出，墓室宽度大于墓道宽度的墓型不多。墓室宽度与墓道宽度相等的墓型占有较大的比例，尤其是在中唐和晚唐两个时期，分别占各期竖穴墓道洞室墓总数的 64.7%（11 座）和 75%（6 座）。墓室宽度小于墓道宽度的墓型，从中唐时期开始处于稳步上升的趋势。

　　43 座竖穴墓道洞室墓中，墓室底部高于墓道底部者 13 座，占总数的 30.2%；墓室底部与墓道底部平行的墓葬有 30 座，占总数的 69.8%。其中 13 座墓室底部高于墓道底部的墓葬，分布于除初唐末至盛唐初及盛唐末至中唐初以外的五个时期，其中中唐以前的墓葬 3 座，占总数的 37.5%；在中唐及以后的墓葬共 10 座，占总数的 28.6%。从中唐时期开始，墓室底部高于墓道底部墓型的数量一直呈上升趋势。

第五章　三门峡宋金时期考古

宋代建都开封，长安、洛阳分别为西北与中原地区的重要城市，三门峡地区仍是贯通中原与西部的交通要地。宋时，西京（洛阳）至陕州的古道险隘成为坦途，为三门峡地区的经济文化繁荣提供了条件。遗留下来的宋金时期遗存众多，佛塔、诗碑等显示了文化的发展延续，墓葬的形制结构、壁画及出土物品，不仅反映了当时的丧葬习俗，也是对现实建筑、人们日常生活的再现。

第一节　三门峡地区宋金时期遗迹

一、渑池宋代铸铁钱遗址

北宋时期贸易兴盛，需要大量钱币，在铜钱不能满足需求的情况下要铸造大量铁钱。三门峡地区矿产丰富。1960 年，河南省考古队在渑池县发现宋代铸铁钱遗址。遗址位于渑池县城西南 1 千米处先秦时期秦、赵会盟台东侧，四面山岭环抱，涧河从其东南绕过，面积达 2000 多平方米。

遗址中发现有坩埚、铁锭、铁钱、瓷片和大量矿石、铁块等。铁钱为圆形方孔，已锈蚀，未发现钱范。矿石为褐铁矿，经过化验，其中一种矿石含铁量为 44.67%，另一种含铁量为 53.53%，与该遗址西北约 20 千米处高桥村的矿石含铁成分相同，表明渑池宋代铸铁钱遗址很可能与高桥村铁矿区有密切的关系。

二、宝轮寺三圣舍利宝塔

宝轮寺塔位于三门峡市陕州老城内宝轮寺旧址之上，该寺早年损毁，现仅存砖塔一座。宝轮寺塔始建于隋文帝仁寿元年（601 年），故又称仁寿建塔，是为供奉舍利而由尼姑道秀主持建筑，原为木塔。金大定十七年（1177 年），僧人智秀重建宝轮寺塔，改为砖塔。因塔内回声类似蛤蟆叫声，俗称"蛤蟆塔"，是我国现存古代四大回音建筑中建造时代最为久远的一座[①]。

---

① 许长志、张庭祥编：《中华之最》，江西教育出版社，1992 年，第 603 页。

塔平面呈正方形，高 26.25 米，周长 21.6 米，为十三级叠涩密檐式，塔门面南。塔底有台基和台座，塔身自下而上逐层收敛，每层高度均匀递减，使得塔身外形呈抛物线状。每层塔身分别辟有半圆形拱券门、佛龛、窗洞，塔内有塔心室和梯道。塔身第二级正面嵌一块 40×30 厘米的石刻塔铭，中央竖刻阴文"三圣舍利塔"，右上方阴文楷书"大定十六年四月五日起塔十七年五月初八日竣工"，可知建于金大定年间。

塔体用 36×17×5.5 厘米的青灰砖一顺一丁砌成，砖与砖之间用白灰黏合。塔身第一层南壁辟一半圆形单券拱门，门高 0.91 米，有 2 米多长的甬道与略呈方形的塔心室相连，室顶用叠涩砖砌成四角攒尖形。室北壁砌有小龛，东、西壁外面各有一龛，西壁龛内有一唐代残石经幢，上雕有一佛二菩萨像，东壁龛内原有一石刻造像，今已不存。北壁上开门，门内为方形小室，在周围室壁上凹砌脚蹬，可从此上到第二层的塔心室。第二层塔心室长 1.17 米，宽 1.14 米，高 2.06 米，四面墙上都有一个半圆形拱券门，门内各有一个方形小室，室内和塔心室顶部都有攒尖形藻井，由菱角牙子砖和叠涩砖砌成。自第十层往上均为实砌，除第三层有塔心室和供人攀登至上一级的小方室外，以上各层平面布局均同第二层。

宝轮寺塔各层檐上均未施平座，只用叠涩砖层层挑出：一至四层塔檐下砌有一层拔檐砖，上面砌菱角牙子砖两层和叠涩砖七层，檐口上再砌五层反叠涩砖；五至八层塔檐下的菱角牙子砖和叠涩砖层数稍有增减；第九层以上塔檐下有拔檐砖和菱角牙子砖各一层，叠涩砖五层，檐之上部砌反叠涩砖五层。

宝轮寺塔外形为唐塔，内部结构则承袭宋塔的建塔方法，融合了唐、宋密檐式塔和楼阁式塔的艺术特点和结构方法，是比较特殊的塔形。1991 年时，以建造年代相近的沁阳天宁寺塔（金大定十一年，1171 年）为参照，对宝轮寺塔进行修复，除塔体未能扶正外，余部均恢复原来形状。

三、宋诗碑记

1963 年 3 月，三门峡市湖滨区崖底乡三里桥一位村民在翻建房屋时，发现一方长方形石碑[①]。

石碑长 85 厘米，宽 68 厘米，厚 17 厘米，青灰色，中部断裂。碑正面磨光，背面及侧面皆有钎打痕迹。碑面距边沿 3.5—2.5 厘米，内阴刻带状蔓草纹。碑文阴刻楷书（图 5-1），由右至左共计 25 行，满行 38 字，共计 334 字。

碑文较完整，由进士曹恪撰文，书写于宋仁宗宝元二年（1039 年），立于康定元年（1040 年），记载了北宋户部侍郎参知政事兵部尚书薛奎怀念陕州草堂居士魏

---

① 三门峡市文物工作队：《河南三门峡市发现一方宋诗碑记》，《考古》2002 年第 10 期，第 95-96 页。

0   10厘米

图 5-1　宋诗碑记拓本

野的两首诗及这两首诗的得主刊刻于石的原因与过程。总体结构可分两部分，第一部
分是介绍这两首诗和作诗的时间与背景。第一首为五言诗《怀寄东郊仲先隐君》，共 8
句 40 字，描写薛奎离开陕州后思念魏野，表达了对魏野的仰慕之情；第二首为七言诗
《途次陕服感事怀故隐君大著》，共 8 句 56 字，内容是薛奎出知延州，路经陕州闻知魏
野已不在人世，心情悲伤，情绪低沉，再次表达了对魏野的敬仰、追悼。第二部分介
绍了薛奎手书诗文得主魏野的儿子魏闲和这两首诗的保存情况及对这两首诗的打算。
鉴于此，进士曹恪撰拟书写了这篇碑记，并让他的次子，时任光禄寺丞知解州闻喜县
事曹宗孺将碑记刊刻于石上。

碑文如下。

大宋故户部侍郎参知政事兵部尚书薛公

诗二首

　　　怀寄

　　东郊仲先隐君

　　　　淮南江浙荆湖都大制置发运使尚书吏部员外郎薛奎上

无术抚残赢公裳见鹤卑感

恩衷赤尽忍事上苍知不分春踈老犹怜月佐

诗东园

招隐伴岁久负前期

途次陕服感事怀

故隐君大著

朝散大夫尚书户部郎中直昭文馆知延州军州管勾鄜延路军马

公事护军

赐紫金照袋□□上

几年游官怆离群俗事尘劳奈纠纷心丧久抛

淮水月眼明却见华山云谬谈秦汉无策狂□

诗书将上军再到陕郊还有怵一盉聊奠

仲先君

参政尚书仲兄早兴

大著仲先君友善昔淮南制置发运日　有诗

怀寄后出守延安道次东郊别窨时

仲先君已即世故复有诗感怆岁律未远人□

如昨宝元二年九月第内□崇班熟被

命护兵于陕首访　　仲先君令子得此二篇

墨迹粉板精妙犹存思欲传志永久俾次男光

禄寺丞知解州闻县事宗孺移书于石康定元年八月一日立

进士曹恪刊

薛奎、魏野在《宋史》内均有传，《宋史》卷二百八十六《列传第四十五》记载："薛奎字宿艺，绛州正平人。……起通判陕州，改尚书户部员外郎、淮南转运副使，迁江、淮制置发运使。疏漕河、废三堰以便饷运，进吏部员外郎。父丧，夺哀，擢三司户部副使。与使李仕衡争论事，改户部郎中、直昭文馆、知延州。……卒，赠兵部尚书，谥简肃。"《宋史》卷四百五十七《列传第二百一十六·隐逸上》载："魏野字仲先，陕州陕人也。世为农。……嗜吟咏，不求闻达。……天禧三年十二月，无疾而卒，年六十。州上其状。四年正月，诏曰：'……可特赠秘书省著作郎……。'"

碑文中人物事件发生于宋代真宗至仁宗时期，与《宋史》记载吻合。这块碑记的发现，在豫西宋代文物考古史上尚属首次，为宋史研究增添了新材料。

第二节　三门峡地区宋金时期墓葬

宋金时期的丧葬习俗承继墓葬为死者来世之家的传统思想，墓葬尽可能地仿照世间建筑建造，墓葬结构及装饰日益"宅第化"。大多数墓葬使用雕砖，表现出门楼、格子门、棂窗、桌椅、屏风、灯、花盆之类，有的还有镇宅狮子，使得墓室对现实生活中居室的模仿达到了无以复加的程度。三门峡地区宋金时期墓葬也反映了这样的特点。除使用传统砖雕外，在化工厂宋墓中还使用了土雕，在其他地区较为罕见。

一、化工厂北宋墓

1987 年春，三门峡市文物工作队配合市化工厂基建工程，在化工厂院内发掘了一批古墓葬，其中宋代墓葬 3 座，编号为 M49、M47、M55[①]。

（一）M49

M49 为带天井的砖室墓，由墓道、过洞、天井、墓门和墓室五部分组成（图 5-2）。墓道位于墓室南侧，阶梯式，阶梯很不规整。墓道口距地表 1.68 米，口小底大，口北宽 0.68 米，南宽 1.2 米，南北长 7.92 米。墓道壁较规整，北壁有土雕。墓道内填五花土，质松软。填土中出有一件彩瓷香炉和一个残破的石柱础。过洞连接墓道与天井，长 4.46 米，宽 1 米，两壁较直，弧形顶。天井位于过洞与墓室之间，长 2.08 米，宽 0.62—0.78 米，井壁规整，北壁有土雕。天井北端为墓门，用纵卧的条砖封堵，上部已坍塌，下部五层封门砖尚存。墓室平面呈长方形，南北长 3.6 米，宽 2.47—2.55 米，四壁下部用砖错缝平砌，白灰填缝。东、西、北三壁 0.22 米和 0.06 米高处设有假门和假

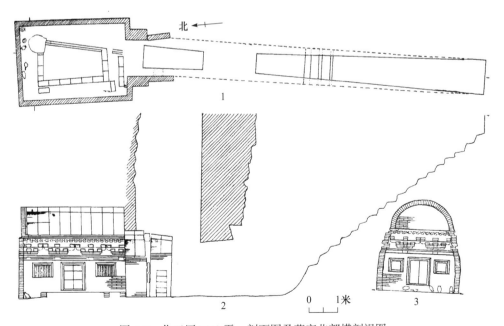

图 5-2　化工厂 M49 平、剖面图及墓室北部横剖视图

① 三门峡市文物工作队：《三门峡市北宋墓发掘简报》，《华夏考古》1993 年第 2 期，第 59-69 页。

窗，门系板门，窗为直棂窗。门框高 0.98 米，宽 0.84 米；窗框高 0.5 米，宽 0.7 米。门窗之上砌单抄单昂斗拱，东、西两壁各为四铺作。斗拱之上饰瓦棱屋檐。砖券拱顶，用纵排并列券法，自北向南共券九排。室顶最高处为 2.96 米。墓壁涂白灰和朱色颜料，大部分剥落无存。墓室中部偏西侧砌棺床。棺床南部设有长 1.08 米、宽 0.54 米的祭台，高度、筑法与棺床相同，祭台上未发现随葬品。木棺和人骨架被扰乱，根据墓内骨骼和头骨判断，人骨架有两具，应为夫妇合葬墓。

由于墓葬被盗，随葬品仅有 7 件完整器，出自墓室北端和西南角。瓷器有彩瓷香炉 1 件、白瓷香炉 1 件、盘口瓷瓶 1 件、四系瓷罐 1 件、绿釉小口瓷瓶 2 件，铁器有铁锁 1 件，锈蚀严重。另有石柱础 1 件，出自墓道填土中，已残破成四块。

M49 内有土雕两处。墓道北壁土雕上部已模糊不清，仅存有菱形和三角形的粗线轮廓。保存较好的是中下部的一组房屋建筑图案（图 5-3），有门、窗、屋檐和斜坡状屋顶等，高 0.94 米。两扇板门一扇关闭、一扇半开，门上嵌有小白瓷片作泡钉装饰，每扇门上共饰泡钉 3 排 9 个，有较强的艺术性。房门两侧有对称的直棂窗，门窗之上刻有略微凸出的瓦棱屋檐，屋顶面斜入壁内，顶部还刻有脊兽装饰。房屋图案之上为一叶面形图案，内刻草叶纹，残高 0.35 米，因残损严重，雕刻内容不可辨。房屋图案下为几案形雕刻，高 0.73 米，中间饰三角形案裙，空间处刻水波纹，似作宗庙供祭状。最下端接近过洞顶处，凿挖形状不甚规则的壁龛一个。

天井北壁土雕（图 5-4）图案在距上口 1.2 米处向下逐渐显现。

图 5-3　化工厂 M49 墓道北壁土雕　　图 5-4　化工厂 M49 天井北壁土雕

图案两侧用菱形回字纹、瓦纹和卷草纹等构成连续双重花边。中间纵列有五组图案：最上一组为盛开的圆形花朵，高 0.5 米；第二组为花朵半开状，高 0.5 米；第三组略有残损，似兽面形，高 0.43 米；第四组为花蕾形，高 0.56 米；第五组图案不甚完整，上部似垂幔状，下部漫漶不清。各组图案间均用"∧"形线隔开。

（二）M47

M47 为带天井的土洞墓，由墓道、墓门、墓室三部分组成（图 5-5）。墓道为竖井式，墓道口距地表 1 米，墓道口南北长 2.42 米，东西宽 0.62—0.88 米，深 3.5 米。墓道壁稍内斜，口略大于底。墓道北壁有土雕。墓门高 1.75 米，宽 0.84 米，用条砖封堵。墓室是由墓道北壁下部向北掏挖而成，平面呈梯形，北宽 1.86 米，南宽 1.3 米，长 3.21 米。墓室底部用方砖平铺，比墓道底部高 0.2 米。墓室东、西壁较直，北壁下部向内倾斜较甚。弧形顶，前低后高。木棺顺置于墓室西侧，已朽。棺内有骨架一具，仰身直肢葬，头北足南。随葬品置于棺内，仅有 8 件，包括铜镜、铜钱、骨笄、陶罐和铁器等。

M47 仅墓道北壁有土雕，自墓口向下 1.1 米处有较清晰的花卉图案，似菊花形，高 0.65 米，图案工整对称，给人以庄重感。

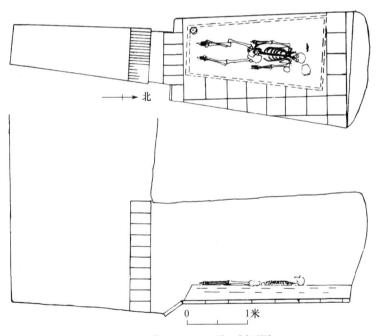

图 5-5 化工厂 M47 平、剖面图

（三）M55

M55 为竖井式墓道土洞墓，由墓道、墓门和墓室三部分组成。墓道为竖井式，壁较直，墓道口平面呈梯形，南窄北宽，口长 2.02 米，南宽 0.46 米，北宽 0.72 米，墓道深 3.25 米。墓道北壁有土雕。墓道内填黄褐色松土。墓门宽 0.56 米，高 0.96 米，用土坯封堵。土坯已坍塌碎毁，规格不清。墓室为自墓道北壁下部向里掏挖而成，底部比墓道高 0.24 米，南北长 1.84 米，东西宽 0.87—0.9 米。墓室东、西两壁较直。弧形顶，高度与墓门相同。室内未发现棺痕，双人葬，上肢骨骼均比较混乱，依下肢可以推知为直肢葬，头北足南。墓室东北角随葬瓷罐 1 件。

（四）化工厂宋墓特征

M49、M47、M55 东西并列，方向一致，间隔距离最远不超过 8 米。墓形结构虽不同，但都有土雕，且 M49 和 M47 主要雕刻图案均为房屋建筑，风格相同。据此可以推知，这三座墓应为同一时代或有家族关系的墓葬。三座墓中土壁上均雕刻有图案花纹，这在豫北地区属首次发现，在其他地方也较为罕见。土雕壁面自上而下分段向内凹入，且依次加深，使壁形呈倒阶梯状，一般雕刻深度为 0.01—0.02 米，最深处达 0.16 米。虽然雕刻工艺不甚精细，线条有些粗犷简略，但整个壁面的图案设计和严谨的配合、深浅多变的刀法等，都反映了当地民间技师娴熟的技艺。由于墓壁土质松软，壁雕损坏严重，多残缺不全，具体内容和含义尚未完全搞清。从残存的部分花卉和仿木建筑图案看，都带有浓厚的时代特征和地方性色彩。三座墓内均未发现有关纪年的文字资料，根据墓葬内的土雕内容、仿木结构等装饰和随葬器物，判断三座墓的时代应为北宋早、中期。

二、陕县化纤厂宋墓

1987 年 4 月，为配合陕县化纤厂基建工程，三门峡市文物工作队与陕县文物管理委员会联合清理了 3 座古墓葬，编号 M1、M2、M3[①]。三座墓葬形制相似，均由墓道、墓门、甬道和墓室四部分构成。

（一）M1

M1 为阶梯式墓道洞室墓（图 5-6）。墓道由 10 级生土台阶构成，长 2.44 米，内填五花土。墓门高 2.44 米，仿木结构，门框、倚柱均为素砖砌成，门楣上刻有两枚菱形门簪，门额上用砖砌出一内凹的梯形框，内里无彩。门洞高 1.36 米，宽 0.46 米，用青砖封堵。墓门后为甬道。甬道北接墓室。墓室平面呈长方形，长 2.54 米，宽 1.7 米，高 2.42 米。近墓门处有一长 0.3 米，宽 1.7 米的区域用长方形砖铺地，余为棺床。棺床由六层砖砌成，床面为一顺一丁的平卧砖铺成。墓室南壁用平砖错缝砌至顶部；东、

① 三门峡市文物工作队、陕县文物管理委员会：《河南省陕县化纤厂宋墓发掘简报》，《华夏考古》1993 年第 4 期，第 76-79 页。

西两壁自第 10 层开始起券；北壁在距地表高 1.2 米处设一高 0.18 米，宽 0.2 米，进深 0.13 米的小龛。小龛的下部砌有假门，由门框、门颊、门额组成，内砌板门两扇，门楣上有两枚菱形门簪，门扇上饰三排乳钉。该墓为合葬墓，葬具不存，葬式不明。

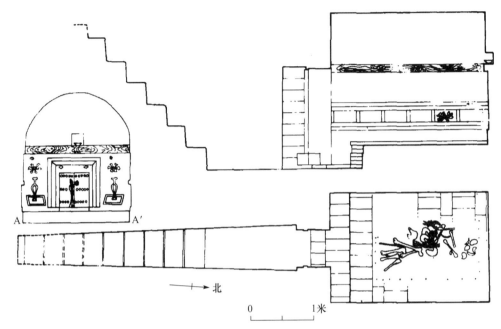

图 5-6　陕县化纤厂宋墓 M1 平、剖面及北壁图

M1 从墓门到四壁均有彩绘装饰，但色彩和式样较单调，且被毁严重。墓门门颊外缘及门框里缘涂以白色，余部涂黑色。内室在褐色泥底上刷白灰，然后施彩绘：南壁墓门两侧用红色各饰花瓶一个，上各绘鲜花三朵。花瓶造型均为喇叭口，细长颈，鼓腹下收为小平底。东、西两壁方格内绘有红色花饰，现已看不清构图。北壁门饰上绘"妇人启门"，东扇扉紧闭，西扉微启，一妇人身穿深色长裙，束高髻，自门缝内向外探身做观望状。门两侧亦绘有花瓶、花朵，样式和构图与南壁相似，不同的是瓶底有墨线勾画的案几类图案。

随葬器物只有白瓷碗 1 件。

（二）M2

M2 为阶梯式墓道洞室墓（图 5-7）。墓门为仿木结构，与 M1 不同的是，墓门上部所饰斗拱上有枋，枋上承九根方椽，椽上还有筒形瓦垄及滴水。墓门亦用青砖封堵。两扇门板为砖砌，门扉上各雕乳钉 3 排，每排 5 个，上两排乳钉之间有一底为六边形的门环。墓室长 2.69 米，宽 1.94 米，纵砖铺地，棺床面用砖一顺一丁铺成。室顶为四面起券的穹隆式，四壁均用平砖错缝砌筑，南壁在开始起券处的东南角和西南角各饰有两块上下排列的三角形素砖。北壁正中有一高 0.19 米,宽 0.19 米,进深 0.12 米的壁龛,龛楣有磨刻的曲线装饰。该墓为合葬墓,被盗扰,葬具不存,葬式无法断定。

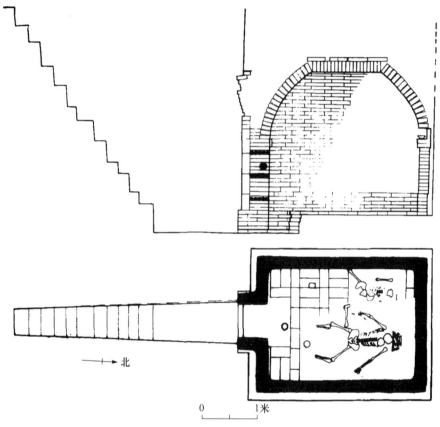

图 5-7　陕县化纤厂宋墓 M2 平、剖面图

出土随葬品共 6 件,包括白瓷碗 1 件、黑瓷碗 1 件、双系罐 1 件、三足炉 1 件、瓷枕 1 件,另有铜簪 1 件,残。

(三) M3

M3 (图 5-8) 结构同 M1、M2。墓门横额上方雕有斗拱,门额上的梯形框内雕一朵牡丹花,周边以花叶点缀。墓门用青砖封堵。砌在甬道壁上的两扇门扉上各饰四排乳钉,在第二、三排之间雕有以八边形图案为底衬的花朵门饰。墓室平面呈长方形,长 2.8 米,宽 1.6 米,高 2.44 米,券顶。室内砖均磨平对缝。墓室北壁正中装饰一门,表现手法与 M1 相似。北壁嵌有壁龛,高 0.16 米,宽 0.18 米,进深 0.15 米。墓室东、西两壁中部各饰一直棂窗,内有 7 根砖雕窗棂。壁画仅有北壁门饰两侧的人物像,因受潮,只能看出大致轮廓。随葬器物只有 1 件白瓷碗。

三座墓没有出土任何有纪年的器物,但墓葬布局及其仿木建筑结构为一般宋墓所常见。这三座墓彼此相邻，在墓葬形制、结构及出土器物诸方面又有相似或相同之处，应为家族墓。

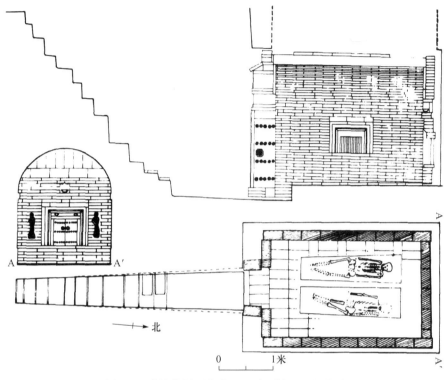

图 5-8　陕县化纤厂宋墓 M3 平、剖面及北壁图

三、崤山西路金墓

1992 年秋，三门峡市文物工作队在配合市区崤山西路立交桥基建中，发掘清理了 3 座古墓[①]，编号为 M1、M2、M3。

（一）M1

M1 为阶梯式墓道砖券壁画墓，保存完好。墓葬总长 8.25 米，由墓道、甬道和墓室三部分组成（图 5-9）。墓道土圹阶梯式，长 4.65 米，宽 0.48—0.74 米，起始处与末端的垂直高度差为 4 米。墓道东西两壁齐整光滑且中部有 4 对脚窝，现存 8 级台阶，每级宽 0.25—0.36 米，高 0.21—0.3 米不等。甬道全长 0.68 米（含墓门和封门砖），宽 0.62 米，高 1.07 米，系横砖自东西两壁向上叠砌 14 层后内收作券顶。墓门为仿木建筑，斗拱、椽子、滴水等均为砖雕，门框、门槛、门额则用长砖制成，门额上有两个

① 三门峡市文物工作队：《三门峡市崤山西路发现三座古墓》，《华夏考古》1993 年第 4 期，第 80-86 页。

菱形门簪。开启的墓门用方砖制成，上饰铺首和泡钉。墓门上施黑、红两色彩绘，门前有内外两层封门砖。墓室平面为八边形，宽 2.39 米，入口处用 1.1×0.82 米的长方形砖铺地面，室内为高 0.3 米的"凹"字形棺床。砖砌供台位于棺床前，长 1.2 米，宽 0.48 米，高出棺床 0.32 米，供台正面有"大定七年七月二十九日匠人刘一郎"字样。七面墓壁上各设一个砖券弧形壁龛，其下沿坐于棺床上。龛门宽 0.45 米，高 0.56 米，内宽 0.65 米，高 0.76 米，进深 0.53 米。壁龛上方共刻有 14 个僧人法号，以北壁正中的"第一通师父"为序，向西依次为"嵩叔父、秀叔父""德慧""喜师""善宝、善□""师孙、祖照"等；向东则为"兴大师""副正""善行""善玉、善录"等。墓室各转角处都砌出四方抹角柱础和圆形倚柱，柱上砌阑额，未施普柏枋。阑额上砌单抄单下昂五铺作式斗拱，自斗拱向上逐渐内收成六边形叠涩顶，顶部藻井已被破坏。

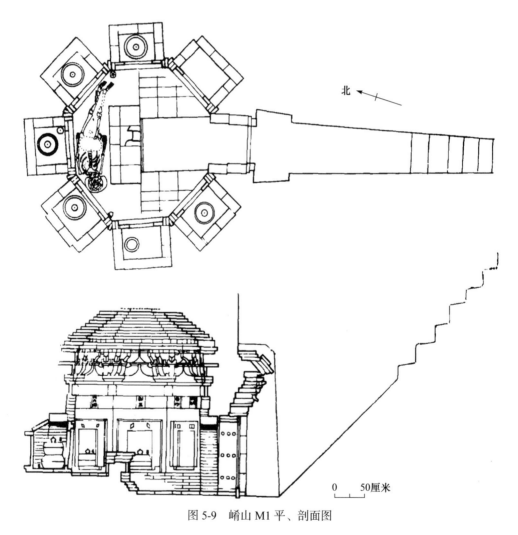

北

0　　50厘米

图 5-9　崤山 M1 平、剖面图

棺床上有一具尸骨，仰身直肢葬式，无葬具，头下置一瓷枕。东北部放一白瓷瓶。除室东南部的壁龛空着外，其余 6 个壁龛内放置一或两个盛着烧过的人骨碎块的陶盒（罐）。

随葬品有瓷枕、瓷瓶，还有陶盒等。M1 墓壁绘壁画，先刷一层石灰水后再施彩，用红、黑、绿三色绘制明快的荷花、缠枝牡丹、菊花，一般用黑色来勾绘枝叶，红彩绘花朵，图案主要绘在墓室内门、斗拱和壁龛周围。墓室正北"第一通师父"下壁龛两侧门框上，用绿彩绘制两相对而立的侍者（图 5-10），左边头顶高髻后披发，着左衽窄袖长袍，双手执长棍于胸前；右边头顶髡发，四周留发散披，着圆领窄袖长袍，双手捧盒于胸前[①]。

图 5-10　崤山 M1 北壁彩绘人物像

（二）M2

M2 被毁严重，现存墓道、墓室两部分（图 5-11）。墓道长 2.31 米，宽 0.44—0.66

①　原报告中认为是一男一女，"左边为一女童，高髻、长衫、长裙；右边似为一男童，髡发，着圆领长袍，二人双手交叠于胸前"。

米。墓室平面呈长方形，残高 0.77 米，人口处长 2.22 米，宽 1.57 米的区域内用长方形砖铺地。棺床高 0.3 米，上有 8 具骨架，分别入殓于石棺、木棺和陶罐（瓮）中，呈三列分布：东部一列为 2 具石棺和 1 个瓮棺；中部为 3 个瓮棺和 1 具木棺；西部一列为 1 个瓮棺，残。除上述 8 具骨架外，另有一具屈肢骨架位于墓室东南部，无葬具。这 9 具尸骨中有 4 具为火葬。

M2 无随葬器物，只有石棺、瓮棺等葬具。

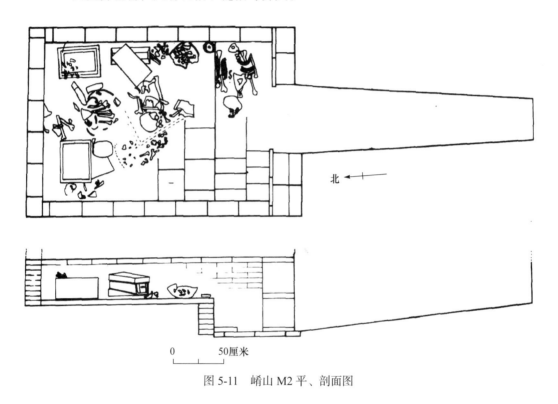

图 5-11　崤山 M2 平、剖面图

（三）M3

M3 被毁严重，从残迹看为砖券墓。墓道残长 1.5 米，宽 0.68 米。墓室平面呈长方形，长 2.2 米，宽 1.6 米。砖铺地，无棺床，仅有零乱的烧骨碎块和在墓室东壁上镶嵌的《长兴禅院崇公卯塔记》石刻（图 5-12）。无随葬器物。

三座墓葬方向一致，其间距离不超过 50 米。从年代上看，M1 为金大定七年（1167 年），M3 为北宋崇宁二年（1103 年），M2 虽无纪年，但根据墓中所出器物的形制及墓葬的结构看，应为北宋晚至金时期墓葬。M3 出土石刻记载了长兴禅院僧人德润为其先师栖崇建塔供养的事迹，推测 M3 应为舍利塔下的地宫。从墓葬形制、结构、葬具及壁上所书法号等判定，M1、M2 应为僧人合葬墓。

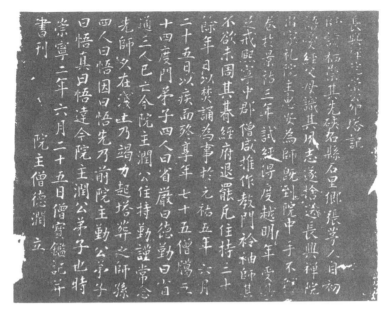

图 5-12　崤山 M3《长兴禅院崇公卯塔记》石刻拓片

四、义马市金代砖雕墓

1988 年 12 月，配合煤炭部义马矿务局机修厂扩建，三门峡市文物工作队与义马市文物管理委员会联合发掘了一批古墓葬，其中有一座金代砖雕纪年墓[①]。

该墓位于义马新市区南郊，为一座小砖券砌的仿木结构纪年墓，由墓道、墓门和墓室三部分组成（图 5-13）。墓道为土坑竖穴式，口长 3.5 米，宽 0.25—0.55 米。砖券墓门，宽 0.57 米，高 1.21 米，分内外两层封堵，均为侧卧条砖呈"人"字形叠砌。墓室平面呈长方形，东西长 1.9 米，南北宽 1.58 米，为简化的仿木结构建筑，底部贴四壁砌"凹"字形棺床。四壁自棺床向上 1.38 米处砌普柏枋，枋上象征性砌单下昂单层补间铺作六朵和单下昂单层转角铺作四朵，铺作上砌和一层平砖和一层锯齿砖，以上叠涩成穹隆顶。墓室北壁正中作仿木构门饰（图 5-14），一门紧闭，一门虚掩，门下作门砧，两侧作立颊和倚柱，门上砌门额、上额和阑额，门额上有 2 枚方形门簪，门饰两侧壁对称镶砖雕牡丹、荷花各 2 朵，门饰和花卉上承普柏枋，下部作下围和须弥座式壁至棺床。南壁为清水砖平直砌法，墓门内口作有上额和阑额。东、西两壁的砌法基本相同，均为中间砌成方框，或作舞台，或作其他，两框两侧清水砖平直上砌至普柏枋，下部作下围和须弥座式壁。棺床正中有 2 具尸骨，均头西足东，仰身直肢（左侧的骨架应为迁葬），周围漫散有大量棺木朽渣和棺钉。

[①] 三门峡市文物工作队、义马市文物管理委员会：《义马市金代砖雕墓发掘简报》，《华夏考古》1993 年第 4 期，第 87-91 页。

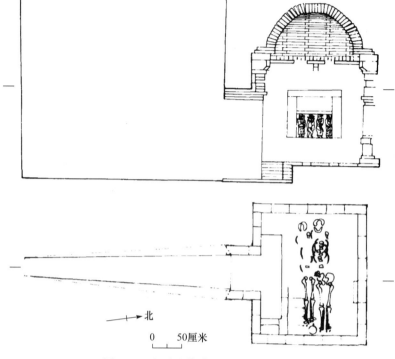

图 5-13 义马金代砖雕墓平、剖面图

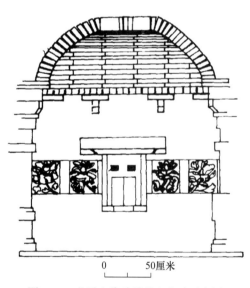

图 5-14 义马金代砖雕墓室北壁示意图

墓室内出土雕砖 10 余块，其中花卉砖雕 4 块，排列于北壁门饰两旁。荷花、牡丹各 2 块；人物砖雕西壁 4 块，东壁 2 块，其中西壁的人物砖雕排站于舞台之上。随葬品较少，只有白瓷碗 1 件、白玉环 1 件。

出土墓志 1 方，灰陶质，边长 34 厘米，厚 6 厘米，正面用朱砂书志，志文朽蚀严重，但能看出"大金国贞祐四年"的年号。

这座金代砖雕纪年墓的结构、形制均同于其他同时代墓葬，为简单的仿木结构墓，墓门镶嵌杂剧砖雕的情况在豫西地区为首次发现，与晋南地区的金元砖雕墓相同。墓中的花卉雕塑线条流畅，技艺娴熟，杂剧人物砖雕形象生动，没有一丝拘泥之感，体现了当时工匠的雕塑艺术。东壁的老妪、老翁那一副悠闲的模样，与西壁的演出舞台正好构成了一幅逼真精美的"观戏图"，具有浓厚的现实生活气息，反映了墓主生前的现实生活，为进一步研究豫西地区的雕塑艺术发展史和我国金元杂剧的发展状况，提供了宝贵资料。

五、上阳路 M1 金墓

1988 年 4 月，为配合三门峡市上阳路中段东侧建点式楼建设，三门峡市文物考古研究所抢救性发掘了一座金墓，编号 M1。

墓葬坐北向南，由阶梯式墓道、甬道、天井和砖砌墓室四部分组成（图 5-15）。墓道平面呈南北向梯形，长 6.15 米，南宽 0.4 米，北宽 0.72 米，口北端距墓道底 5.8 米。台阶计有 13 个，皆为长方形，由南向北、自上而下递降组成，宽 0.3 米，高 0.35 米。阶梯底部至墓门呈缓坡状。墓门位于墓道北壁下部，呈平顶长方形，两侧下部饰有门礅，高 1.48 米，宽 0.5—0.58 米，用青砖侧立平砌封堵。甬道平面呈长方形，宽 0.58 米，长 0.52 米。墓室平面呈横向长方形，长 2.53 米，宽 1.98 米。穹隆顶，有一东西向长方形天井，长 2 米，宽 0.6 米，深 1.9 米。墓室内底部呈"凹"字状与甬道相连，北部为棺床，用砖砌成须弥座式，其上平铺一层方砖。

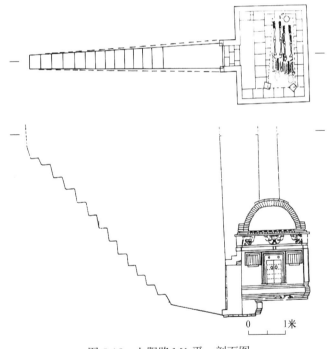

图 5-15　上阳路 M1 平、剖面图

墓室四壁砌有门、窗、斗拱、雕花等。南壁正中下部为墓门，顶饰弧尖砖雕，门两侧距棺床 0.98 米处砌有两个破子棂窗，宽 0.52 米，高 0.42 米，两侧饰有立颊、倚柱，上有楣、额。窗上砌有普柏枋，枋上饰一斗三升雕花转角铺作两组和一斗三升雕花补间铺作两组。斗拱下均饰有立柱，上部饰有檩、椽、琉璃瓦（图 5-16）。北壁是墓室的正面，棺床以上 0.42 米高处砌成须弥座，其上 1.1 米高处砌作房屋三间，每间各有立柱相隔，饰门两扇，共六扇，三间房门的上部方格形式各异（图 5-17），下部饰壶形门花。方格上部砌普柏枋，柱上砌斗拱，上饰檩、椽、琉璃瓦等。东壁和西壁的尺寸、装饰相同，底部 0.42 米高处砌与北壁相同的须弥座。其上中部砌一大门，高 0.88米，宽 0.68 米，两侧有立颊、倚柱，上有楣、额，下有槛、砧。门有两扇，每扇门上横向均饰乳钉 4 行，每行 4 颗，门上中部有对称门环。门两侧有窗，与门顶部相平，与南壁窗造型相同，宽 0.52 米，高 0.42 米。其上与南壁、北壁相同，但少一组补间铺作。

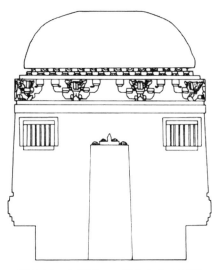

图 5-16　上阳路 M1 墓室南壁正视图

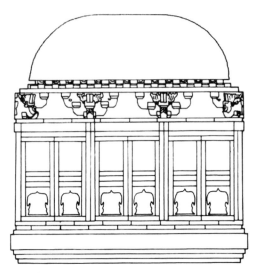

图 5-17　上阳路 M1 墓室北壁正视图

棺床上有骨架，腐朽严重，大体可分辨出有两具，均头东足西，仰身直肢。在尸骨之间及上下有棺木朽渣及棺钉，可知棺木有两副。

随葬器物较少，只有褐釉瓷碗 1 件。

墓室拱顶外北部第七层东第二块砖上有刻字："大定二十八年四月二十一日"，当为建造工匠所刻，据此推测该墓的埋葬年代当在大定末年。

这种仿木结构墓室是宋金时期较为流行的一种墓葬形制，它从一个侧面反映了当时地面建筑的情况，是研究宋代建筑的实物标本，同时，也为研究当时的埋葬习俗、丧葬观念提供了珍贵的实物资料。

六、刚玉砂厂金墓 M212

2020 年 10 月至 2021 年 3 月，河南省文物考古研究院、三门峡市文物考古研究所配合城市建设发掘清理了一批墓葬。其中有金代墓葬一座，编号 M212[①]。

---

① 河南省文物考古研究院、三门峡市文物考古研究所：《三门峡市刚玉砂厂金代墓葬 M212 发掘简报》，《华夏考古》2022 年第 1 期，第 35-42 页。

M212 为一座南北向竖穴墓道土洞墓，由墓道和墓室两部分组成（图 5-18）。墓道开口于扰土层下，平面呈梯形，壁近直，较规整。填土为黄褐色五花土，土质较疏松。

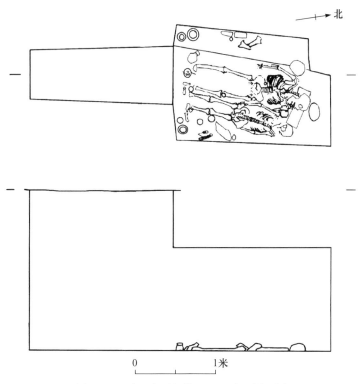

图 5-18　刚玉砂厂金墓 M212 平、剖面图

墓室平面近长方形，拱形顶，墓壁近直，较规整。墓底较平，长 2 米，宽 1.51 米，高 1.26 米。墓室内未发现葬具痕迹。共葬有 3 具人骨，头均向北，自西向东编为 1 号、2 号和 3 号。1 号人骨面向南，人骨较杂乱，葬式不详，推测为女性；2 号人骨面向东，仰身直肢，推测为中老年男性；3 号人骨面向西，与 2 号人骨相对，仰身直肢，推测为中老年女性。

墓葬内出土随葬品有瓷器、陶器、铁器、石器和铜钱。瓷器占多数，共有 14 件（图 5-19）；另有石器 2 件、陶钵 1 件、铁器 2 件和铜钱 127 枚。

三门峡地区已发现的金代墓葬基本均为砖室墓或砖雕墓，土洞墓较少见。根据墓葬出土器物判断，M212 年代为金代中期的夫妻合葬墓，墓主属富裕的平民阶层。

七、义马狂口村金墓

1995 年 5 月，在义马市区千秋西路北侧狂口村发现一座砖雕壁画墓，编号 M1[①]。

① 三门峡市文物考古研究所：《河南义马狂口村金代砖雕壁画墓发掘简报》，《文物》2017 年第 6 期，第 41-49 页。

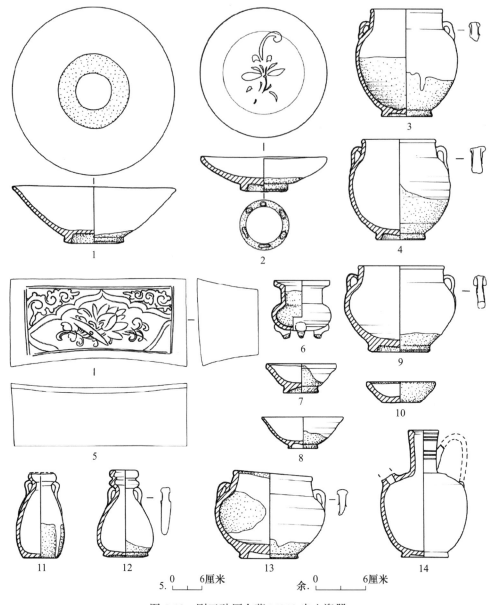

图 5-19　刚玉砂厂金墓 M212 出土瓷器

（一）墓葬形制

M1 为砖砌仿木结构，由墓道、天井、甬道、墓室四部分组成，坐北朝南（图 5-20）。墓道平面呈长方形，因距房屋太近未能发掘，长度不详，宽 0.6 米，墓口距地表 0.3 米。天井平面呈梯形，南宽北窄，长 1.82 米，宽 0.56—0.74 米，深 3.09—3.39 米，内填红褐色五花土，质疏松，底部北高南低，呈缓坡状，北壁底部有过洞与墓道相连，南壁底部为通向墓门的甬道。甬道长 0.39 米，宽 0.6 米，墓门开在墓室北壁底部中间，高 1.35 米。封门砖侧立，以"人"字形砌堵。墓室平面呈横向长方形，东西长 2.55 米，南

北宽 1.65 米，室顶坍塌，残高 2.82 米。地面用纵横
相间的平卧砖铺设，室内依墓门的方向砌出"凹"字
形须弥座式棺床，棺床高 0.39 米。

　　墓室四壁皆为仿木结构屋檐。棺床上东、南、西
三壁砌基座，高 0.52 米。基座为须弥座式，束腰处
砌有单抄铺作，铺作之间为华板，雕刻彩绘花卉、瑞
兽图案。北壁清水砖平直砌起与基座同高。各壁在基
座上方共砌四方抹角立柱 10 根，其中四角和东、西
壁中间各 1 根，南、北壁中间各 2 根，立柱之间装饰
砖雕人物、仿木门窗及壁画等。立柱上砌普柏枋，枋
上砌重拱四铺作，铺作之间砌拱眼壁，铺作上砌一层
单砖作替木，替木上砌撩风槫，其上砌出一周菱角牙
子作滴水房檐，再向上四角内收成穹隆顶。

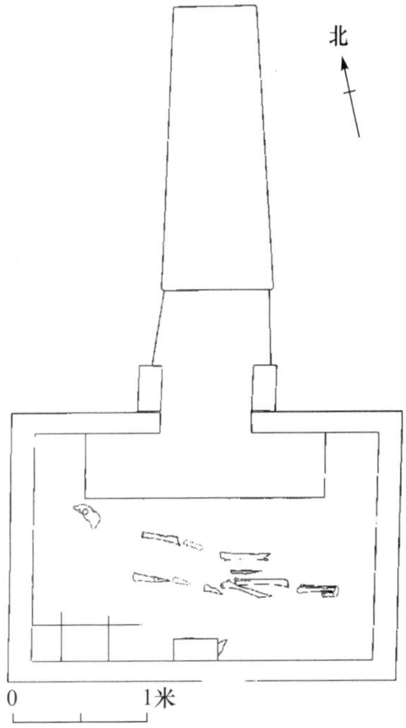

（二）壁画与砖雕

　　墓室内四壁与顶部施一层白颜料，墙壁上的砖雕人物、仿木构件等均按用途用红、
黄、黑三种颜料描绘分层设色。如普柏枋、房内墙壁用白色，枋下吊幛部分用黄色，
门边、窗棂、桌椅等用红色，房角、窗边、吊幛、绶带用黑色。

　　棺床上须弥座部分因进水侵蚀颜色已基本脱落，华板上的图案只留下砖雕部分的
荷花、鹿等，东、西壁基座北部各有两块华板，内容不详。立柱间的普柏枋表面均绘有红色花朵，每组用墨线勾勒外框。

　　东壁的立柱之间砖雕装束不同的戏曲表演者，有两部分，其中北半部有两人，南半部有三人（图 5-21）。自北向南依次为：持杖人头戴黑色无脚幞头，身穿圆领窄袖长袍，腰束红色阔带，着靴，双手握杖于胸前（图 5-22：1）；持板人头戴黑色无脚幞头，身穿圆领窄袖长袍，腰系黑带，着靴，左手执板，右手抬起作指点状（图 5-22：2）；叉手人头束软巾，上留髻，右侧插花，身穿圆领窄袖长袍，腰束软带，着黑靴，左手握右手于胸前，双腿

图 5-20　狂口村 M1 平面图

图 5-21　狂口村 M1 墓室东壁示意图

略向前屈（图 5-22：3）；持扇人头戴直脚幞头，穿圆领长袍，腰束软带，着靴，双手举至胸前，右手持扇（图 5-22：4）；持笏人头戴无脚幞头，穿圆领宽袖长袍，双手持笏，躬身向前（图 5-22：5）。

图 5-22　狂口村 M1 砖雕人物图
1. 持杖人砖雕　2. 持板人砖雕　3. 叉手人砖雕　4. 持扇人砖雕　5. 持笏人砖雕

　　南壁的立柱之间可分为三部分：中间雕"妇人启门"主题，两扇板门各有门钉五路，右扇门有门环，门外砌立颊、转柱，上置门额，门额上雕出 2 枚门簪；东、西装饰格子门，门下华板雕刻盛开的牡丹与荷花（图 5-23）。

　　西壁立柱之间装饰可分为两部分（图 5-24）：南半部为墓主人夫妇对坐于桌旁（图 5-25）。男主人头戴黑色软帽，身着对襟青衣，双手合抄。女主人束髻，身着褙子

图 5-23 狂口村 M1 墓室南壁示意图

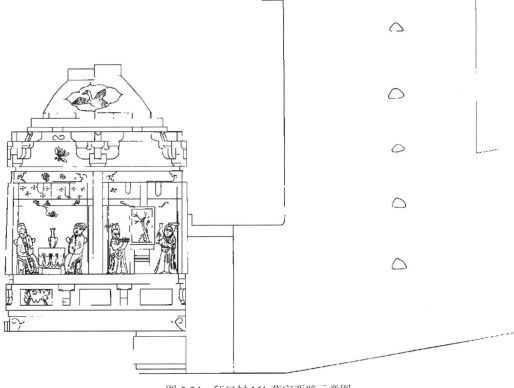

图 5-24 狂口村 M1 墓室西壁示意图

图 5-25　狂口村 M1 西壁南部夫妻对坐图

与花裙，双手合抄。桌上铺台布，置一瓜棱瓶。北半部为二侍女分立桌旁（图 5-26）。南侧侍女发髻右侧插花，着袍披裳，双手托元宝方盘。北侧侍女头顶束髻，穿长袍，腰束软带，双手捧细长颈瓶。桌后墙壁有一幅画。

1　　　　　　　　　　　　　2

图 5-26　狂口村 M1 墓室西壁侍女
1. 插花侍女　2. 持瓶侍女

　　北壁立柱之间装饰可分为三部分（图 5-27）：中间为墓门，周边彩绘花草图案，门楣上方绘梅花。东、西分设破子棂窗。东窗上方用墨线绘制"王褒闻雷泣墓"故事，在图案右上角有一小壁龛。西窗上方绘"田真兄弟哭活紫荆树"故事。

　　普柏枋上的重拱四铺作皆以墨线勾勒边框，红颜料设心，中间填以黄色。拱眼壁为白地红花，拱间罗汉枋绘红色如意勾云图案。墓室顶因坍塌只残留有北部和西部，其上用墨线绘制仙鹤飞翔图案三组，每组轮廓外施红颜料填充边角。

图 5-27　狂口村 M1 墓室北壁示意图

（三）出土器物

墓室南壁底部中间斜放着方形墓志砖一块，砖下有铁犁铧残段 1 件，北壁上东北角壁龛内放黑釉瓷碗 1 件。墓志砖长 30 厘米，宽 30 厘米，厚 4.5 厘米，正面磨光，朱砂竖行书文。因受水浸蚀，志文已模糊不清，依稀可辨出"大安元年八月"等字。

墓室棺床上有人骨架 2 具，从残存情况可看出为仰身直肢葬。据此判断，此墓应为一座夫妻合葬墓。从墓志上的"大安元年八月"推测，墓葬年代应为金卫绍王完颜永济大安元年（1209 年）。据文献载，宋制非官不用墓志，金承宋制，故墓主人应为官吏或士大夫阶层。

八、技工学校三座金墓

1990 年 5 月，三门峡市文物考古研究所为配合城市基本建设，在市技工学校院内发掘了一批古墓葬，其中有 3 座金墓，编号 M5、M6、M7[①]。

---

① 史智民、贾永涛、宁文阁：《三门峡市技工学校三座金墓发掘简报》，《三门峡文物考古与研究》，北京燕山出版社，2003 年，第 115-122 页。

（一）M5

墓葬坐北朝南，由 L 形拐尺状阶梯式墓道、天井、甬道、砖砌墓室四部分组成（图 5-28）。墓口距地表 1.6 米，内填五花土，质地松软。L 形拐尺状墓道由东西向和南北向两段墓道连接构成，东西向墓道平面呈梯形，东窄西宽，长 1.94 米，宽 0.56—0.68 米，底部由 8 个长方形台阶自东而西、由上而下递降组成，每个台阶宽约 0.24 米，高约 0.20—0.26 米，墓道西壁开有一拱顶过洞与南北向墓道连通。南北向墓道平面亦呈梯形，南窄北宽，长 2.1 米，宽 0.5—0.6 米，底部阶梯由南而北、自上而下递降，最南端台阶为一宽大平台，起方便转折作用，以下台阶基本同于东西向墓道，直至天井底部，共计 10 级台阶。墓道北壁下部开有一拱顶过洞与天井相连通，过洞高 1.4 米，宽约 0.75 米，厚 0.4 米。天井位于南北向墓道的北部，平面呈梯形，口小底大，南窄北宽，口长 2 米，宽 0.5—0.7 米，填土同于墓道，四壁规整，东、西两壁的南部设置有对称错落的三角形脚窝。墓门开在天井北壁下，拱形顶，高 1.96 米，已坍塌。甬道平面呈长方形，长 0.52 米，宽 0.72 米，残高 1.3 米。墓室内积满淤土，顶部坍塌，底部平面近长方形，长 2.77 米，宽 1.78 米，室底平铺规格为 30×30×6 厘米的方砖。

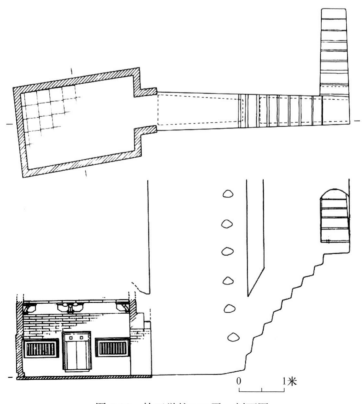

图 5-28　技工学校 M5 平、剖面图

墓室四壁为砖砌仿木结构，距底 1.5 米高处饰普柏枋，枋上砌有一斗三升转角铺作 4 朵和一斗三升补间铺作 4 朵，枋下清水墙中部饰有仿木结构门窗。北壁砖砌门距底 0.12 米，高 0.96 米，宽 0.74 米，门分两扇，作虚掩状，两侧饰有立颊和倚柱，上部为门额，饰有 2 枚方形门簪，下部饰有门槛。东、西壁对称装饰，砖砌门略同于北壁，门两侧饰有破子棂窗，距底 0.48 米，宽 0.86 米，高 0.46 米。南壁正中为墓门，两侧用青砖顺向错缝砌起清水墙，残高 1.48 米。

墓葬被盗，未发现随葬品。

（二）M6

墓葬坐北朝南，由阶梯式墓道、天井、甬道、砖砌墓室四部分组成（图 5-29）。墓道平面呈南北向长方形，长 3.7 米，宽 0.54 米。内填五花土，质地松软。墓道北端距底 4.76 米计有 11 级长方形台阶由南向北、自上而下递降组成，每个台阶宽约 0.25 米，高约 0.35 米。北壁下开有一拱顶过洞与天井相连，高 1.3 米，宽 0.6 米，长 1.1 米，底呈斜坡状，通向墓门。天井位于墓道北端，平面呈南北向梯形，口小底大，南窄北宽，深 5.62 米。墓门开在天井北壁下，砖券拱形顶，门外用砖侧立顺向封堵，高 1.6 米。甬道平面近似长方形，长 0.62 米，宽 0.6 米。墓室顶部有一天井，平面近似长方形，长 1.4 米，宽 0.58 米，砖券墓顶。墓室平面近似横向长方形，东西长 2.26—2.36 米，南北宽 1.82 米，穹隆顶，底部平坦，呈倒"凹"字形与甬道相连，北部为棺床，为砖

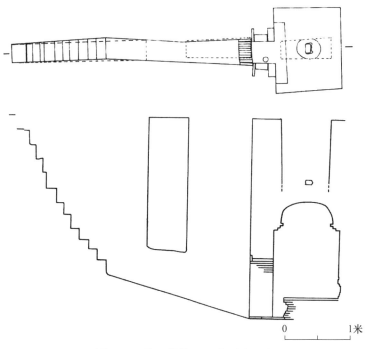

图 5-29　技工学校 M6 平、剖面图

砌须弥座式。

墓室四壁砌有门窗、斗拱、雕花、家畜等。南壁正中下部为墓门，顶饰弧尖四拱对称砖雕，门两侧紧贴拐角处距棺床0.8米高处砌有二对称破子棂窗，宽0.58米，高0.46米，两侧饰有立颊、倚柱，上有楣、额。距棺床1.44米高处砌有普柏枋，枋上饰一斗三升雕花转角铺作2朵和一斗三升雕花补间铺作2朵，斗拱下均饰有立柱。斗拱上部饰檩、椽、瓦槽，其上为穹隆顶。北壁是墓室正面，底部砌须弥座式面板，中间为莲花枝砖雕，东、西两侧对称饰一牛和一牡丹花砖雕。须弥座上砌仿木构格子门六扇，两两对称，共分三间，中以砖砌立柱为界，其上斗拱、檩、椽、瓦槽同于南壁。东、西壁对称装饰，底砌须弥座面板，中间分别饰飞马和牡丹花砖雕，其上砌一门两窗，门居中间，窗分两侧，顶部平齐。门为对称两扇，两侧有立颊、倚柱，上有楣、额，下有槛、砧，宽0.72米，高0.7米；破子棂窗宽0.57米，高0.45米。门窗以上部分同于南壁（图5-30）。

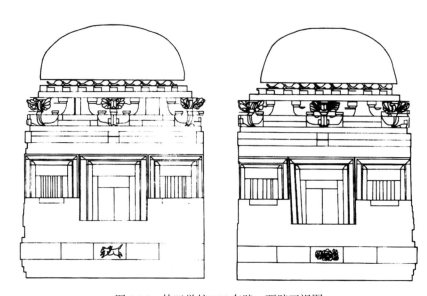

图5-30　技工学校M6东壁、西壁正视图

随葬器物有绿釉陶枕1件，黑釉瓷盆1件。陶枕两侧为双虎头卧状，怀内卧一虎崽儿，底部竖行墨书"泰和元年四月十日记"。

（三）M7

M7坐北朝南，方向184°。由阶梯墓道、甬道、砖砌墓室三部分组成（图5-31）。墓口距地表1.2米，墓道平面呈南北向梯形，南窄北宽，长5.4米，宽0.4—0.64米，内填五花土，质松软，北端深4.9米。墓道底部计有17个台阶由南向北、自上而下递降组成，每个台阶宽约0.2米，高约0.28米。墓道北壁下有砖砌拱顶墓门，高1.25米，宽 0.6 米。甬道长 0.5 米。墓室顶部有一东西向长方形天井，长 1.5 米，宽 0.65 米，口部距墓室顶 2.14 米。室内积满淤土，平面呈南北向长方形，长 2.64 米，宽 1.52 米，叠涩顶，高 2.58 米，底部平坦，用青砖纵横相间铺地。人骨架腐朽严重，只有少量骨渣，葬具、葬式不明。北壁下有白瓷碗 1 件，近西壁北窗下有陶罐 1 件。

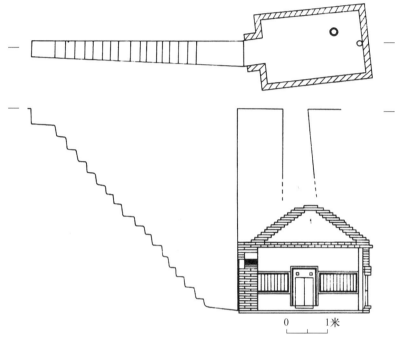

图 5-31 技工学校 M7 平、剖面图

墓室四壁砌仿木结构建筑等。南壁正中下部为墓门，两侧及上部用青砖错缝平砌至房檐，高 1.56 米。房檐为双层砖角相间叠涩内收，其上用顺砖错缝平砌内收形成叠涩顶。北壁为墓室的正面，下部饰有砖砌门窗。门位于北壁下正中，距底 0.12 米，高 0.92 米，宽 0.48 米，两侧有立颊和倚柱，上有楣、额，额上饰 2 枚方形门簪，下有槛、砧。门两侧距底 0.54 米处对称装饰破子棂窗，窗高 0.16 米，宽 0.36 米。东、西壁对称装饰，门居中间，窗分砌两侧，形制同于北壁。门高 0.86 米，宽 0.54 米；窗高 0.38 米，宽 0.78 米。

随葬器物共 2 件，包括白瓷碗 1 件、陶罐 1 件。

这三座墓葬分布集中、方向一致、排列有序、建筑形式近似等，应属时期相近的同一家族墓葬。M6 出土的绿釉陶枕上有墨书"泰和元年四月十日记"，表明它们的建筑年代不早于金章宗泰和元年（1201 年）。因此，M5、M6、M7 年代应在金末元初。

第三节　陕州漏泽园

漏泽园是宋代官府安葬贫苦无力的丧葬者骸骨的公共墓地。漏泽园制度创始于宋神宗元丰年间，宋徽宗时期命名为漏泽园并推及全国。漏泽园墓地选址多在城郊或人群居住地附近的不毛荒地。据考古调查发掘发现，宋代漏泽园分布于河南南阳、洛阳、三门峡，河北磁县、山西吕梁、江苏丹阳、重庆等地，以河南地区分布较多。其中陕州漏泽园最具代表性，是目前发掘面积最大、保存最好、出土墓砖最多的一处。

一、陕州漏泽园的发现与发掘

漏泽园创始于北宋元丰年间，是官府对贫苦之人、军士、囚犯或无人认领的死者进行集中收管埋葬的公共墓地。徐度《却扫编》"漏泽园"条云："漏泽园之法，起于元丰间。初，予外祖以朝官为开封府界使者，常行部，宿陈留佛祠。夜且半，闻垣外汹汹，若有人声。起烛之，四野积骸蔽野，皆贫无以葬者，委骨于此。意恻然哀之，即具所见闻，请斥官地数顷以葬之，即日报可。神宗仍命外祖总其事，凡得遗骸八万余，每三十为坎，皆沟洫什伍为曹，序有表，总有图，规其地之一隅以为佛寺，岁轮僧寺之徒一人，使掌其籍焉。"[1]宋徽宗崇宁三年（1104 年），朝廷下令各州县普遍设立漏泽园。因漏泽园墓葬埋葬简陋，墓穴较浅，又多在城镇附近，不易保存下来，目前发现保存完好的漏泽园墓地数量很少，陕州宋代漏泽园即是其中之一。

陕州漏泽园墓地位于三门峡上村岭西端南侧向阳村东一片东北高、西南低的缓坡地，西距陕州故城（现为陕州风景区）2 千米。1985 年春，原洛阳地区文物工作队配合修筑甘棠路时，在此缓坡发现一处分布密集、排列整齐的北宋土坑小墓群。后又在甘棠路基下清理出土坑小墓 103 座，均为单人葬，以陶缸为葬具，并伴出砖墓志。为了更清楚地掌握这片墓地的分布范围，对此区域进行了全面勘察。勘察结果表明，墓地东临一条大深沟（当地人叫跑驾沟），西至向阳村边（现纺织机械厂家属院），南距三里桥村 100 余米，东西长 180 米，南北宽 45 米，总面积达 8100 平方米。墓地除东边因临沟边，约有 10 米长的地段内的墓葬被破坏，西边有部分在平整土地时被破坏之外，其余大部分墓葬保存基本完好，1993 年春和 1994 年春，三门峡市文物工作队先后两次对上述墓地的北部和西南部进行了大面积发掘，墓地总面积约有 12650 平方米。

---

① （宋）徐度撰：《却扫编》，大象出版社，2019 年，第 283 页。

二、陕州漏泽园墓葬的分布与形制

1993 年春和 1994 年春，三门峡市文物工作队为配合宇泰房屋开发公司的基建工程，先后对墓地的北部和西南部进行了大面积发掘。至此，墓地发掘总面积达 3800 平方米，共清理墓葬 849 座，墓地中部和南部未发掘。

从发掘的 849 座墓的分布情况看，墓地东部破坏较为严重，西部也有部分破坏。根据墓内出土砖墓志记载来看，墓葬以"千字文"字序编埋。如已发掘的北部最东面第一排第一座墓，墓志上"千字文"编号为"岁"字号。"岁"字在"千字文"中为第 28 个字，证明它东边已有 27 座墓被破坏。由于许多墓葬埋葬太浅，后人耕地时多有破坏。

整个墓地中的墓葬排列有序：东西成排，每排约百座；南北每排墓与相邻一排基本成列。墓间距多为 0.2—0.4 米，个别达 1 米。南北之间的墓，个别有打破关系。每排墓的墓间距一般为 0.8—1.5 米，个别达 2 米。

漏泽园墓葬形制均为小型土坑墓，南北向，或略偏东，或略偏西。每座墓都十分狭小且不规整，仅容一、两口陶缸或一具尸体。除 M0301、M0302、M0303 三座墓的墓坑边长为 0.6—0.7 米，略呈方形外，其余墓坑均呈长方形。长方形墓坑一般长 1.5—2 米，宽 0.5—0.8 米，深 1 米左右。其中 M0206 最长，墓坑边长为 2.3 米；M0457 最短，墓坑边长仅 1 米；M0174 最深，深 1.5 米。

三、陕州漏泽园墓葬葬具与葬式

葬具均较简单，多用陶缸，或两口，或一口，甚至有的用碎陶缸片，还有的墓葬无葬具，只是将尸体就地掩埋。具体来看，849 座墓中，葬具为两口陶缸的墓葬计有 420 座，一口陶缸的墓葬计有 162 座，碎陶缸片的墓葬计有 62 座，无葬具的墓葬计有 156 座，另有空墓 49 座。

陶缸均为细泥质，多为青灰色，少数为红色或黄褐色，质地坚实，制作精致，但也有少数因火候不足而成灰皮红陶，质地松软，出土时便破碎。陶缸为轮制，由上下两节黏合而成，一般器表饰条纹，内壁饰麻点纹，个别素面。陶缸大小不尽相同，但器型均为大口、深腹、平底，胎壁甚薄，厚度多在 0.5 厘米左右。墓地共出土陶缸 1002 件。具体使用时，多数用两口陶缸，对口而葬；以一口陶缸为葬具的，一般是把陶缸侧放于墓坑中，将死者上身或下肢装入缸内，少数墓葬在外露的尸体上盖有板瓦或碎陶片，大部分墓葬则不掩盖；也有把死者身体作严重蜷屈状全部装入一个陶缸内的，此类以埋葬小孩或身材矮小的妇女为多。

墓葬均为单人葬，除已遭受破坏的墓葬人架结构散乱、骨骼残缺不全外，墓内人骨架一般保存较为完好。由于葬具简单、葬殓草率，葬式极不规范，姿态各异。849 座墓中，除 366 座葬式不明（其中部分墓葬为就地保护，未作发掘）。除 49 座墓为空墓外，其余 434 座墓的葬式可分为仰身直肢葬、仰身屈肢葬、侧身直肢葬、侧身屈肢葬、俯身直肢葬和俯身屈肢葬六种，以仰身直肢葬式最多，有 217 座，侧身直肢葬次之，有 149 座，其他葬式占比较少。

仰身直肢葬式一般为上身仰卧，下肢并拢伸直，是中原地区最流行的葬式，但在漏泽园墓葬中，其与一般传统的仰身直肢葬式表现出许多不同：有的双足并拢，有的双腿分开，也有的双腿交叉，还有一腿伸直、另一腿蜷屈者；上肢有双臂下垂的，有相互交叉的，也有双臂举过头顶或被压在身下的。有的墓过于短小，致使死者头部和上身折靠在墓坑壁上勉强被掩埋，表现出诸多随意性。其他葬式更是随意而为，如俯身葬式中，人体俯卧，面向下或朝向一侧，下肢直伸，双臂下垂，也有双臂蜷于肢部或折向背后者。屈肢者，有的下肢分腿作叩跪姿状，也有的股骨相并而胫骨向上回折使双足贴近臀部或置于盆骨两侧。

（一）以两口陶缸为葬具的仰身直肢葬墓（M1057）

M1057 位于墓地北部边缘第一排中部，北面再无墓葬（图 5-32），南与 M0257 相对，间隔 0.5 米，东西两侧分别与 M0156 和 M0158 并列，间距分别为 1.1 和 1.4 米。墓坑平面呈长方形，南北长 1.75 米，东西宽 0.6 米，深 1 米，方向 10°。坑壁凹凸不平，较不规则。墓坑东北角被高压电线杆窝破坏。墓内葬具是两口相对的陶缸，摆放端正，对口的间隙处用 9 块板瓦严密封盖。板瓦南北顺置，沿陶缸口周围由下而上依次相错叠压扣盖。在板瓦最上面偏西侧处放置 2 块叠放整齐的砖墓志。砖墓志均为正方形，大小与厚度相同，长 30 厘米，宽 30 厘米，厚 5 厘米。砖墓志背面都有手印纹，出土时刻字面相扣而置。陶缸均为泥质灰陶，卷沿，大口，深腹，器表所饰条纹和内壁所饰麻点纹都很清晰。两陶缸的形状和大小基本相同，口径 0.6 米，底径 0.36 米，高 0.7 米。人骨架保存基本完好，仅头骨略遭破坏。人头向北，仰身直肢，两臂自然下垂，手置于盆骨两侧，两腿并拢伸直，姿势自然。墓主的牙齿完好无缺，磨损轻微，应是一位青年人。墓志志文为："文字号，不知姓名几军人，十二月二十五日检验了当，十二月二十六日依条立坟，葬埋记识讫。"

（二）以一口陶缸为葬具的仰身屈肢葬墓（M0336）

M0336 位于墓地北面第三排中部偏东，南、北两面分别与 M0435 和 M0237 相对，东、西两侧与 M0337 和 M0335 相邻，间距 0.4—0.8 米。墓坑较小，也不规则，南北长

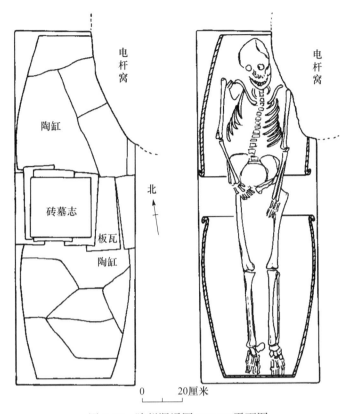

图 5-32　陕州漏泽园 M1057 平面图

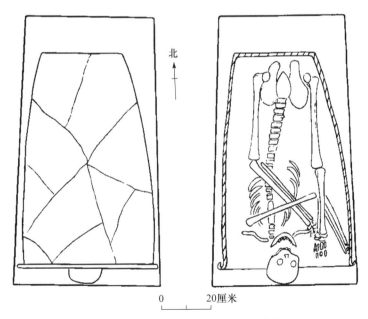

图 5-33　陕州漏泽园 M0336 平面图

1.1 米，东西宽 0.5 米，深 0.6 米。墓内葬具为一口陶缸，缸口朝南。墓主全身置于缸内，头部和双足朝向缸口，上身作仰卧姿势，身躯还较端正，但双腿经腹部向上转折，双足被折至右肩部，与头部平齐。这种葬法应是先将死者装入缸内再下葬，比较少见（图 5-33）。墓内没有出土砖墓志。据骨骼判断，应是一位青年男性。

（三）以碎陶缸片为葬具的仰身直肢葬墓（M0427）

M0427 位于墓地北部第四排偏东，东、西与 M0426 和 M0428 相邻，南、北与 M0527 和 M0328 相对，间隔 0.3—1.2 米。墓坑长 2 米，宽 0.5 米，深 0.59 米。墓内葬具为碎陶缸片，成片覆盖在人骨架上，骨骼多处暴露在外。墓主仰卧，头朝北，面向上，左臂下垂，左手搭在盆骨上，右臂桡骨上折与肱骨并列，右手置于肩头，两腿并拢直伸。葬式较为自然（图 5-34）。墓主骨骼粗壮，个体高大，当是一名成年男性。

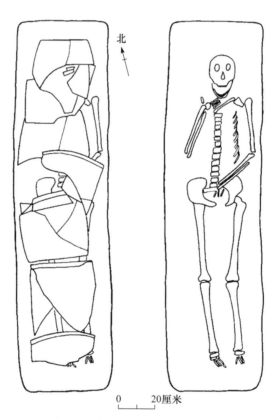

北

0　　　20厘米

图 5-34　陕州漏泽园 M0427 平面图

四、陕州漏泽园墓砖形制与内容

在已发掘的 849 座墓中，除 M0957 还出土有一只大瓷碗外，其他墓葬只出土砖墓志，有些连砖墓志也不见。在出有砖墓志的墓中，出 1 块墓志的有 123 座，出 2 块墓志的有 98 座，出 3 块墓志的有 15 座，出 4 块墓志的有 2 座，共计出土墓志 372 块。墓志类型有五种：大方砖墓志 208 块；小方砖墓志 23 块；大长方砖墓志 50 块；小长方砖墓志 12 块；长条砖墓志 79 块。砖墓志制作简陋，仅有少数将砖面略为磨平和打格，绝大部分砖墓志并不加工，有的砖面坑坑洼洼，有的砖缺角少边。

墓砖志文阴刻，先用毛笔书写，然后进行镌刻，有些大方砖砖面上尚留有墨迹。志文镌刻不精湛，但走刀自然流畅，字体工整耐看。长条砖上志文的镌刻大部分较为草率，且字体比较细瘦，刀力也轻，刻道细而浅，运刀似较呆板，很可能是锐器强划而成。墓志文对行文要求也不十分严格，丢字、别字、编号错写等现象时有发生，简体字也频频出现。

墓砖志文十分简略，每块字数一般为 25—45 个，最多的一块大方砖墓志上刻有 7 行 62 个字，最少的一块条砖墓志只刻 1 行多 17 个字。志文竖读，右为上，主要内容是亡者的姓名、年龄、身份、死亡地点和葬埋时间（图 5-35），有的还记有送尸机构的送尸人。此外，砖墓志上还有一项重要的内容，为墓地管理机构对墓穴的编号。编号办法有两种：一是以"千字文"字顺为序，二是以数字分组编排。

图 5-35　陕州漏泽园 M0101 常兴砖墓志

墓砖志文多载明亡者姓氏，但也有写明不知姓名的。对女性的姓名记载一般在姓氏前面加"阿"字来表示，如阿梁（M0111）、阿刘（M0129）、阿李（M0277）等。若遇重复的姓氏，则在"阿"字的前面加上数字，如三阿杜（M0465）、五阿杜（M0468）、二十一阿张（M0472）等。

从墓砖志文来看，陕州漏泽园墓地收葬的死者多来自安济坊、贫子院、仁先院、壕寨司、牢城营，以及州府附近的递铺和客店等处。其中以安济坊送至的死者最多。安济坊是北宋时为社会贫民治病供药的慈善机构，救助对象十分广泛，不仅有当地的贫民，还有外地的百姓、兵士、被发配充军者和罪人等。墓地收埋死者中，以军人数量最多。军人墓砖志文中载有军队番号，有禁军，也有承担各种繁重杂役的厢军，其中有许多罪犯被充军或被编入本地的厢兵。

"检验了当"几乎是每块砖墓志志文中的必要用语，可知对死者进行检验是管理工作中的重要程序。有两层含义：一是核实死者是否符合国家有关规定，允许收葬；二是检查死亡原因。砖墓志中的"仵作行人"应是政府检验死尸的专职人员。

砖墓志最后记载的内容是死者的死期与埋葬日期，据此分析，此墓地自崇宁四年（1105 年）启用至最后停用，使用年限至少在 19 年以上。

五、陕州漏泽园的有关研究

（一）漏泽园墓砖所见古陕州地名

砖墓志中反映的地名相当多，但属陕州的地名为数不多，主要有：

1. 南新店（M0135、M0150、M0154、M0350、M0434）

今名辛店，位于三门峡市区南 5 千米，属陕县大营乡管辖。北宋时称"南新店"，因位于陕州城南，故名。

2. 磁钟（M0144、M0166、M0175、M0253、M0273、M1013）

今磁钟村位于三门峡市区东北 10 千米，属湖滨区磁钟乡管辖，为乡政府所在地。

3. 横渠（M1003、M0169、M0181）

今有上横渠村和下横渠村，位于三门峡市区东南郊，属湖滨区崖底乡管辖。

4. 赵上保（M0115、M0116、M0117）

今名上村，位于三门峡市区北郊，为湖滨区会兴乡辖区。上村，唐时名赵上村[①]，后简称为上村。

5. 赵上保后土社（M0471）

确切今址已不可考。有两处可供参考：一处是今后川村，位于上村西 1 千米，后川与后土有沿革的可能；另一处是庙底村，在上村南 4 千米处，村西北有后土神庙旧址，为宋末赵上保后土社的可能性较大。

6. 上南保罐竹社（M0468）

上南保的具体位置已不可考，可能在今三门峡市区西南约 10 千米的陕州张湾乡附近。罐竹社，今名罐煮村，为陕州张湾乡辖区，现分上罐煮、下罐煮和西罐煮 3 个自然村，其中在上罐煮村东面台地下的河流旁还有竹园存在。

7. 三里涧（M0221）

今名三里桥，位于三门峡市区南郊，属湖滨区崖底乡管辖。因距陕州老城 1.5 千米，村边的青龙涧河上有小桥，故名。三里桥村名应由北宋三里涧沿革而来。

---

① 1984 年上村南出土唐代墓志中为"赵上村"。

8. 永定涧（M0256）

陕州城内分左厢、右厢和永定厢等行政区划。永定厢的位置应在陕州城南，因境内有青龙涧河流过，故称永定涧。

9. 七里社（M0177、M0235）

今名崖底村，在三门峡市区南郊，为湖滨区崖底乡辖区，为乡政府所在地。1986年，在三门峡市政府办公大楼下出土有宋代砖墓志一方，记载该墓位置在七里社东北0.5千米，七里社因距陕州城七里而得名，亦即今崖底村。

10. 张村（M0738）

今张村乡，在三门峡市区南 12 千米的高原上，属陕州张村乡，为乡政府所在地。

11. 南原村（M0259）

应在陕州附近，现已无此村名。疑为以下两处之一：一是梁家渠村，为三门峡市南郊湖滨区崖底乡辖区，因梁氏家族建村在广济渠旁而得名，早年曾因姓氏称南家庄；二是原南村，位于三门峡市区东北 15 千米，为湖滨区高庙乡辖区，因村落依岭面南而建得名。

（二）漏泽园墓砖所见外州外路地名

宋代政府机构实行州、县二级制，同时在地方设路，路是直辖中央并高于府、州、军、监的一级行政区。漏泽园墓砖所见外地行政区名有：

1. 京畿路

北宋皇祐五年（1053 年）置，以京东路曹州，京西路陈州、许州、郑州、滑州为辅，并开封府，治所在开封府陈留县。开封府（今河南省开封市）有 16 个县，砖墓志中涉及其中 2 个县。一是雍丘县（M0110、M023、M0367），位于开封府东南，为今河南省杞县；二是陈留县（M0133、M0148），位于开封府东南，为今开封县陈留镇。

2. 京西南路

北宋至道三年（997 年）分宋朝全境为十五路。熙宁五年（1072 年）分京西路南部置京西南路，路府治所在襄州，辖襄阳府（今湖北省襄阳）、七州、三十县。砖墓志中涉及此路的有金州（M0127），即今陕西省安康市，原辖五县。

3. 京西北路

熙宁五年（1072 年）分京西路北部置，辖四府、五州、一军、六十三县。砖墓志中涉及的有河南府、蔡州、汝州和陈州。

（1）河南府所涉县有：

① 巩县（M0174），今河南巩义市。

② 永安县（M0466），今河南巩义市西南 20 千米芝田村，宋时为永安镇，因奉陵寝，景德四年（1007 年）升镇为县。

③ 新安县牛张（M0567），即今河南省新安县磁涧乡牛张村。新安崛山（M0355），即今河南省新安县城关乡崛山村。

④ 西京白波（采：02），西京即河南洛阳市，白波在洛阳市孟津县境内。

（2）蔡州（M0108），今河南省汝南县，原辖十县。

（3）汝州（M0120），今河南汝州市，原辖五县。

（4）陈州（M0448），今河南周口市淮阳县。宣和元年（1119 年）升淮宁府，辖五县。

4. 河北东路

熙宁六年（1073 年）分河北路东部置，辖三府、十一州、五十七县，路府治所在大名府（庆历二年建为北京），即今河北大名县。砖墓志中涉有瀛州、澶州、安州、怀州。

（1）瀛州（M0103），大观二年（1108 年）升为河间府，辖三县，即今河北河间市。

（2）澶州（M0104），崇宁四年（1105 年）升为开德府，辖七县，即今河南濮阳市。

（3）安州（M0154），即今河北高阳县东。

（4）怀州（M0382），即今河南沁阳市。

5. 京东西路

熙宁七年（1074 年）分京东路为东、西两路。京东西路路府为应天府（今河南商丘南），辖五州、四十三县。砖墓志中涉及的有曹州、济州、郓州。

（1）曹州（M0255），崇宁元年（1102 年）升曹州为兴仁府，辖四县，即今山东菏泽市。

（2）济州（M0571），辖四县，即今山东济宁市。

（3）郓州（M076），宣和元年（1119 年）改为东平府，辖六县，即今山东东平县。

6. 河东路

北宋至道三年（997 年）所设十五路之一，路治为太原府（今山西太原市），辖三府、十四州、八十一县。砖墓志中涉及的有绛州和并州。

（1）绛州（M0124、M0125、M0306、M0470），今山西新绛县。

① 绛州稷山县（M0160），今山西新绛县西稷山县。

② 绛州太平县（M0125），今山西襄汾西 10 千米汾城镇。

（2）并州（M0543），今山西阳曲县。

7. 永兴军

北宋熙宁五年（1072年）分陕西路东部置，路治在京兆府（今陕西西安市），辖四府、十五州、五军、九十县。砖墓志中涉及的有河中府、解州、同州、虢州、华州、商州和宁州。

（1）河中府（M0129、M0665），辖七县，即今山西永济市。墓志涉及荣河县（M0535），今山西永济市西万荣县。

（2）解州（M0335），辖三县，即今山西运城地区解州镇。

① 闻喜县（M0118），即今山西闻喜县。

② 莲花铺（M0418），今为解州镇一条街道的名称。

（3）同州（M0334、M0358），辖六县，即今陕西渭南市大荔县。墓志涉及命郃阳县（M0278），今陕西渭南合阳县。

（4）虢州（M0219），辖四县，即今河南灵宝市。

（5）华州（M0380），辖五县，即今陕西渭南地区华县。

（6）商州（M0114），辖五县，今陕西商洛地区商州区。

（7）宁州（M0360），辖三县，今甘肃庆阳地区宁县。

8. 秦凤路

北宋熙宁五年（1072年）分陕西路西部置，路治在凤翔府，先辖一府、十二州、三十八县，后辖一府、十九州、五军、四十八县。砖墓志中涉及的有凤翔府、陇州、熙州。

（1）凤翔府天兴县（M0134），今陕西宝鸡市凤翔县。

（2）陇州（M0376），辖四县，今陕西宝鸡市陇县。

（3）熙州（M0265），辖一县，今甘肃定西地区临洮县。

9. 两浙路

北宋熙宁七年（1074年）分为两路，寻合为一；九年（1076年）复分；十年（1077年）复合。路治在杭州（今浙江省杭州市），辖二府、十二州、七十九县。砖墓志中涉及的只有苏州（M0348、M0353、M0354），即今江苏苏州市。

10. 淮南东路

北宋熙宁五年（1072年）分淮南路为东、西两路。淮南东路路治为扬州（今江苏扬州市），辖十州、二军、三十八县。砖墓志中涉及的有亳州和高邮军。

（1）亳州（M0550），辖七县，即今安徽亳州市。

（2）高邮军（M0356），辖二县，即今江苏高邮市。

11. 荆湖路

北宋雍熙二年（985 年）合荆州、湖南二路为荆湖路，治江陵府（今湖北）辖二府、十七州、九十五县。砖墓志中涉及的有潭州（M0147），即今湖南长沙市。

12. 江南东路

至道三年（997 年）置江南路，天禧四年（1020 年）分江南路东部而置，路治为江宁府（今江苏南京市），辖一府、七州、四十三县。砖墓志中涉及的有池州（M0517），辖六县，即今安徽池州市。

13. 江南西路

天禧四年（1020 年）分江南路西部而置，路治为洪州（今江西南昌市），辖六州、四军、四十九县。砖墓志中涉及的有筠州（M0167），辖三县，即今江西宜春高安市。

14. 福建路

北宋雍熙二年（985 年）改两浙西南部置，路治为福州（今福建福州市），治六州、二军、四十七县。砖墓志中涉及的有邵武军乾宁县（M0453），可能将“建”字讹成“乾”字，建宁即今福建建宁县。

15. 成都府路

北宋咸平四年（1001 年）分西川路西南部置益州路，嘉祐四年（1059 年）改为成都府路，辖一府、十二州、二军、五十八县。砖墓志中涉及的有成都府（M0517），辖九县，即今四川成都市。

16. 利州路

北宋咸平四年（1001 年）分西川路东北部置，路治为兴元府（今陕西南郑县），辖一府、九州、三十八县。砖墓志中涉及的有巴州（M03569），辖五县，即今四川巴中或奉节一带。

17. 潼川府路

路府在梓州（今四川三台县），辖二府、九州、三军。砖墓志中涉及的有果州和遂州。

（1）果州（M0123），辖三县，即今四川南充市。

（2）遂州（M0374），政和五年（1115 年）升为府，辖五县，即今四川遂宁市。

第六章　三门峡元明清时期考古

元明清时期，由于三门峡"天险"难以克服，黄河漕运几乎中断，但崤函古道作为贯通中原与西部重要的陆路交通要道，仍继续发挥重要作用。同时，元明清时期驿站建设完备，在三门峡地区设有多处驿站。得地利和交通之便，三门峡地区经济文化得到发展。此外，灵宝秦岭金矿在明代即得到开采，至清代延续 400 余年，产生极大的经济效益。元明清时期，在三门峡地区居住生活的人口众多，遗留下来较多的墓葬。作为佛教最先传入的地区之一及佛教发达地区，佛教在本地区仍然兴盛，洞沟梁石窟的精美彩塑，灵宝的麻衣和尚塔、姑姑塔等均为例证。在经济发达、文化兴盛的社会背景下，三门峡地区尊师重教之风盛行，出现较多读书中进、延续几代的官宦之家，如崔儒秀家族、王氏家族等，还有"一门四尚书"的许氏家族等。

第一节　三门峡地区元明清时期遗迹

一、豫西地震碑碣

1978 年，洛阳地区文物管理委员会进行文物普查时，在渑池县、陕县、灵宝县和三门峡市发现了一些记载地震的碑碣。碑文记载了庙宇、戏楼、桥梁等建筑物受到地震破坏的情况，为研究本地区历史上的地震活动规律提供了可靠资料。

（一）明嘉靖三十四年十二月大地震记载石碑

明嘉靖三十四年十二月十二日夜（1556 年 1 月 23 日），陕西省华县发生了一次八级地震，在文献中多有记载。《明史》载："（嘉靖）三十四年十二月壬寅，山西、陕西，河南同时地震，声如雷。渭南、华州、朝邑、三原、蒲州等处尤甚。……官吏、军民压死八十三万有奇。"[①]陕县、灵宝与华县毗邻，震感强烈。《直隶陕州志》载："（嘉靖）三十四年，陕、灵、阌地震，人畜压死无算。"[②]《陕县志》载："（嘉靖）

---

① （清）张廷玉等撰：《明史》卷三十，中华书局，1974 年，第 500 页。
② （清）赵希曾纂修：《直隶陕州志》卷一，清光绪十七刻本，第 55 页。

三十四年十二月十二日夜，陕、灵、阌地震地大震，人畜压死无算。"①《灵宝县志》载："嘉靖乙卯年，地震，寺庙民房倾圮无数。"② 在陕县、灵宝发现有 3 通记载此次地震的石碑。

1. 重修福胜禅寺碑记

陕县东凡乡原有福胜寺，《直隶陕州志》载："福胜寺，在州东，东樊社元僧普照建。"③ 现已毁，只有明嘉靖四十年（1561 年）十一月十五日立的重修福胜寺碑记立于原址。碑通高 2.8 米，碑额篆刻"重修福胜禅寺碑记"8 字。碑身宽 0.9 米，厚 0.24 米。碑文中记"景泰八年（1457 年）有僧铭□长老□□□塑佛像罗汉士……嘉靖三十四年十二月十二日夜半时地震，殿口倾颓，圣像毁坏，不忍言矣"。从地震到立碑之时相隔约六年，碑中所记应是立碑者的亲身经历。震中陕西华县距离陕县约 140 千米，庙宇及所塑佛像全都毁于地震中。

2.《重修关王庙记》碑

碑存于灵宝县城西 60 千米豫灵镇文底公社宋村，高 1.62 米，宽 0.68 米，厚 0.16 米。碑文载："阌乡邑之西隅，有乡曰宋村，即古之王娘湖所也。东接巍原黄帝铸鼎之所，西望华岳希夷养晦之乡，秦山崎其南，巍然高耸，黄河经其北，浩然流通。……村置之北，有义勇武安王护国崇宁真君庙。……嘉靖乙卯岁地震，殿宇垣壁俱毁。"阌乡邑即原阌乡县，今属灵宝县，宋村即今宋村，宋村学校校址即原关帝庙旧址，原碑未曾移动。嘉靖乙卯岁即嘉靖三十四年地震，应是华县发生的八级地震。华县与原阌乡县为邻，宋村距华县仅 60 千米，受灾严重。该碑立于明隆庆二年（1568 年），与地震发生时相隔 13 年，所记情况应属实。

3.《重修广胜寺记并诗》碑

碑现存于灵宝五亩乡桂花村。碑高 1.29 米，宽 0.65 米，厚 0.19 米，碑文部分字迹已模糊不清。碑额书"重修广胜寺记并诗"8 字。碑文载："……正德二年，里人姚斌者，高其戒行，口之为是寺住持时，寺口废久，以渐修葺，……及嘉端乙卯地震□，复为倾毁。"五亩乡位于灵宝县城南，距这次震中区域陕西省华县约 100 千米，广胜寺若以明正德二年（1507 年）修葺算起，至地震时已 48 年，房舍应"复为倾毁"。

---

① （民国）欧阳珍修，韩嘉会等纂：《陕县志》卷一，民国二十五年铅印本，第 11 页。
② （清）周淦等修，李镜江等纂：《灵宝县志》卷八，清光绪二年刊本，第 517 页。
③ （清）赵希曾纂修：《陕州直隶州志》卷二，清光绪十七刻本，第 26 页。

（二）清嘉庆二十年九月二十一日地震记载碑碣

清嘉庆二十年九月二十一日子时（1815 年 10 月 23 日），山西平陆发生 6.8 级地震，三门峡市与平陆隔河相望，所受影响较为严重。在三门峡发现有 5 通记载此次地震的碑碣。

1. 重修菩萨堂碑记

三门峡市会兴乡上村原菩萨堂庙墙上镶有重修菩萨堂碑记一块，庙已毁，碑现存于上村仓库中。碑高 0.89 米，宽 0.60 米，厚 0.1 米。碑文 11 行，满行 36 字。碑文载："……至嘉庆己未年（1799 年）墙垣圮毁，栋宇凋残，里人集腋成裘，工已告竣，碑尚未刻，不意乙亥岁（1815 年）九月二十日亥时，地气大震，将向之堂构聿新垣墉巩固者，一旦土崩瓦解，而不复可观。……。地震时往来动摇，墙垣房屋有四角落地者，有柱欹瓦掷者，崩塌破裂，绕崖愈甚。州主命乡保稽察村中共压毙人一百三十余口。且以后有一日动三五次，有隔一二日即一动者。遂致破屋之下不敢停留，俱在空阔之处结草为庵，垒灶作食，夜□鸣锣，悲伤惊惕四十余日。然择损伤稍轻者，略施塞补，以御风寒，以过严冬，此真数世之一变也。"碑文刻于嘉庆二十二年（1817 年），距地震发生时仅 2 年，真实地记载了地震和上村人口死亡情况，形象地描述了建筑物倒塌的过程及村民防震自救、修房补屋、御寒越冬等情况。文中的"九月二十日亥时"与发生地震时的"九月二十一日子时"，是同一夜晚相连的两个时辰，自然是同一次地震。上村位于黄河南岸，与震中山西平陆隔河相望，受灾极严重。

2. 重修庙宇及戏楼碑记

三门峡市交口乡富村原有玉皇庙、关帝庙、观音堂及戏楼等建筑。村现存有重修庙宇及戏楼碑记一通，碑高 1.63 米，宽 0.63 米，厚 0.14 米。碑额正中有楷书"皇清"二字，两侧为二龙戏珠图案，碑身两边饰花卉、花瓶及几何形图案。碑文共 9 行，满行 39 字。碑文载："……迨嘉庆二十年九月二十日夜间地震，环堵迥异于曩时，画栋不犹夫昔日，风雨莫蔽，洵足触目而动心。"碑立于道光三年（1823 年），与地震发生时相隔 8 年。富村距震中山西平陆约 13 千米，受灾较严重。

3. 重修玄帝庙碑记

陕州硖石乡村民李金成家存放有重修玄帝庙碑记一通，此碑原在硖石村北山顶玄帝庙旧址内，现已残为两段。碑额正中有楷书"皇清"二字，两侧为线刻日、月图案，碑身两边及下端均有几何形图案。残高 1.1 米，宽 0.53 米，厚 0.18 米。字迹磨损严重。碑文载："……清乾隆九年、四十三年几经重修，而后……地震，遂使墙倾催戢口散绳断，两洗口山。……维时本镇董泰来等于次年丙子春，各捐己钱……之常新也。"碑立于"嘉庆二十二年桃月"（1817 年），碑文所述地震后的次年丙子春，应为嘉庆二十一年春（1816 年），文中地震应指嘉庆二十年地震。陕州硖石村距震中山西平陆约 25 千米，受灾严重。

4. 重修三官庙、财神庙碑记

存于陕州原店乡村民李可兴家，碑额已残，碑身残高 0.95 米，宽 0.56 米，厚 0.07 米。碑身两边线刻花卉图案，碑文 8 行，满行 46 字。碑文载："……至嘉庆二十年九月二十日半，地震雷吼，川裂地崩，一时人民房舍摇动倾塌者，不可胜数。而此二尊庙亦瓦脱墙崩，过者咸触目伤怀。"碑立于嘉庆二十五年（1820 年）二月，距地震发生时仅 5 年。原店乡距震中山西平陆约 23 千米，受地震破坏也较重。

5. 重修圣母关帝东岳庙碑记

存于三门峡市高庙乡塘凹村，碑高 0.97 米，宽 0.5 米，厚 0.11 米。碑文 7 行，每行 51 字。碑文载："……自嘉庆二十年九月二十日亥时地震，一切皆倾，神象损伤者，□□□乎变残。夫地震之灾，州治自张茅镇以西暨灵、阌二县，山西平、芮、蒲、解等处，夹河两岸，房倒窑塌者，伤人无数。圣上□□灾之粮，蕃台助埋尸之金，逾月靡宁。"此碑记载了地震的范围和破坏情况，及"圣上""蕃台"采取的抗灾措施。

关于嘉庆二十年（1815 年）九月二十一日子时发生的地震，文献多有记载。河南巡抚方受畴奏曰："山西省河东运城，并蒲州、解州及所属州县，于九月二十一日同时地震，压毙人口至七千名之多。今豫省陕州，暨所属之灵宝、阌乡二县，亦于九月二十日夜间地震，城垣、庙工、考棚、仓廒、监狱，及民间房屋，皆有坍损，并有压毙压伤之人。豫省与晋省接壤，此次河东运城等处地震，被灾较重，而陕州等三州县，毗连处所，亦有地震之异，自应亟为抚恤。藩司姚祖同前往查办，著该抚饬和该藩司，查明该三州县压毙之人，究有若干。"[①] 并有河南陕、灵宝二州县地震灾民一月口粮的记载。关于死伤情况，《灵宝县志》载："嘉庆二十年九月二十日夜地震，房屋倾圮，伤人无数。"[②] 对照碑文所记，内容一致。

（三）道光七年二月二十六日与三月二十七日地震记载碑碣

清道光七年二月二十六日（1827 年 3 月 23 日），山西平陆县发生了 5.25 级地震，渑池有 2 块石碑对其进行了记载。

---

① 国家档案局明清档案馆编：《清代地震档案史料》，中华书局，1959 年，第 74 页。
② （清）周淦等修，李镜江等纂：《灵宝县志》卷八，清光绪二年刊本，第 59 页。

1.《渑池西二里重修陈村桥序》碑

发现于渑池县陈村乡陈村学校。陈村历史悠久，村中有一条深沟将其分为东、西两片区域，两地由一座土桥联结。道光七年二月二十六日发生的地震使土桥毁圮，村民来往不便，于是众人在灾后数月集资修桥，为垂训后人，特为此次修桥立石著序。碑文载有"斯桥之设由来旧（久）矣，被今年二月二十六日地震，东边倒塌，虽不可以通车舆，尚可以通人马。及至三月二十七日地又震，连西边一齐俱圮，不惟车不能通，即人也不能过矣……道光七年六月初一立石"。碑高 1.39 米，宽 0.61 米，厚 0.11米，圆首，中有"皇清"二字，阴刻线条花纹。石碑原立于桥侧，后移至关帝庙内。关帝庙建筑后为学校所用，碑则存于学校教师住室的北墙西部。陈村桥至今尚存。

道光七年三月二十七日（1827 年 4 月 22 日）的地震，震中位于山西永济与平陆，连震两三次。陈村位于渑池县城西 4 千米处，距山西永济约 110 千米，距平陆仅 40 千米，这两次地震波使陈村桥全部塌毁。

2.《修筑波池（水塘）是序》刻石

三门峡市交口乡富村仓库原为玉皇庙大殿，西墙上镶有《修筑波池（水塘）是序》刻石一方。石高 0.31 米，宽 0.54 米，厚 0.1 米，记载修筑波池事件，在"再序"中载有"嘉庆二十年岁次乙亥九月二十日地震。道光七年岁次丁亥二月二十六日戌时地震。两次地震，高岸为谷、深谷为陵，塌坏房摇，毙死人民，不可胜数，示后人知之。时道光七年孟秋月立石"。

关于道光七年二月二十六日平陆地震，山西巡抚福绵奏："该县于二月二十六日，地震四次，动摇稍久。……致县属盘南等三十三村庄共塌窑房五十五间，压毙男妇大小八十四名口。此外，亦间有被压受伤之人，该县已亲赴各村确勘，并禀经该管解州张秀芝前往查办，已先捐廉酌给埋葬并修窑之资；其被压受伤者，亦量予医药银两，妥为调治。所有城垣、仓库、监狱、衙署，均无坍损等情。臣查该县居民猝遭地震，以致压毙男妇大小至八十四名口之多，未免凄怆失所，深堪悯恻。且恐此外各村尚有坍房压毙之人，现已批司饬委平阳府同知袁庆垚驰往会同该州县确切查勘，加意安抚；并将窑房全塌露处居民，搭盖棚厂，暂行收养，以安栖止。"[1]《直隶陕州志》："道光七年二月，陕州地大震，伤人。"[2]《陕县志》："道光七年二月地大震伤人。"[3]《永济县志》载（道光）"七年三月二十七日夜，地震有声，连震二三次"[4]。从文献、碑碣

[1]　国家档案局明清档案馆编：《清代地震档案史料》，中华书局，1959 年，第 68-69 页。
[2]　（清）赵希曾纂修：《陕州直隶州志》卷一，清光绪十七年刻本，第 57 页。
[3]　（民国）欧阳珍修，韩嘉会等纂：《陕县志》卷一，民国二十五年铅印本，第 12 页。
[4]　（清）李荣和、刘钟麟纂修：《永济县志》卷二十三，清光绪十二年刻本，第 31 页。

记载可知，道光七年二月二十六日戌时地震，山西永济、平陆一带为震中，波及豫西汝州（今临汝）、渑池、陕州一带。道光七年三月二十七日夜地震，山西永济、平陆一带为震中，波及渑池、陕州一带。

（四）光绪二十年二月二十五日晚地震记载碑碣

清光绪二十年二月二十五日（1894 年 3 月 31 日）亥时至二月二十六日（4 月 1 日）子时，豫西洛宁县发生了 3.5 级地震，对其周围有影响。渑池县发现了一则"墙壁题记"碑碣，记载了此次地震。

渑池县陈村乡村民赵小明家上屋前檐下窗旁砖墙上有四行题字，开头两行是"光绪十九年十月初十日响雷。二十年二月二十五日晚地动。月五日午时见□……"后两行字迹模糊不清。《洛宁县志》载有"（光绪）二十年二月二十六日子时地震"[1]。墙壁题记中的"二月二十五日晚"（1894 年 3 月 31 日晚）和《洛宁县志》所记光绪二十年二月二十六日子时（1894 年 4 月 1 日子时）为同一夜晚，墙壁题记与文献记载相符。

二、灵宝洞沟梁石窟彩塑

洞沟梁石窟[2]位于灵宝县朱阳乡石破湾村洞沟梁东麓，利用天然石洞修凿而成。窟门东向，窟内平面呈不规则长圆形，穹隆顶，宽 4.8 米，深 12.4 米，最高处 6.4 米。窟内距窟口 9.5 米处砌南北向土坯隔墙一道，将窟内分为前、后二室，隔墙上辟一小洞。

前室杂砖铺地，地面尚存立柱 6 根，柱顶端残存平棋枋数根，木构件上原施有彩绘，现已大部残失。室内现存泥胎彩塑造像数十躯，是洞沟梁石窟的主要内容。室内后部隔墙之前有一土坯砌台基，长 3 米，最宽处 0.96 米，高 1.28 米。台基上塑主像三躯：正中为释迦佛，高 1.45 米，头戴立佛冠，耳端饰花状耳环，双发辫自耳后披达两肩。内束裙，外着双领下垂大衣，敷披肩。胸佩项饰，腕戴镯。双手对指作无上菩提印，合竖胸前，结跏趺坐于莲座之上。像身后塑背光，背光中部为牡丹缠枝图案，边缘塑火焰纹。左右塑文殊、普贤二菩萨，均高 1.65 米。面相、服饰与本尊相同，分执经卷（残毁）、茎莲，舒相坐于青狮、白象背上。

主像前南北两侧分别以土坯砌出一道高约 80 厘米、东西走向的土坛，坛上各立一堵土坯墙壁，壁面悬塑造像数十躯。其中南壁高 3 米，宽 5.3 米，厚 0.4 米，塑像自上而下可分四层。

第一层：东西两端塑悉达多太子出城所遇病、死情形；东部城门右上端塑萨埵那

① （民国）贾毓鹗、车云纂：《洛宁县志》卷一，民国六年铅印本，第 36 页。
② 杜启明：《河南灵宝洞沟梁石窟彩塑调查》，《文物》1987 年第 4 期，第 24—30 页。

太子本生故事（舍身饲虎）；正中影塑大门及两斜向披门，门前塑涅槃相。人物、建筑之间影塑山石、云气。

第二层：塑二十四诸天之一部，计十二躯立像（编号4—15），身高49—59厘米。塑像身后以短木棒与墙壁相联结。塑像自东而西为：

4号　赤面长髯。冠饰花（残），项佩璎珞，袍服，内着裙，外裹腰袱，敷披肩。袖手，足穿云鞋，立于云气之上。

5号　丰面。宝冠饰花，宝缯垂双肩，裹甲束带，手腕饰镯。双手执弹琵琶。足蹬靴，叉腿立于云气上。

6号　四臂观音。长圆形脸，墨绘卷须。花鬘饰髻，宝缯垂肩（残）。裸上体，颈佩璎珞，衣裓绕肩长垂。四臂或上抬或下屈，手亦分别托举、把握，手腕着镯。下体裹重裙，胯部束带。赤足立于云气上。

7号　面相、头饰同6号。袒胸，佩璎珞，内束长裙，外着通肩大衣，大衣前两下角交挽于腹前，敷披肩。臂左垂右抬，凸腹。赤足立于云气上。

8号　面丰圆，戴盔，盔饰花叶，身着甲衣，腿裙下缘饰皮毛。臂贴花饰，腕着镯，双臂上抬，右手持物缺佚。皂靴，叉腿立于云气上。

9号　花鬘髻。袍服，肘部以花瓣形襞褶为饰，内束长裙，外裹腰袱。右手当胸，左手已缺。穿云头小鞋，立于云气上。

10号　赤面，横眉怒目，表情凶猛。花鬘饰螺髻，肩披甲衣，下束战裙及皮毛饰边的鹘尾。双腕着镯，手持法器（残）。两足残。

11号　赤面长髯，冠饰花鬘。袍服，内着长裙，外裹腰袱，敷披肩，颈佩璎珞。双手当胸相抚，穿云鞋，立于云气上。

12号　丰面短须，花鬘髻。身着甲衣，鹘尾周饰皮毛。穿云鞋，立于云气上。

13号　修眉秀目。花鬘冠，颈饰璎珞。内束长裙，外披袈裟，敷披肩。合掌，赤足立于云气之上。

14号　赤面短髭，隆额凸颏。宝冠饰花（残）。通体裹甲，腿裙周饰皮毛。叉腿，双手及左足残毁。

15号　丰面长髯，服饰、手姿似11号像，但腹前有双带垂结，无披肩。

第三层：塑罗汉九躯（编号16—24），高约30厘米。罗汉坐于通长的禅榻之上，榻表面分铺方巾。16号为布袋僧，着通肩衣，左手握袋，右手当膝持串珠，足蹬履，袒胸露腹，倚坐于禅榻上，作大笑状。其余罗汉或垂足，或盘膝，或袖手，或执经卷，或双手作印，姿态各异，皆有残坏。在17、18号罗汉之间，影塑两扇半掩之门，门口一妇人一足站门内，一足踏门外，只露半身。为宋代以后流行的所谓"妇人半掩门"形象。

第四层：分为上、下两部。上部塑仿木构建筑小龛 6 个，均作重檐悬山顶，龛楣作垂花门式样，部分龛门两侧残见六抹隔扇门形。每龛内置小坐像一尊。下部原塑十殿阎王之一部，计五躯（编号 25—29），高 27—29 厘米。其中 26 号像残毁。这几躯像均为坐姿，每像前塑罩以锦围的长方形小桌，小桌约长 32 厘米，宽 15 厘米，高 18 厘米。塑像后立饰有花叶图案的屏风，高 60 厘米，宽 48—56 厘米。塑像由东至西，特征如下。

25 号　丰面短须。冠饰花瓣和如意云，颈佩项饰，袍服束带。双手当胸。

27 号　赤面长髯。冠饰花，敷披肩，服饰同 25 号。手中持物残。

28 号　面相、服饰同 25 号，冠同 27 号。佩项饰，袖手端坐。

29 号　赤面短髭，横眉怒目。冠同 25 号，服同 27 号。佩项饰，双手按桌沿。

由这几躯坐像的下部、背部遗迹观察，它们曾被移动过。

第四层东部塑施主像（？）一身（编号 30）。高 67 厘米。戴圆形小帽，耳护上翻。袖手端坐于椅上。服饰、椅、背遍绘繁缛的图案。

与南壁相对的北壁原也有悬塑造像，布局、题材、风格基本与南壁相对应。现北壁已倒塌，断壁下的土坛上尚残存塑像十九躯。其中立像十躯（编号 31—40），残高 55—65 厘米。题材与南壁第二层立像相对应，为二十四诸天之属。

31 号　服饰基本同 11 号，双手托一巾，云鞋残。

32 号　横眉怒目，貌凶猛。宝冠残，着甲衣，衣边缘饰皮毛，战裙飘曳。屈抬双臂，手足残毁。

33 号　服饰基本同 6 号，双臂及足部残毁。

34 号　赤面长髯，鼻以下残损。服饰基本同 15 号，但无披肩。双手当胸。

35 号　赤面，怒发上冲，獠牙外翘，双耳佩环。上体裸，肌肉暴凸，披甲衣。下体战裙飘曳。臂、足残毁。

36 号　花冠残，服饰同 13 号。袖手，足残。

37 号　面丰腴。身着甲衣战裙，腿裙皮毛饰边。臂、腿饰花，手、足腕着镯，手足残毁。

38 号　凝神前视。服饰同 9 号。右肘饰绿色襞褶，脚着小巧云鞋。手残。

39 号　面丰满，高髻。服饰基本同 13 号，手足残缺。

40 号　赤面长髯，表情威严。冠饰花，袍服式同 15 号，外又裹边缘饰皮毛的大巾。袖手，足残。

罗汉坐像，现存六躯（编号 41—46），残高 27—42 厘米。应与南壁第三层罗汉像相对应。其中 41 号头、手、足俱毁，另五躯特征如下。

42 号　为壮年梵僧。赤肤秃顶。右袒，舒相坐，跣足。左手握拳按腿，手腕着镯。

右臂奋举，小臂以下毁，左足无存。

43 号　为老僧。袍服，交足坐。左手垂，右小臂前抬，右手及双足残缺。

44 号　袍服外披袈裟，袖手瞑目盘坐。

45 号　袒腹露脐，裹衣盘坐。

46 号　抬臂，腰以下及双手无存。

小型坐像三躯（编号 47—49），高 28—30 厘米。每像前置罩锦围的长方形小桌，桌高 18—20 厘米。它们应与南壁第四层下部塑像相对应，似为十殿阎王之属。

47 号　赤面，服饰同 27 号。抬双臂。面部及双手残。

48 号　垂髯，下视。服饰同 47 号。袖手抱臂于桌面。

49 号　上唇有髭。服饰同 47 号。左手平按桌面，右手支腮，垂目作沉思状。

与南壁第四层东部 30 号像相对，北侧坛上亦置一坐像（编号 50），高 67 厘米。戴冠，丰面尖颏，袍服，右手当胸提大带，垂左手，足着高底靴。

窟东壁门南北两侧坯砌方形台基，南高 68 厘米，北高 88 厘米。台基上塑文武二圣坐像：文圣居南（编号 51），高 90 厘米。冠黑色硬幞头，着长袍，双手当胸，着云鞋，垂髯安坐。北侧武圣（编号 52），高 86 厘米。赤面丰颊，美髯飘垂。裹巾，束甲，着战袍，蹬云鞋。左手按左大腿，右手当胸提带，弓步坐椅上。

此洞窟不见著录，根据窟前室主像前现存石方炉正面阴刻"正德十四年中书□人□□王□□"字样，可知石窟建于明中叶正德年间。它是河南省目前所知唯一的一处有彩塑的洞窟，是研究豫西地区明代宗教思想史的实物资料。

三、灵宝秦岭古金矿遗址

灵宝秦岭古金矿遗址[①] 位于灵宝西南秦岭高山中，发现于 1958 年。1964 年初，河南省地质部门地质队开始对其进行勘察，勘察出古矿洞 800 余个，还发现许多遗物。

800 多个矿洞中只有少数洞口刻有题记，最早纪年见于金洞岔双梯子沟洞口，刻"景泰二年"（1451 年），开洞三百余眼，其后有"康熙二十四年"（1685 年）和"雍正十二年"（1734 年），西路将 104 洞中出土有"光绪"铜钱。可见，金矿最迟于明代中期就已开采，持续约 400 多年。

（一）金矿类型及开采方法

矿洞有大、中、小三种。小洞深 1—2 米，只能爬着进出；中型洞深 10—30 米；

---

① 河南省文物研究所、灵宝县文物保管所：《河南省灵宝秦岭古金矿遗址调查》，《华夏考古》1994 年第 1 期，第 49-53 页。

大型洞深达 50—100 米以上，高 0.5—3 米。此外还有螺旋式向上钻的不规则洞。

矿洞残留迹象显示，明清时期采金矿方法有两种：一种是火爆法。先在矿洞底堆柴焚烧，到一定温度时猛泼凉水，用热胀冷缩法使矿石崩裂脱层，将脱落的矿石清理运出后继续焚烧泼水，如此反复进行。这种方法会在矿洞壁部、顶部留下较厚的黑烟灰层，在矿洞底部留下炭渣和黑灰。另一种是火药爆破法。一些大中型矿洞多采用此种方法。这种方法会在洞壁表面残留有呈多种形状的节理面，在一些节理面交界处有凸起的钝锥体及辐射纹，与现代火药崩石的炮眼底部痕迹一样。

矿洞开采遇水就中途停止，因此有的采得浅些；没有水的地方洞就开得较深。

采矿的工人，除本地人外还有外地人。如西路将 156 号洞口题记"有居□邑□ / 朝邑县山高李□、王福造 / 字双泉爱者采之"。朝邑，在今陕西大荔。

（二）矿洞出土遗物

矿洞出土遗物丰富。洞内出土有采矿的铁质工具，如灯、镢、铲、钎，有瓷碗、水桶、水烟枪等生活用品，还有人骨架、羚羊骨架等。洞外山间小道旁则出土有粉碎金矿用的石碾盘、石磙、石槽等工具。

另发现粉金槽 9 个，粗砂岩质，长条形，与粉碎中药的药碾槽相似。

四、万寿宫明代戏楼

万寿宫坐落于三门峡市交口乡南梁村，位于村东青龙洞支流的河边台地，是河南西部建筑年代最早、保存规模较完整的古代庙宇。万寿宫始建年代不详，清雍正五年（1727 年）三月进行重修。根据后殿斗拱及补间铺作风格和明万历三十四年（1606 年）崔儒秀撰写的碑文推断，应为明代早期建筑。因后代多次修葺，建筑面貌改变较大。

万寿宫建筑坐北朝南，中轴线纵深布局，有三进两跨院。原供奉有东岳大帝、碧霞元君和关羽神像，每年三月初八举行大型庙会。院内松柏交翠，花木葱茏。现存建筑有戏楼、前殿和后殿，均为三开间，硬山式。

万寿宫戏楼与门楼一体，坐南朝北，面阔 10 米，进深 9.7 米，高 7.5 米，骑门式建筑。顶部为穿斗抬梁混合式，前檐三重、后檐五重，檐下有密集型斗拱挑檐，屋顶计有 32 支翼角。戏台内顶有藻井天花、雕梁画枋，上绘人物、山水图案，柱上雕龙。戏楼上有乐池、前台、化装、候场、乐室等。上、下场门上分别书"出将"和"入相"。戏楼前有宽阔场地，可容近千人观看演出。

戏楼为研究中国戏剧发展历史提供了重要的实物资料，具有重要的科学、历史价值。1989 年 3 月，由三门峡市人民政府公布为第一批市级重点文物保护单位。

五、灵宝麻衣和尚塔

麻衣和尚塔位于灵宝县西 50 千米豫灵镇沐珠峪中，又名普通塔，形制为八角形九重塔，由地宫、塔基、塔身、塔顶、塔刹五部分组成。

塔有 5 层，高 10 余米，每层均为八角形。第一层每面宽 2 米，高 1.5 米。基下有条石和砖砌成的地宫，内有残罐 2 个，罐中有骨。第二层较高，高 4 米。第三层至第五层较矮，最上为葫芦状石刹。塔实心，外壁用白灰涂抹。全塔除塔基、地宫是用条石砌成外，其余各层均为大青砖所砌。塔身第二层正西面有石塔铭一块，高 40 厘米，宽 45 厘米，阴文正楷，名为"麻衣和尚塔记"，时间是宋至道元年（995 年）七月一日。第二层正南面的石塔铭，高 65 厘米，宽 42 厘米，阴文正楷，名为"普通塔记"，时间为明成化十一年（1475 年）。《阌乡县志》记载："云华洞，在石旧寺，宋麻衣禅师飞升于此。"[①] 麻衣禅师为北宋麻衣相术创始人，曾在云华洞修炼。云华洞归属石旧寺。石旧寺后改名崇明院，明代又更名石旧寺。为纪念麻衣禅师，后人把普通塔称为麻衣和尚塔。

依据两块塔铭所记，塔当为宋代建，明代重修。

六、灵宝姑姑塔

姑姑塔位于灵宝豫灵镇甘家峪东子湖东南，形制为覆钵式喇嘛塔，因无塔铭，俗称姑姑塔。

塔共 9 层，高 9.8 米，小砖白灰砌制。塔基为条石砌筑，塔底层为八角形须弥座式，每面宽 1.8 米，高 1.5 米，第二、三层为八角形，第四层为圆形，鼓腹，高 3.4 米，中部有佛龛，但已无佛像。第五、六、七层为圆形，较矮，环檐。最上二层为四方形，较矮，四周有凸檐。顶部为葫芦状石刹。这是一座造型独特的实心古砖塔，按建筑结构判断，当为明代建筑。

第二节　三门峡地区元明清时期墓葬

三门峡地区元明清时期墓葬遗留较多，大多为平民墓葬。如向阳墓地、上村岭墓地上层农耕土下皆有大量明清时期墓葬，其中较大、有代表性的墓葬有上村岭元代墓，明代赵石山、崔儒秀墓及许氏祖茔，清代莫元龙墓等。

---

① （民国）黄觉等修：《新修阌乡县志》卷二十三，民国二十一年铅印本，第 9 页。

一、三门峡市上村岭元代墓葬

1983年，洛阳地区文化局配合三门峡市基建工程在上村岭发掘了一座元代墓葬，编号为83峡房M1[①]。

墓葬形制为竖穴墓道横室土洞墓（图6-1）。墓葬地表为农田，上无封土。墓道在墓室南侧，平面呈楔形，北宽南窄，墓道口距地表2.2米，底部距地表6.22米。墓室垂直于墓道，平面略呈长方形，四角抹作弧形，东边宽2.3米，西边宽1.8米，南北长3.25米。拱形顶，高约1.2—1.3米。墓门在墓室南侧偏西，土坯封堵，仅余痕迹，宽0.82米，残高约1.3米。墓室正中有棺木和棺床，棺床平面呈长方形，用两层青砖铺垫而成。棺已朽，骨架保存完好，仰身直肢葬式，头东足西。骨架四周发现棺钉13枚。

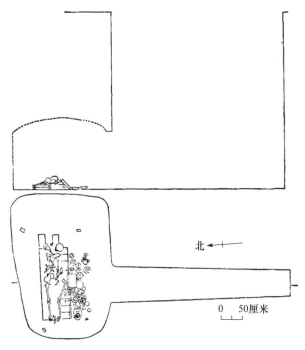

图6-1 上村岭元墓平、剖面图

骨架南侧正对墓门的地方，集中放置陶质随葬品23件，计仓5件、灶1件、釜1件、勺1件、壶2件、瓶3件、盘3件、蜡台2件、盒1件、碗4件。

随葬品中间、靠棺床处斜放陶质买地券一块。买地券前和墓室四角各放有色泽不同的卵石一枚，东北角为绿色，东南角为红色，西北角为黑色，西南角为白色，买地券前为浅灰色。

---

① 洛阳地区文化局文物科：《三门峡市上村岭发现元代墓葬》，《考古》1985年第11期，第1053-1055页。

买地券为方形，长 30 厘米，厚 5 厘米，置于墓主骨架左侧腰部，正对墓门。买地券正反两面皆有朱书文字。反面仅 1 行，书在买地券边沿，每字只余半截，难以辨识。正面书文 10 行，每行字数不等，共 177 字。其文如下。

　　维大元国元贞二年岁次丙申正月庚午朔」二十一日庚寅」陕州在城丰庆坊住坐祭主冯兴冯进冯百户男冯亨欲葬祖父冯政祖母吕氏王氏父百户冯禧母李氏父冯兴母兰氏于陕州陕县州东尚村姚四嫂处立契」用价钱中统宝钞柒拾伍两买到坟地一所」南北长一十七步伍分东西阔一十七步二分计地壹亩贰分」又坟前赡坟地贰分半」通计壹亩伍分」安厝宅兆」伏愿本处地祇、分掌四城诸神共垂祐护子孙后裔永保宁吉」元贞二年正月日给」

买地券记载时间为“元贞二年正月”，墓主埋葬之日在此之后，相隔时间应不远。因此，墓葬年代应是元代中期偏早。

买地券中的“尚村”，应是现在的“上村”。墓葬距上村仅 1 千米多，所占之地仍属今上村。同时，元代陕州州治就在今陕州老城一带，而且州、县治同地。墓葬西距陕州老城约 5 千米，和券中所记“陕州陕县州东”的方位吻合。

二、赵石山墓

1987 年，配合三门峡城市建设，在市政府幼儿园工地发掘一座明代砖券墓[①]。墓葬坐北朝南，由墓道、甬道、墓室三部分组成（图 6-2）。

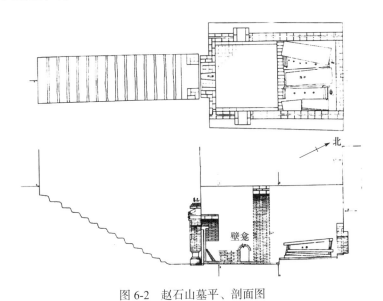

图 6-2　赵石山墓平、剖面图

---

① 胡焕英：《三门峡两座明墓发掘简报》，《三门峡文物考古与研究》，北京燕山出版社，2003 年，第 123-126 页。

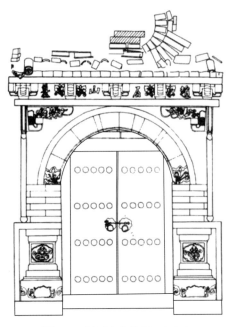

图 6-3　赵石山墓墓门正视图

墓道位于墓室南端，土圹阶梯式，墓口上部遭扰乱，墓底距地表深 2.7—6.3 米。墓道底部现存台阶 14 级，每台阶宽 20—30 厘米，高 10—15 厘米，不等。

甬道位于墓道的北部，长 1.25 米，宽 1.2—1.46 米，高 1.81—2.2 米。墓门为仿木结构门楼式，破坏严重。门楼上有青石墓志 2 合，志外有砖券小龛，龛已毁坏。门楼为单坡悬山式，瓦檐下有五攒斗拱，第二、四攒斗拱两边对雕花卉，盆花之间阳刻"赵石山墓"字。门楼斗拱上平铺一层横砖，两雀替上雕刻花卉，雀替两侧有垂花柱。墓门有青石门楣、门框、门槛、门板等（图 6-3），高 1.21 米，券高 0.6 米。门后有顶门石。门板中间有铁叶、铁栓、铁锁，正面有四排石泡钉。门下砌筑门礅，门礅正面对刻盆花。墓门为拱顶，拱券两边正面对称雕刻花朵。

墓圹为长方形土坑竖穴式，圹口与墓口在同一平面。墓室青砖砌筑，平面呈长方形，南北长 6.2 米，东西宽 3.56—3.6 米。墓室东、西、北三壁底部中间各有对称弧顶壁龛。棺床位于墓室北半部，上有石棺两具，大小基本相同。石棺内有木棺，腐朽严重。西石棺底板有 7 个圆孔，按北斗星座排列；东石棺底板有 3 个圆孔。板面光滑，雕刻有龙、凤、花鸟等纹饰。棺内骨架只有部分残留。随葬器物出于棺内和棺北部，据葬俗及出土器物推断，西棺内为女性，东棺内为男性。

出土器物有瓷罐、瓷瓶、瓷碗各 1 件，铜镜 1 件、铜饰件 1 件和竹篦 1 件。另有铜钱 43 枚，其中 16 枚钱文不清，27 枚钱文清晰，可识有天圣、咸平、圣宋、熙宁、祥符、景定、治平通、绍圣等元宝，天禧、元丰、嘉定等通宝和崇宁重宝。

出土墓志 2 合，青石质。其中一合盖篆书阴刻"明故大学生石山赵君墓志铭"，志文小楷书体，高 53 厘米，宽 52.5 厘米，厚 7 厘米；另一合盖篆书阴刻"明诏旌节妇赵孺人许氏合葬墓志铭"，志文小楷书体，高 59 厘米，宽 58 厘米，厚 7.5 厘米。

三、崔儒秀墓

崔儒秀墓 [①] 于 1987 年在三门峡市黄金冶炼厂基建工地发现。

① 胡焕英：《三门峡两座明墓发掘简报》，《三门峡文物考古与研究》，北京燕山出版社，2003 年，第 126-130 页。

（一）墓葬形制及随葬品

墓葬为南北向砖室墓，由墓道、甬道、墓室三部分组成。墓道位于墓室南部，北宽南窄，墓道口距地表 1.1 米，墓道壁较规整，斜坡底，坡度较大，深 2.4—4.7 米。距墓道南端 1.04 米处的东壁下发现墓志盖，盖文向内紧靠墓壁，墓道北端西壁距墓门 0.64 米处南北置一墓志，志、盖下面分别放置 2 块砖。甬道位于墓道北部，长 0.66—0.77 米，宽 1.92—2.43 米，高 2.02 米。墓门为砖砌仿木结构，由房檐、房脊和石门组成，高 3.24 米，宽 1.92 米，券顶，门两侧用平砖错缝平砌，单砖成券，内有石门，高 1.2 米，宽 0.94 米，门上有 3 排共 30 枚乳钉。墓室位于甬道北部，平面略呈长方形，长 5.1 米，宽 2.26—2.86 米，砖铺地，四壁倒塌。墓室南部东西两壁约 0.5 米高处各有对称壁龛，墓室北部有棺床，距墓门 1.9 米。棺床上东西并列 3 具棺，腐朽严重。墓葬被盗严重，仅棺底出土随葬器物，有瓷质罐、碗各 1 件，陶罐 1 件，木串珠 1 枚，墓志 1 合。另有铜钱 12 枚，其中 8 种钱文清晰，包括天圣元宝 1 枚、顺治通宝 2 枚[①]、元祐通宝 1 枚、大观通宝 1 枚、明道元宝 1 枚、皇宋通宝 1 枚、祥符通宝 1 枚。

（二）崔儒秀墓志

崔儒秀墓志（图 6-4），现藏三门峡市车马坑博物馆。出土墓志的墓葬有三口棺木，但棺内无尸骨，也无随葬品。志文中有"崔公藏衣冠之所"内容，证明此墓为衣冠冢。墓志为青石质，长方形，高 79 厘米，宽 128 厘米，厚 15 厘米，志盖篆书"明诰赠大理寺卿崔贞公墓志"。志文 54 行，满行 35 字，正书，王以悟撰文，徐绍流书丹，张庄辰篆盖。

崔儒秀，《明史·忠义传》有载，为河南陕州人。生前曾任明朝开原兵备、山东按察司佥事等职。明天启元年（1621 年），在守卫东北辽阳、抗击建州部落入侵时，因兵败城陷自缢身亡。《陕州志·人物》载："崔儒秀，文人武功，崇忠烈，重气节。"记述简略，墓志可补缺。

志文约 1800 字，详细记载了崔儒秀的生平事迹，累进职官及家世等，尤其是详细记述了其在守卫辽阳、抗击建州部落进犯过程中英勇善战、视死如归的史实。志文补史处如下[②]。

1. 志文载"公讳儒秀，字士表，世为陕之东杨村人"，史籍载为"崔儒秀，字敬初，陕州人"，志文与史籍不同。志文撰者王以悟，字惺所，万历甲辰（1604 年）进士，授邢台令，升兵部主事，历官山西参政等职。《陕县志》卷十七有其传记。王以悟

与崔儒秀为同乡好友，同朝而仕，又为儿女亲家，有志文"次遭余季子郡学生尔循"可证，故王以悟所撰志文绝对可靠，应是史籍所载有误。崔儒秀的字应为"士表"，"敬初"或为其号。

图 6-4　崔儒秀墓志铭及志盖

2. 关于崔儒秀生卒年岁，史籍无载。志文载"时天启之卒酉三月二十日也，距生隆庆庚午十二月二十七日，得年五十有二"。《明史·本纪二十二》载："天启元年春正月庚辰享太庙……二月甲辰言官请复……三月乙卯大清兵取沈阳……壬戌大清兵取辽阳经略袁应泰等死之。"经与《近世中西史日对照表》查对，三月壬戌为农历三月二十日，即辽阳失陷、袁应泰等人死亡的日子，与志文所载吻合，故崔儒秀的生卒年可以志文为准补之。

3. 志文载崔儒秀"筮仕为令尹，直行其道，不阿权贵，怅时累调，由掖而绛，而翼城已迁刑部，山西司主事……迁户部云南司主事，管南新仓出纳，公清，寻转贵州司郎中，管永平粮储，因辽事孔棘，升补今官"，并提及其任山东按察司佥事等职，在史籍中皆无记载。志文不仅可补史籍阙遗，还为研究地方史志和职官制度等提供了新资料。

4. 志文载："公自做秀才时，留心世务，如星历韬略，罔所不究，所著有《乾象考》《兵政三式》《武经窥豹》《将略微言》等诸书。……公率所募土御之，奋臂一呼，无不以一当百。……公以所募勇，敢独出迎战。……城亡与亡，一死无足惜。"可补史载所遗，也表现出忠义之士的民族气节。

5. 志文载："高祖显，曾祖洪，祖武，父廷魁，以公贵赠文林郎，知县。……中万历丁酉乡试亚魁，戊戌连捷南宫成进士……子维四，承公恩荫。……女六长适。"崔儒秀家世史籍无载，志文为研究崔儒秀生平、家世等提供了新史料。

6. 志文载："……建酉发难，辽海不宁，四五年间所蹂躏我城堡，屠戮我生灵……奴酉虽劲不敌中国一大县，岂以全胜之力而坐令其鸱张。"《清史稿太祖本纪》载："明初置建州衙……冬十月，明以太祖为建州卫都督佥事……壬寅，上伐明以七大恨告天，祭堂子而行。""建酉""奴酉"指努尔哈赤统领的建州部落。建州部落屡次进犯，志文明证之。

四、王氏家族墓

2014 年，河南省文物考古研究院、三门峡市文物考古研究所为配合三门峡市湖滨花园项目，在市区南部涧河南岸约 500 米处（原为王家庄所在地）进行抢救性考古发掘，发掘了一批古墓葬，其中 M32、M37、M38、M39、M41 五座墓葬[①] 出土有明确纪年的墓志，为明代墓葬，规格较高，为研究当时的职官制度、丧葬习俗、社会生活状况等提供了参考。

（一）M32

M32 坐南朝北，由墓道、砖券墓门和土洞墓室三部分组成（图 6-5）。墓道呈阶梯状，口长 7.06 米，宽 0.6—0.98 米，深 4.6 米，残留有 13 级台阶。墓门砖券呈拱形，宽 0.86 米，高 1.52 米，下半部以平铺砖封门。土洞墓室平面呈梯形，北窄南宽，长 3.26 米，宽 1.68—1.84 米，拱顶高 1.8 米。

---

① 河南省文物考古研究院、三门峡市文物考古研究所：《河南三门峡湖滨花园明代王氏家族墓发掘简报》，《中原文物》2023 年第 2 期，第 12-26 页。

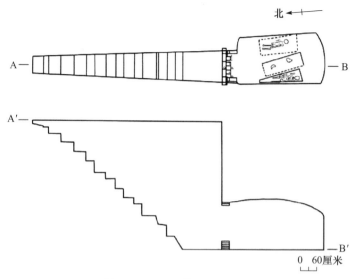

图 6-5　M32 墓葬平、剖面图

墓室内有棺木 3 具，棺木俱朽，仅留木痕，棺内有骨架 3 副。东侧骨架头南足北，俯身屈肢葬式，应为女性。中间棺内仅见头骨及部分肢骨。西侧棺内人骨头南足北，仰身直肢葬式。随葬器物放置于室内靠近墓门处，共 19 件，有瓷碗 1 件、铅盘 3 件、铅碟 3 件、铜烛台 1 件、铜钱 10 枚，墓门内外各有墓志一块。

墓志 1 合（图 6-6），青石质。志盖、志石皆呈长方形，长 56 厘米，宽 48 厘米，厚 9 厘米。志盖篆书 3 行 15 字"明文林郎灵台县知县先君王公墓志"。志文楷书，共 15 行 346 字，志文如下。

　　明文林郎灵台县知县先君王公墓志｜先君讳承蕙字世秀别号云麓其先山西临县人洪武始祖二老｜翁应募河南卫调弘农卫授总旗高祖讳顺高曾祖讳刚寿官曾祖｜讳瑀生员赠承德郎刑部主事生子四伯祖讳缙处士次讳卿正德｜甲戌进士浙江布政司右参政次讳畿廪膳生员儒官次桢祖讳言｜正德戊辰进士山东按察司副使祖妣赵氏封安人子二伯父讳承｜兰伊府典膳次先君嘉靖甲申四月一日生癸卯选充廪膳生员隆｜庆戊辰岁贡万历癸酉授徽州判官丙子升灵台县知县戊寅致仕｜丙戌五月十三日卒享年六十三妣张氏监察御史讳梅女嘉靖乙｜酉二月三日生丙辰十一月四日卒享年三十二生女一适生员郭｜数仞继配母朱氏生员讳国晟女生不肖桢暨弟杞女二一早卒一｜字灵宝焦枢威县知县讳冕男桢娶梁氏榛女先卒生男一熠继娶｜何氏灵宝生员一诚女卜十二月一日葬过水原东南祖茔｜不肖男桢泣血稽颡谨志｜甥生员张之坦填讳石工王尚仁｜

图 6-6　王承惠墓志志盖、志文

（二）M37

M37 坐南朝北，由墓道、砖券墓门和土洞墓室三部分组成（图 6-7）。墓道呈阶梯状，口长 8.3 米，宽 0.52—1.44 米，残深 3.1 米，前半部残留 5 级台阶，后半部为竖井，长 3.1 米，宽 1.6 米。砖券墓门呈拱形，宽 0.98 米，高 1.4 米，直壁由一顺一丁平铺而成，高 0.86 米，墓门券顶由一券一覆砌成，封门为向上平铺封堵墓室。墓室平面近梯形，拱顶土洞结构，南北长 2.9—3.4 米，东西宽 2.3—3.3 米，拱顶高 1.7 米，室底局部铺砖，墓室四角和中部有五色石。后壁中部距墓底 0.8 米高处有一半圆形壁龛，高

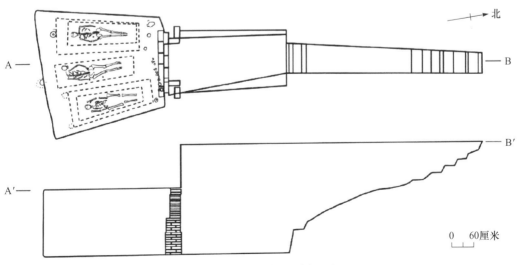

图 6-7　M37 墓葬平、剖面图

0.27 米，进深 0.2 米，内放一瓷碗。

墓室内有棺椁 3 具和骨架 3 副。两侧葬具均为单椁单棺，中间疑为单棺，俱朽，仅留木痕。东侧椁长 1.98 米，宽 0.6—0.9 米，内棺长 1.75 米，宽 0.38—0.62 米，棺内人骨头南足北，仰身直肢；中间棺长 2.26 米，宽 0.48—0.6 米，棺内人骨头南脚北，仰身直肢；西侧椁长 2.2 米，宽 0.68—0.94 米，厚 0.07 米，内棺长 1.84 米，宽 0.48—0.6 米，棺内人骨头南足北，仰身直肢。室内靠近墓门处有铅制酒器，碎成片状，未编号，有酒壶、酒杯、盏托等。西侧椁室两端各有一件瓷瓶。墓门封门砖上部有墓志 2 合。

墓志大、小各一。大墓志志盖、志石皆为长方形（图 6-8），长 60 厘米，宽 52 厘米，厚 8 厘米，志盖阴刻篆书"明乡进士峭谷王君合葬墓志铭"，志石阴刻楷书共 30 行 1110 字，志文显示此墓为明乡进士峭谷王君合葬墓，其从弟文林郎灵台县令王承蕙撰文。

图 6-8　王承蔚及其夫人陶氏墓志志盖、志文

小墓志志盖、志石皆为长方形（图 6-9），长 55 厘米，宽 48 厘米，厚 9 厘米，志盖阴刻篆书"明显妣沈氏合葬墓志"。志文楷书共 11 行 149 字。

（三）M38

M38 为砖室墓，坐南朝北，由斜坡墓道、砖墓门、甬道和砖砌墓室四部分组成（图 6-10）。

墓道呈斜坡状，口残长 5.96 米，宽 1.2—1.4 米，残深 2.8 米，下部略宽，斜坡较陡，倾角近 35°，坡长 6 米，近墓门处平底，长 1.14 米。墓门为仿木结构（图 6-11），

图 6-9　王承蔚夫人沈氏墓志志盖、志文

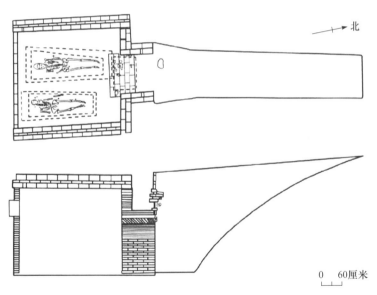

图 6-10　M38 墓葬平、剖面图

弧形券顶上部砌成门楼状，屋脊上部有砖雕兽头，下有滴水、屋檐、椽等造型，门额上刻楷书"中宪大夫之墓"，右侧对联"花萼相辉垂不朽"，左侧"麒麟高卧见佳城"。墓门上部有青石墓志一合，以铁带固定。甬道呈拱形，长 0.92 米，宽 1.04 米，高 1.43 米，直壁高 0.96 米，以立砖顺放封堵。砖砌墓室平面近长方形，东西两壁及券顶由两顺夹一平砌成，中间以石灰砌缝，后壁单砖顺放。室内长 2.95 米，宽 2.62 米，拱顶高 2.4 米，室底南北向平铺 8 排底砖，后壁中部距墓底 1.64 米处有一长方形壁龛，高 0.3

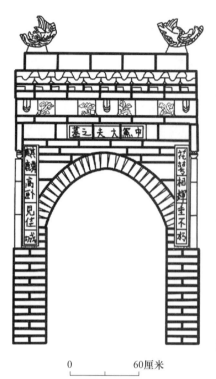

0   60厘米

图6-11 M38墓门正视线图

米，宽0.23米，墓室四角及中部有鹅卵石。

墓室棺木及随葬器物摆放基本保持原状。靠近墓门处有一倒塌木案，上面及四周散落有铅制酒壶、酒杯、盏托等，均已碎成残片，木案东西两侧各有一瓷瓶，西侧有少量彩绘泥俑残片。室内有棺椁2副，均为单椁单棺。西侧棺椁腐朽成粉末状，棺内有骨架一具，基本完好，头南足北，仰身直肢，头骨两侧有一对金耳垂。东侧棺椁基本完好，椁板上部有一黑色织帛，上书金黄色楷书"山东按察使司副"，棺内人骨头南足北，仰身直肢，头戴黑色无翅官帽，身上衣物风化成片状。

M38出土铅制酒器皆碎，未编号，其余随葬器物共4件，包括瓷瓶2件、金耳垂1对、墓志1合（图6-12）。

图6-12 王言及夫人赵氏墓志、志文

（四）M39

M39为砖室墓，坐南朝北，墓葬形制与M38基本相同，由斜坡墓道、砖墓门、甬道和砖砌墓室四部分组成（图6-13）。墓门和墓室前端遭破坏。

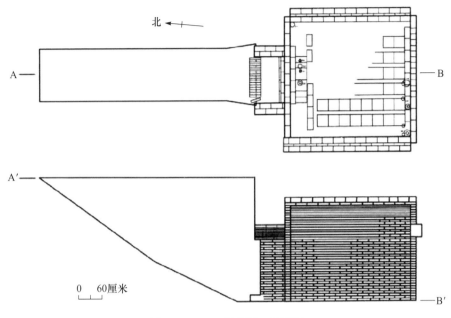

图 6-13 M39 墓葬平、剖面图

墓道呈斜坡状，口残长 5.44 米，宽 1.28—1.48 米，残深 3.04 米，下部略宽，斜坡较陡，近墓门处平底。墓门外有青石墓志一合，以铁带固定。墓门为仿木结构门楼状，大部遭破坏，残留有部分兽头、滴水、屋檐、椽等造型，对联右侧为"花萼相辉垂不朽"，左侧为"麒麟高卧见佳城"。甬道长 0.66 米，宽 1.04 米，高 1.5 米。墓室平面近长方形，东西两壁及券顶由两顺夹一平砌成，以石灰砌缝，后壁单砖顺放。内长 3.04 米，宽 2.8 米，高 2.34 米。后壁有一壁龛，高 0.3 米，宽 0.23 米，进深 0.28 米。墓室内葬具损毁严重，骨架散乱，在墓门处发现有瓷瓶、瓷碟、铅制烛台和香炉，墓室中部发现有玉环残块。

M39 共出土器物 15 件（组），分别为瓷瓶 3 件、瓷碟 8 件、铅制香炉 1 件、铅制烛台 1 件、玉环残块 1 件，青石墓志 1 合。

墓志志盖、志石皆呈长方形，长 58 厘米，宽 52 厘米，厚 12 厘米。盖篆书"明亚中大夫浙江右参政虎岩王公之墓"（图 6-14）。志文楷书，共 31 行 1240 字。

（五）M41

M41 坐南朝北，由阶梯墓道、砖券墓门和砖券墓室组成（图 6-15）。墓道呈阶梯状，口长 6.7 米，宽 0.52—1.28 米，深 4.2 米，前半部残留 8 级台阶，高 0.26—0.7 米。墓门呈拱形，宽 1.2 米，高 1.5 米，封门残高 0.9 米。墓室用砖双层顺放券成，长 3.94 米，宽 2.94 米，高 2.4 米，近门处东西两侧各有一拱形壁龛，宽 0.51 米，高 0.7 米，进深 0.28 米，室底局部铺砖。墓室被盗扰，仅发现棺木碎片和少量碎骨，墓室后部有墓志 1 合。

图 6-14　王卿墓志志盖、志文

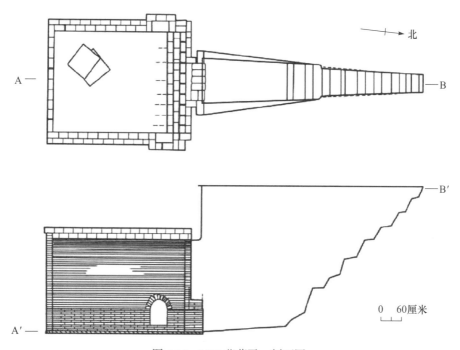

图 6-15　M41 墓葬平、剖面图

墓志志盖、志石皆呈长方形（图 6-16），长 80 厘米，宽 75 厘米，厚 14 厘米，盖篆书"明故儒官南原王府君墓志铭"，边饰波浪卷云纹。志文楷书，共 27 行 716 字，边饰波浪卷云纹。

图 6-16　王畿墓志志盖、志文

（六）王氏家族仕宦情况

据墓志可知，M39 墓主人是布政司右参政王卿。王卿字良佐，号虎岩，生于明成化十五年（1479 年）十一月初三日，卒于嘉靖十五年（1536 年）年七月十二日，同年十二月初三日下葬于祖茔，享年 58 岁。王卿先后为州学生、太学生，正德甲戌年（1514 年）中进士，先后任山东德平知县、上海知县、户部四川司主事、江西司员外郎、四川司郎中、江西袁州知府、浙江按察司副使、协理司事等职，嘉靖甲午年（1534 年）任浙江布政司右参政。

M38 墓主人是王言及其妻子赵氏。王言字良谟，号三峰，生于明成化丁未年（1487年）六月初十日，卒于嘉靖丙申年（1536 年）二月十三日，享年 50 岁。王言于正德戊辰年（1508 年）考中进士，时年 22 岁。先后任刑部浙江司主事、刑部广西司员外郎、浙江司员外郎、直隶顺德府知府，嘉靖癸未年（1523 年）调任大名府，乙酉年（1525年）升任山东按察司副使，后因操劳过度，体弱多病，辞官回乡。甲午年（1534 年）因曹祖狱事件被押解至京城，后无辜释放。后因妻卒，王言病势加剧，亦于一月后病逝。其妻赵氏卒于嘉靖丙申年（1536 年）正月二十六日，享年 45 岁，二人于十二月初三合葬于祖茔。

M41 墓主人是冠带官王畿。王畿字良止，号南原，生于成化乙巳年（1485 年）正月十二日，卒于嘉靖丙午年（1546 年）三月初七日，享年 62 岁，同年四月十一日下葬。王畿因兄王卿、弟王言皆在外做官，故不再攻读，在家伺奉继母，在继母去世第三年也因病去世。王畿做人识礼懂节，洁身自好，乐善好施，曾佃户因灾荒交不起租，把地契一烧了之，弟弟王言和弟媳去世时因无好木材做棺材，他把自己备用的棺木拿出来，自己反无好棺木可用。

M37 墓主人是王承蔚及其妻子陶氏、沈氏。王承蔚字世文，号崤谷，生于明正德四年（1509 年）十月初九日，卒于嘉靖丁未年（1547 年）十一月十四日，享年 39 岁。王承蔚年少时性情磊落坦荡，为乡进士，后屡试不中，遂潜心吟诗作对，痛恨社会上强取豪夺、趋炎附势之行为，丙午年（1546 年）父亡守孝，第二年因病去世。陶氏、沈氏卒后与王承蔚合葬于祖茔。

M32 墓主人是灵台知县王承蕙，字世秀，别号云麓，生于明嘉靖甲申年（1524 年）四月一日，卒于万历丙戌年（1586 年）五月十三日，同年十二月一日下葬，享年 63 岁。王承蕙 45 岁选为贡生，50 岁担任徽州判官，53 岁（1576 年）任灵台县知县，两年后辞官。

王卿、王畿、王言为弟兄三人，祖籍山西临县，其父王瑀。王瑀长子王缙早卒。王承蕙为王言之子，因王卿无子，过继给王卿为继子。王承蔚为王畿之子。

《崤函古县志辑汇·陕县志》选举表进士科中提及"王卿正德甲戌浙江参政""王言正德戊辰大名山东宪副"，举人科提及"王承蔚嘉靖丁酉"和"王辂万历乙卯"，生员科"王承蕙灵台知县"。王辂为王承蔚之子、王畿之孙。《人物志载》"王卿……初宰德平，平调上海，卿一介不取升户部主司，去任时民为立碑……历任浙藩，闻弟言讦上疏乞骸归里"，"王言弱冠登正德戊辰进士，……调大名山东宪副，时黄河溃决，言驰往巡视以劳致疾卒。"[①] 墓志所记与县志记载基本一致，起到了补史证史的作用。

明代官宦家族墓在三门峡发掘不多，王氏家族五座墓葬从结构和形制来看，属于中型墓葬，墓葬的排列顺序应为自北向南，长幼有序，墓葬方向相差无几。王言、王承蔚、王承蕙之墓均是与妻合葬，王卿、王畿墓因盗扰，无从知晓。五座墓出土器物不多，多放置于墓室北部靠近墓门处，但由于墓志具有明确纪年，为这一时期同类器物的研究提供了可靠的断代依据。

五、许氏祖茔

许氏祖茔是明代许进父子及其家族墓地，位于三门峡灵宝大王镇南营村。许氏家族是明代中期的名门望族，自明宪宗成化年间至明世宗嘉靖年间，许进及其子许诰、许赞、许论四人先后任兵部尚书、吏部尚书、户部尚书、刑部尚书等职，有"一门四尚书"的美誉。四人在《明史》《明实录》中均有传记，《明经世文编》中有其奏疏，并将四人誉为"灵宝四许，鼎盛一时"。许进，字季升，成化二年（1466 年）进士，初

① 中共三门峡市委党史地方史志办公室：《崤函古县志辑汇》，中州古籍出版社，2010 年。

任浙江道御史，又任山东道御史、巡按甘肃指挥，官至兵部尚书、吏部尚书，加太子太保。许进次子许诰，字廷纶，弘治年间进士，任吏部右侍郎，后升户部尚书。三子许赞，字廷美，弘治年间进士，任陕西道监察御史，后改任翰林院。1592年后，历任刑部尚书、户部尚书、吏部尚书，并兼文渊阁大学士。八子许论，幼从历边境，尽知扼塞险易，著《九边图论》，历边事三十多年，为保卫北方边疆立下功勋。《灵宝县志》载：许论为明嘉靖丙戌年（1526年）进士，历任南京大理寺丞、右副都御史、山西巡府、右都御史、兵部尚书等职，加太子太保。

《灵宝县志》载："许文简墓在县东南五里，明吏部尚书、文渊阁大学士，讳赞勒葬"[①]。许赞70岁退休后居家3年去世，谥号文简。1986年，许氏祖茔被盗掘，后收回被盗文物58件，均为铜俑，相传分别出自于三座墓，黄铜铸成，有的铜俑背部铸有"内阁""吏部"等铭文。据位置及出土文物判断，应为许诰及其家属墓。

铜俑原涂粉彩，出土后大部脱落，但均栩栩如生，每件通高在24—38厘米间，立于方形台座上，座高5厘米，皆为铜模所制。58件铜俑计有仪仗俑26件、武士俑5件、侍奉俑17件、乐俑10件等（图6-17），组成一支高官出行的仪仗队伍。走在最前面的是鸣锣开道俑，头戴尖顶毡帽，身穿交领右衽长袍，腰间系带，作边走边敲状。后面紧跟的为执牌举旗俑，双手执"回避""肃静"大牌及大旗。其后为武士方阵，武士身披盔甲，右手叉腰，左手执枪、刀、剑、戟等兵器。武士方阵后为展现日常生活场景的俑侍：文官俑双手捧书籍、卷宗、文本类物品；看家护院俑手执棍棒、绳索类工具；男侍俑双手托长条形织巾；女侍俑双手捧铜盆或盛食品的盘、碟等；乐俑则有击锣、吹笙、弹琵琶、击云板、击鼓、吹箫、吹笛、吹竽篥、击腰鼓、讴歌等10种。

六、莫元龙夫妇合葬墓

1990年，卢氏县砖厂取土时挖出一座古墓，内有两口棺椁，系夫妇合葬墓。男墓主棺已朽，女墓主棺髹红漆，棺盖有"赐赠一品诰命王太夫人之墓"金粉字样。出土墓志铭4块，上篆有"皇清赐进士出身、工部左侍郎加三级、前任山东鱼台县知县莫公配王太夫人合葬墓"字。可知为莫元龙及其夫人王氏之墓。墓志现存放于卢氏县文物管理委员会仓库。

莫元龙，字广陵，号绩轩，生于康熙五十九年（1720年），卒于乾隆四十六年（1781年）。乾隆二十五年（1760年）庚辰科进士。乾隆年间曾任山东郓城县、鱼台县知县。其子莫瞻绿为乾隆三十七年（1772年）壬辰科进士，曾任内阁学士，后历任礼、

---

① （清）周淦等修，李镜江等纂：《灵宝县志》卷三，清光绪二年刊本，第410页。

图 6-17　许氏祖茔出土铜俑

1、2. 仪仗男俑　3. 持斧男俑　4. 捧书文官　5. 内阁男俑　6. 捧盒男俑　7. 持帛男俑
8. 捧碗女俑　9. 托洗女俑　10. 吹箫女俑　11. 琵琶女俑　12. 女乐俑

工、刑、兵四部侍郎，莫元龙也因此被加赠光禄大夫、工部侍郎，夫人王氏被封为"太夫人"。莫元龙去世时先葬于浙江海宁，海宁当时归莫元龙任知县的山东，26 年后，其夫人王氏去世，莫瞻绿曾归海宁守制三年。何时墓葬迁回卢氏，不清。

参 考 文 献

图书文献

1. （汉）司马迁著，（宋）裴骃集解，（唐）司马贞索引，（唐）张守节正义：《史记》，中华书局，1982年。

2. （清）顾祖禹撰，贺次君、施和金点校：《读史方舆纪要》，中华书局，2005年。

3. （清）郝懿行：《竹书纪年校证》，《郝懿行集（一）》，齐鲁书社，2010年。

4. （唐）李泰著，贺次君辑校：《括地志辑校》，中华书局，1980年。

5. （元）骆天骧，黄永年点校：《类编长安志》，中华书局，1990年。

6. （宋）王益之撰，王根林点校：《西汉年纪》，中华书局，2018年。

7. （宋）王应麟，傅林祥点校：《通鉴地理通释》，中华书局，2013年。

8. （唐）李吉甫，贺次君点校：《元和郡县图志》，中华书局，1983年。

9. （北魏）郦道元著，（清）杨守敬、熊会贞疏，杨甦宏、杨世灿、杨未冬补：《水经注疏补》，中华书局，2014年。

10. （清）张廷玉等撰：《明史》，中华书局，1974年。

11. （宋）徐度撰：《却扫编》，大象出版社，2019年。

12. （清）阮元校刻：《仪礼注疏》，中华书局，2009年。

13. （清）阮元校刻：《礼记正义》，中华书局，2009年。

14. （清）阮元校刻：《周礼注疏》，中华书局，2009年。

15. （清）阮元校刻：《春秋公羊传注疏》，中华书局，2009年。

16. （清）阮元校刻：《春秋左传正义》，中华书局，2009年。

17. （宋）吕祖谦著《左传类编》，《吕祖谦全集 第十六册》，浙江古籍出版社，2017年。

18. （汉）班固，（唐）颜师古注：《汉书》，中华书局，1962年。

19. （唐）李贤等注：（南朝宋）范晔撰：《后汉书》，中华书局，1965年。

20. （清）皮锡瑞撰：《汉碑引经考》，《皮锡瑞全集》，中华书局，2015年。

21. （汉）刘向编著，石光瑛校释：《新序校释》，中华书局，2009年。

22. （汉）刘向撰，向宗鲁校证：《说苑校证》，中华书局，1987年。

23.（宋）宋祁等撰：《新唐书》，中华书局，1975 年。

24.（清）雷学淇撰：《竹书纪年义证》，民国二十八年排印本。

25.（春秋）左丘明撰，杜预集解，李梦生整理：《春秋左传集解》，凤凰出版社，2020 年。

26.（汉）刘安编，刘文典撰，冯逸、乔华点校：《淮南鸿烈集解》，中华书局，2013 年。

27.（唐）房玄龄等撰：《晋书》，中华书局，1974 年。

28.（清）赵希曾纂修：《陕州直隶州志》，清光绪十七刻本。

29.（民国）欧阳珍修，韩嘉会等纂：《陕县志》，民国二十五年铅印本。

30.（清）周淦等修，李镜江等纂：《灵宝县志》，清光绪二年刊本。

31.（清）李荣和、刘钟麟纂修：《永济县志》，清光绪十二年刻本。

32.（民国）贾毓鹗、车云纂：《洛宁县志》，民国六年铅印本。

33.（民国）黄觉等修：《新修阌乡县志》，民国二十一年铅印本。

34.（清）舒其绅等修，严长明等纂，何炳武总校点，董健桥审校，高叶青、党斌校点：《西安府志》，三秦出版社，2011 年。

35. 国家档案局明清档案馆编：《清代地震档案史料》，中华书局，1959 年。

36. 中共三门峡市委党史地方史志办公室编：《崤函古县志辑汇》，中州古籍出版社，2010 年。

37. 魏全瑞主编，刘庆柱辑注：《三秦记辑注》，三秦出版社，2006 年。

38. 郭世谦：《山海经考释》，天津古籍出版社，2011 年。

39. 许顺湛：《黄河文明的曙光》，中州古籍出版社，1993 年。

40. 吴少珉、苏健、赵金昭主编：《河南古迹名胜辞典》，解放军外语音像出版社，2007 年。

41. 孙机：《中国古舆服论丛》，文物出版社，2001 年。

42. 许长志、张庭祥编：《中华之最》，江西教育出版社，1992 年。

43. 中国社会科学院考古研究所：《新中国的考古发现和研究》，文物出版社，1984 年。

考古报告集

44. 中国社会科学院考古研究所编：《庙底沟与三里桥》，文物出版社，2011 年。

45. 河南省文物考古研究所编：《三门峡南交口》，科学出版社，2009 年。

46. 中国科学院考古研究所：《上村岭虢国墓地》，科学出版社，1959 年。

47. 卢连成、胡智生：《宝鸡强国墓地》，文物出版社，1988 年。

48. 河南省文物考古研究所、三门峡文物工作队：《三门峡虢国墓》，文物出版社，1999 年。

49. 三门峡市文物考古研究所：《三门峡向阳汉墓》，北京燕山出版社，2006 年。

50. 三门峡市文物考古研究所：《三门峡文物考古与研究》，北京燕山出版社，2003 年。

51. 贾兰坡、王择义、邱中郎：《山西旧石器》，科学出版社，1961 年。

52. 河南省文物管理局、水利部小浪底水利枢纽、建设管理局移民局编：《黄河小浪底水库文物考古报告集》，黄河水利出版社，1998 年。

考古报告及期刊文章

53. 张森水：《河南省旧石器新线索及管窥》,《中原文物》，1986 年第 2 期，第 16-22 页。

54. 张维华、曹静波：《渑池县又发现旧石器》,《中原文物》1986 年第 4 期，第 97 页。

55. 黄慰文：《豫西三门峡地区的旧石器》,《古脊椎动物与古人类》1964 年第 2 期，第 162-181 页。

56. 张维华：《河南省新发现的旧石器和人类化石》,《中原文物》1986 年第 2 期，第 1-15 页。

57. 河南省文物研究所、灵宝县文管会：《河南灵宝营里旧石器地点调查简报》,《华夏考古》1990 年第 2 期，第 1-8 页。

58. 冯兴祥、周华山、巴志刚，等：《"豫灵人"头骨化石的发现与研究》,《地城研究与开发》1993 年增刊，第 1-8 页。

59. 季楠、牛树森：《河南省卢氏县发现人类化石》,《人类学学报》1983 年第 4 期，第 399 页。

60. 杨肇清：《二十年来河南考古发现与研究》,《华夏考古》，1999 年第 3 期，第 10-18 页。

61. 杜水生、刘富良、朱世伟，等：《河南卢氏发现黄土旧石器》,《第四纪研究》2008 年第 6 期，第 1000-1006 页。

62. 王社江、鹿化煜、张红艳，等：《东秦岭南洛河中游地区发现的旧石器和黄土堆积》,《第四纪研究》2008 年第 6 期，第 988-999 页。

63. 夏鼐：《河南渑池的史前遗址》,《科学通报》1951 年第 9 期，第 933-938 页。

64. 河南省文物考古研究所、渑池县文化馆：《渑池仰韶遗址 1980—1981 年发掘报告》,《史前研究》1985 年第 3 期，第 38-58 页。

65. 河南省文物考古研究院、三门峡市文物考古研究所、渑池县文化广电和旅游局:《河南渑池县仰韶村遗址考古勘探报告》,《华夏考古》2020年第2期,第26-36页。

66. 河南省文物考古研究院、三门峡文物考古研究所、渑池县文化广电和旅游局:《河南渑池仰韶村遗址第四次考古发掘2020年度简报》,《华夏考古》2021年第4期,第53-128页。

67. 河南省文化局文物工作队:《河南渑池西河庵村新石器时代遗址发掘简报》,《考古》1965年第10期,第498-499页。

68. 河南省文物考古研究所:《河南渑池县西湾遗址发掘简报》,《华夏考古》,2008年第3期,第3-16页。

69. 河南省文物考古研究所:《河南渑池笃忠遗址2006年发掘简报》,《华夏考古》,2010年第3期,第3-18页。

70. 河南省文物考古研究所:《河南三门峡市庙底沟遗址仰韶文化H9发掘简报》,《考古》2011年第12期,第23-46页。

71. 河南省文物考古研究院、三门峡市文物考古研究所、武汉大学历史学院考古系:《三门峡庙底沟遗址庙底沟文化H770发掘简报》,《中原文物》2021年第5期,第4-14页。

72. 河南省文物考古研究所:《河南三门峡市南家庄遗址的调查与试掘》,《华夏考古》,2007年第4期,第56-95页。

73. 韩建业:《晋西南豫西西部庙底沟二期——龙山时代文化的分期与谱系》,《考古学报》2006年第2期,第179-204页。

74. 安志敏:《试论黄河流域新石器时代文化》,《考古》1959年第10期,第559-565页。

75. 卜工:《庙底沟二期文化的几个问题》,《文物》1990年第2期,第38-47页。

76. 靳松安:《庙底沟遗址第二期遗存再分析》,《江汉考古》2000年第4期,第47-53页。

77. 张忠培:《黄河流域空三足器的兴起》,《华夏考古》1997年第1期,第30-48页。

78. 巩启明:《试论仰韶文化》,《史前研究》1983年第1期,第71-90页。

79. 杨亚长:《谈庙底沟类型》,《中原文物》2000年第5期,第10-14页。

80. 黄河水库考古工作队河南分队:《河南灵宝两处新石器时代遗址复查和试掘》,《考古》1960年第7期,第12-20页。

81. 陈焕玉:《灵宝北万回头遗址出土的彩陶盆》,《华夏考古》1991年第2期,第108页。

82. 中国社会科学院考古研究所河南第一工作队、河南省文物考古研究所、三门峡市文物工作队，等：《河南灵宝市北阳平遗址试掘简报》，《考古》2001 年第 7 期，第 3-20 页。

83. 魏兴涛：《灵宝底董仰韶文化遗存的分期与相关问题探讨》，《中国国家博物馆馆刊》2011 年第 1 期，第 47-56 页。

84. 魏兴涛：《仰韶文化东庄类型研究》，《考古学报》2018 年第 3 期，第 275-312 页。

85. 中国社会科学院考古研究所河南一队、河南省文物考古研究所、三门峡市文物工作队，等：《河南灵宝市西坡遗址试掘简报》，《考古》2001 年第 11 期，第 3-14 页。

86. 河南省文物考古研究所、中国社会科学院考古研究所河南一队、三门峡市文物考古研究所，等：《河南灵宝市西坡遗址 2001 年春发掘简报》，《华夏考古》2002 年第 2 期，第 31-52 页。

87. 河南省文物考古研究所、灵宝市文物保护管理所：《河南灵宝市晓坞遗址仰韶文化遗存的试掘》，《考古》2011 年第 12 期，第 3-22 页。

88. 中国社会科学院考古研究所河南一队、河南省文物考古研究院、三门峡市文物考古研究所：《河南灵宝市西坡遗址庙底沟类型两座大型房址的发掘》，《考古》2015 年第 5 期，第 3-16 页。

89. 河南省文物考古研究所、中国社会科学院考古研究所河南一队、三门峡市文物考古研究所，等：《河南灵宝市西坡遗址 105 号仰韶文化房址》，《文物》2003 年第 8 期，第 4-17 页。

90. 河南省文物研究所、渑池县文化馆：《渑池县郑窑遗址发掘报告》，《华夏考古》1987 年第 2 期，第 47-94 页。

91. 河南省文化局文物工作队：《河南渑池鹿寺商代遗址试掘简报》，《考古》1964 年第 9 期，第 435-440 页。

92. 河南省文物研究所：《陕县西崖村遗址的发掘》，《华夏考古》1989 年第 1 期，第 15-47 页。

93. 黄河水库考古队河南分队：《河南陕县七里铺商代遗址的发掘》，《考古学报》1960 年第 1 期，第 25-49 页。

94. 河南省博物馆、灵宝县文化馆：《河南灵宝出土一批商代青铜器》，《考古》1979 年第 1 期，第 20-22 页。

95. 崔松林：《虢都上阳城遗址发现记》，《大众考古》2020 年第 4 期，第 68-71 页。

96. 河南省文物考古研究所、三门峡市文物考古研究所：《河南三门峡虢国墓地 M2008 发掘简报》，《文物》2009 年第 2 期，第 18-31 页。

97. 河南省文物考古研究所、三门峡市文物工作队：《上村岭虢国墓地 M2006 的清理》,《文物》1995 年第 1 期，第 4-31 页。

98. 河南省文物考古研究所、三门峡市文物工作队：《三门峡虢国墓地 M2010 的清理》,《文物》2000 年第 12 期，第 4-22 页。

99. 姜涛、贾连敏：《虢国墓地出土商代小臣玉器铭文考释及相关问题》,《文物》1998 年第 12 期，第 57-62 页。

100. 河南省文物考古研究所、三门峡市文物工作队：《三门峡虢国墓地 M2013 的发掘清理》,《文物》2000 年第 12 期，第 27、34 页。

101. 三门峡市文物工作队：《三门峡市李家窑四十四号墓的发掘》,《华夏考古》2000 年第 3 期，第 17-20 页。

102. 河南省文物考古研究所、三门峡市文物考古研究所：《河南三门峡市李家窑遗址西周墓的清理》,《华夏考古》2008 年第 4 期，第 4-17 页。

103. 河南省文物考古研究院，三门峡市文物考古研究所：《三门峡市李家窑遗址两周墓发掘简报》,《华夏考古》2016 年第 4 期，第 18-24 页。

104. 王亮：《河南渑池鹿寺西遗址》,《大众考古》2021 年第 3 期，第 12-15 页。

105. 三门峡市文物工作队：《三门峡市花园北街发现一座西周墓葬》,《文物》1999 年第 11 期，第 17-22 页。

106. 河南省文物考古研究院、三门峡市文物考古研究所：《河南三门峡甘棠学校春秋墓 M568 发掘简报》,《中国国家博物馆馆刊》2022 年第 9 期，第 27-38 页。

107. 河南省文物考古研究院，三门峡市文物考古研究所：《三门峡市李家窑遗址花卉苑小区春秋墓发掘简报》,《中原文物》2017 年第 5 期，第 14-20 页。

108. 河南省文物考古研究院、三门峡市文物考古研究所、义马市文物保护管理所：《河南义马上石河墓地 M93、M94 发掘简报》,《华夏考古》2021 年第 2 期，第 3-14 页。

109. 河南省文物考古研究院、三门峡市文物考古研究所、义马市文物保护管理所：《河南义马上石河墓地 M18 及祔葬马坑 MK4 发掘简报》,《考古与文物》2021 年第 4 期，第 13-18 页。

110. 三门峡市文物工作队：《三门峡市盆景园 8 号战国墓》,《中原文物》2002 年第 1 期，第 4-8 页。

111. 郑立超、韩鹏翔、周锐铜，等：《河南三门峡开发区两座战国墓发掘简报》,《洛阳考古》2023 年第 1 期，第 3-8 页。

112. 高鸣：《三门峡陕州区两座东周墓发掘简报》,《黄河·黄土·黄种人》2021 年第 5 期，第 9-12 页。

113. 三门峡市文物工作队：《三门峡市机械厂车马坑的发掘》,《华夏考古》1993

年第 4 期，第 8-11 页。

114. 三门峡市文物考古研究所：《河南三门峡市后川战国车马坑发掘简报》，《华夏考古》2003 年第 4 期，第 3-9 页。

115. 三门峡市文物考古研究所：《三门峡市西苑小区战国车马坑的发掘》，《文物》2008 年第 2 期，第 30-35 页。

116. 景通、悬宇：《三门峡发现春秋时期陶窑遗址》，《考古》1989 年第 3 期，第 276 页。

117. 河南省博物馆：《河南三门峡市上村岭出土的几件战国铜器》，《文物》1976 年第 3 期，第 52-54 页。

118. 三门峡市文物工作队：《三门峡市三里桥秦人墓发掘简报》，《华夏考古》1993 年第 4 期，第 35-53 页。

119. 三门峡市文物工作队：《三门峡市司法局、刚玉砂厂秦人墓发掘简报》，《华夏考古》1993 年第 4 期，第 12-34 页。

120. 河南省文物考古研究院，三门峡市文物工作队：《河南三门峡市刚玉砂厂四座秦人墓发掘简报》，《华夏考古》2022 年第 4 期，第 30-37 页。

121. 河南省文物考古研究院，三门峡市文物考古研究所：《河南三门峡市刚玉砂厂战国秦汉墓发掘简报》，《考古与文物》2023 年第 3 期，第 17-28 页。

122. 河南省文物考古研究院、三门峡市文物考古研究所：《河南三门峡后川墓地秦汉墓葬发掘简报》，《文博》2023 年第 3 期，第 3-11 页。

123. 河南省文物考古研究院、三门峡市文物考古研究所、安阳师范学院考古与文博系：《河南三门峡后川村 M425 发掘简报》，《黄河·黄土·黄种人》2022 年第 20 期，第 3-6 页。

124. 三门峡市文物工作队：《三门峡市火电厂秦人墓发掘简报》，《华夏考古》1993 年第 4 期，第 54-67 页。

125. 王子今：《秦人屈肢葬仿象"窑卧"说》，《考古》1987 年第 12 期，第 1105-1106 页。

126. 戴春阳：《秦墓屈肢葬管窥》，《考古》1992 年第 8 期，第 751-756 页。

127. 河南省文物考古研究院、三门峡市文物考古研究所、三门峡庙底沟博物馆：《三门峡后川村四座西汉墓发掘简报》，《中原文物》2023 年第 1 期，第 28-37 页。

128. 河南省文物考古研究院、三门峡市文物考古研究所、安阳师范学院考古与文博系：《河南三门峡后川村 M351 发掘简报》，《黄河·黄土·黄种人》，2022 年第 24 期，第 13-16 页。

129. 黄河水库考古工作队：《河南陕县刘家渠汉墓》，《考古学报》1965 年第 1 期，第 107-168 页。

130. 三门峡市文物工作队：《三门峡市刘家渠汉墓的发掘》，《华夏考古》1994 年第 1 期，第 22-30 页。

131. 胡小龙：《河南三门峡市火电厂西汉墓》，《考古》1996 年第 6 期，第 6-15 页。

132. 洛阳市第二文物工作队：《义马新市区 5 号西汉墓的发掘简报》，《文物》1995 年第 11 期，第 20-23 页。

133. 河南省文物考古研究所、三门峡市文物考古研究所、义马市文物管理委员会：《河南义马市张马岭村九十号墓的发掘》，《华夏考古》，2012 年第 3 期，第 23-28 页。

134. 三门峡市文物工作队：《三门峡市立交桥西汉墓发掘简报》，《华夏考古》1994 年第 1 期，第 12-21 页。

135. 三门峡市文物工作队：《三门峡市华余包装公司 16 号汉墓发掘简报》，《华夏考古》，1993 年第 4 期，第 68-71 页。

136. 河南省文物考古研究院、三门峡市文物考古研究所：《河南三门峡后川村东汉墓 M54 发掘简报》，《黄河·黄土·黄种人》2021 年第 11 期，第 6-12 页。

137. 河南省博物馆：《灵宝张湾汉墓》，《文物》1975 年第 11 期，第 75-93 页。

138. 河南省文物考古研究所：《河南三门峡南交口汉墓（M17）发掘简报》，《文物》2009 年第 3 期，第 4-18 页。

139. 郝本性、魏兴涛：《三门峡南交口东汉墓镇墓瓶朱书文考略》，《文物》2009 年第 3 期，第 57-61 页。

140. 三门峡市文物考古研究所：《河南三门峡市北朝和隋代墓葬清理简报》，《华夏考古》2009 年第 4 期，第 40-51 页。

141. 黄河水库考古工作队：《一九五六年河南陕县刘家渠汉唐墓葬发掘简报》，《考古通讯》1957 年第 4 期，第 9-19 页。

142. 河南省文物研究所：《陕县唐代姚懿墓发掘报告》，《华夏考古》1987 年第 1 期，第 126-137 页。

143. 三门峡市文物工作队：《三门峡市两座唐墓发掘简报》，《华夏考古》1989 年第 3 期，第 97-112 页。

144. 河南省文物考古研究院、三门峡市文物考古研究所、河南博物院：《三门峡唐代张归香墓发掘简报》，《中原文物》2021 年第 4 期，第 38-42 页。

145. 三门峡市文物工作队：《三门峡市水工厂唐墓的发掘》，《华夏考古》1993 年第 4 期，第 72-75 页。

146. 黄河水库考古工作队：《一九五六年河南陕县刘家渠汉唐墓葬发掘简报》，《考古通讯》1957 年第 4 期，第 9-19 页。

147. 河南省文物考古研究所：《河南三门峡市印染厂唐墓清理简报》，《华夏考古》2002 年第 1 期，第 12-17 页。

148. 河南省文物考古研究院：《河南三门峡市印染厂 130 号唐墓清理简报》，《华夏考古》2016 年第 2 期，第 23-30 页。

149. 三门峡市文物考古研究所：《三门峡三里桥村 11 号唐墓》，《中原文物》2003 年第 3 期，第 7-16 页。

150. 三门峡市文物考古研究所：《河南三门峡上村佳苑唐墓 M53 发掘简报》，《中原文物》2020 年第 6 期，第 16-24 页。

151. 徐殿魁：《洛阳地区隋唐墓的分期》，《考古学报》1989 年第 3 期，第 275-305 页。

152. 郝红星、刘小梅：《巩洛地区唐墓镇墓兽排序征例》，《黄河·黄土·黄种人（华夏文明）》2019 年第 8 期，第 15-36 页。

153. 三门峡市文物考古研究所：《河南三门峡市清理一座纪年唐墓》，《考古》2007 年第 5 期，第 93-96 页。

154. 三门峡市文物工作队：《河南三门峡市发现一方宋诗碑记》，《考古》2002 年第 10 期，第 93-96 页。

155. 三门峡市文物工作队：《三门峡市北宋墓发掘简报》，《华夏考古》1993 年第 2 期，第 59-69 页。

156. 三门峡市文物工作队、陕县文物管理委员会：《河南省陕县化纤厂宋墓发掘简报》，《华夏考古》1993 年第 4 期，第 76-79 页。

157. 三门峡市文物工作队：《三门峡市崤山西路发现三座古墓》，《华夏考古》1993 年第 4 期，第 80-86 页。

158. 三门峡市文物工作队、义马市文物管理委员会：《义马市金代砖雕墓发掘简报》，《华夏考古》1993 年第 4 期，第 87-91 页。

159. 河南省文物考古研究院、三门峡市文物考古研究所：《三门峡市刚玉砂厂金代墓葬 M212 发掘简报》，《华夏考古》，2022 年第 1 期，第 35-42 页。

160. 三门峡市文物考古研究所：《河南义马狂口村金代砖雕壁画墓发掘简报》，《文物》，2017 年第 6 期，第 41-49 页。

161. 杜启明：《河南灵宝洞沟梁石窟彩塑调查》，《文物》，1987 年第 4 期，第 24-30 页。

162. 河南省文物研究所、灵宝县文物保管所：《河南省灵宝秦岭古金矿遗址调查》，

《华夏考古》，1994 年第 1 期，第 49-53 页。

163. 洛阳地区文化局文物科：《三门峡市上村岭发现元代墓葬》，《考古》，1985 年第 11 期，第 1053-1055 页。

164. 李秀萍：《崔儒秀墓志浅析》，《中原文物》，1993 年第 1 期，第 113-114 页。

165. 河南省文物考古研究院、三门峡市文物考古研究所：《河南三门峡湖滨花园明代王氏家族墓发掘简报》，《中原文物》2023 年第 2 期，第 12-26 页。

报纸文章

166. 魏兴涛、崔天兴、张小虎，等：《三门峡灵宝盆地史前遗址的调查收获及重要意义》，《中国文物报》2020 年 4 月 3 日第 5 版。

167. 魏兴涛、史智民、李胜利：《三门峡虢都上阳城发现大型宫殿性建筑基址》，《中国文物报》2002 年 1 月 25 日第 1 版。

168. 李素婷、丁新功、武志江：《河南三门峡三里桥遗址发掘取得重要收获》，《中国文物报》2006 年 11 月 8 日第 2 版。

169. 樊温泉：《关家遗址发掘获重要成果》，《中国文物报》2000 年 2 月 13 日第 1 版。

170. 魏兴涛、张小虎、胡小平，等：《河南灵宝铸鼎塬史前聚落调查取得重要成果》，《中国文物报》2007 年 6 月 29 日第 2 版。

论文集论文

171. 许永生主编：《轩辕黄帝铸鼎原论文资料选辑》，黄河文化研究会黄帝文化研究中心；灵宝市轩辕黄帝铸鼎原风景名胜区管理处出版发行。

172. 韩伟：《试论战国秦的屈肢葬仪渊源及其意义》，《中国考古学会第一次年会论文集》，文物出版社，1980 年，第 201-211 页。

173. 考古杂志社：《〈考古〉1964 年合订本》。

174. 严文明：《略论仰韶文化的起源和发展阶段》，《仰韶文化研究》，文物出版社，1989 年，第 122-165 页。

175. 张怀银、何燿鹏：《灵宝王家岭秦汉墓的发现及其意义》，《中原文物考古研究》，大象出版社，2003 年，第 236-238 页。

176. 吴荣曾：《镇墓文中所见到的东汉道巫关系》，《先秦两汉史研究》，中华书局，1995 年，第 362-379 页。

177. 许永生：《陕县空相寺出土唐代碑刻〈汾阳王置寺表〉》，《河南文物考古论集

（四）》，大象出版社，2006 年，第 258-261 页。

178. 河南省文物考古研究所、三门峡市文物工作队：《三门峡上村岭虢国墓地》，《中国考古学年鉴（1992）》，文物出版社，1994 年。

后　记

　　1921 年三门峡渑池仰韶村遗址的发掘，揭开了中国现代考古学的序幕，至今已百年有余。经过几代考古人的不断努力，在三门峡地区探寻发掘了众多人类活动遗迹，使人们对这片土地有了更深刻、更全面的认知。她地处中国西部山区向东部平原过渡地带，临近黄河，水资源丰富，地貌以山地、丘陵和土塬为主，是早期人类择居的理想之地。新石器时代仰韶文化遗址的不断发现与研究，证明了三门峡一带是黄帝、炎帝活动的中心区域，是中华文明的重要起源地；上村岭虢国墓地的发掘，为研究先秦时期礼制制度、丧葬习俗、思想文化提供了重要实物资料；三门峡扼中原与关中之要冲，是历代兵家必争之地，见证了中国历史的纷争与变迁……

　　《考古三门峡》一书以三门峡市考古研究所（前身三门峡市文物工作队）考古发掘成果为主，充分吸收中国社会科学院（中国科学院）考古研究所、河南省文物考古研究院（所）、黄河水库考古工作队等有关三门峡考古发掘成果，参阅借鉴同仁前辈研究成果，力求做到资料收集全面、学术结论客观。本书以时代序列为主线，全面收集整理各时期反映三门峡地区文化面貌的考古发现及文化遗存。其中，对遗留数量多、遗物丰富的新石器时代仰韶文化遗址做重点介绍，对具有特别意义的发现做剖析研究；对保存完整、等级排列有序、规模宏大的虢国墓地做详细介绍并对随葬器物及所反映的丧葬制度进行研究，以展现三门峡地区重大考古发现的价值和意义。

　　《考古三门峡》一书主要由河南大学吴爱琴主持编著，三门峡市仰韶文化研究中心郑立超、郑州博物馆梁立俊二位先生亦参与了部分章节的编写工作。本书写作过程中大量运用了有关三门峡地区的考古发掘资料及研究成果，特别是三门峡市政协许海星，三门峡市文化广电旅游局史智民，三门峡市仰韶文化研究中心李永涛，三门峡市虢国博物馆张菁华、李清丽、雷建鸽、刘洁、常军等专家提供了大量的基础资料和照片等，为本书的编著提供了基础和支撑，借此对大家的无私帮助表示由衷地感谢！另外，河南大学历史文化学院考古学博士研究生滑翔、硕士研究生李晋等进行了前期资料梳理，河南承扬文物保护服务有限公司的任宇做了后期绘图修改等，在此也一并表示谢意！

总之，《考古三门峡》是大家共同努力的结果。

由于本书编者水平有限，书中难免有错讹不当之处，敬请批评指正！

吴爱琴

2024 年 11 月于河南大学